SOCIÉTÉ

DES

ANCIENS TEXTES FRANÇAIS

RAOUL DE CAMBRAI

Le Puy, imprimerie de Marchessou fils, boulevard Saint-Laurent, 23.

RAOUL
DE CAMBRAI

CHANSON DE GESTE

PUBLIÉE PAR

MM. P. MEYER & A. LONGNON

PARIS
LIBRAIRIE DE FIRMIN DIDOT ET Cie,
56, RUE JACOB, 56
—
M DCCC LXXXII

Publication proposée à la Société le 13 juillet 1876.

Approuvée par le Conseil le le 9 mai 1877, sur le rapport d'une commission composée de MM. Baudry, Michelant et G. Paris.

Commissaire responsable :
M. G. Paris.

INTRODUCTION

La première édition de la chanson de Raoul de Cambrai a été publiée en 1840 [1] dans cette collection des *Romans des douze pairs* qui commença, il y a un demi-siècle, l'œuvre, souvent interrompue et souvent reprise, de la publication de notre vieille littérature épique. Si nous avons cru pouvoir proposer à la Société des Anciens Textes français une nouvelle édition de *Raoul de Cambrai*, alors que tant d'autres de nos anciens poèmes sont encore inédits, c'est qu'il nous a paru que l'importance véritablement exceptionnelle de l'ouvrage justifiait notre entreprise ; c'est aussi parce que nous nous sommes crus en mesure d'apporter au travail du premier éditeur des améliorations considérables. Nous avons pu, en effet, par une collation attentive de l'unique manuscrit qu'on

---

[1]. *Li romans de Raoul de Cambrai et de Bernier*, publié pour la première fois, d'après le manuscrit unique de la Bibliothèque du Roi, par Edward Le Glay. Paris, Techener, 1840. xxiv-355 pages in-8º.

possède de *Raoul de Cambrai*, rectifier un grand nombre de fausses lectures qui souvent rendent inintelligible le texte de la première édition [1]. Nous avons même rétabli quelques vers omis par notre devancier [2]. De plus, si nous n'avons pas réussi à découvrir un second manuscrit de ce poème si intéressant, mais parfois si corrompu par la négligence des copistes, il

---

1. Voici des échantillons de quelques-unes des fautes que la collation du ms. nous a permis de rectifier : V. 472 *sarraxin*, première édition *souverain*. — 668 *me tout*, pr. éd. *m'écout*. — 928 *Ja Damerdiex ne lor face*, pr. éd. *La Damerdiex ne lor fara*. — 1021 *mandissiés*, pr. éd. *maudissiés*. — 1118 *mençoingier*, pr. éd. *m'en coingier*. — 1183 *garçonnele*, pr. éd. *gasconnèle*. — 1200 *prunele*, pr. éd. *parnèle*. — 1567 *Nomenidame*, pr. éd. *Hom ni dame*. — 1664 *m'ofr'on*, p. éd. *m'ofrois*. — 1678 *a Gaifier*, pr. éd. *agaifier*. — 1699 *le clama*, pr. éd. *réclama*. — 1754 *qe vers ton cors*, pr. éd. *qu'envers ton tors*. — 1766 *palais*, pr. éd. *palors*. — 2532 *emblamis*, pr. éd. *em brai vis*. — 2593 *estona*, pr. éd. *escoua*. — 3127 *se jel conseüse*, pr. éd. *s'eul consense*. — 3210 *troverent*, pr. éd. *tornèrent*. — 3622 *q'aie*, pr. éd. *que j'ai*. — 3641 *q'aie*, pr. éd. *que je*. — 4291 *a nelui*, pr. éd. *ave lui*. — 4393 *provons*, pr. éd. *prenons*. — 4931 *neqedent*, pr. éd. *ne quident*. — 5049 *Neïs la boucle*, pr. éd. *Nule aboucle*. — 5688 *a moi*, pr. éd. *arnoi*. — 6259 *fors*, pr. éd. *sort*. — 6262 *place*, pr. éd. *plait*. — 6410 *Rovrois* (la forêt de Rouvroi), pr. éd. *conrois*. — 6809 *molt grant*, pr. éd. *male grace*. — 6858 *n'i ait*, pr. éd. *m'aie*. — 6870 *delivre*, pr. éd. *dolmir*. — 7009 *Ju qu'an*, pr. éd. *Ja ne*. — 7153 *en Pontif*, pr. éd. *C pontif*. — 7420 *De quanque*, pr. éd. *Dusqu'a que*. — 7455 *Ou*, pr. éd. *Que*. — 7664 *sont*, pr. éd. *sans*. — 7706 *C'estiiés*, pr. éd. *Chrestiiens*. — 7853 *Que le charnal l'en*, pr. éd. *Quant l'écharna le*. — 7900 *l'a .j.*, pr. éd. *la gent*. — 8360 *mainjuent*, pr. éd. *mainèrent*. — 8383 *Qu'a .iiij. contes*, pr. éd. *Qu'a mes cousins*. — 8445 *torble[n]t*, pr. éd. *tremble*. — 8569 *l'est on*, pr. éd. *le sont*. — 8589 *verollier*, pr. éd. *et rolléis*. — 8626 *s'an vienent*, pr. éd. *s'armèrent*. — Nous ne parlons pas des mots mal coupés, ni en général des erreurs qu'on pourrait corriger à coup sûr sans l'aide du ms.

2. Les vers 165, 1905, 3375-6, 3601-4, 5771-2, 5960-2, 8621.

nous a du moins été loisible de faire usage de notes du président Fauchet, parmi lesquelles se trouve la copie, faite d'après un ms. perdu, d'environ 250 vers de notre poème. On verra plus loin que de ces extraits peuvent se déduire d'utiles notions sur la composition de la chanson; bornons-nous à dire pour le moment que nous y avons recueilli, outre d'importantes variantes, plusieurs vers qui manquent dans le manuscrit unique du poème, où malheureusement plusieurs feuillets ont été enlevés. Enfin nous croyons avoir recueilli sur les personnages mis en scène, sur la formation du poème, sur son histoire pendant le moyen âge, un certain nombre de témoignages qui, jusqu'à ce jour, n'avaient point été utilisés.

I. – ANALYSE DU POÈME

La chanson de Raoul de Cambrai se divise, à première vue, en deux parties très distinctes par le fond et par la forme. Jusqu'à la tirade CCXLIX inclusivement le poème est rimé, à partir de la tirade CCL il est en assonances. Contrairement à l'opinion qui, de prime abord, semblerait la plus probable, c'est la partie rimée qui est la plus ancienne. Le reste est une continuation sensiblement plus récente. Nous verrons plus loin que le manuscrit utilisé par Fauchet ne contenait que la partie en rimes. Mais nous croyons que les deux cent quarante-neuf premières tirades du poème ont été originairement composées en assonances. Les hémistiches de pur remplissage, les innombrables chevilles dont abonde cette partie de la chanson décèlent la main d'un réviseur assez malhabile qui aura cru apporter au vieux poème un sensible perfectionnement en substituant des rimes aux assonances un peu rudes dont s'était contenté l'auteur primitif. Ce travail de révision, auquel bien peu de nos anciennes chansons de geste ont échappé, a dû être opéré vers la fin du xiie siècle, et c'est peu après qu'un auteur inconnu s'est avisé de souder à l'ancien poème mis en rimes une continuation qui n'a plus rien du caractère en même temps historique qu'héroïque de l'œuvre primitive. Au temps où la rime tendait à se substituer à l'assonance, certains romanciers restaient fidèles à l'ancienne mode. Nous possédons des poèmes, *Huon de Bordeaux*, par exemple, qu'on ne saurait faire remonter plus haut que la seconde moitié du xiie siècle, dans lesquels règne encore l'assonance. Nous ne devons donc pas être surpris qu'il se soit trouvé un versificateur de la vieille école pour continuer en assonances le poème qui venait d'être mis en rimes.

L'analyse qui suit fera ressortir la différence de conception et de ton qui sépare les deux œuvres mises bout à bout.

Le comte Raoul Taillefer, à qui l'empereur de France avait, en récompense de ses services, concédé le fief de Cambrai et donné sa sœur en mariage, est mort, laissant sa femme, la belle Aalais, grosse d'un fils. Ce fils, c'est Raoul de Cambrai, le héros du poème. Il était encore petit enfant lorsque l'empereur voulut, sur l'avis de ses barons, donner le fief de Cambrai et la veuve de Raoul Taillefer au manceau Gibouin, l'un de ses fidèles. Aalais repoussa avec indignation cette proposition, mais, si elle réussit à garder son veuvage, elle ne put empêcher le roi de donner au manceau le Cambrésis [1].

---

[1]. Les propositions faites à Aalais, le refus de celle-ci et les

Cependant le jeune Raoul grandissait. Lorsqu'il eut atteint l'âge de quinze ans, il prit pour écuyer un jeune homme de son âge, Bernier, fils bâtard d'Ybert de Ribemont. Bientôt le jeune Raoul, accompagné d'une suite nombreuse, se présente à la cour du roi qui le fait chevalier et ne tarde pas à le nommer son sénéchal.

Après quelques années, Raoul, excité par son oncle Guerri d'Arras, réclame hautement sa terre au roi. Celui-ci répond qu'il ne peut en dépouiller le manceau Gibouin qu'il en a investi. « Empereur, » dit alors Raoul, « la terre du père doit par droit revenir au fils. Je serais « blâmé de tous si je subissais plus longtemps la honte « de voir ma terre occupée par un autre. » Et il termine par des menaces de mort à l'adresse du manceau (tirade xxxiv). Le roi promet alors à Raoul de lui accorder la première terre qui deviendra vacante. Quarante otages garantissent cette promesse.

Un an après, le comte Herbert de Vermandois vient à mourir. Raoul met aussitôt le roi en demeure d'accomplir sa promesse. Celui-ci refuse d'abord : le comte Herbert a laissé quatre fils, vaillants chevaliers, et il serait injuste de déshériter quatre personnes pour l'avantage d'une seule. Raoul, irrité, ordonne aux chevaliers qui lui ont été assignés comme otages de se rendre dans sa prison (tir. xli). Ceux-ci vont trouver le roi qui se résigne alors à concéder à Raoul la terre de Vermandois, mais sans lui en garantir aucunement la possession. Douleur de Bernier, qui, appartenant par son père, au

---

conséquences de ce refus sont autant d'événements qu'il n'est pas facile de suivre dans les premières pages du poème à cause des lacunes que présente à cet endroit le ms., mais la suite des faits est rappelée sommairement aux vers 1108 et suivants.

lignage de Herbert, cherche vainement à détourner Raoul de son entreprise (tir. XLVI).

Malgré les prières de Bernier, malgré les sages avertissements de sa mère, Raoul s'obstine à envahir la terre des fils Herbert. Au cours de la guerre, le moutier d'Origny est incendié, les religieuses qui l'habitaient périssent dans l'incendie, et parmi elles Marsens, la mère de Bernier, sans que son fils puisse lui porter secours. Par suite, une querelle surgit entre Bernier et Raoul. Celui-ci, emporté par la colère, injurie gravement son compagnon et finit par le frapper d'un tronçon de lance. Bientôt revenu de son emportement, il offre à Bernier une éclatante réparation, mais celui-ci refuse avec hauteur et se réfugie auprès de son père, Ybert de Ribemont (tir. LXXXVIII).

Dès lors commence la guerre entre les quatre fils de Herbert de Vermandois [1] et Raoul de Cambrai. Les quatre frères rassemblent leurs hommes sous Saint-Quentin. Avant de se mettre en marche vers Origny, ils envoient porter à Raoul des propositions de paix qui ne sont pas acceptées. Un second messager, qui n'est autre que Bernier, vient présenter de nouveau les mêmes propositions. Raoul eût été disposé à les accueillir, mais son oncle, Guerri d'Arras, l'en détourne. Bernier défie alors son ancien seigneur : il veut le frapper, et se retire poursuivi par Raoul et les siens. Bientôt le combat s'engage. Dans la mêlée, Bernier rencontre son seigneur et de nouveau il lui offre la paix. Raoul lui répond par des paroles insultantes. Les deux chevaliers se précipitent l'un sur l'autre et Raoul est tué (tir. CLIV).

Guerri demande une trêve jusqu'à ce que les morts

---

1. Ybert de Ribemont, Wedon de Roie, Herbert d'Hirson, Louis.

soient enterrés. Elle lui est accordée, mais, à la vue de son neveu mort, sa colère se réveille et il recommence la lutte. Il est battu et s'enfuit avec les débris de sa troupe (tir. CLXXII).

On rapporte à Cambrai le corps de Raoul. Lamentations d'Aalais. Sa douleur redouble quand elle apprend que son fils a été tué par le bâtard Bernier. Son petit-fils Gautier vient auprès d'elle : c'est lui qui héritera du Cambrésis. Il jure de venger son oncle. Heluis de Ponthieu, l'amie de Raoul, vient à son tour pleurer sur le corps de celui qu'elle devait épouser. On enterre Raoul (tir. CLXXXII).

Plusieurs années s'écoulent [1]. Gautier est devenu un jeune homme, Il pense à venger son oncle. Guerri l'arme chevalier, et la guerre recommence. Un premier engagement a lieu sous Saint-Quentin. Gautier se mesure par deux fois avec Bernier et à chaque fois le désarçonne. A son tour, Bernier, qui a vainement offert un accord à son ennemi, vient assaillir Cambrai. Gautier lui propose de vider leur querelle par un combat singulier. Au jour fixé, les deux barons se rencontrent, chacun ayant avec soi un seul compagnon : Aliaume de Namur est celui de Bernier, et Gautier est accompagné de son grand-oncle Guerri. Le duel se prolonge jusqu'au moment où les deux combattants, couverts de blessures, sont hors d'état de tenir leurs armes. Mais un nouveau duel a lieu aussitôt entre Guerri et Aliaume. Ce dernier est blessé mortellement; Gautier, un peu moins grièvement blessé que Bernier, l'assiste à ses derniers moments. Bernier, qui est cause de ce malheur, car c'est lui qui a excité Aliaume à se battre, accuse Guerri d'avoir frappé son

1. Peut-être cinq ans ; voy. v. 3785.

adversaire en trahison. Fureur de Guerri qui se précipite sur Bernier et l'aurait tué si Gautier ne l'avait protégé. Bernier et Gautier retournent l'un à Saint-Quentin, l'autre à Cambrai (tir. ccxix).

Peu après, à la Pentecôte, l'empereur mande ses barons à sa cour. Guerri et Gautier, Bernier et son père Ybert de Ribemont se trouvent réunis à la table du roi. Guerri frappe Bernier sans provocation. Aussitôt une mêlée générale s'engage, et c'est à grand'peine qu'on sépare les barons. Il est convenu que Gautier et Bernier se battront de nouveau. Ils se font de nombreuses blessures. Enfin, par ordre du roi, on les sépare, quand tous deux sont hors d'état de combattre. Le roi les fait soigner dans son palais, mais il a le tort de les mettre trop près l'un de l'autre, dans la même salle, où ils continuent à s'invectiver (tir. ccxxxvi).

Cependant dame Aalais arrive aussi à la cour du roi son frère. Apercevant Bernier, elle entre en fureur, et, saisissant un levier, elle l'eût assommé, si on ne l'en avait empêchée. Bernier sort du lit, se jette à ses pieds. Lui, ses oncles et ses parents implorent la merci de Gautier et d'Aalais qui finissent par se laisser toucher. La paix est rétablie au grand désappointement du roi contre qui Guerri se répand en plaintes amères, l'accusant d'avoir été la cause première de la guerre[1]. Le roi choisit ce moment pour dire à Ybert de Ribemont que, lui mort, il disposera de la terre de Vermandois. « Mais, » répond Ybert, « je l'ai donnée l'autre jour à Bernier. — Com- « ment, diable ! » répond le roi, « est-ce qu'un bâtard doit « tenir terre ? » La querelle s'envenime, les barons se

---

[1]. Parce qu'il avait enlevé à Raoul son héritage pour le donner au manceau Gibouin.

jettent sur le roi qui est blessé dans la lutte. Ils se retirent en mettant le feu à la cité de Paris, et chacun retourne en son pays, tandis que le roi mande ses hommes pour tirer vengeance des barons qui l'ont insulté (tir. CCXLIX).

C'est ici que s'arrête la partie rimée du poème. Ce qui suit a le caractère d'un roman d'aventures.

Gautier est revenu à Cambrai, Guerri est à Arras avec Bernier, devenu son ami.

L'accord a été fait, au sujet de la mort de Raoul, grâce à l'entremise d'un saint abbé. Or, Guerri avait une fille nommée Béatrix, qui devient amoureuse de Bernier et ne tarde pas à lui avouer son amour dans les termes les moins équivoques. Bernier, mu par un sentiment de délicatesse, hésite d'abord : il ne peut, lui bâtard, prétendre à la main d'une fille qui a pour père un aussi haut baron que Guerri d'Arras. Aussi ne la demandera-t-il pas. Mais, si on la lui offre, il ne refusera pas. Guerri, pressé par sa fille, intervient, et les deux jeunes gens se fiancent (tir. CCLVI).

Bernier se rend à Saint-Quentin auprès de son père, qui apprend avec joie le bonheur qui vient d'écheoir à son fils. Il s'engage à donner Ribemont en douaire à la jeune fille. Sur ces entrefaites, on apporte la nouvelle que le roi de France est à Soissons et se prépare à envahir la terre d'Ybert de Ribemont. Celui-ci se hâte de rassembler ses hommes et marche sur Soissons. Dans le combat qui s'engage avec les troupes royales, le manceau Gibouin, cause première de la guerre où périt Raoul, est tué par Bernier et le roi est abattu de son cheval par Ybert. Les deux barons ne veulent pas pousser à bout leur succès ; il se souviennent que c'est contre le roi leur seigneur qu'ils combattent, et se retirent sans être poursuivis, emmenant leurs prisonniers et leur butin (tir. CCLXIV).

Gautier ne tarde pas à se rendre à Arras pour épouser sa fiancée. Le mariage célébré, il se met en route, accompagné de son père, de Gautier et d'une suite nombreuse, pour Saint-Quentin. Mais le roi les a fait épier. Ils tombent dans une embuscade; Ybert, Gautier et Béatrix sont pris et emmenés à Paris. Bernier échappe à grand'peine et vient se réfugier à Arras auprès de Guerri (tir. CCLXVI).

Le roi, de retour à Paris, veut donner en mariage Béatrix à l'un de ses fidèles, Herchambaut de Ponthieu, seigneur d'Abbeville. Celle-ci refuse et se répand en lamentations. Le roi, hors de lui, veut la livrer à ses écuyers. Mais la reine la protège et la prend sous sa garde. Entre temps, Bernier apprend par un espion qui a pu pénétrer jusqu'auprès de la jeune fille, que dans peu de jours le roi se propose de la donner à Herchambaut. Un parlement sera tenu à cet effet hors Paris, à Saint-Cloud. Bernier et Guerri viennent s'embusquer avec trois mille chevaliers dans la forêt de Rouvroi[1]. Ils reprennent de vive force la jeune fille et font un grand nombre de prisonniers, entre lesquels la reine et son fils, le petit Lohier. Le roi échappe à grand'peine par la Seine, en bateau. Peu après, la paix est faite, à condition que les prisonniers seront rendus de part et d'autre (tir. CCLXXXI).

Bernier vivait paisiblement depuis plus de deux ans lorsque l'idée lui vint de se rendre en pèlerinage à Saint-Gilles. Il avait, en sa vie, tué bien des hommes, entre lesquels son seigneur Raoul, et il voulait, par l'entremise du saint, faire sa paix avec Dieu. Il se mit donc en route

---

1. V. 6410. C'est le bois de Boulogne.

pour Saint-Gilles, accompagné de sa femme et de son neveu Savari. A peine y était-il arrivé que sa femme accoucha d'un fils, qui reçut le nom de Julien de Saint-Gilles.

Sur ces entrefaites, le roi Corsuble et l'émir de Cordoue envahirent le pays et vinrent assiéger Saint-Gilles. Bernier monte aussitôt à cheval et, à la tête d'une poignée d'hommes, il se porte au-devant des Sarrasins. Malgré sa valeur, il est fait prisonnier, et les Sarrasins l'emmènent avec eux en Espagne, emportant son fils nouveau-né dont il se trouve séparé. Sa femme est ramenée à Ribemont par Savari (tir. cclxxxiv).

La nouvelle du malheur de Bernier ne tarde pas à parvenir jusqu'au roi ; le messager qui la lui apporte, enchérissant sur ce qu'il avait entendu dire, annonce que Bernier a péri dans le combat. Sur ce, Herchambaut de Ponthieu demande au roi de lui donner Béatrix, qui, déjà une première fois, lui a été enlevée par Bernier. Il promet au roi de riches présents et obtient son consentement. Le roi, en effet, décide Guerri à lui livrer sa fille qui est aussitôt, malgré sa résistance, mariée à Herchambaut. Celui-ci l'emmène à Abbeville où il célèbre ses noces. Mais voilà qu'arrive un médecin ambulant qui offre des remèdes merveilleux, entre lesquels une herbe qui a la propriété de mettre la dame qui la porterait sur elle à l'abri de toutes les tentatives qu'on pourrait faire contre sa vertu. Béatrix s'empresse d'en acheter, et l'expérience lui prouve que le médecin ne l'a pas trompée (tir. ccxci).

Cependant Bernier était toujours dans la prison du roi Corsuble. Un événement imprévu l'en fit sortir. Un roi sarrasin nommé Aucibier vint assiéger la cité de Corsuble. Doué d'une force extraordinaire, en même temps qu'animé de sentiments chevaleresques, il défie en combat singulier les hommes de Corsuble. Trois d'entre eux sont successivement vaincus et tués par lui. Corsuble ne savait plus qui envoyer contre lui lorsque le gardien de sa prison lui donna le conseil d'appeler à son aide Bernier, en lui promettant la liberté. On fait sortir Bernier de prison, on le fait manger, on l'arme et on l'envoie jouter contre Aucibier. Bernier réussit, non sans peine, à battre son redoutable adversaire, dont il rapporte la tête à Corsuble. Joie de celui-ci qui fait à Bernier les offres les plus magnifiques pour le retenir auprès de lui, mais qui consent toutefois à le laisser partir après l'avoir comblé de présents [1] (tir. ccxcvii).

Mais Bernier n'était pas au bout de ses peines. Il se rend d'abord à Saint-Gilles, et là on lui apprend que sa femme est retournée à Ribemont, tandis que son fils Julien a été emmené par les Sarrasins. Il se remet en route, arrive à Ribemont, où Savari lui conte comment Béatrix a été livrée à Herchambaut par le roi, avec la connivence de Guerri. Bernier se dispose aussitôt à reconquérir sa femme, mais d'abord il veut savoir quels sont ses sentiments à son égard. Il se déguise en marchand de remèdes et se rend à Abbeville. Là, il rencontre Béatrix, apprend de sa bouche qu'elle n'a pas cessé d'aimer son premier époux, et qu'elle a réussi jusqu'ici à se préserver des atteintes du second. Herchambaut lui-même fait bon accueil au prétendu médecin et lui demande une recette qui lui rende le libre exercice de ses facultés. Le faux médecin lui assure qu'il n'y a qu'à se baigner avec sa femme dans une source voisine. Béatrix, qui n'a pas re-

---

[1]. Toute cette scène rappelle le duel d'Ogier et du géant Brehier dans *Ogier le Danois*.

connu son époux, se montre d'abord très peu disposée à se prêter à cette expérience; elle s'enfuit dans une abbaye voisine, mais, enfin, on réussit à lui faire savoir qu'il s'agit d'une ruse combinée par Bernier pour la délivrer, et, dès lors, elle manifeste un empressement qui contraste singulièrement avec la répugnance qu'elle avait manifestée tout d'abord. On se rend à la source, et, tandis qu'Herchambaut y fait ses ablutions, attendant que sa femme vienne l'y rejoindre, celle-ci s'enfuit à cheval avec Bernier (tir. cccxvii).

Bernier eut de sa femme un second fils qui fut nommé Henri; Mais il n'oubliait pas Julien, et, au bout de quelques années, il partit pour l'Espagne dans l'espoir d'obtenir de ses nouvelles. Il se rendit d'abord auprès du roi Corsuble qu'il trouva en guerre avec l'émir de Cordes. Il lui offrit naturellement ses services qui furent acceptés de grand cœur. L'émir de Cordes avait confié son oriflamme à un jeune chevalier nommé Corsabré qui s'était acquis un grand renom de vaillance, et qui n'était point autre que Julien, le fils de Bernier. Le père et le fils se rencontrent dans la mêlée, et c'est le fils qui a le dessous[1]. Le voyant prisonnier, les hommes qu'il était chargé de conduire prennent la fuite, et Corsuble se trouve pour la seconde fois délivré de ses ennemis grâce à la vaillance de Bernier. Aussi, ne mettant point de bornes à sa gratitude, cherchera-t-il à retenir auprès de lui son sauveur, en lui offrant la moitié de son royaume. « Je suis venu pour autre chose, » répond

---

1. C'est une situation que les auteurs de romans se sont de tout temps plu à introduire dans leurs compositions; voy. P. Meyer, *Guillaume de la Barre*, p. 27; R. Kœhler et G. Paris, *Revue critique*, 1868, II, 413-4; *Romania*, VIII, 60.

Bernier. Et il lui demande des nouvelles de Julien. Corsuble ne peut lui en donner. Mais il y avait là, parmi les prisonniers, un vieillard qui jadis avait recueilli à Saint-Gilles Julien nouveau-né, qui l'avait élevé, et maintenant se lamentait en pensant que son fils adoptif allait être mis à mort. Le voyant pleurer, Bernier l'interroge, et reconnaît, d'après ses réponses, que Corsabré, celui qu'il a vaincu et fait prisonnier, n'est autre que son fils Julien. Il obtient de Corsuble que le jeune homme lui soit rendu, et retourne en France comblé de présents. Chemin faisant, il s'arrête à Saint-Gilles. Le seigneur du lieu, qui avait autrefois tenu l'enfant Julien sur les fonts baptismaux, s'engage à laisser après lui sa terre à son filleul. Bernier et Julien arrivent à Saint-Quentin où ils sont accueillis avec joie par Béatrix et le jeune Henri. Le vieux Guerri d'Arras lui-même, qui s'était tenu à l'écart depuis le moment où Bernier avait repris sa femme à Herchambaut, se rend auprès de son gendre qui consent à lui pardonner sa conduite déloyale d'autrefois. Cependant Béatrix n'est pas sans défiance à l'égard de son père. Au bout de quelques jours, Bernier et Guerri ont l'idée de se rendre tous deux en pèlerinage à Saint-Jacques. Béatrix les voit partir ensemble avec inquiétude. Elle engage vivement son époux à se tenir sur ses gardes. Les deux barons accomplissent leur pèlerinage. Au retour, comme ils passaient près d'Origny, Bernier poussa un soupir. Guerri lui en demande la raison. Bernier hésite à répondre; poussé par Guerri, il lui dit : « Il me souvient de Raoul le marquis. Voici « le lieu où je l'ai tué. » Guerri fut saisi d'un profond ressentiment qu'il dissimula d'abord. Mais le soir, comme ils s'étaient arrêtés pour faire boire leurs chevaux, il décrocha sans bruit l'un de ses étriers, et, frappant Bernier, lui fendit le crâne. Puis il s'enfuit au galop. On relève Bernier, qui meurt après avoir pardonné à Guerri et confessé ses péchés à Savari. Puis on ramène le corps à Ancre où se trouvait Béatrix (tir. cccxxxviii).

Douleur de Béatrix. Funérailles de Bernier. Ses fils mandent leurs hommes et se dirigent vers Arras. Leur mère les supplie d'épargner la vie de leur grand-père, et de se contenter de l'emprisonner pour le restant de ses jours, s'ils peuvent le prendre. Guerri se prépare à la défense et appelle à son secours Gautier. Le combat s'engage devant Arras. Savari est tué par Gautier. Ce dernier à son tour périt de la main de Julien. Le vieux Guerri rentre dans Arras, et du haut des créneaux, implore la merci de Julien. Celui-ci repousse sa prière et ordonne l'assaut. Mais Guerri se défend avec énergie et les assaillants sont repoussés. La nuit venue, le vieillard monta à cheval et sortit de la cité pour aller en exil. On ne sait ce qu'il devint ; on dit qu'il se fit ermite. Henri eut la cité d'Arras et devint seigneur d'Artois ; Julien revint à Saint-Quentin et fut, par la suite, comte de Saint-Gilles.

II. — L'ÉLÉMENT HISTORIQUE DANS *RAOUL DE CAMBRAI*.

Cherchons maintenant dans l'histoire quels événements ont pu être le point de départ de cette longue suite de récits.

Le héros de notre poème a cela de commun avec Roland, que sa mort est racontée brièvement par un annaliste contemporain, mais en des termes suffisamment précis pour qu'il ne soit pas possible de révoquer en doute le caractère historique d'une portion importante de la première partie de *Raoul de Cambrai*.

« En l'année 943, écrit Flodoard, mourut le comte « Herbert. Ses fils l'ensevelirent à Saint-Quentin, et, ap-« prenant que Raoul, fils de Raoul de Gouy, venait pour « envahir les domaines de leur père, ils l'attaquèrent et « le mirent à mort. Cette nouvelle affligea fort le roi « Louis [1]. »

La seule chose qui, dans les paroles du chanoine de Reims, ne concorde qu'imparfaitement avec le poème, c'est le nom du père de Raoul. Mais cette différence est certainement plus apparente que réelle, car, si Flodoard le nomme Raoul de Gouy et non Raoul de Cambrésis, nous savons d'ailleurs que ce Raoul, mort dix-sept ans auparavant, avait été « comte », et, selon toute vraisemblance, comte en Cambrésis, puisque Gouy était situé dans le *pagus* ou *comitatus Cameracensis* [2], au milieu d'une région forestière, l'Arrouaise, dont les habitants sont présentés par le poète comme les vassaux du jeune Raoul de Cambrai [3].

Raoul de Gouy ne doit pas être distingué de ce « comte

---

[1]. « Heribertus comes obiit, quem sepelierunt apud Sanctum « Quintinum filii sui; et audientes Rodulfum, filium Rodulfi de « Gaugiaco, quasi ad invadendam terram patris eorum advenisse, « aggressi eundem interemerunt. » (*Annales Flodoardi*, anno 943).

[2]. Gouy (Aisne, arr. de Saint-Quentin, canton du Câtelet) dépendit, jusqu'à la Révolution, du diocèse de Cambrai. Otton de Vermandois s'en empara en 976 (Baudri, *Gesta episcoporum Cameracensium*, l. I, ch. xcv), et depuis lors il fit partie du comté de Vermandois.

[3]. Vers 1021, 1040 et 1064.

Raoul » qui, en 921, semble agir en qualité de comte du Cambrésis, lorsqu'avec l'appui de Haguenon, le favori de Charles le Simple, il obtient de ce prince que l'abbaye de Maroilles soit donnée à l'évêque de Cambrai [1]. Quoi qu'il en soit, Raoul de Gouy prit une part active aux événements qui suivirent la déchéance de Charles le Simple : ainsi, il accompagnait, en 923, les vassaux de Herbert de Vermandois et le comte Engobrand dans une heureuse attaque du camp des Normands qui, sous le commandement de Rögnvald, roi des Normands des bouches de la Loire, étaient venus, à l'appel de Charles, ravager la portion occidentale du Vermandois [2]. Ses terres, on ne sait pourquoi, furent exceptées deux ans après (925), ainsi que le comté de Ponthieu et le marquisat de Flandre, de l'armistice que le duc de France, Hu-

---

[1]. Un diplôme de Charles le Simple, en date du 8 septembre 921, diplôme inséré par Baudri dans les *Gesta episc. Camerac.* (l. I, ch. 68), relate ce fait ; nous en extrayons le passage suivant : « Hac « de causa noverit omnium sanctæ Dei æcclesiæ fidelium religiosi- « tas, quia comites venerabiles Hagano ac Rodulfus nostram adeuntes « serenitatem humiliter expetierunt, ut sanctæ Cameracensis æc- « clesiæ cui preest presul Stephanus, vir quippe totius regni stre- « nuus, ad sanctam Dei genitricem Mariam largiremur sub perpetua « seculi subjectione, in pago Hainoense super fluenta Helpræ abba- « tiunculam dictam Marellias, ubi jacet sanctus Hunbertus corpore, « in æcclesia quæ est in honore sancti Petri dedicata. » (*Monumenta Germaniæ historica*, VII, 425.)

[2]. « Interea Ragenoldus, princeps Nortmannorum qui in fluvio « Ligeri versabantur, Karoli frequentibus missis jampridem excitus « Franciam trans Isaram, conjunctis sibi plurimis ex Rodomo, de- « prædatur : cujus castris supervenientes fideles Heriberti, qui per « castella remanserant, adjunctis sibi Rodulfo privigno Rotgeri et « Ingobranno comitibus, prædam ingentem eripuerunt, et captivi « mille ibidem liberati sunt. » (*Annales Flodoardi*, anno 923).

gues le Grand, conclut alors avec les Normands [1]. Raoul de Gouy terminait, vers la fin de l'année 926 [2], une carrière qui, malgré sa brièveté, paraît avoir été celle d'un homme fameux en son temps.

La chronique de Flodoard, d'où nous tirons le peu qu'on sait de Raoul de Gouy, offre aussi quelques renseignements sur sa parenté. Raoul avait probablement perdu son père dès son enfance, car l'annaliste rémois en l'appelant « fils de Heluis [3] », nous fait seulement connaitre le nom de sa mère : celle-ci, remariée à Roger, comte de Laon, qui lui donna plusieurs fils, devint veuve pour la seconde fois, peu de temps après la mort de Raoul de Gouy [4].

Le premier éditeur de *Raoul de Cambrai* s'est donc, on le voit, complètement trompé en considérant le héros de son poème comme le fils d'un comte Raoul qui fut tué,

---

1. « Hugo, filius Rotberti, pactum securitatis accipit a Nortmannis, terra filiorum Balduini, Rodulfi quoque de Gaugeio atque Hilgaudi, extra securitatem relicta. » (*Ibid.*, année 925).

2. « Rodulfus comes, filius Heiluidis, obiit. Non multo post etiam Rotgarius, vitricus ejus, comes Laudunensis pagi, decessit. » (*Ibid.*, anno 926 in fine). L'identité de Raoul, fils d'Heluis, avec Raoul de Gouy, n'est pas douteuse, puisque celui-ci était *privignus* de Roger et que celui-là avait le comte Roger pour *vitricus* (voyez plus haut, p. xvii, n. 2).

3. Voyez la note précédente.

4. L'annonce de la mort de Raoul de Gouy est suivie dans Flodoard (*Annales*, anno 926) de celle de la mort du comte Roger, son beau-père (voyez ci-dessus, n. 2). Le château de Mortagne, sur l'Escaut, non loin de Tournai, appartenait à ce Roger et passa à ses fils (*Annales Flodoardi*, anno 928), dont l'un, nommé Roger, comme son père, lui succéda comme comte de Laon (*Ibid.*, anno 927), et tint, en outre, durant dix ans, la ville de Douai en fief du duc Hugues le Grand (*Ibid.*, années 931 et 941).

II. — L'ÉLÉMENT HISTORIQUE

en 896, par Herbert Ier, comte de Vermandois [1], et dont il fait un comte de Cambrai sur la foi de Jean d'Ypres, chroniqueur du xive siècle [2]. Mais, outre qu'il n'est point assuré que ce Raoul, frère cadet de Baudouin II, comte de Flandre, ait été comte de Cambrai [3], il ne semble avoir laissé qu'un fils du nom de Baudouin, communément nommé Bauces *(Balzo)*, lequel mourut en 973 dans un âge fort avancé, après avoir gouverné la Flandre comme tuteur du jeune comte Arnoul II, son parent [4]. C'est

---

1. *Annales Vedastini,* anno 896. — La date exacte de la mort de ce comte Raoul est donnée par un passage des *Annales Blandinienses* : « 896. Rodulfus comes interficitur 4 kal. julii. » (*Monumenta Germaniæ historica,* V, 24).

2. *Chronicon Bertinianum,* cap. xviii, pars 2ᵃ ; cap. xx, pars 1ᵃ. — Il n'est pas inutile de remarquer, car le fait n'a peut-être pas encore signalé, que Jean d'Ypres a emprunté à la chronique d'André de Marchiennes, mort en 1194, le titre qu'il donne au Raoul mort en 896. Voici, d'ailleurs, les paroles même d'André : « Ro- « dolphus, comes vero pagi Cameracensis, frater Balduini comitis « Flandrensis, gravi ira commotus, propter castella ab Odone sibi « ablata, scilicet Sancti Quintini et Perronam, dum deprædari non « cessat abbatiam Sancti Vedasti, ab Heriberto comite in bello oc- « ciditur. » (*Historiæ franco-merovingicæ synopsis, a Andrea Silvio regii Marcianensis cœnobii magno priore conscripta,* édition Beauchamp [Douai, 1633], p. 748). Cette phrase que, sauf la qualification donnée à Raoul, André avait tirée presque textuellement des *Annales Vedastini,* a été reproduite par Jacques de Guise (*Annales Hannoniæ,* l. XIV, c. 14).

3. Cambrai faisait alors partie du royaume de Lorraine, de sorte qu'il serait bien plutôt permis de supposer que Raoul de Flandre était comte d'Arras ou d'Amiens.

4. La filiation de Bauces est établie par cette ligne des *Annales Blandinienses* : « 973. Obiit Balzo, filius Rodulfi comitis. » Il était donc cousin-germain d'Arnoul le Vieux, comte de Flandre, et non point son neveu, comme l'a cru un moine de Saint-Pierre de Gand du xie siècle, qui le dit fils d'Allou, frère utérin d'Arnoul (*Monu-*

encore à tort, on le voit, que M. Edward Le Glay présente ce Bauces comme le petit-fils du comte Raoul, mort en 896, et qu'il lui donne pour père le Raoul tué en 943 en combattant les fils Herbert, c'est-à-dire le héros de notre poème [1].

Dans le peu que nous savons du comte Raoul de Gouy, le prototype du Raoul Taillefer de la chanson de geste, il est possible de voir une confirmation des vers 992-993, où Aalais rappelle au jeune Raoul que son père fut toujours l'ami du comte Herbert, aux enfants duquel il veut disputer le fief de Vermandois [2] : on se souvient, en effet, que Raoul de Gouy combattait les Normands en 923, à la tête ou aux côtés des vassaux d'Herbert. Quant au surplus des renseignements que le poème donne sur Raoul, il n'est point possible d'établir leur véracité, mais on peut montrer qu'ils n'ont rien de contraire à la vraisemblance.

---

menta Germaniæ historica, IX, 304). Ce Bauces, régent de Flandre pendant la minorité d'Arnoul II, est sans doute le prototype du comte Bauces de Flandre, personnage épique que l'auteur du poème encore inédit d'*Anseïs, fils de Girbert*, a recueilli pour en faire un des personnages les plus sympathiques de son œuvre. Ajoutons que l'inscription en vers latins, qu'on lisait au commencement du XVIe siècle sur le tombeau de Bauces, dans l'église de Saint-Pierre de Gand, identifiait ce fils du comte Raoul avec l'un des meurtriers du duc Guillaume de Normandie, massacré en 943, c'est-à-dire avec Bauces le Court, dont d'anciens poèmes normands célébraient les aventures merveilleuses; cette épitaphe a été reproduite par Meyer (*Annales rerum Flandricarum*, Anvers, 1561, f° 20 r°).

1. *Li romans de Raoul de Cambrai et de Bernier*, édit. Le Glay, p. XII.

2.   Raouls, tes peres, cil qui t'engenuï,
     Et quens Herbers furent tos jors ami.

II. — L'ÉLÉMENT HISTORIQUE

Selon le poème, Raoul Taillefer aurait épousé Aalais, sœur du roi Louis [1], qu'il aurait laissée, en mourant, grosse de Raoul, le futur adversaire des fils Herbert. Ces circonstances sont loin d'être invraisemblables. Aalais est, en effet, le nom d'une des nombreuses sœurs du roi Louis d'Outremer, issues du mariage de Charles le Simple avec la reine Fréderune [2], et il n'est pas impossible qu'en 926, date de la mort de Raoul de Gouy, elle fût mariée à l'un des comtes qui avaient été les sujets de son père [3] ; d'autre part, en supposant que Raoul de Gouy, mort prématurément en 926, ait laissé sa femme enceinte d'un fils, ce fils posthume, lors de la mort de Herbert de Vermandois, en 943, aurait eu dix-sept ans environ, âge qui n'est en désaccord ni avec le texte de *Raoul de Cambrai* [4], ni avec ce que nous savons de l'époque caro-

---

1. Aalais est désignée comme sœur du roi Louis, notamment aux vers 1122, 3561 et 5204.

2. C'est ce que nous apprend Witger, moine de Saint-Corneille de Compiègne, qui écrivit, de 951 à 959, une sorte de généalogie du comte Arnoul de Flandre : « Karolus rex genuit, ex Frederuna « regina, Hyrmintrudim, Frederunam, *Adelheidim*, Gislam, Rotru- « dim et Hildegardim. » (*Monumenta Germaniæ historica*, IX, 303). Frédérune mourut en 917, dans la dixième année de son union avec Charles le Simple (Anselme, *Hist. généal. de la maison de France*, I, 361).

3. Il n'y a qu'à parcourir la généalogie des Carolingiens, pour être convaincu que plus d'une princesse de cette famille, fille de roi et même d'empereur, épousa un simple comte de son père.

4. Raoul de Cambrai était âgé de quinze ans lorsqu'on l'amena à la cour (vers 371 et 376) pour être armé chevalier. « Une grant piece » (vers 520 et 538) de temps s'écoule entre cet événement et la promesse que le roi lui fit du premier fief qui viendrait à vaquer, puis une autre « grant piece » se passe encore avant la mort d'Herbert qui allume la guerre bientôt terminée par la mort de Raoul, et cette seconde « grant piece » est évaluée cette fois un an et quinze

lingienne, car en ce temps on entrait fort jeune dans la vie active et surtout dans la vie militaire; ainsi, pour n'en citer qu'un exemple entre tant d'autres, un roi carolingien, Louis III, celui-là même dont un poème en langage francique et la chanson de Gormond célèbrent la lutte contre les Normands, Louis III mourut âgé au plus de dix-neuf ans, un an après avoir battu les pirates du Nord, deux ans après qu'il eût conduit une expédition en Bourgogne contre le roi Boson.

Quoi qu'il en soit de l'origine de la comtesse Aalais, femme de Raoul de Gouy, son souvenir se conserva durant plusieurs siècles dans l'église cathédrale de Cambrai et dans l'abbaye de Saint-Géry de la même ville, à raison de legs qu'elle leur avait faits pour le repos de l'âme de son malheureux fils; c'est du moins ce qu'attestent une charte de Liebert, évêque de Cambrai, rédigée vers 1050 [1], et la chronique rimée vers le milieu du XIIIe siècle par Philippe Mousket [2].

Le caractère historique de la première partie de *Raoul* étant établi, il n'y a point lieu de s'étonner que les prin-

jours (vv. 805-806). Il est donc probable que l'auteur du poème primitif n'entendait point donner à Raoul beaucoup plus de dix-sept ans, au moment de la lutte contre les fils Herbert.

1. « Tradidit itaque ad usus fratrum predictorum comitissa Adelæ-« dis, pro sua filiique sui comitis Radulphi anima, villam que dicitur « Conteham et que ad eam pertinet arabilem terram; comes Ybertus « Torci, Heribertus dimidiam Culturam Mainsendis. » (Duvivier, *Recherches sur le Hainaut ancien*, p. 425). Il est remarquable que la charte de Liebert rappelle les donations d'Ybert [de Ribemont?] et de Herbert [de Vermandois?] à l'abbaye de Saint-Géry.

2. C'est dans la partie vraiment historique de sa chronique rimée que Mousket parle des donations faites à l'église de Notre-Dame de Cambrai, et ce à l'occasion de l'évêque Godefroi, que le roi

cipaux personnages de la chanson de geste, tels, par exemple, que Guerri le Sor et Ybert de Ribemont ne soient pas plus que Raoul de Cambrai des personnages imaginaires ; mais le trouvère, auquel nous devons la seule version parvenue jusqu'à nous, a sans doute, ici encore, élevé quelque peu la situation sociale de ces barons, et, suivant en cela la tendance bien connue de l'école épique d'alors, il leur a supposé des liens de parenté fort étroits avec des barons dont ils n'étaient tout d'abord que les alliés [1].

Guerri le Sor, dont le poète du XIIe siècle fait un oncle paternel de Raoul de Cambrai, semble tout d'abord un personnage fabuleux, car il nous est présenté comme comte d'Arras. Or, pendant le second quart du Xe siècle, le comté d'Arras fut successivement possédé par le comte Aleaume et Arnoul de Flandre [2]. Le nom de Guerri le Sor, qui paraît n'avoir aucun lien avec l'histoire réelle

---

Louis VIII envoie à Avignon, avec deux autres prélats, auprès de l'Empereur :

L'autre, l'evesques Godefrois
Ki pour Dieu ot el pis la crois,
Et s'ot a force de Canbrai
Les Canbrisiens tornés el brai
Et de la noisse et del triboul
Que dès le tans conte Raoul
Et de la contesse Aielais,
Ki pour Dieu ot fait tous ses lais
Et pour l'arme Raoul son fil,
Le hardi, le prou, le gentil,
A eglise de Nostre Dame,
Dont puis avoient a fet grant dame
Cil de Canbrai a son clergié.

(Ed. Reiffenberg, vv. 26101 à 26113.)

1. Il est même possible que Raoul de Cambrai ne soit pas plus le neveu maternel du roi Louis IV que Roland n'était réellement celui de Charlemagne.

2. Aleaume, comte d'Arras dès 923, périt à Noyon en 932 (*Annales Flodoardi*). C'est en cette dernière année que la Chronique de Tournai place l'acquisition d'Arras par Arnoul de Flandre (Bouquet, VIII, 285).

d'Arras, se retrouve cependant sous la plume de plusieurs chroniqueurs wallons, mais il désigne alors un chevalier hennuyer qui fut la tige de l'illustre maison d'Avesnes, et qu'une tradition de famille, entièrement indépendante, selon toute apparence, du poème de *Raoul*, permet de croire le contemporain de Louis d'Outre-Mer [1]. Guerri le Sor, seigneur de Leuze, auquel le comte de Hainaut inféoda le territoire situé entre les deux Helpes, était-il originairement le même personnage que son homonyme du *Raoul*? C'est presque certain, car le trouvère du XIIe siècle, en désignant une fois par hasard Guerri d'Arras sous le nom de « Guerri de Cimai [2] »,

---

1. On peut considérer tout au moins comme une tradition de famille ce début de l'histoire des seigneurs d'Avesnes que Baudouin d'Avesnes, mort en 1289, a inséré dans son recueil de généalogies : « Werris li Sors fut sires de Leuze et sougist a lui aucunes terres « entour. Li quens de Haynaut qui adonc estoit, li donna la terre « qui est entre les II Eppres, de quoi li une vient devers Liessies et « li autre devers Trelon. Li quars hoirs qui après lui fut, fust « sires de Leuze et d'Avesnes, et ot non Weris a la Barbe. Il meit « a Fay sor Eppre et fist une petite tour a Avesnes. Quant il fut « mors, Tieris ses filz tint la terre : il fist la tour d'Avesnes plus « grant. Adonc avoit chanonnes a Liessies, mais cis Thierris les en « osta et y mist moinnes noirs, Il moru sans hoir. » (*Monum. Germ. histor.*, XXV, 427-428). Or, si Thierri, qui était le cinquième successeur (hoir) de Guerri le Sor, et qui fonda en 1095 l'abbaye de Liessies, doit être considéré comme le descendant à la cinquième génération dudit Guerri, ce dernier aurait vécu dans la première moitié du Xe siècle. Cependant, Jacques de Guise, qui écrivait à la fin du XIVe siècle, fait vivre Guerri le Sor vers l'an 1020 et le rattache, on ne sait pourquoi, à la famille de Girart de Roussillon (*Annales Hannoniæ*, l. XIV, c. 52).

2. Vers 5029. — Il faut, pour se convaincre que Guerri de Chimay n'est point différent de Guerri le Sor, comparer les vers 5029 à 5042 aux vers 3335 à 3344.

II. — L'ÉLÉMENT HISTORIQUE

qui convient parfaitement au seigneur du pays d'entre les deux Helpes [1], a vraisemblablement laissé subsister par mégarde un surnom féodal qu'il a, partout ailleurs, remplacé par celui d'Arras. Ainsi, le jeune Raoul et Guerri le Sor appartenaient tous deux par leurs fiefs à la même circonscription ecclésiastique, c'est-à-dire au diocèse de Cambrai.

Le personnage d'Ybert de Ribemont a été un peu moins altéré que celui de Guerri. Ybert n'était pas, à vrai dire, l'un des fils du comte Herbert de Vermandois, au sang duquel le rattachait déjà la version du *Raoul* qui avait cours à la fin du xie siècle [2], mais il était assurément l'un des plus riches vassaux de ce puissant baron. La forme latine de son nom était *Eilbertus* ou *Egilbertus*, et rien n'empêche de croire que le château de Ribemont, situé sur la rive gauche de l'Oise, à une lieue et demie de l'abbaye d'Origny, incendiée par Raoul de Cambrai, ne fût réellement le chef-lieu de son fief. Toujours est-il qu'en 948, c'est-à-dire cinq ans seulement après les événements retracés dans le *Raoul*, Ybert fonda, de concert avec

---

1. Chimay (Belgique, prov. de Hainaut, arr. de Thuin, chef-lieu de canton) n'est guère situé qu'à deux lieues à l'est de la source de l'Helpe-Majeure aussi bien que de celle de l'Helpe-Mineure ; il est presque inutile de dire que le pays d'entre les deux Helpes forma, au xie siècle, la seigneurie d'Avesnes.

2. L'auteur du *Chronicon Valciodorense* (Waulsort), qui renferme un résumé de cette version de *Raoul*, fait d'Ybert, non plus le fils, mais le frère du vieil Herbert, auquel il donne, bien à tort, un comte Ebroin pour père. Nous publions à l'appendice le morceau de la chronique qui se rapporte à l'histoire de Raoul. Elle est imprimée dans le *Spicilegium* de D'Achery (édition in-4°, t. VII, pp. 513-583; édition in-folio, t. II, pp. 709-729). — Waulsort est maintenant un village de la province de Namur, situé à peu de distance de Dinant.

Hersent, sa femme, et le comte Albert Ier de Vermandois, son suzerain, l'abbaye d'Homblières, dans un lieu qu'une distance de neuf kilomètres seulement sépare de Ribemont [1]. Il donnait, en 960, à cette abbaye d'Homblières quelque bien sis dans un village du Laonnois, Puisieux [2], à quatre lieues nord-est de Ribemont, et la charte rédigée à cette occasion nous fait connaître l'existence de son fils Lambert [3], issu sans doute du mariage avec Hersent. Enfin, il atteignit un âge très avancé, s'il est vrai qu'il faille le reconnaître dans cet Ybert, également époux de Hersent, sur l'avis duquel un

---

1. Le diplôme de Louis d'Outremer, relatif à la fondation du monastère d'Homblières, est daté du 1er octobre 948 ; on y voit figurer, comme fondateurs de la nouvelle abbaye, « Adalbertus, inclitæ indolis comes, una cum nobili viro Eilberto et conjuge sua Herisinde ». Le monastère d'Homblières, auparavant occupé par des religieuses, faisait alors partie des possessions d'Ybert, qui la remit aux mains du comte Albert, son suzerain (Dom Bouquet, IX, 605). Une bulle du pape Agapet II (954) et une autre du pape Jean XII (956) qualifient Ybert « idoneus satis vir » (Colliette, *Histoire du Vermandois*, I, 564 de 566), tandis qu'un diplôme du roi Lothaire le nomme « venerabilis vir Eilbertus » (*Ibid.*, 563). Le comte Albert l'appelle « son fidèle », c'est-à-dire son vassal, dans une charte relative à un échange conclu entre l'abbé d'Homblières et Ybert (Cartulaire d'Homblières, aux Archives de l'Aisne, p. 55).

2. *Ibid.*, pp. 15-16 et 53-54.

3. « Signum Heilberti [alias Hilberti] qui hanc cartham fieri « jussit et propria manu firmavit. Signum Lantberti, filii ejus. » (*Ibid.*, pp. 16 et 54). Le nom de Lambert ne permet guère de douter, outre les autres circonstances, que l'*Heilbertus* de cette charte soit le même que le fondateur de l'abbaye, car plusieurs des successeurs d'Ybert dans la seigneurie de Ribemont paraissent avoir porté ce nom dans le cours d'un siècle (Melleville, *Dictionnaire historique du dép. de l'Aisne*, édit. de 1865, II, 277).

vassal nommé d'Harri donna, en 988, à la même abbaye, l'alleu de Vinay, situé dans l'Omois, près d'Epernay [1].

Quoiqu'il en soit de cette dernière question, il est certain qu'Ybert fut, de son temps, un baron renommé pour sa piété, car, à côté de la tradition épique qui lui faisait jouer un rôle dans le *Raoul*, il se forma sur son compte une véritable légende que nous appellerions volontiers monastique, et qui le présente à la postérité comme un grand bâtisseur d'églises. Cette légende monastique, consignée à la fin du xie siècle dans le *Chronicon Valciodorense* [2], où les traditions épiques relatives à Raoul de Cambrai ont été également utilisées, cette légende fait d'Ybert de Ribemont le fils et le principal héritier d'un comte Ebroin [3], auquel sa femme Berte, fille du comte Guerri, avait apporté en dot la seigneurie de Florennes [4], au comté de Lomme, et qui tenait, en outre, de la munificence de Louis l'Enfant, le dernier roi carolingien d'Allemagne, les domaines d'Anthisne, en Condroz, et de

1. « Noverit ... quod anno incarnationis Dominicæ 988 accessit « quidam vassallus nomine Hadericus cum consilio Eilberti et uxo- « ris suæ Herisindis ad abbatem monasterii Humolariensis, humi- « liter deprecans ut quidam puer, nepos ejusdem Haderici, in eo- « dem monasterio susciperetur, tradens ad locum cum eodem « puerulo quendam alodium in comitatu Otmensi in villa quæ « dicitur Vedeniacus. » (Colliette, *Histoire du Vermandois*, I, 565).

2. Voir ci-dessus, p. xxv, note 2.

3. Au début du *Chronicon Valciodorense*.

4. « Hic (Ebroinus) armis strenuus et omni honestate, industria « sua et virtute multa acquirens, filiam Widerici comitis et ejus « uxoris Evæ, quæ in nominis acquisitione Berta nuncupatur, « sumpsit in conjugium ; cum ea accipiens dante ipso genitore « atque genitrice Florinas, et quidquid ad eundem pagum Flori- « nensem pertinet *(Ibid.)*. »

Heidré, en Famine [1]. Après une vie agitée, marquée par des événements, tels qu'un siège (fabuleux) de la ville de Reims entrepris pour la vengeance d'une injure particulière et la guerre contre Raoul de Cambrai, le comte Ybert, sous l'impulsion de sa compagne Hersent, femme d'une piété éprouvée, aurait fondé six monastères : les abbayes de Waulsort et de Florennes, au diocèse de Liège et au comté de Lomme, les abbayes de Saint-Michel en Thiérache et de Bucilly dans la portion du diocèse de Laon qui avoisinait celui de Cambrai, et, enfin, les abbayes d'Homblières et du Mont Saint-Quentin de Péronne, au diocèse de Noyon [2]. La chronique de Waulsort lui attribue, en outre, la reconstruction de l'église métropolitaine de Reims [3], précédemment incendiée par lui après la prise de la ville. La légende monastique que nous analysons ne lui connaît point d'autre enfant que le bâtard Bernier, mort prématurément peu après la conclusion de la paix avec Gautier de Cambrai [4] : aussi rapporte-t-elle qu'après la mort de la comtesse Hersent,

---

1. « Rex Ludovicus ex prosapia Caroli Magni ultimus, volens ho-
« norare dignis muneribus, tradidit ei (Ebroino) sub regalibus
« testamentis villas suæ ditioni subjectas duas, quæ propter digni-
« tatem honoris ejus sui nominibus hic annotabuntur : una quæ
« est in Condruso dicitur Anthina, et altera quæ adjacet in Fa-
« menna nuncupabatur Heidra *(Ibid.)*. »

2. *Chronicon Valciodorense.* Cf. les articles consacrés à ces divers monastères par les auteurs de la *Gallia christiana*.

3. « Et ut ex rivulo septiformis spiritus stillicidium participium-
« que, spiritualis renovationis donum gradatim in se valeret mul-
« tiplicare, senario numero constructarum ecclesiarum septimam
« ob honorem genitricis Dei, ob restaurationem Remensis ecclesiæ
« adjecit. » (*Chronicon Valciodorense*, p. 524 de l'édition in-4°).

4. Voyez l'extrait du *Chronicon Valciodorense*, publié en appendice.

Ybert se remaria avec la veuve du seigneur de Rumigny en Thiérache, laquelle, de son premier mariage, avait eu deux fils, Godefroi et Arnoul, auxquels il laissa la seigneurie de Florennes [1], du consentement de son suzerain le « roi » ou plutôt l'empereur d'Allemagne. Enfin, il reçut, toujours suivant cette même source, la sépulture dans l'abbaye de Waulsort, où Bernier et plusieurs autres membres de sa famille avaient déjà été ensevelis [2]. Sa mort était, semble-t-il, marquée au 28 mars dans l'obituaire de quelqu'un des monastères dont on lui attribuait la fondation [3].

Quant au fils naturel d'Ybert de Ribemont, c'est-à-dire à Bernier, le meurtrier de Raoul de Cambrai, les deux seules sources qui le mentionnent appartiennent à la tradition épique : l'une est le poème même que nous publions, l'autre est la chronique de Waulsort qui mentionne Bernier dans le résumé qu'elle renferme de la version du *Raoul* ayant cours à la fin du xie siècle. Ces circonstances n'impliquent point cependant que Bernier soit un personnage fabuleux. En rapportant que Bernier mourut peu après l'accord intervenu entre les siens et Gautier de Cambrai [4], et qu'il reçut la sépulture à Waul-

---

1. *Chronicon Valciodorense*, pp. 540-541 de l'édition in-4°. — L'étude des documents relatifs à la seigneurie de Florennes prouve que les successeurs d'Ybert de Florennes appartenaient à la famille de Rumigny. Il y a, en outre, lieu de croire qu'Arnoul et Godefroi de Rumigny ne doivent pas être distingués de deux comtes du même nom qui gouvernèrent conjointement le Hainaut dans le dernier tiers du dixième siècle.

2. *Ibid.*, pp. 542-543.

3. *Acta Sanctorum*, (III avril, p. 810) où l'an 977 est indiqué, en outre, comme année de la mort d'Eilbert.

4. Voyez plus loin, à l'appendice, § 7.

sort[1], la chronique de ce monastère prouve surabondamment qu'à la fin du xie siècle un romancier n'avait point encore songé à donner une suite au poème primitif sur Raoul de Cambrai, en faisant épouser à Bernier la fille de Guerri le Sor. De plus, elle nous met en garde contre une opinion de Colliette, l'historien du Vermandois[2], opinion adoptée par plusieurs érudits, notamment par le premier éditeur de *Raoul de Cambrai*[3], et suivant laquelle Bernier aurait embrassé la vie monastique et ne serait autre que Bernier, premier abbé d'Homblières, mentionné, au reste, par plusieurs chartes du cartulaire de cette abbaye : il n'y a certainement entre les deux personnages qu'une simple coïncidence de noms.

L'intrusion d'Ybert de Ribemont dans la famille comtale de Vermandois ne paraît point le fait du dernier poète qui remania le poème de *Raoul* : on peut induire de la chronique de Waulsort qu'elle remonte au xie siècle[4]. Une circonstance historique assez importante subsiste, malgré tout, dans la chanson de geste : c'est le nombre des fils Herbert qui défendent l'héritage paternel contre les tentatives de Raoul. Herbert II laissa, à la vérité, cinq fils et non pas quatre, mais le troisième d'entre

---

1. *Chronicon Valciodorense*, p. 542 de l'édition in-4°.

2. *Histoire du Vermandois*, I, 499. — Il faut rendre cette justice à Colliette qu'il s'est embrouillé supérieurement, non-seulement en ce qui concerne Bernier, mais aussi au sujet de Raoul, fils de Raoul de Gouy, en distinguant ce personnage d'un Raoul de Cambrai auquel il fait envahir le Vermandois en 945, c'est-à-dire deux ans après la mort de son homonyme (t. I, pp. 468 et 494).

3. *Li romans de Raoul de Cambrai et de Bernier*, édit. Le Glay, p. 341.

4. Du moins, l'auteur de cette chronique fait d'Ybert le frère du comte Herbert de Saint-Quentin et d'Eudes de Roye.

eux, Hugues, ne dut point prendre part à la lutte, car il occupait le siège archiépiscopal de Reims. Les quatre autres fils de Herbert II se nommaient Eudes, Albert, Robert et Herbert [1] : le poème qui nous est parvenu n'a conservé intacts que les noms du premier et du dernier, encore a-t-il eu le tort de faire périr de la main de Guerri le Sor [2], dans la guerre de 943, Herbert, qu'il nomme Herbert d'Hirson, cet Herbert, devenu comte de Troyes et de Meaux en 968, étant mort seulement en 993. Quant à Albert, — Aubert en langue vulgaire du XIIe siècle, — qui fut de 943 à 988 comte de Vermandois ou de Saint-Quentin, c'est celui dont Ybert, en raison peut-être d'une certaine analogie de nom, occupe la place : la substitution du nom d'Ybert à celui d'Albert est le seul titre que le père de Bernier ait jamais eu à la possession de Saint-Quentin, dont le poème le fait comte. Enfin Robert, comte de Troyes et de Meaux de 943 à 968, a été remplacé par un prétendu filleul du roi Louis, qui porte le même nom que son royal parrain [3].

Nous avons successivement passé en revue les personnages du *Raoul* que l'on appellerait en style de palais « les parties », et l'on a vu qu'ils sont empruntés presque sans exception à l'histoire réelle. Il est évident que, parmi les personnages secondaires, voire même parmi les comparses, plus d'un nom appartient à des contemporains véritables de Louis d'Outremer, mais la preuve en est difficile à faire en raison de l'extrême pénurie de documents historiques du Xe siècle, relatifs à la France

---

1. Colliette, *Histoire du Vermandois*, I, 461-462.
2. Vers 3335 à 3344 du poème.
3. V. 2519.

septentrionale, et nous nous bornerons à indiquer, par l'exemple de deux guerriers, alliés des fils Hérbert dans la lutte contre Raoul de Cambrai, quelle proportion de vérité historique peut encore recéler le second plan du poème. Ernaut de Douai, qui a la main droite coupée par Raoul, est nommé à plusieurs reprises par Flodoard : vassal de Herbert II dès 930, il perdit, l'année suivante, la ville de Douai que le roi Louis IV lui fit restituer en 941 [1]. De même, le comte Bernard de Rethel est mentionné par Flodoard, qui le désigne plus exactement comme comte de Porcien [2], pays dont Rethel fut démembré au xᵉ siècle.

Les mœurs féodales dans la première partie du *Raoul* portent aussi en plus d'une strophe les marques d'une certaine antiquité; il serait plus difficile toutefois de faire ici le départ de ce qui appartient véritablement au xᵉ siècle. L'hérédité des fiefs n'y est point encore complètement établie [3], mais il faut reconnaître que les remanieurs ne pouvaient guère, sans nuire à l'économie du poème, introduire sur ce point les coutumes de leur temps. La réparation, à la fois éclatante et bizarre, que Raoul offre à Bernier après l'incendie d'Origny [4], et qui est l'une des

---

1. *Annales Flodoardi*, aux années 930, 931 et 942.

2. *Ibid.*, aux années 933 et 945 ; *Historia Remensis ecclesiæ*, l. IV, c. 3⁶. — Au xiiiᵉ siècle, Aubri de Troisfontaines, empruntant à Flodoard la mention qu'il fait du comte de Porcien sous la date 945, l'appelle « comes de Retest Bernardus », d'accord en cela avec le poème de Raoul.

3. Notamment en ce qui concerne le fief de Vermandois que le roi concède à Raoul, bien que le comte défunt ait laissé quatre fils.

4. Voici en quoi consistait cette réparation : Raoul offrait de se rendre d'Origny à Nesle, localités qu'une distance de « 14 lieues » (en réalité 43 kilomètres) séparait, accompagné de cent chevaliers

formes de l'*harmiscara* des textes carolingiens [1], semble encore un trait conservé de la chanson primitive sur la mort de Raoul, mais on sait combien il est difficile de renfermer dans des limites chronologiques la plupart des usages du moyen âge : telle coutume oubliée presque totalement en France a pu se perpétuer dans le coin d'une province [2]; elle a pu disparaître complètement de notre pays et se conserver plusieurs siècles encore à l'étranger. C'est pourquoi nous croyons sage de nous abstenir de plus amples considérations.

III. — LES DIVERS ÉTATS DU POÈME. — TÉMOIGNAGES.

Le lecteur a déjà remarqué qu'entre toutes les notions historiques qui ont été réunies dans le précédent chapitre en vue d'éclairer les origines de la légende de Raoul de Cambrai, aucune ne peut être mise en rapport avec les événements racontés dans la seconde partie du poème,

---

portant chacun sa selle sur la tête; Raoul, chargé de celle de son ancien écuyer, aurait dit à toutes les personnes qui se seraient trouvées sur son chemin : « Voici la selle de Bernier. » Les hommes de Raoul trouvaient fort acceptable pour Bernier cette « amendise » que l'offensé refusa hautement.

1. Michelet (*Origines du droit français*, pp. 378-380) cite des exemples du port de la selle empruntés au *Rou*, à *Garin le Loherain* et à *Girart de Viane*. — Cf. Du Cange, *Glossarium mediæ et infimæ latinitatis*, verbo HARMISCARA.

2. En 1038, Geoffroy Martel, comte de Vendôme, réduit par son père le comte d'Anjou, Foulques Nerra, vint lui demander pardon, une selle de cheval sur le dos (Guill. de Malmesbury, cité dans l'*Art de vérifier les dates*, II, 811).

celle qui commence à la tirade CCL. D'ailleurs le caractère purement romanesque de cette seconde partie forme un contraste frappant avec le ton véritablement épique des récits qui composent la partie ancienne du poème. Le procédé grâce auquel Béatrix, enlevée à son époux, réussit à lui garder sa foi, l'artifice que celui-ci emploie pour la reprendre, les fortunes diverses de Bernier chez les Sarrazins, sa rencontre avec son fils sur le champ de bataille, la reconnaissance du père et du fils, sont autant d'événements où se reconnaît l'influence des romans d'aventure [1]. Nous pouvons donc, à nous en tenir aux seules données du poème, affirmer en toute sécurité que la première partie est, dans sa composition originale, sinon dans sa forme actuelle, d'une époque beaucoup plus ancienne que la seconde. La même conclusion ressortira avec évidence de l'ensemble des recherches qu'il nous reste à présenter sur la formation et la transmission de notre chanson de geste.

Au cours du récit de la guerre de Raoul contre les fils Herbert de Vermandois, se lisent ces vers :

> Bertolais dist que chançon en fera,
> Jamais jougleres tele ne chantera.

> Mout par fu preus et saiges Bertolais,
> 2445   Et de Loon fu il nez et estrais,
> Et de paraige, del miex et del belais.
> De la bataille vi tot le gregnor fais ;
> Chanson en fist, n'orreis milor jamais,
> Puis a esté oïe en maint palais,
> 2450   Del sor Gueri et de dame Aalais...

---

1. Les noms mêmes des guerriers sarrazins sont empruntés à la littérature des chansons de geste. Voir, à la table, les noms AUCIBIER, BOIDANT, CORSABRÉ, CORSUBLE, SALATRÉ.

Bertolais, qui nous est d'ailleurs totalement inconnu, est présenté ici comme un témoin oculaire de la guerre contée, et comme un homme du temps passé. Cela résulte du vers (2449) où il est dit que la chanson composée par lui fut depuis écoutée en maint palais. Il faut donc croire que Bertolais avait mis son nom à son œuvre, en témoignant qu'il avait assisté aux événements racontés, à peu près comme fit plus tard Guillaume de Tudèle, l'auteur de la première partie du poème de la croisade albigeoise. On ne voit pas, en dehors de cette hypothèse, comment les notions contenues dans les vers cités auraient pu se conserver. Si Bertolais a assisté à la lutte de Raoul et des fils Herbert, il faut qu'il ait vécu vers le milieu du xe siècle. L'existence de chansons de geste à cette époque n'est nullement contestable, bien qu'il ne nous en soit parvenu aucune que l'on puisse faire remonter aussi haut. Nous pouvons donc admettre que notre poème de *Raoul de Cambrai* a été, en sa forme première, l'un de nos plus anciens poèmes épiques. Mais la chanson composée par Bertolais a sans doute subi plus d'un remaniement, avant de recevoir la forme sous laquelle nous la possédons. Cherchons à déterminer, dans la mesure du possible, l'étendue et le caractère de ces remaniements. Nous avons, pour nous aider dans cette recherche, un certain nombre de témoignages qui nous permettent de constater l'état du poème dès une époque antérieure à la rédaction qui nous est parvenue. Entre ces témoignages, le plus complet et le plus ancien est celui qui nous est fourni par la chronique de Waulsort (*Chronicon Valciodorense*), déjà citée ci-dessus, en sa partie primitive qui fut rédigée vers la fin du xie siècle [1].

1. Voy. *Histoire littéraire*, XXI, 703.

Voici l'analyse du passage qui nous intéresse dans cette chronique. On en trouvera le texte à l'appendice :

(1) Herbert, comte de Saint-Quentin, meurt laissant quatre fils qu'il a placés, avant de mourir, sous la garde de son frère Eilbert. Comme on procédait aux funérailles, le comte de Cambrai Raoul envahit la terre des fils du défunt que le roi, son oncle, avait eu la faiblesse de lui concéder.

(2) Tout au début, Raoul attaque la ville de Saint-Quentin et l'incendie. Puis il met le feu à un couvent de religieuses, récemment fondé par les fils Herbert, pour une dame de noble origine, qui, après avoir été séduite et puis abandonnée par le comte Eilbert, avait pris le parti de renoncer au monde.

(3) Cette dame avait eu du comte Eilbert un fils que Raoul avait recueilli et dont il avait fait son écuyer. Ce jeune homme, voyant que sa mère avait péri dans l'incendie du monastère, se répandit en plaintes qui excitèrent la colère de Raoul. Celui-ci s'emporta jusqu'à chasser son écuyer, après l'avoir blessé à la tête. Bernier se réfugia auprès de son père, Eilbert, qui l'arma chevalier, et bientôt la guerre commença.

(4) Un jour ayant été fixé pour la bataille[1], Bernier alla trouver son seigneur pour lui proposer un accord au sujet de la mort de sa mère. Accueilli par des injures, il se considéra comme délié de son serment de fidélité envers Raoul. Le combat s'engage; Raoul périt de la main de son ancien écuyer. Les terres enlevées aux hoirs de Herbert leur furent rendues.

(5) Après un certain laps de temps, un neveu de Raoul, nommé Gautier, vient demander à Bernier raison de la mort de son oncle. Bernier se défend en rappelant la blessure qu'il a reçue de Raoul, et les dommages que les siens ont éprouvés par le fait de ce dernier.

---

1. C'est ce qu'on appelait, au moyen âge, bataille *aramie*.

(6) Les deux adversaires se rendent auprès du roi, et, ayant donné leurs ôtages, conviennent de vider leur querelle par le duel. Le combat dure trois jours sans résultat. Au bout de ce temps, le roi intervient, et, sur son ordre, les combattants remettent leurs armes à leurs ôtages. Bientôt le jugement des hauts hommes du palais met fin à la querelle, et la paix est rétablie. Mais toutefois, la rancune de ces luttes passées dure encore maintenant dans le cœur des hommes du Vermandois et du Cambrésis[1].

(7) Après cela, la volonté divine enleva de ce monde le jeune Bernier. Son père en éprouva une vive douleur. Il résolut de racheter les fautes de sa vie passée et fonda, de concert avec son épouse Hersent, l'abbaye de Saint-Michel en Thiérache.

Ces récits ont sans doute été pris par l'auteur de la chronique de Waulsort pour de l'histoire authentique, et nous partagerions probablement la même illusion, si la comparaison avec notre *Raoul de Cambrai* ne nous avertissait que le chroniqueur a simplement analysé une chanson de geste en vogue de son temps. Cette chanson de geste était-elle exactement celle que Bertolais composa peu après les événements, c'est-à-dire vers le commencement du xe siècle au plus tard? Nous n'oserions l'affirmer. Entre l'époque où composait Bertolais et la date

---

1. Cette assertion est probablement tirée de la chanson qu'analysait le moine de Waulsort : on en retrouve, vers le temps de Philippe Auguste, un écho ou une imitation dans ces quatre vers d'une suite du fameux poème des *Lorrains*, où l'on sait qu'un jongleur intercala la légende de Raoul de Cambrai :

> Car la haïne dure encor par verté,
> Par Loheraine et par Breibant dalés ;
> Ne faura ja, jel vos dis por verté,
> Car ensi l'a Damedeus estoré.
>
> (*Histoire littéraire de la France*, xxii, 640.)

de la partie ancienne du *Chronicon Valciodorense*, il y a plus d'un siècle, temps pendant lequel la chanson primitive a pu et dû éprouver bien des altérations. Mais il n'y a place ici que pour des conjectures, puisque l'état premier du poème nous est absolument inconnu. Nous sommes sur un terrain plus solide, lorsque nous comparons le récit de la chronique avec le poème que nous éditons. Nous pouvons constater de l'un à l'autre certaines différences qui suffisent à constituer deux états différents de l'œuvre. Indiquons-les rapidement.

Dans la chronique Eilbert est le frère du comte Herbert de Vermandois et a, en cette qualité, la garde des enfants de ce dernier, tandis que dans notre poème Ybert de Ribemont est l'aîné des quatre fils de Herbert[1].

Dans la chronique la lutte entre Raoul et les hoirs de Vermandois commence assez naturellement par l'attaque de Saint-Quentin, épisode qui ne se retrouve plus dans notre poème.

D'après la chronique Bernier n'est pas encore armé chevalier lorsqu'il se sépare de Raoul. Dans le poème c'est Raoul lui-même qui *adoube* son écuyer[2].

Dans la chronique la mort de Raoul semble mettre fin à la guerre, puisque les hoirs de Herbert sont réintégrés, par le jugement d'amis, dans les possessions dont Raoul les avait dépouillés. Le poème, au contraire, nous montre la lutte se poursuivant après la mort de Raoul, sans autre interruption qu'une trêve de quelques heures (tir. CLX), et ne cessant que par la lassitude et la défaite des partisans de Raoul, sans qu'en réalité aucune convention mette fin à la guerre. Les choses étant ainsi,

1. Voy. ci-dessus, p. vj.
2. Voy. vv. 577 et suiv.; cf. v. 3136.

Gautier peut légitimement, sans défi préalable, envahir, au bout de quelques années, la terre des hoirs de Herbert (tir. CLXXXV et suiv.), au lieu que dans la chronique (§§ 5 et 6), il y a défi et duel en présence du roi. A la vérité, il y a bien aussi dans le poème un combat singulier : il y en a même deux [1] ; mais le premier a lieu à la suite de conventions particulières où le roi n'a pas à intervenir, et le second est le résultat d'une rencontre fortuite. De plus — et nous touchons ici à une différence capitale entre les deux formes du récit, — selon la chronique, le combat que se livrent, trois jours durant, Bernier et Gautier est suivi d'une paix définitive, tandis que dans le poème ce duel est suivi, à peu de jours d'intervalle, d'une mêlée confuse dont le palais même du roi est le théâtre, et à la suite de laquelle Gautier et Guerri, d'une part, Bernier et les fils Herbert, d'autre part, c'est-à-dire les ennemis irréconciliables de tout à l'heure, s'unissent pour faire la guerre au roi. Cette scène, en elle-même assez peu acceptable, et d'ailleurs médiocrement amenée, termine la première partie (partie rimée) de notre poème. Il est certain qu'elle n'était pas connue du chroniqueur de Waulsort, qui conclut son récit d'une façon beaucoup plus naturelle.

Il se peut que telle ou telle des différences que nous venons de constater soit plus apparente que réelle. Il n'est pas impossible que le chroniqueur monastique ait modifié, çà et là, plus ou moins intentionnellement, les récits de la chanson de geste. Ainsi ce qu'il dit, en terminant, de la fondation par Eilbert de Saint-Michel en Thiérache ne vient peut-être pas du poème ; mais, tout en faisant la part de ce qui peut raisonnablement être attri-

---

[1]. Voy. ci-dessus, p. viij.

bué à l'intervention personnelle du chroniqueur, on ne peut nier que la chanson que l'on connaissait à Waulsort à la fin du xie siècle et celle que nous publions représentent deux états sensiblement différents du même poème. Nous pouvons donc, dès maintenant, établir que notre chanson a passé par trois états à tout le moins :

1º Le poème primitif de Bertolais ;

2º Le poème connu par le chroniqueur de Waulsort ;

3º Le poème qui nous est parvenu.

Le grand intérêt du morceau de la chronique de Waulsort que nous venons d'étudier consiste dans les notions qu'il nous fournit sur l'état de notre poème à une époque relativement rapprochée de sa composition primitive. Il offre un autre genre d'intérêt en ce qu'il nous montre avec quelle facilité les chroniqueurs acceptaient comme histoire réelle des compositions où la fiction avait une très grande part. Ce n'était donc pas seulement aux yeux des illettrés que les chansons de geste passaient pour de l'histoire.

D'autres témoignages montrent que pendant longtemps les historiens ont cru aux récits fabuleux que les jongleurs récitaient sur Raoul de Cambrai.

Du Chesne a publié dans le t. II de ses *Historiæ Francorum scriptores*, pp. 588-9, un morceau qu'il a intitulé *Fragmentum historicum de destructionibus ecclesiæ Corbeiensis*, où sont énumérées quatre destructions successives du monastère de Corbie. Ce court récit n'est point daté, mais, à en juger par la forme vulgaire de quelques noms qu'il renferme et la forme latine de certains autres, il ne saurait être antérieur au xiie siècle, ni postérieur à la première moitié du xiiie. On y lit :

Tertia destructio. Anno Domini D CCCC XXXVIII, remeavit regnum ad Ludovicum filium Caroli Pii, in cujus tempore destructa fuit iterum ecclesia nostra de guerra Radulfi Cameracensis, qui fuit nepos memorati Ludovici regis, et etiam tota terra ista.

Ni le chroniqueur de Waulsort ni le poème tel qu'il nous est parvenu, ne font mention de la destruction de l'abbaye de Corbie. Il est probable que nous avons ici affaire à une tradition monastique sans grande valeur.

Gui de Bazoches (fin du xiie siècle). La chronique de Gui de Bazoches, récemment retrouvée, a passé presque entière dans la compilation d'Aubri de Trois-Fontaines. Voici ce qu'on lit dans l'œuvre de ce dernier :

943. In occisione Radulfi Cameracensis multe strages et occisiones facte sunt. Unde Guido : Inter Radulfum Cameracensem comitem, qui Vermandensem invaserat comitatum et comitis Heriberti jam defuncti filios, armorum Francie tota fere mutuo sibi concurrente superbia, non debiliter sed flebiliter decertatur. In quo certamine, grandi tam peditum strage quam equitum gravi facta cede, nobilium militie fulmen, hostium terror, cecidit idem comes Radulfus cum multo partis utriusque dolore, regis precipue Ludovici cujus nepos fuerat ex sorore [1].

(Pertz, *Monumenta*, XXIII, 763.)

Nous n'avons pas les moyens de déterminer si Gui de

---

1. Sous l'année 945, Aubri de Trois-Fontaines fait cette nouvelle allusion à Raoul de Cambrai : « Regi Ludovico Francorum, mortuo « ut supra dictum est nepote suo Radulpho Cameracense et duce « Normannie Guilelmo, Hugo dux Magnus qui et comes Parisiensis « nimis adversabatur. » (Pertz, xxiii, 765.)

Bazoches s'est inspiré directement de la chanson ou s'il a suivi quelque chronique antérieure : ce qui est sûr, c'est que son récit dérive, soit immédiatement, soit indirectement, d'un état de notre poème où la lutte dans laquelle Raoul trouva la mort avait une importance plus grande que dans la rédaction que nous publions. La même conclusion s'applique plus clairement encore aux deux témoignages qui suivent.

Gautier Map, *De nugis curialium*, V, v (fin du xiie siècle). L'archidiacre d'Oxford, Gautier Map, était un homme fort supérieur à la moyenne des écrivains de son temps. Il n'en est que plus intéressant de constater que lui aussi a cru aux récits poétiques sur Raoul. Selon lui, ce héros épique aurait vécu sous Louis le Pieux, et avec lui aurait péri la presque totalité de la chevalerie française :

Ludovicus filius Caroli magni jacturam omnium optimatum Franciæ fere totiusque militie Francorum apud Evore [1] per stultam superbiam Radulfi Cambrensis, nepotis sui, pertulit. Satis ægre rexit ab illa die regnum Francorum ad adventum usque Gurmundi cum Ysembardo, contra quos, cum residuis Francorum, bellum in Pontivo commisit...
(Ed. Wright, p. 211, *Camden Society*, 1850.)

Giraut de Barri, *De instructione principum*, III, 12 (commencement du xiiie siècle). L'idée que la fleur de la chevalerie française avait péri à la bataille d'Origni, et que ce désastre avait été pour la royauté française la cause d'un long affaiblissement, est exprimée avec beaucoup de force dans le passage suivant, où on remar-

---

1. Le texte est sans doute corrompu. Il faudrait *Origni*.

quera que la guerre de Raoul de Cambrai est, comme dans le texte de Gautier Map, associée à celle que soutint le roi Louis [1] contre Gormond, bien que dans un ordre chronologique inverse. Il est bien possible que Giraut de Barri ait connu le traité *De nugis curialium*.

Circa hæc eadem fere tempora, cum de variis inter reges conflictibus et infestationibus crebris, sermone conserto, mentio forte facta fuisset, ille qui scripsit hæc quesivit a Rannulfo de Glanvillis, qui seneschallus et justiciarius Angliæ tunc fuerat, quo casu quove infortunio id acciderit quod, cum duces Normannie, ducatu primum contra Francorum reges viribus et armis conquisito, terram eandem contra singulos reges, sicut historie declarant, tam egregie defenderint, quod nonnullos eorum etiam turpiter confectos terga dare, solamque fuge presidio salutem querere compulerint: nunc una cum Anglorum regno terrisque transmarinis tot et tantis sue ditioni adjectis, minus potenter et insufficienter se defendere jam videantur. At ille, sapiens ut erat simul et eloquens, solita gravitate eloquentiam ornante, sub quadam morositate attentionem comparante, respondit : « Duobus parum ante adventum Normannorum bellis, primo Pontiacensi, inter Lodovicum regem, Karoli magni filium, et Gurmundum, secundo vero longe post Kameracensi, Radulphi scilicet Kameracensis levitate pariter et animositate, adeo totam fere Francie juventutem extinctam fuisse funditus et exinanitam, ut ante hec tempora nostra numerositate minime fuisset restaurata. »

(Bouquet, XVIII, 150.)

PHILIPPE MOUSKET (entre 1220 environ et 1243). Ce rimeur tournaisien ne pouvait manquer de faire figurer

---

1. En réalité Louis III, quoique confondu par Gautier Map et Giraut de Barri avec Louis le Pieux.

Raoul de Cambrai dans la chronique où il a analysé un si grand nombre de chansons de geste. Après avoir parlé du couronnement de Louis d'Outremer, Mousket dit que ce roi avait trois sœurs : l'une, Gillain, qui épousa Rollon, les deux autres, Herluis et Aelais, dont la première fut mariée au duc Garin et la seconde à Taillefer de Cambresis, le père de notre héros :

>   Aelais, l'autre, fu dounée
>   A Taillefier del Kanbresis,
> 14060 Qui mout fu vallans et gentis.
>   Si en ot Raoul le cuviert
>   Ki gueroia les fius Herbiert
>   De Saint Quentin, et Bierneçon
>   Feri el cief par contençon;
>   Si arst les nonnains d'Origni.
>   Mais puis l'en awint il ensi :
>   S'en fu ocis et depeciés
>   Quar il ot fait maus et peciés.

Baudouin d'Avesnes (fin du xiiie siècle). — La chronique compilée sous la direction de ce personnage reproduit ici, en l'abrégeant, le récit de Mousket, à moins qu'elle l'ait puisé à une source commune qui resterait à déterminer. De même que le rimeur tournaisien, c'est à propos des sœurs de Louis d'Outremer que la chronique de Baudouin parle de Raoul de Cambrai :

Quand il (*Louis d'Outremer*) fut venus en Franche, il fu courounés a Loon. Il avoit .ij. serours que ses peres avoit mariées a son vivant. Li aisnée avoit non Heluis, cele ot espousée li dus Garins qui tenoit Pontiu et Vimeu et les alues Saint Waleri. Elle fu mere Yzembart qui amena le roi Gormont de cha le mer pour Franche guerroiier. L'autre suer ot non Aelays; si fu dounée a Taillefer de Chambresis qui ot de li Raoul, ki puis ot grant guerre contre Bernenchon de Saint Quentin. Cil rois Loeys prist a feme Gerberge...

(Bibl. nat. fr. 17264, fol. lviij *b*; cf. fr. 13460, f. 85 *a*[1].)

Les témoignages qu'il nous reste à citer sont empruntés à des poésies tant françaises que provençales. Ils se rapportent tous au second ou même au troisième état de notre chanson. Aucun ne fait la moindre allusion aux aventures de Bernier et de son fils Julien, que raconte la seconde partie du poème.

Garin le Lorrain (comm. du XIIe siècle). — Dans ce poème, il est conté que Garin donna en mariage à Milon de Lavardin, seigneur par moitié du Vexin, la fille de Huon de Cambrai. Puis le narrateur ajoute :

<blockquote>
De cest lignaje, seignor, que je vos di
3695 Li cuens Raous de Cambrai en issi
Qui guerroia les quatre Herbert fils,
Cil que Berniers ocist et l'enor prist.
Icis Raous, seignor, que je vos di
De la seror fu le roi Loeïz.
</blockquote>

(*Mort de Garin*, éd. Du Méril, p. 172.)

---

1. Ce récit est reproduit dans la chronique publiée sous le titre d'*Istore et Croniques de Flandres*, par M. le baron Kervyn de Lettenhove. Bruxelles, 1879, I, 7 (*Collection des chroniques belges*). M. Edward Le Glay cite aussi, dans son édition de *Raoul de Cambrai* (p. 339), un texte identique qu'il emprunte à une chronique manuscrite conservée à la bibliothèque de Cambrai et qu'il considère, à tort semble-t-il, comme la source à laquelle Philippe Mousket aurait puisé ce qu'il dit des sœurs du roi Louis et de leurs enfants.

Il ne serait pas aisé d'établir, en combinant ce témoignage avec les données de notre poème, l'arbre généalogique de Raoul de Cambrai[1]; toutefois, la parenté qui unissait Aalais, mère de Raoul, à la famille de Lavardin, est constatée en deux endroits, au début du poème (voir ci-après vv. 55-60 et 108).

Aubri le Bourguignon (fin du xiie siècle). — L'auteur de ce poème, ou du moins de la rédaction qui nous en est parvenue, contant l'incendie de l'abbaye d'Orchimont, près de Mézières[2], prend comme terme de comparaison l'incendie d'Origny, substituant, toutefois, par une confusion de souvenirs, *Saint-Geri* à *Origni* :

> Plus ot doulor en cel petit monstier
> Que il n'ot mie a S. Geri monstier
> Ou mist le feu Raouls li losengiers[3].
>
> (Bibl. nat. fr. 860, fol. 230 c.)

JEAN BODEL, *Chanson des Saxons*. — L'auteur énumère

---

1. Il faut avouer d'ailleurs que le continuateur de *Girbert de Metz*, auquel nous devons le récit de l'histoire de Raoul, publiée ici en appendice (pp. 297 à 320), ne tient pas compte de l'assertion de son devancier en ce qui concerne la descendance de Milon de Lavardin : selon lui, Renier de Cambrai, que l'auteur de *Girbert de Metz* présente comme l'un des fils de Huon de Cambrai (ms. 1622, f°s 263^b, 264^b et 267^a), aurait été le père de Raoul.

2. La petite ville d'Orchimont, aujourd'hui comprise dans la province de Namur (roy. de Belgique), est située sur un affluent de la Semoy, à six lieues nord-est de Mézières. Elle faisait partie du diocèse de Liège, mais son abbaye, si tant est qu'elle ait existé, n'est pas mentionnée par les auteurs de la *Gallia christiana* (t. III).

3. Ce témoignage et le précédent ont déjà été cités par le premier éditeur de *Raoul de Cambrai*.

ainsi quelques-unes des batailles les plus importantes entre celles dont, au moyen âge, on croyait se souvenir :

> Voirs est que molt morut de gent en Roncevax,
> Et anz ou Val Beton, ou fu Karles Martiax [1],
> A Cambraisis, quant fu ocis Raous li max...
>   (Ed. Fr. Michel, II, 75.)

Nous allons maintenant rapporter une série de témoignages d'où il résulte que *Raoul de Cambrai* n'a guère été moins répandu au midi de la France qu'au nord.

BERTRAN DE BORN, *Pois als baros* (1187). — Cette pièce est dirigée contre la trêve conclue à Châteauroux, le 23 juin 1187, entre Henri II et Philippe-Auguste [2]. On y lit (éd. Stimming, p. 187) :

> Lo sors Guerics [3] dis paraula cortesa
> Quan son nebot vic tornat en esfrei :
> Que desarmatz volgra'n fos la fins presa,
> Quan fo armatz no volc penre plaidei.

« Le sor Guerri dit une parole courtoise, lorsqu'il vit
« son neveu ému : désarmé, il eût voulu que la trêve fût
« conclue, mais, une fois revêtu de ses armes, il repoussa
« l'accord. »

---

1. La bataille de Val-Beton, dans *Girart de Roussillon*.
2. Voy. Rigord, éd. Fr. Delaborde, p. 79. Cf., pour la date de la pièce, Stimming, *Bertran de Born, sein Leben u. seine Werke*, p. 59, et Clédat, *Du rôle historique de Bertran de Born*, p. 71.
3. M. Stimming adopte à tort la mauvaise leçon *Henrics* donnée par trois mss. La bonne leçon se déduit des formes *Guenris*, *Guenrric*, *Geriu*, *Garins*, fournies par les autres mss.

L'épithète *sors*, conservée sous sa forme française (la forme méridionale eût été *saurs*), indique, à n'en pas douter, que le troubadour a bien eu en vue le « sor Guerri », l'oncle batailleur et violent de Raoul de Cambrai. L'auteur inconnu qui nous a laissé les *razos,* c'est-à-dire l'explication ou le commentaire des *sirventés* de Bertran de Born ne s'y est pas trompé, quoiqu'il ait adopté la mauvaise leçon *Henrics* au lieu de *Guerrics* [1]; il a justement supposé que l'allusion portait sur l'accord proposé à Raoul de Cambrai à propos de sa guerre contre les quatre fils de Herbert de Vermandois, mais il faut croire que la rédaction connue de Bertran de Born était quelque peu différente de la nôtre. Nous voyons en effet, aux tirades cvii et cviii, que le sor Guerri conseille d'abord à son neveu d'accepter les offres pacifiques présentées par un messager au nom des fils Herbert, mais, traité de couard (v. 2182) par Raoul, il se sent piqué au vif, et repousse le messager par des paroles de défi. Plus loin, tirade cxiii, lorsque Bernier vient apporter à Raoul de nouvelles propositions, c'est Raoul qui se montre disposé à les agréer, lorsque Guerri, dont le ressentiment n'est pas calmé, s'irrite de nouveau et repousse avec colère toute idée de paix. On ne voit pas paraître dans ce récit l'opposition marquée par les vers de Bertran de Born entre les sentiments exprimés d'abord

---

1. « Quant en Bertrans ac faich lo sirventes que ditz : *Pois als* « *baros...* et ac dich al rey Felip com perdia de cinq ducatz los « tres... e com el non avia volguda la patz cant fon desarmatz, et si « tost com el fon armatz, perdet per viutat l'ardimen e la forza, e « que mal semblava del cor (*corr.* sor) Enric, l'oncle de Raols « del Cambrais, que desarmatz volc que la patz si fezes de Raols « son nebot ab los quatre filhs n'Albert, e depois que fon armatz, « non volc patz ni concordi... » (Ed. Stimming, p. 106.)

par le guerrier lorsqu'il est désarmé, et ceux qu'il
exprime ensuite lorsqu'il est revêtu de ses armes. Il faut
supposer que cette opposition a disparu de la rédaction
qui nous est parvenue. Et cependant il semble qu'il en
reste quelque chose dans ces vers prononcés par Guerri :

>   Vos me clamastes coart et resorti ;
> 2300 La cele est mise sor Fauvel l'arabi :
>   N'i monteriés por l'onnor de Ponti,
>   Por q'alissiés en estor esbaudi.

GUILLAUME DE TUDÈLE (entre 1210 et 1213) compare
l'incendie de Béziers par les croisés, en 1209, à un incen-
die évidemment fameux qui aurait eu pour auteur Raoul
de Cambrai :

>   Aisi ars e ruinet Raols cel de Cambrais
> 515   Una rica ciutat que es pres de Doais.
>   Poichas l'en blasmet fort sa maire n'Alazais ;
>   Pero el lan cujet ferir sus en son cais.

Littéralement il faudrait traduire : « Ainsi Raoul, ce-
« lui de Cambrai, brûla et ruina une riche cité qui est
« près de Douai. Puis l'en blâma fort sa mère, dame
« Aalais, et pour cela il la pensa frapper au visage. »
S'agit-il de l'incendie d'Origni? Mais il est peu probable
que l'auteur ait commis la faute de désigner une abbaye
par les mots « une riche cité ». On peut hésiter entre
deux hypothèses. La première consiste à supposer une
lacune d'un vers après le second des vers cités, en tra-
duisant : « Ainsi Raoul, celui de Cambrai, une riche
« cité qui est près de Douai, brûla et ruina [le moutier
« d'Origni]. Puis... » La seconde hypothèse est que Guil-

d

laume de Tudèle aurait connu l'ancienne rédaction selon laquelle Raoul incendiait Saint-Quentin (voy. p. xxxviij) qui serait alors la « rica ciutat » des vers cités. En tout cas il y a ici un trait que n'offre pas le poème en l'état où nous le connaissons : c'est que Raoul aurait été blâmé pour cet excès par sa mère, et se serait laissé aller à un mouvement de colère.

FOLQUET DE ROMANS, *Ma bella domna* (commencement du xiiie siècle) :

> Ma bella dompna, per vos dei esser gais,
> C'al departir me donetz un dolz bais
> Tan dolzamen lo cor del cors me trais.
> Lo cor avetz, dompna, q'eu lo vos lais
> Per tel coven q'eu nol voill cobrar mais;
> Qe meill non pres a Raol de Cambrais
> Ne a Flori can poget el palais,
> Com fetz a mi, car soi fin et verais,
> Ma bella dompna.

(*Archiv f. d. Studium d. neueren Sprachen*, XXXIII, 309.)

« Ma belle dame, pour vous je dois me montrer plein
« de joie, car, lorsque nous nous séparâmes, vous me
« donnâtes un doux baiser, un baiser si doux qu'il m'a
« enlevé le cœur du corps. Vous avez mon cœur, dame,
« et je vous le laisse, à condition de ne jamais le repren-
« dre. Meilleure n'a été la fortune de Raoul de Cambrai,
« ni celle de Floris, quand il monta au palais, que n'a
« été la mienne, à moi qui suis fidèle et sincère. »

Floris n'est autre que le Floire de *Floire et Blanche-flor*, mais nous ne voyons pas ce qui, dans notre poème, a pu motiver l'allusion à Raoul de Cambrai. Sans doute Raoul avait une amie, Heluis de Ponthieu ; mais, au moins

III. — LES DIVERS ÉTATS DU POÈME   lj

dans la rédaction que nous possédons, cette amie ne paraît qu'après la mort de son fiancé (tirades CLXXX-CLXXXII).

Guiraut de Cabrera, *Cabra juglar* (commencement du xiiie siècle [1]). — Guiraut reproche en ces termes à son jongleur Cabra d'ignorer la chanson de Raoul de Cambrai et de Bernier :

> De l'orgoillos
> No sabes vos
> De Cambrais ni de Bernison.
>   (Bartsch, *Denkmœler*, p. 91.)

Isnart d'Entrevennes, *Del sonet* (antérieur à la mort de Blacatz, 1237) :

> Ni Tiflas de Roai,
> Ni Raols de Cambrai
> No i foron, nil deman
> De Perceval l'enfan.
>   (Raynouard, *Choix de poésies des troubadours*, II, 297 [2].)

Raimon Vidal de Besaudun, *Razos de trobar* (milieu du xiiie siècle). — Nous terminerons la série des témoi-

---

1. Voir la préface de *Daurel et Beton*, p. 1.
2. Cette pièce ne se trouve que dans le ms. de Modène (pièce 757) où elle est précédée de cette rubrique : « Nasnarz d'Antravenas », Raynouard a traduit ce *Nasnarz* par « Arnaut », sans doute à tort. Notre troubadour est probablement le même qu'Isnart d'Entrevennes (B.-Alpes, arr. de Digne), le premier podestat d'Arles, (1220-1); voy. Anibert, *Mémoires historiques et critiques sur l'ancienne république d'Arles*, III, 21-24.

gnages provençaux par la mention d'un passage des *Razos de trobar* d'où semble résulter, sans que le fait soit absolument certain, que l'auteur de cet aimable petit traité avait quelque connaissance de notre chanson de geste. Dans la liste des substantifs masculins de la déclinaison imparisyllabique, il cite *Bernier,* au cas régime *Bernison* (Ed. Stengel, p. 79, lignes 34 et 41). Ce sont bien les deux formes sous lesquelles se présente le nom de l'écuyer de Raoul, et ce qui donne à croire que Raimon Vidal a réellement eu ce personnage en vue, c'est qu'en fait, *Bernison* ou, selon notre poème, *Berneçon*, n'est guère une forme régulière de régime : c'est plutôt un diminutif; de sorte que l'idée de présenter deux formes *Bernier* et *Bernison* comme étant, l'une le cas direct, l'autre le cas oblique du même nom, ne serait probablement pas venue à l'auteur des *Razos,* s'il ne les avait vues employées dans ces deux fonctions par notre poème.

Enfin, à tous ces témoignages il en faut ajouter un qui peut être rangé au nombre des plus importants : l'épisode tiré de *Girbert de Metz* que nous avons publié à la suite de *Raoul de Cambrai* et qui n'est autre chose qu'une sorte de contrefaçon ou d'adaptation de notre poème.

Cet épisode, qui comprend près de 800 vers, fait partie d'une continuation de *Girbert* qui figure seulement, à notre connaissance, dans le manuscrit des *Loherains* conservé à la Bibliothèque nationale, sous le n° 1622 du fonds français. On y présente Raoul de Cambrai comme un membre du lignage des Lorrains. Ici, nulle mention de Raoul Taillefer ni d'Aalais, auxquels une tradition constante donnait Raoul pour fils; nulle mention non plus du manceau Gibouin ni de Guerri le Sor. Le père de Raoul est nommé Renier : c'est l'héritier de Huon de Cambrai, l'un des nombreux neveux maternels du duc Garin de Metz. Dix-sept ans et plus se sont écoulés depuis qu'une guerre terrible entre le lignage des Lorrains et celui des Bordelais a de nouveau désolé la France, lorsque Renier meurt, laissant le fief de Cambrai à Raoul auquel Ymbert de Roie [1] a confié l'éducation militaire de Bernier, son fils naturel. Peu après cet événement, le comte Eudon de Flandre tressaille au souvenir d'un soufflet que lui avait jadis donné Mauvoisin à la cour du roi. Il lui faut venger cet affront sur le lignage des Lorrains auquel appartient Mauvoisin. Il fait appel à ses amis; ceux-ci y répondent, et bientôt Cambrai est investi. Mais, avant l'arrivée du lignage de Fromont, Raoul, averti par un « valleton », a pu faire appel au roi qui, aidé de Girbert et du lignage des Lorrains, fait lever le siège de Cambrai. Le Vermandois est ensuite envahi par Raoul à qui le roi a donné Péronne, Roye, Nesle et Ham : l'abbaye d'Origni est incendiée malgré les supplications de Bernier dont la mère vivait retirée dans ce monastère, de Bernier qui, jusqu'ici, a combattu auprès de Raoul, alors que son père figure dans les rangs de l'armée ennemie et qu'il vient d'être dépouillé de son fief au profit du comte de Cambrai. Le récit de la dispute entre Bernier et Raoul, qui suit l'incendie d'Origni [2], est assez visiblement inspiré de la chanson que nous publions.

Bernier, après avoir tué un homme de Raoul, se réfugie à Lens auprès des siens, et Raoul rentre à Cambrai

---

1. Le même que Ybert de Ribemont de *Raoul* : le père d'Ymbert est nommé Herbert de Roie au lieu de Herbert de Vermandois.
2. Pages 306-307.

où il retrouve le roi et les Lorrains : il leur raconte le départ de Bernier. Raoul et ses alliés se dirigent alors sur Lens. Devant cette ville une grande bataille a lieu, bataille dans laquelle l'avantage reste aux Lorrains, mais qui coûte la vie à Raoul tué de la main de Bernier. Quant à ce dernier, il est fait prisonnier avec Ymbert, son père, et le comte Doon de Boulogne. Cependant, le lendemain même de la bataille, la paix étant faite entre les deux lignages ennemis, Bernier, Ymbert et Doon partaient pour la Gascogne, accompagnant le roi Girbert, et, quelques jours plus tard, ils étaient reçus à Gironville par leur parente Ludie, femme de Hernaut le Poitevin.

On conviendra que le rimeur du xiii° siècle, auquel est dû ce récit, a tiré un assez triste parti de l'histoire de Raoul en prétendant l'enchâsser dans la geste des Lorrains où d'autres jongleurs introduisirent pareillement des débris d'un certain nombre de légendes épiques aujourd'hui perdues. Cependant son œuvre est intéressante en ce qu'elle montre le sans-gêne véritable avec lequel certains trouvères traitaient les vieilles chansons, ne conservant guère de celles-ci que le fond de l'épisode principal et transportant leurs héros dans une époque et dans un milieu tout à fait différents de ceux où ils avaient vécu. Ainsi le continuateur de *Girbert de Metz*, faisant entrer Raoul de Cambrai dans le lignage des Lorrains, le transformait en contemporain du roi Pépin, fils de Charles Martel, alors qu'une tradition constante le disait neveu d'un roi Louis.

Mais tout n'est pas fini : le rimeur, après avoir conduit Ymbert et Bernier à Gironville, raconte immédiatement, dans les 300 derniers vers de son œuvre, la mort du roi Girbert, tué d'un coup d'échiquier par ses neveux, les fils d'Hernaut et de Ludie, ainsi que les obsèques de ce prince, et, dans cette partie de son œuvre, il montre Bernier tout disposé à prendre fait et cause pour les jeunes meurtriers sur lesquels leurs cousins se préparent à venger la mort de Girbert. C'était là sans doute l'amorce d'une nouvelle suite du poème des *Loherains*, dans laquelle Bernier devait jouer un rôle important, mais qui ne nous est pas parvenue.

Ces divers témoignages, dont le nombre pourrait sans doute être augmenté par de nouvelles recherches, ne sont pas tous indépendants les uns des autres. Nous avons vu que ceux de Philippe Mousket et de la chronique dite de Baudouin d'Avesnes se réduisent, en dernière analyse, à un seul. Il se peut qu'il en soit de même des deux textes empruntés à Gautier Map et à Giraut le Cambrien. Toutefois il résulte de l'ensemble des faits groupés dans les pages précédentes, que le poème de Raoul a joui au moyen âge d'une véritable popularité, qui, à la vérité, ne semble pas dépasser le xiiie siècle, car on cessa bientôt de le copier, et il ne paraît pas qu'il en ait jamais été fait de rédaction en prose, ni qu'aucune littérature étrangère l'ait adopté. Tel devait être le sort d'un poème qui n'avait pour se protéger contre l'oubli que son propre mérite, qui d'ailleurs était comme isolé, puisqu'il ne se rattachait à aucune des branches de la littérature héroïque du temps, et ne se recommandait pas par la célébrité des personnages mis en scène.

IV. — STYLE, VERSIFICATION ET LANGUE

1. — Première partie du poème.

Si nous possédions *Raoul de Cambrai* dans sa rédaction originale, celle de Bertolais, ou même sous la forme probablement un peu altérée que connaissait l'auteur de la chronique de Waulsort, aucune chanson de geste n'offrirait une matière aussi riche aux recherches sur la formation de notre ancienne épopée. Nous y verrions comment un jongleur s'y prenait pour traiter un épisode d'histoire contemporaine, dans quelle mesure les faits se transformaient sous sa plume, ou plutôt sur ses lèvres ; nous démêlerions probablement le motif plus ou moins intéressé qui avait guidé son choix, nous réussirions peut-être à découvrir le seigneur ou la famille qui, ayant été mêlé aux événements racontés, a encouragé l'auteur, ou même lui a fourni quelques-uns des éléments de son récit. Peu de chansons de geste, en effet, ont une base historique aussi certaine. Le *Roi Gormond* seul, peut-être, dont nous n'avons par malheur qu'un fragment, mérite d'être mis, à cet égard, sur la même ligne que *Raoul de Cambrai*. Au contraire, les poèmes dont l'action se place sous Charlemagne ou sous Louis le Pieux offrent une idée si confuse de l'époque à laquelle ils se réfèrent, la transformation des faits y est si profonde, qu'il semble, même en faisant aussi large que possible la part des remaniements successifs, que les événements historiques en aient été le prétexte bien plutôt que la matière. L'auteur de *Rolant*, l'auteur des anciens poèmes sur Guillaume au court nez, l'auteur même de *Girart de Roussillon* opéraient sur des traditions presque éteintes : Bertolais, chantant la lutte de Raoul de Cambrai et de Bernier, a mis en œuvre une tradition vivante.

Malheureusement, ce n'est pas l'œuvre de Bertolais qui nous est parvenue, c'est un dernier remaniement qu'il paraît impossible de faire remonter plus haut que la fin du xiie siècle, où la versification a subi une modification systématique et radicale, où le style et la langue ne peuvent manquer d'avoir été affectés dans une mesure correspondante, où le fond du récit, enfin, n'a pu échapper à des altérations plus ou moins profondes.

Il existe des poèmes remaniés qui conservent sous leur forme rajeunie un assez grand air. Il peut arriver, en effet, que le remanieur soit homme de talent. Telle n'a pas été la fortune de *Raoul de Cambrai*. Nous ne pouvons nous faire une idée bien nette de ce qu'était l'œuvre primitive, mais il n'est pas douteux qu'elle a beaucoup perdu par l'effet de ses remaniements successifs, et principalement lors de son passage à la forme rimée. Le renouveleur qui l'a mise dans l'état où elle nous est parvenue était un pauvre versificateur, qui maniait médiocrement la langue poétique et n'arrivait à rimer qu'à force de locutions banales répétées à satiété, d'épithètes ou d'appositions employées sans propriété, en un mot, de chevilles.

L'emploi de ces chevilles constitue une sorte de procédé qu'il n'est pas sans intérêt d'étudier. C'est comme une marque de fabrique que l'on retrouvera peut-être en quelque autre poème. Il y en a pour toutes les circonstances et pour toutes les rimes. En voici un relevé sommaire classé par matières, et disposé dans chaque matière selon les rimes.

Si l'auteur veut insister sur la pensée qu'il exprime, il

n'est point de phrases et il est peu de tirades dans lesquelles ne puisse prendre place quelque-une des expressions suivantes :

>Ja nel vos celerai 934.
>Par le mien esciant 39, 344.
>Dont je vous di avant 38.
>Ce saichiés par verté 389.
>Ne le vos qier celer 301, 837.
>Si con dire m'orrez 599
>Ja mar le mescrerez 595.
>Si con j'oï noncier 2099.
>A celer nel vous quier 1347, 1644, 1669.
>Ce ne puis je noier 1640, 1857, 1861.
>Par verté le vous (ou te) di 35, 663.
>Ice saichiés de fi 983, 1620.
>Si com avez oï 524.
>Ne vous en iert menti 642, 1155.
>Com poés (ou Com ja porez) oïr 26, 404.
>Ja ne t'en qier mentir 2255.
>Si con je ai apris 823, 1685.
>Si com il m'est avis 563.
>Trés bien le vos disons 781.

Les formules de serments sont aussi une grande ressource ; il y a des saints pour chaque rime : saint Amant, saint Lienart, saint Thomas, saint Richier, saint Geri, saint Fremin, saint Denis, saint Simon, saint Ylaire, les saints de Ponti (Ponthieu), de Pavie [1], etc.

Dieu lui-même est invoqué à tout propos et le plus souvent hors de propos, à cause des facilités que ses divers attributs offrent à un rimeur embarrassé. Nous avons, toujours selon l'ordre des rimes :

1. Voir ces différents noms à la table onomastique.

IV. — STYLE, VERSIFICATION ET LANGUE

    Dieu le raemant 339, 1266, 2483.
    Dieu et la soie pitié 1464.
    Dieu qui tot a a jugier 1740.
    Dieu le droiturier 1075, 1304, 1744, 1829.
    Dieu qui ne menti 981, 1610, 1983.
    Dieu qui fist les loïs 731, 2150.
    Dieu qui souffri passion 2093.
    Dieu le fil Marie 1884.

Pour renforcer les propositions conditionnelles négatives, on a le choix entre maintes formules : on ne ferait point telle chose

    Por l'or d'une cité 1563, 2009.
    Por l'or de Monpeslier 1099, 1755.
    Por tout l'or de Paris 2646.
    Por tout l'or de Senlis 5529.
    Por tot l'or d'Avalon 1061.
    Por tot l'or d'Aquilance 1784, 4152.
    Por tout l'or de Tudele 1014.
    Por Rains l'arceveschié 1465, 1711.
    Por la cit d'Avalon 3966.
    Por l'onnor de Baudas 1380.
    Por l'onnor de Ponti 2301, 3525.
    Por l'onnor de Melant 688.
    Por l'onnor de Tudele 3497, 3687.

Il n'est point de personnage, homme ou femme, à qui ne puissent s'appliquer indifféremment des qualifications telles que celle-ci :

    Au cors vaillant 45.
    Au gent cors honnoré 374.
    Au vis cler 115.
    O le viaire cler 133.

Au vis fier 67, 1030, 1365.
Au coraige hardi 521, 2179.
Au gent cors signori 964.
Au (*ou* o le) cler vis 364, 831, 1217.
Au fier vis 2534.
A la clere façon 392-9, 962, 1654.
A la fiere vertu 1965.
O le simple viaire 1017.
Qi tant (*ou* molt) fist a loer 544, 550, 577, 2059.
De franc lin 54, 103.
N'ot pas le cuer frarin 52, 96, 759.

Toutes ces formules, et tant d'autres que nous pourrions citer, sont d'usage courant dans notre ancienne poésie épique; le renouveleur de *Raoul de Cambrai* ne peut prétendre à aucune originalité, même dans le choix de ses chevilles : ce qui le distingue dans une certaine mesure, c'est seulement l'abus qu'il fait de ces locutions de pur remplissage. Toutefois, voici, dans le même ordre d'idées une particularité plus caractéristique. Ce ne sont pas seulement certaines qualifications qui sont répétées à satiété : des vers entiers, souvent même des phrases composées de plusieurs vers reparaissent à diverses reprises, amenés par la similitude des situations. Beaucoup de ces répétitions ont été signalées dans les notes [1]; on en pourrait citer d'autres encore que nous avons négligé de relever [2]. La répétition ne porte pas toujours sur des phrases en quelque sorte banales : les vers reproduits, le plus sou-

1. Voy. les notes des vers 989, 2271, 2494, 2501, 2544, 2582, 2589, 2594, 2618, 2664, 2696, 2726, 2894, 3113, 3135, 3407, 4233, 4513, 4521. etc.

2. Il y a identité plus ou moins complète entre 2768-9 et 4650-1, entre 3625-6 et 4019-20, entre 3886-9 et 4471-5, entre 4026-7 et 4236-7, entre 4316-7 et 4936-7, entre 4386 et 4644, etc.

vent littéralement, parfois avec des modifications sans importance, sont fréquemment en rapport avec le contexte, et utiles au développement du récit, mais le renouveleur était paresseux ou peu habile à varier l'expression de sa pensée. Telle est du moins l'explication que nous croyons pouvoir donner d'une particularité qui, à notre connaissance, ne se rencontre au même degré dans aucun de nos anciens poèmes [1].

Un écrivain qui faisait un usage aussi excessif des lieux-communs du style épique devait avoir une grande connaissance des chansons de geste. On doit trouver, dans ses vers, de nombreuses réminiscences. Et c'est, en effet, ce que nous pouvons constater dès maintenant et ce qui pourra être constaté d'une façon plus complète à mesure que nous aurons de nos anciens poèmes des éditions pourvues d'index et de tables des rimes, c'est-à-dire de tous les secours nécessaires pour faciliter les vérifications et les rapprochements. Voici quelques passages où l'on ne peut méconnaître des emprunts plus ou moins conscients à la littérature épique du xiie siècle [2] :

482   Ne lor faut guere au soir ne au matin.

De même dans *Garin* :

Ne lor faut guere en trestot mon aé.

(*Mort de Garin*, éd. Du Méril, p. 71.)

Dans le récit de l'incendie d'Origni se trouve ce vers où

---

1. Il y a d'assez nombreuses répétitions dans *Garin le Lorrain*, et quelques-unes dans *Ogier* (cf. les vv. 292-5, de l'édition Barrois, avec les vers 2310-3), mais moins que dans *Raoul*.

2. Dans les citations qui suivent, nous mettons, pour plus de clarté, en italiques les passages parallèles rapprochés de notre poème.

nous avons proposé de corriger *effant* en *nonains*, parce que la présence d'enfants dans un monastère de femmes nous paraissait peu justifiée :

1470   Li effant ardent a duel et a pechié.

Mais le même trait se retrouve dans *Garin* accompagné d'une explication parfaitement naturelle :

> *Li enfant ardent,* qu'an nes en puet torner
> De ces mostiers ou l'an les fist porter.
> (*Mort de Garin,* p. 169).

2535   Desous la boucle li a frait et malmis.

Ce vers semble stéréotypé :

> *Desous la boucle li a fret et maumis.*
> (*Mort de Garin,* pp. 232, 233, 238 ; cf. le fragm. de *Girbert* p. p. Bonnardot, *Arch. des Missions,* 3, I, 287, v. 28. *Floovant,* p. 54).

2859   E fiert E. parmi son elme agu
       Qe flors et pieres en a jus abatu.

De même :

> *Grans cols li donet permey le hiaume agu,*
> *Pieres et flors an ait jus abatu.*
> (*Girbert,* dans *Arch. des Miss.,* l. l., v. 60).

2980   Tant' hanste fraindre, tante targe troée.

De même :

> *Tante lance i ot fraite, tante targe troée.*
> (*Ren. de Montauban,* éd. Michelant, 102, 35).

3471　Dont veïssiés fier estor esbaudir,
　　　　Tante anste fraindre et tant escu croissir,
　　　　Tant bon hauberc desrompre et dessartir.

Les mêmes vers se rencontrent, avec de faibles variantes, bien des fois dans les *Lorrains* :

*La veïssiés grant estor esbaudir,
Tant hanste fraindre et tant escu croissir,
Tant blanc halberc derompre et desartir.*

(*Mort de Garin*, pp. 186, 217, 237; *Girbert*, dans *Roman. Stud.*, I, 377).

On remarquera que plusieurs de ces rapprochements semblent indiquer une connaissance particulière de la geste des Lorrains. C'est ici le cas de rappeler qu'à la la p. 78 nous avons déjà signalé un emprunt évident à *Garin*[1].

L'étude de l'ancien français n'est pas encore assez avancée pour qu'on puisse, en général, affirmer que telle expression est incorrecte ou que l'emploi d'un mot en un sens déterminé est forcé. Pourtant il y eut au moyen âge, comme en tous temps et en toutes langues, de bons écrivains et de mauvais, et nous commençons à distinguer assez bien les uns des autres. Le renouveleur de *Raoul de Cambrai* ne saurait être rangé parmi les premiers. La rédaction du vocabulaire nous a fourni mainte occasion de constater qu'il ne se recommandait ni par la correction ni par la propriété du style. Cependant il faut lui reconnaître une qualité : il s'abstient de ces intermi-

---

1. Ou plutôt à *Girbert de Metz*. Nous avons suivi le premier éditeur de *Raoul* qui n'indique pas la source des vers cités par lui comme étant de *Garin*. Il les a tirés de Du Cange, qui les cite en sa vingt-neuvième dissertation sur l'Histoire de saint Louis.

nables développements auxquels se complaisent, surtout depuis le xiiie siècle les auteurs et les renouveleurs de chansons de geste. Il a dû respecter en général la concision de son original, et là où nous nous trouvons en présence d'une scène ou d'un tableau tracés avec énergie, il nous est permis de croire que nous avons sous les yeux l'ancien poème même, sauf les modifications causées par l'introduction de la rime. Le récit de l'attaque et l'incendie d'Origni (tirades LXVIII et suiv.) est, malgré quelques faiblesses de style, un des beaux morceaux de notre vieille poésie épique ; on peut citer encore les brèves tirades dans lesquelles le bâtard Bernier raconte comment sa mère Marsent fut enlevée par Ybert de Ribemont, qui ne daigna pas l'épouser « et, quand il voulut, reprit une autre femme » (v. 1692); comment, refusant alors l'époux que lui offrait son ravisseur, elle prit le meilleur parti et se fit nonne. Il y a, dans ces quelques vers, un sentiment de mélancolie exprimé avec une touchante simplicité. Çà et là, sur le fond un peu terne de la narration, se détachent des traits singulièrement expressifs, comme en cet endroit où le poète, décrivant une nombreuse troupe de cavalerie en marche, nous dit que les barons chevauchaient si serrés qu'un gant jeté sur les heaumes ne serait pas tombé à terre d'une grande lieue, les chevaux se suivant la tête de l'un posée sur la croupe de l'autre [1]. Toute la poésie de la vieille chanson n'a pas été éteinte par les remaniements successifs qu'elle a subis.

Examinons maintenant la versification, ou plutôt un des éléments de la versification, la rime, les autres éléments n'offrant ici rien de particulièrement notable. Le

---

1. Fin de la tirade CXIX.

IV. — STYLE, VERSIFICATION ET LANGUE

poème est fait sur trente-deux rimes masculines et treize féminines. On en trouvera l'indication détaillée dans une table spéciale à la fin du volume. Ces rimes ne sont pas absolument pures. Comme en maint autre poème, quelques assonances se montrent çà et là.

Rime *a*. Régulièrement cette rime, qui est multipliée à l'excès dans les poèmes monorimes d'une époque tardive, ne devrait contenir que les prétérits, 3ᵉ personne du singulier de la première conjugaison, *a* du verbe *avoir* et, par suite, les futurs à la troisième personne du singulier, enfin quelques mots tels que *va (d'aller)*, *ça*, *la*, *ja*. Mais, à ces rimes, notre poème joint *cheval* 2419, *Hainau* 2883.

Rime *ai*. Point d'assonnances, sinon peut-être *ja* 5035, mais on peut croire que le remanieur a voulu mettre *jai*. Cette forme n'était guère de son dialecte, mais nous verrons que cette considération le gênait peu.

Rimes *ais* et *ait*. Rien à remarquer.

Rime *ans*. Deux sortes d'irrégularités : 1º admission d'un mot en *en*, à savoir *gent* 3913 ; 2º admission de mots qui, grammaticalement, ne devraient pas se terminer par *s*. Ainsi, aux vers 2323-4, *connoissans* et *nuissans*, suj. plur., devraient être écrits *connoissant*, *nuissant*[1]. Ce genre d'irrégularité se montre, plus ou moins, dans toutes les rimes en *s*, et il est assez malaisé de savoir si le renouveleur a sacrifié la grammaire à la rime ou la rime à la grammaire. Il y a des cas qui ne prêtent pas au doute : il est bien certain, par exemple, qu'au v. 3931 la leçon du ms. *a trestout no vivant* est à conserver, bien qu'elle n'offre pas une rime excellente ; *vi*-

---

1. A moins de corriger, au v. 2324, *serez* en *serai* ; en ce cas, *nuissans*, suj. sing., serait régulier.

vans serait une faute trop grosse pour qu'on puisse légitimement en gratifier le renouveleur. Mais lorsqu'il s'agit simplement de la substitution de la forme du régime à la forme du sujet, il est permis de croire que le renouveleur ne se faisait pas faute de rimer au détriment de la correction grammaticale.

Rime *ant*. Quelques exemples des deux irrégularités signalées au paragraphe précédent : d'une part, quelques mots en *ent* se sont glissés parmi les rimes en *ant* (vv. 47, 706, 1258, 2407, 3718, 4557, 4560); d'autre part, un assez bon nombre de finales devraient être terminées et parfois sont réellement terminées (vv. 920, 2740, etc.) dans le ms. en *ans*. — *Ham*, 2737, *branc* 2409, 2741, etc., *sanc* 4907, *champ* 4913, peuvent, à la rigueur, passer pour des assonances. Ce sont au moins des rimes imparfaites.

Rimes *art, as, aut*. Rien à remarquer.

Rime *é*. Deux sortes d'irrégularités. D'abord, çà et là, quelques mots en *er* (vv. 1570, 4072), puis des finales qui sont dans le ms. (vv. 1560, 5320) ou qui, du moins, devraient être en *ez* ou *és*.

Rime *el*. Rien à remarquer.

Rime *ent*. Quelques finales en *ant*, vv. 4281, 4282 [1], 4285 [2].

Rime *er*. Quelques rares finales en *ez, és* : 302 (voir la note), 581.

Rime *ez, és*. Quelques finales en *er* (vv. 2002, 5440), *é*, 2009 [3], 4317, 4937, 4981.

---

1. Il y a même ici une finale en *ans* : *pesans*, mais *pesant* serait tout aussi correct quant à la grammaire.

2. Notons, en passant, qu'il convient d'arrêter la tirade CCXLI au v. 5364. Les vers 5365-5383 forment une tirade en *ant*, mêlée de quelques finales en *ent*.

3. Cet exemple n'est pas très sûr : au lieu *d'une cité* (ms. *citez*), on pourrait corriger *de .x. citez* comme au v. 5161.

Rime *i*. Rares finales en *ir* (vv. 26, 4593); une en *if* (v. 2241); nombreuses finales en *is* (vv. 27 [1], 30, 31, 651, 752, 880, 888, 971) et *in* (vv. 527, 536, 755-65 [2], 995).

Rime *ié*. Quelques finales en *ier* (vv. 1468, 1705, 2388, 2390) et *iez*, *iés* (vv. 1474, 1697).

Rime *ier*. Quelques finales en *ié* (vv. 1119, 1729 [3], 2823), *iel* (vv. 1826, 3131, 4772, 5241), *iés* (v. 2932). On peut ajouter aussi certains noms au suj. sing. ou au vocatif qui, selon la grammaire, devraient se terminer plutôt en *iers* qu'en *ier*.

Rime *iez* ou *iés*. Quelques finales en *iers* (vv. 2214, 4010, 4207).

Rime en *in*. Rien à remarquer.

Rime en *ir*. Rien à remarquer.

Rime en *is*, *iz*. Tout est correct, sauf peut-être *ensi* au v. 805 [4].

Rime en *ist* et en *oir*. Rien à remarquer.

Rime en *ois*. Deux finales en *oi* (vv. 729 [5], 5555).

Rime en *on*. Une finale en *ont* : Ribemont (vv. 394, 1657, 1971, 3334), quelques finales en *ons* (vv. 774, 2891, 3332).

Rime en *ons*. Une finale en *on* (v. 632) [6].

---

1. Nous ne tenons pas compte de *dis* 19, *vis* 24, formes incorrectes dues au copiste; voir plus loin, chap. V, § 2.

2. On remarque ici la tendance fréquente dans les chansons de geste en assonances, à grouper ensemble les finales semblables.

3. Cet exemple n'est pas très sûr, parce qu'on pourrait aisément substituer *correcier* à *correcié*.

4. Nous ne tenons pas compte de *Cambrizi*, v. 807, parce qu'ailleurs il y a *Cambresis*, *Cambrisis*, également au cas rég., vv. 1216, 1585, 2082, etc.

5. Il faut, par exemple, ajouter *esfrois* pour *esfroi*, vv. 711, 3392-3, 5516.

6. Au vers 629, *Symon* doit être corrigé *Symons*; aux vers 630-1,

Rime en *or*. Rien à remarquer.

Rime en *ors* (son ouvert). Quatre finales en *os* sur dix vers (vv. 2339, 3343-4-5).

Rime en *ort*. Rien à remarquer.

Rime en *os* (ouvert). Deux finales en *ors* sur neuf vers (vv. 2380-1).

Rime en *u*. Les seules irrégularités, en petit nombre, sont causées par des mots au cas sujet qui, par conséquent, devraient prendre l's finale (vv. 2865, 2869).

Rime en *us*. Rien à remarquer.

Rimes en *aige*, *aille*. Rien à remarquer.

Rime en *aire*. Une finale en *aise* : *Arouaise*, v. 1021.

Rime en *ance*. Une finale en *ence* : *sapience*, v. 4145.

Rime en *ée*. Rien à remarquer.

Rime en *èle*. Des six tirades qui ont cette rime, une seule (LXXXVI) admet des assonances : *guere*, 1761, *estre* 1762, 1779.

Rime en *ére*. Rien à remarquer.

Rime en *ie*. Une finale en *ines* (*matines*, v. 4293), par cela même douteuse [1]. La proportion des finales en *iée* d'origine est extrêmement faible : *commencie* 1898, *percie* 1901.

Rime en *iere*, *oie*. Rien à remarquer.

Rime en *one*. Deux rimes imparfaites sur onze vers : *essoine*, v. 791, *poume*, v. 793.

Rime en *ue*, *ure*. Rien à remarquer.

En résumé, les seules irrégularités constatées appartiennent, dans la série masculine, aux rimes *ans*, *ant*, *ent* ; — *é*, *er*, *ez* ; — *ié*, *ier*, *iez* ; — *ois*, *on*, *os*, — *us* ; dans

---

la grammaire s'accommoderait de *retracions*, *traïsons* ; au v. 635, on pourrait corriger *mains compaingnons*. Mais, d'autre part, au vers 4164, *arestison* serait préférable à *arestisons*.

1. Il est probable qu'il faut substituer *complie* à *matines*.

IV. — STYLE, VERSIFICATION ET LANGUE lxix

la série féminine aux rimes *aire, ance, ele, one*, et encore en est-il, parmi ces irrégularités, qui sont à retrancher, si on admet que le renouveleur n'hésitait pas, en certains cas, à violenter la grammaire pour faire sa rime. Lorsqu'on aura fait sur toutes les chansons de geste rimées le travail que nous venons de faire sur *Raoul de Cambrai*, on reconnaîtra probablement que la proportion d'assonances que nous offre ce dernier poème n'a rien d'exceptionnel. Nous croyons qu'on s'aventurerait beaucoup si on voyait dans ces irrégularités des restes de la forme primitive du poème. Nous aimons mieux y voir de simples négligences.

Passons maintenant à l'étude de la langue. Le but à atteindre consiste à déterminer la patrie du renouveleur. Mais le manque de soin que nous avons constaté dans le style et dans la versification se retrouve au même degré dans l'emploi des formes du langage, et par suite nous ne pouvons compter sur des résultats bien précis. Le renouveleur, en effet, ne fait pas difficulté de donner à un même mot des formes différentes, selon les besoins de la rime. Ainsi il emploie *ja* dans une tirade en *a* vv. 169, 2420 et *jai* dans une tirade en *ai*, v. 5035; de même *va*, v. 157 et *vait*, v. 950. Il fait entrer les premières personnes du pluriel dans les tirades en *on* (vv. 777, 781, 3949, 3950) et dans les tirades en *ons* (tir. xcvii et cxcvi). Pour les secondes personnes du pluriel des futurs, il se montre non moins éclectique, faisant usage, selon la rime, de la forme étymologique *ois* (*orrois*, v. 733, *porrois*, v. 5513), et de la forme analogique *ez* (*orrez*, vv. 599, 4926, *ferrez*, v. 601, *verrez*, v. 615. Il dit indifféremment *avrai, avra*, etc., ou *averai, avera*[1], etc.). Parfois même il ne

---

1. Voir le vocabulaire, sous *avoir*.

recule pas devant un véritable barbarisme; ainsi *mesfai*, v. 939, au lieu de *mesfaces*. Ces faits n'ont rien d'exceptionnel. On les constaterait dans mainte autre chanson de geste. Il n'en est pas moins vrai qu'il est malaisé de déterminer les caractères d'une langue aussi flottante.

Les finales *an* et *en* forment en principe des rimes distinctes. Pourtant il faut bien que la différence de son ait été faible, car assez souvent, comme on l'a vu plus haut, *ent* fait irruption dans des tirades en *ant*, et réciproquement. Cette circonstance paraît exclure la Picardie et l'Artois, où on a fait beaucoup de chansons de geste, aussi bien que la Normandie, où on en a fait très peu.

Il y a quelques premières personnes du pluriel en *omes* qui, pour n'être pas à la rime, n'en paraissent pas moins très sûres (vv. 1268, 1291, 2649, etc.). Ces formes, qu'on a crues longtemps picardes [1], paraissent étrangères à la Picardie et à l'Artois [2]; mais on les rencontre un peu plus à l'est, à partir de Tournai environ [3], toujours dans la région du Nord. A ces deux faits, on en peut ajouter un troisième qui conduit à la même conclusion : l'emploi de la forme *veïr* (*videre*), vv. 406, 2258, 4563, qui semble plus usuelle dans le nord de la France qu'ailleurs. Tout cela semble indiquer que le renouveleur appartenait à la région du nord-est. Nous ne saurions préciser davantage.

Nous avons indiqué la fin du xiie siècle comme l'épo-

---

1. Diez, *Grammaire*, trad. II, 107; G. Paris, *Vie de S. Alexis*, p. 119.

2. Raynaud, *Etude sur le dialecte picard*, dans *Bibl. de l'Ec. des Ch.*, XXXVII, 345, ou tir. à part, p. 111; De Wailly, *Observ. grammat. sur des chartes d'Aire*, dans *Bibl. de l'Ec. des Ch.*, XXXII, 315-6, ou tir. à part, p. 25-6.

3. D'Herbomez, *Etude sur le dialecte du Tournaisis*, p. 125.

que probable de ce dernier remaniement de *Raoul*. Nous ne saurions apporter à l'appui de cette opinion aucune preuve décisive : il doit nous suffire qu'elle soit en elle-même vraisemblable et qu'elle ne soulève aucune objection. Il ne paraît pas admissible, dans l'état actuel de nos connaissances, qu'une chanson de geste rimée soit antérieure au troisième tiers du xiie siècle. Et, d'autre part, si le poème n'offre aucun caractère de grande ancienneté, on n'y trouve non plus aucune forme de langage qui trahisse une époque plus récente que la fin du xiie siècle ou le commencement du xiiie.

2. — *Seconde partie du poème.*

La seconde partie (tirades ccl à cccxliv) nous occupera moins longtemps que la première. Nous la possédons telle qu'elle est sortie des mains de l'auteur[1] ; entre celui-ci et nous, aucun réviseur ni renouveleur n'est venu s'interposer. L'étude de cette continuation médiocrement heureuse de l'ancien *Raoul* est donc assez simple. Sans offrir rien de particulièrement remarquable, le style de ce nouveau poème n'est réellement pas mauvais. Sans doute les locutions banales, les chevilles destinées à compléter le vers ne sont pas rares dans les cent quarante-cinq dernières tirades, mais elles sont incomparablement moins fréquentes que dans les deux cent quarante-neuf premières. C'est que l'assonance, tout en donnant à l'oreille une satisfaction suffisante, est bien loin d'apporter à l'expression les mêmes obstacles que la rime. Aussi,

---

1. Bien entendu, sauf les fautes du copiste qui ne laissent pas d'être assez nombreuses.

quand l'auteur de la seconde partie tient une idée poétique, réussit-il assez ordinairement à la présenter sous une forme convenable. Nous citerons comme un agréable morceau de poésie descriptive la tirade où le poète nous montre la fiancée de Bernier tenue en captivité par le roi de France, se mettant un matin à la fenêtre et contemplant dans la campagne des scènes qui excitent en elle, par contraste, de tristes pensées. Elle voit les oiseaux qui chantent, les poissons qui nagent dans la Seine, les fleurs qui s'épanouissent par les prés, les pâtres qui jouent de leurs flageolets. Il lui semble que partout elle entend parler d'amour. Alors, faisant un retour sur elle-même, elle est saisie de douleur. Elle déchire son vêtement : « Fourrures de martre, » s'écrie-t-elle, « je ne veux « plus vous porter, quand j'ai perdu le meilleur bache- « lier qu'on pût trouver en ce monde ! » (Tirade CCLXXII.)

Passons à la versification. Les 3,170 vers de la seconde partie [1] sont répartis entre 145 tirades dont la longueur est très variable. La tirade CCLXXIX n'a que sept vers; la tirade CCCII n'en a que six. Et, d'autre part, la tirade CCLXXXI en a cent cinquante-quatre. Il semble bien improbable qu'une chanson de geste dont les tirades étaient aussi inégales ait pu être chantée. On lisait, ou, si l'on veut, on récitait déjà les poèmes en tirades monorimes au temps où *Raoul* fut continué. Les vers sont assez bien faits. Les assonances employées sont au nombre de dix-huit en tout, dont dix masculines. Dans la plupart des poèmes anciens, la variété est plus grande ; on observe aussi que la proportion des assonances féminines est plus forte. Ainsi la *Chanson de Rolant* (texte d'Oxford) pour

1. Vers 5556-8725.

4,002 vers, a 293 tirades ¹ réparties entre vingt-deux assonances, dont onze masculines ². Mais, à une date plus récente, *Elie de Saint-Gille* nous offre, pour 68 tirades, douze assonances seulement, dont neuf masculines ³; *Huon de Bordeaux*, pour 87 tirades, n'a également que douze assonances, dont neuf masculines. Dans *Raoul*, les assonances qui reviennent le plus souvent sont celle en *i* (21 fois) et celle en *ié* (17 fois). La prédominance des tirades en *i* n'est pas un fait général. Elle n'est constante que dans les chansons de la geste des Lorrains, où elle est encore plus marquée que dans *Raoul*.

Lorsqu'on aura étudié, classé et comparé toutes les assonances qu'offre notre ancienne poésie, on constatera que, dans certains poèmes assonants, il y a une tendance plus ou moins marquée vers la rime. Cette tendance existe dans la seconde partie de *Raoul*. Deux tirades en *ie* (CCLXVIII et CCCXL) sont très exactement rimées et se distinguent nettement des tirades en *i-e* où, à côté des finales en *ie*, on en trouve qui sont en *iche, ise, ille, ine, ire*, etc. ⁴. Dans *Aiol* aussi, il y a une tirade (la septième) purement en *ie*, parmi beaucoup d'autres où la même finale se trouve mêlée à d'autres où l'*i* et l'*e* sont séparés par une consonne quelconque. La seconde partie de *Raoul* est au nombre des poèmes qui font d'*o* nasalisé (*om, on, ons, ont*) une assonance à part. Le même fait s'observe dans *Aie d'Avignon*, *Jourdain de Blaie*, *Huon de Bordeaux* ⁵, *Floovant* ⁶. Il se manifeste à l'état

---

1. Stengel et Th. Müller; 291 selon l'édition de Bœhmer.
2. Voy. *Romania*, II, 290.
3. Voy. l'édition de la Société, p. x.
4. Voy., par ex., la tirade CCL.
5. Voir pages 159, 161, 200, 212, 288, 297, 298.
6. Pp. 44-5, une tirade en *o* nasalisé; pp. 18-9, une tirade en *our, ous*, etc.

de tendance très prononcée dans *Amis et Amile*[1], *Gui de Bourgogne*[2], *Aiol*[3], et même dans *Rolant*.

Nous pensons que l'auteur ne se faisait point une règle d'élider la finale féminine suivie d'un mot commençant par une voyelle. Nous nous fondons sur des vers tels que ceux-ci, dans lesquels il nous paraît bien difficile d'introduire une correction vraisemblable :

6564 Le roi trouverent et morne et pencif.
6839 Quant or fu dite, si s'entorne atant.
7302 N'i avra mal dont le puisse aidier.
7394 N'i avrés mal dont vous puisse aidier.
7303 La jantil dame fu dolente et mate.
7515 Bien sai sans vous n'an venisse avant.

La langue de la deuxième partie de *Raoul de Cambrai* n'offre aucun fait bien caractéristique ; *an* et *en* sont absolument confondus. Ces deux voyelles nasalisées, étymologiquement distinctes et qui, dans le nord et l'ouest de la France, ont été si longtemps distinguées par la prononciation, ont ici le même son. Dans toutes les tirades,

---

1. Il y a, dans la partie assonante de ce poème (vv. 1-2779), une dizaine de tirades en *on*; cette même finale n'est mêlée avec *or*, *os*, etc., que dans cinq tirades, éd. Hoffmann (1852), pp. 8, 25, 26, 48, 79.

2. P. 106 de l'édition de ce poème, les finales *on* et *or* sont mêlées, mais ailleurs elles sont mises à part.

3. La table des assonances d'*Aiol*, donnée dans l'édition de la Société des anciens textes, indique, p. xij, 23 tirades en *o* fermé. Mais il y a lieu de classer à part certaines tirades où *on* domine d'une façon presque exclusive; ce sont les tirades 32, 38, 49, 63, 74, 79, 114, pour la partie en vers décasyllabiques; 124, 171, 233, pour la partie en alexandrins. Par contre, les tirades en *o* fermé, 5, 104, 124, 158, 226 excluent les finales en *on*. De sorte que le nombre des tirades où les deux finales sont admises indifféremment est fort restreint.

masculines ou féminines, où l'assonance est formée par *an* ou *en*, c'est naturellement le premier de ces deux groupes qui domine, parce que les finales en *an* sont, en fait, plus nombreuses que celles en *en*. — Il n'y a pas de tirade en *iée*. On peut croire que, dans la langue de l'auteur, *iée* était devenu *ie*, puisque nous trouvons, dans des tirades en *ie*, *ire*, *ine*, etc., *trecie* 5570, *rengie* 6150, *baisie* 6875, 8195, *joinchie* 8185, *percie* 8634 qui, plus anciennement, eussent été écrites et prononcées *treciée*, *rengiée*, *baisiée*, etc. Toutefois sept cas, en dix tirades, constituent une proportion assez faible. La part des mêmes finales est notablement plus forte dans certains poèmes, dans *Aliscans*, par exemple, ou dans la chanson des Saxons de Jean Bodel. Il serait donc possible que notre auteur, sans s'interdire absolument le mélange des finales *iée* et *ie*, l'eût évité dans une certaine mesure. On sait que l'assimilation d'*iée* a *ie* s'est produite d'abord dans la France septentrionale. — Il y a quelques premières personnes du pluriel en *omes* parmi les assonances de la tirade CCLIX et quelques autres, çà et là, dans le corps des vers [1]. Cela ne suffit pas à prouver que l'auteur soit du nord-est de la France, où ces formes sont plus fréquentes qu'ailleurs [2] ; c'est toutefois une présomption. — Dans cette partie du poème, comme dans l'autre, la seconde personne du pluriel du futur et de certains subjonctifs présents est en *ois* (vv. 5940, 5951, 6809, 6815, 6821) ou en *és* (vv. 5823, 7230, 7232, 7236, 8050), selon l'assonance. — Il n'y a, dans ces quelques faits, rien d'assez local pour qu'il nous soit permis de circonscrire en d'étroites limites la région d'où l'auteur était originaire. Il n'est, du reste, pas encore arrivé qu'on ait pu fixer avec quelque exactitude, par des procédés philolo-

---

1. Vers 7094-5, etc. — 2. Voy. ci-dessus, p. lxx.

giques, la patrie d'une chanson de geste. Mais nous pouvons du moins considérer comme très probable que la seconde partie de *Raoul* appartient à la région qui avoisine l'Ile-de-France en tirant vers le nord-est. La confusion d'*an* et d'*en* exclut le nord et l'ouest de la France, les formes en *omes* ne permettent pas de s'avancer trop à l'est ni de descendre trop au sud.

V. — MANUSCRITS.

1. — Le manuscrit de Paris. État matériel; langue.

On ne connaît actuellement qu'un seul manuscrit de *Raoul de Cambrai*, celui qui a servi à la présente édition comme à la précédente. Il appartient, d'ancienne date, à la Bibliothèque nationale où il porte le n° 2493 du fonds français (n° 8201 de l'ancien fonds)[1]. C'est un petit volume en parchemin, mesurant 14 centimètres et demi de hauteur sur 10 de largeur, ayant les dimensions et toute l'apparence extérieure de ces exemplaires qu'on appelle ordinairement, à tort ou à raison, manuscrits de jongleurs. Il se compose de 150 feuillets de parchemin où l'on reconnaît, à première vue, deux écritures. L'une, fine et régulière, est du milieu ou du troisième quart du XIIIe siècle ; l'autre, plus grossière et moins soignée, est visiblement postérieure, bien qu'on puisse encore l'attribuer au XIIIe siècle. Le lecteur en jugera par le fac-similé joint à la présente publication, dans lequel on voit les deux écri-

---

[1]. Il est porté, sans mention de provenance, sur l'inventaire de 1682. Nous devons ajouter qu'au dernier feuillet on peut lire encore, bien que l'encre ait pâli, la marque *propria* ou *propia*, dont l'existence a été constatée sur beaucoup de mss. provenant du connétable de Lesdiguières (voy. *Romania*, XII, 340).

tures se succéder l'une à l'autre. La première main a écrit les ff. 2 à 102 v°, la seconde reprend au fol. 102 v° (v. 6250) et poursuit jusqu'au fol. 150 et dernier. De plus, cette même main a écrit le premier feuillet. Il est tout naturel qu'un copiste continue l'œuvre commencée par un autre, mais il l'est beaucoup moins que ce même copiste écrive à la fois le premier feuillet et la fin d'un manuscrit. Voici comment peut s'expliquer cette circonstance assez insolite. Il faut dire tout d'abord que les feuillets 2 à 5 sont lamentablement mutilés. Ils ont été fortement écornés par un rat qui en a mangé les deux coins du côté de la tranche, celui du haut et celui du bas, de sorte que ces infortunés feuillets ont perdu leur forme rectangulaire pour prendre celle d'un triangle dont la base est formée par le fond des cahiers. On verra (pp. 3 et suiv. de la présente édition) que nous avons dû restituer, le plus souvent par conjecture, parfois à l'aide d'un manuscrit auxiliaire dont il sera question tout à l'heure, des portions de vers souvent considérables, dans le haut comme dans le bas de chacun des feuillets ainsi rongés. De plus, il y a, dans cette même partie du ms., des lacunes causées par la perte de feuillets entiers. Il manque deux feuillets entre les ff. 3 et 4 et un entre les ff. 5 et 6 [1].

[1]. On se rendra facilement compte de ces lacunes par la figure suivante qui représente le premier cahier :

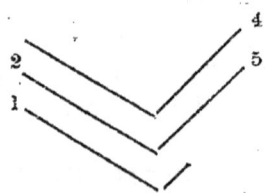

Le premier feuillet est refait. On voit que c'est un feuillet simple, tandis qu'il aurait fallu refaire un feuillet double. De là une lacune

C'est, sans doute, pour réparer ces dommages, auxquels il faut probablement ajouter la perte de quelques feuillets à la fin du volume, que notre ms. a dû être livré au deuxième copiste, celui qui a écrit le premier feuillet et les quarante-huit derniers. Il faut donc admettre que c'est à une époque ancienne, dès la fin du xiii° siècle, puisque le second copiste semble être de cette époque, que le ms. a éprouvé les dommages dont il porte encore la trace. Il est impossible, en effet, que le ms. ait été mutilé comme il l'est depuis que le premier feuillet a été refait. Assurément les feuillets manquants peuvent avoir disparu depuis cette époque, mais la mutilation des feuillets 2 à 5 est antérieure. On ne s'imagine pas que le rat auteur de ce méfait ait négligé de propos délibéré le fol. 1 pour s'attaquer aux ff. 2 et suivants. Nous supposons, au contraire, que le premier cahier tout entier a subi les atteintes du rongeur. Des feuillets constituant ce cahier, quelques-uns, ceux qui manquent actuellement, ont disparu ou ont été enlevés sans être remplacés; le premier seul a été refait. Le second copiste était visiblement un homme négligent, — son écriture le prouve assez; — il aura accompli sa tâche de la façon la plus sommaire, insouciant du dommage irréparable que sa paresse infligeait au poème. L'intervention du second copiste, au commencement comme à la fin du ms., aurait donc été motivée par une cause unique : le besoin de compléter un livre fortement endommagé. On pourrait objecter que le second écrivain reprend la copie, non pas à partir du haut d'un feuillet, mais au milieu d'une page, ce qui

---

d'un feuillet simple après le f. 5. En outre, il manque un feuillet double au centre du cahier qui, primitivement, se composait de quatre feuillets doubles. De là une lacune entre les ff. 3 et 4.

semble, à première vue, indiquer la continuation pure et simple d'une copie laissée interrompue. Mais nous ferons observer que les premières lignes où se reconnaît la main du second copiste, celles qui occupent le bas du fol. 102 v°, sont écrites sur grattage. Le cahier même qui se termine avec le feuillet 102 est très incomplet : il ne comprend que trois feuillets (100, 101 et 102) au lieu de huit. Pour une raison ou pour une autre, le second copiste, voulant reprendre la copie à partir d'un point déterminé, a gratté la première écriture qui s'étendait jusqu'au bas du feuillet et, selon toute apparence, supprimé les feuillets qui terminaient le cahier.

Le feuillet de garde, placé au commencement du manuscrit, est formé d'un fragment de minute d'un acte désignant nominativement un grand nombre de bourgeois de Reims [1], et dont l'écriture semble appartenir à la seconde moitié du XIIIe siècle. Cette particularité indique, selon toute apparence, que le manuscrit de *Raoul* était vers cette époque dans les mains d'un habitant de cette ville.

Nous avons maintenant à étudier les particularités de langue et de graphie qui distinguent chacune des deux parties du manuscrit.

Entre les faits que nous allons relever dans la façon

---

[1]. L'origine rémoise de cet acte nous paraît démontrée par la mention de Perrot, « filius quondam marescalli de Barbastro » et d'un autre personnage « morantem in Barbastro », *Barbastrum* désignant certainement ici la rue du Barbâtre, l'une des voies les plus importantes de l'ancien Reims. La mention d'un chanoine de l'abbaye de Saint-Denis de Reims et celle d'un autre chanoine de Saint-Timothée, de la même ville, viennent aussi à l'appui de cette opinion.

d'écrire propre à chacun de nos deux copistes, les uns réfléchissent la prononciation, tandis que les autres ne peuvent être considérés que comme des particularités graphiques sans grande importance. Commençons par les premiers. Le premier copiste emploie accidentellement *eiz* pour *ez*. Ainsi, *aseiz* 2143, *desarmeiz* 2337, *fauseiz* 617, *pevreis* 1560, *preiz* 606, et dans les secondes personnes pluriel de l'ind. prés. ou du futur, *aveiz* 524, 2310, *preneis* 2213, *reteneis* 1885, *torneiz* 2319. On sait que cette notation, qui répond certainement à une prononciation particulière de l'*é* fermé, est fréquente dans l'est de la France [1].

Le *g* initial suivi d'*a*, en latin, se conserve dans *gavelos, goïr, goie* (voir le vocab.), mais il y a probablement là un emploi abusif du *g* pour *j*, bien plutôt qu'un fait de prononciation. En effet, on trouve aussi *gogleour* 4144, pour *jogleour*, et *goue* (jocat) 1585, pour *joue*.

Le *t* disparaît souvent à la fin des mots, après *r* ou *s* : *fier* 2822, 3104, *hauber* 2728, 3706, *Herber* 3337, *mor* 2468, 3255, pour *fiert, haubert, Herbert, mort* ; *ces* 4656, *tos* 2130, 2158, 2191, pour *cest, tost*. Cette notation est loin d'être constante. Nous l'avons laissée subsister dans les mots où elle apparaît avec le plus de fréquence, dans *tos* et *hauber* ; dans les autres, nous avons cru devoir rétablir le *t* final entre crochets. — Le *t* final

---

1. N. de Wailly, *Mém. sur la langue de Joinville*, dans *Bibl. de l'Éc. des Chartes*, 6ᵉ série, IV, 389; *Observations sur la langue de Reims au* xiiiᵉ *siècle*, dans *Mém. de l'Ac. des Inscrip.*, XXVIII, ii, 297; *Observations sur les actes des amans de Metz*, ibid., XXX, i, 318-20. C'est d'ailleurs un phénomène qui s'est manifesté sur un territoire fort étendu. Ainsi on l'observe encore dans les chartes les plus anciennes (premier quart du xiiiᵉ siècle) du Vermandois; voy. *Bibl. de l'Éc. des Chartes*, XXXV, 445, 469, 470.

disparaît encore, mais plus rarement, après *n : don* 3216, *fon* 2615, *tressuan* 2602 ; ce sont des cas tellement isolés qu'il nous a paru nécessaire de rétablir le *t* entre crochets. Nous n'avons pas fait cette correction dans *tan.* 2090, 2551 ; il nous a paru que ce petit mot ne faisait, pour ainsi dire, qu'un dans la prononciation avec le mot suivant. Nous trouvons même *tam* 4042, le mot suivant commençant par un *p*. Le *t* final tombe encore parfois après une voyelle : *tou* 1256, *voi* 1171, où nous écrivons *tou[t]*, *voi[t]*. Il semble résulter de ces faits que, dans la langue de notre copiste, le *t* final ne se prononçait pas beaucoup plus qu'aujourd'hui. Et toutefois il y a lieu de faire la part de la négligence, car, au v. 1256, *tou* est suivi d'un mot commençant par une voyelle, et il est bien difficile de supposer qu'en ce cas le *t* ne se fît pas entendre.

L'*s* finale est également sujette à tomber après une consonne : *ver*, *enver* 1502, 2316, 2717, 2749, 3837, *flor* (au plur. rég.) 2696.

Un trait assez notable de la graphie et probablement aussi de la prononciation du premier copiste, est que l'*n* de la troisième personne du pluriel est souvent omise[1] : *donnet* 644, *qieret* 693, *fineret* 819, *vinret* 826, *descendet* 827, *perdet* 900, *descendet* 955, pour *donnent, quierent*, etc. Ces six exemples sont les seuls que nous aient fournis les vers 644 à 955. Le même morceau ne fournit

---

[1]. Il s'agit, bien entendu, des formes où l'accent est sur l'avant-dernière syllabe. L'*n* n'est jamais omise dans les futurs *(diront, orront)*. Elle ne l'est pas non plus dans les formes où *ent* fait suite à une voyelle ; ainsi *diroient* et non *diroiet*. Au contraire, dans les chants de Joinville on trouve *doiet, poet, paiet*, pour *doient, poent, paient* (De Wailly, dans *Bibl. de l'Éc. des Chartes*, 6e série, IV, 373).

pas moins de vingt exemples, si nous avons bien compté, où l'*n* est conservée. La proportion est donc largement en faveur de la forme la plus habituelle dans nos anciens textes [1]. Nous avons donc cru pouvoir restituer entre crochets l'*n* où elle manque. Cette omission de l'*n* s'observe accidentellement en Champagne [2].

Certains futurs ont, en raison de leur formation, une double *r*, ainsi *garra* pour *garira* dont l'*i* est tombé. Notre copiste réduit bien souvent ces deux *r* à une seule. Nous avons écrit *char[r]a* 2388, *gar[r]a* 2773, *gar[r]ont* 2734, *or[r]eis* 2448, *plour[r]ont* 2404, mais il eût peut-être mieux valu laisser subsister une notation dont on a d'autres exemples. Cette réduction des deux *r* à une seule a été observée dans les chartes de Tournai [3]. — Le cas est différent pour *guerre*, *terre*, où déjà, dans le type originel, les deux *r* sont consécutives. Le premier copiste, peu conséquent avec lui-même, traite ces deux mots de façon différentes : il écrit à peu près constamment *guere*, avec une *r*, 919, 1031, 1037, 1093, 1162, 1761. Nous n'avons rencontré *guerre* qu'une seule fois, v. 4286. Au contraire, on trouve presque toujours *terre*, 936, 1129, 1680, 3206, une fois *tere* au v. 1094.

Les documents de l'ancien français montrent beaucoup

---

1. La proportion des exemples où *n* est conservée est même en réalité plus forte encore : entre le v. 468 (où commence le sixième feuillet, et le v. 644 qui nous fournit *donnet* pour *donnent*, il y a six troisièmes personnes où l'*n* est conservée dans le cas indiqué à la note précédente, et il n'y a aucun exemple du contraire.

2. Il y a *furet* pour *furent* dans une des chartes de Joinville, pièce J, l. 22 de l'édition de M. de Wailly, *Bibl. de l'Éc. des Chartes*, 6ᵉ série, III, 573.

3. Voyez d'Herbonnez, *Étude sur le dialecte du Tournaisis*, p. 128.

d'hésitations quant à l'emploi de l's caractéristique du sujet dans les mots où le nominatif singulier latin n'est pas terminé par s. Cette hésitation se manifeste dans la partie du poème transcrite par le premier copiste : *sire* 5305, mais *empereres* 893, 2107, *freres* 60, *lechieres* 4904, *peres* 5014, *mieudres* 496. La tendance est donc en faveur de l's. Nous avons dû nous conformer à l'usage le plus général lorsque nous avons eu à compléter des mots de cette catégorie dont la fin était abrégée.

Il ne nous reste plus à examiner que quelques particularités dont l'importance, au point de vue de la langue, est minime, mais que nous avons dû toutefois étudier, afin de résoudre certaines abréviations d'une façon conforme aux usages du copiste. La plus intéressante de ces particularités concerne l'emploi de l'*u* après *q*. Le copiste est ici assez conséquent. Il écrit toujours *qe*[1], 131, 297, 316, 370, 542, 554, 555, 564, 571, 576 ; *qu'en* 2181, est un cas tout à fait isolé. De même *qi*[2] 155, 779, 782, 840, *qex* 765, *qeus* (qualis) 4263, *qel* 4331, *quant* 946, 1102, *qier* 837, 1347, 4770, *qiert* 1192, *reqierent* 4492, *qite* 2524, *qeurent* (currunt) 1404, 1722. Cette graphie est loin d'être sans exemple. Elle est commune dans les textes écrits en Angleterre et en Italie, et s'observe, bien que rarement, en France[3]. D'autre part,

---

1. Il va sans dire que les exemples cités sont tous écrits *in-extenso* dans le ms.

2. Il s'agit, bien entendu, de *qi* répondant au latin *qui*; l'*u* est conservé dans *qui* 798, etc., forme régime correspondant au lat. *cui*.

3. Par ex. dans le ms. Bibl. nat. 25517, qui renferme le roman d'Alexandre (voy. *Romania*, XI, 260), dans une copie de l'épître farcie de saint Etienne, Bibl. nat. lat. 17307, dans des actes de Saint-Quentin de la première moitié du xiiie siècle, publiés dans

notre copiste écrit non moins constamment avec *u : qua-rante* 783, *quartier* 4993, *quatre* 1232, 3543, *Quentin* 813, 875, 1598, 3907, 4129, *quis* 3209, *aquis* 2852, *requis* 2649, 3874, tous mots où le son de l'*u*, s'il existait encore au xiiie siècle, ce qui semble douteux, est maintenant perdu. A plus forte raison, l'*u* est il conservé dans des mots où actuellement encore il se fait entendre, tels que *requellis* 5200, *esquier* 1724, *quide* 2706, *quida* 1652, etc. Nous avons, par analogie aux exemples précédents, écrit *quaresme* 1582, *quart* 1919, qui sont abrégés dans le ms. De même pour *ataquons* 2328, *quoi, evesque, on-ques, reliques*. Nous devons convenir toutefois que pour ces mots les exemples rapportés plus haut ne fournissent pas une règle sûre.

L'ancien français, a en général, conservé l'usage latin, qui s'est transmis jusqu'à nous, de figurer par *m* la nasale suivie d'une labiale. Mais déjà au moyen âge on trouve bien souvent l'*n* employée dans ce cas. A cet égard, notre copiste est d'une irrégularité désespérante. Il n'y a vraiment pas de raison pour traduire le *titulus* plutôt par *m* que par *n*. Voici en colonnes parallèles, deux séries d'exemples fournis par des mots écrits sans abréviation dans le manuscrit :

la *Bibl. de l'Éc. des Chartes*, XXXV, 443, 460-3. Il ne faut pas perdre de vue que les groupes *qui, que*, etc., sont très souvent écrits en abrégé dans les ms., et que les éditeurs, en pareil cas, sont portés à transcrire avec *u* même lorsqu'il y aurait dans le même document des exemples de *qi* ou *qe*.

V. — MANUSCRITS

Par *m* :

ambedui, ambes.ij. 2478, 2659, 4481, 4483, 5132.
ambleûre 5491.
Cambrai 2757, 2771, 2784, 3159, 3773, 3885, 4186, 4277.
Cambrisis 302, 2796, 2808.
chambres 5612.
champ 2748, 3994.
champenois 2459.
combatant 4910.
embracier, embracié 4988, 5084.
embrasez 2015.
embuschiés 4387.
emperere 301, 713, 794, 837, 878, 893.
empirier 1253, 1396, 1496, 3022, 3150.
emploier 3118.
emporte 2364, 5012.
essamplaire 2636.
gambes 4673.
membres 1943.
rompi 2768, rompu 4425, 4433, 4995, rompue 3284, desrompi 4650.
samble 3957, sambla 4652, semblant 3242, semblance 796, asambler 1166, asamblée 2970, 4184, résamble 4107, resamblées 3671.

Par *n* :

anbe.ij. 3953.
Canbrai 2733, 4102.
Canbrisis 3606.
cenbel 2773, cenbiaus 3880.
chanberiere 1329.
enbarer 4494.
enbracier 1498, 5349, enbrace 2584, 2601, enbracié 1720.
enbronchier 4842, enbronchié 1698, 4999, enbroncha 174, enbronchant 709.
enbuschiés 4027.
enpainst 4065, 4243.
enpereres 2107.
enpirier 3362, enpirant 2677, enpira 4064.
enpoignie 3643.
enprisonné 4071, 4113.
menbrée 1799, 3281, 3647, menbra 2202, menbrast 2709, remenbre 2745, 4142.
menbres 194, 1164, 2110, 2264, 3585, 4751, 5252, 5415.
nonbre 3953.
ranprosner 3571.
ronpu 4076.

La conjonction *com* est le plus souvent écrite en abrégé : g ou $c\bar{o}$, il y a aussi $c\bar{u}$ ou v. 3596. Nous avons cependant trouvé *com* devant une voyelle, 4138, et *con* devant une consonne, 599, 823, 3290, 4593. Nous avons transcrit les abréviations conformément à ces exemples, sans nous dissimuler que si le copiste avait constamment écrit ce mot en toutes lettres, il n'eût probablement pas toujours tenu compte de cette distinction. Voici, en effet, ce que nous constatons pour des cas analogues. *Hom* se trouve ainsi écrit aux vers 904, 1869, devant une voyelle, aux vers 629, 825, 934, 1501, 1841, 1904, devant une consonne; *hon* 1502, 2012, devant une voyelle; *on* et *om* se trouvent dans le même vers, 3109, et chaque fois devant une consonne. Il est permis de conclure de ces faits que le son propre de la consonne était absorbé dans la nasalisation.

Le premier copiste écrit indifféremment *molt* 368, 1591, 1638, 3048, 4135, 4210, et *mout* 1510, 1919, 2968, 3821, 3970, 3995. Dans les cas d'abréviation, nous avons écrit *molt*.

Passons maintenant au second copiste[1] dont la graphie offre beaucoup de traits notables, entre lesquels il en est qui sont les indices d'une prononciation particulière. *An* et *en* sont réduits à un même son et employés indifféremment : *an*, lat. in ou inde, est fréquent, 23, 6338, 6378, 6456, 6500, 6522, 6657, 6668, *anfes* 6611, *anfant* 39. Réciproquement, *comment* 6336, 6832, *mentel* 6258, pour *commant, mantel*. — *ain* se substitue à *an* ou *en*, principalement avant *ch* et *g* spirant, à la tonique comme avant : *chaingiés* 7725, *frainche* 6871, 6890, *losainges* 7133, *losaingier* 6261, 7092, *maingier* 6332, 7099, *plainchier* 6254, *raingier* 7743, *trainche* 7796, 7852, *trainchier* 7205, *vaingier* 6265 ; aussi, *sainglant* 6257. — L'*e* bref latin suivi d'*n* mouillée, au lieu de produire *ien*, devient *ain*, dans *tains* (teneo) 7226, *vains* (venio) 6964, 7323, *vaigne* (veniat) 7587. — *au* se substitue à *ou* dans *saudoier* 6435,

---

[1]. Rappelons que le second copiste a écrit les vers 1 à 57, et 6250 et suiv.

7685. — Un *e* s'introduit après *u* dans *huerta* 6251; serait-ce une façon de marquer l'allongement de la voyelle? Un fait analogue s'observe dans certains mss. exécutés en Flandre, mais ici il est tout à fait exceptionnel.

Notre son *ou* est rendu indifféremment par *ou* dans *vous* 6308, 6534, 6964, 7944, et par *o* dans *vos* 6922, 7201, 7323, 7390, 7940, 7946. Par contre, le copiste écrit toujours *molt* en toutes lettres, jamais *mout*. — Au v. 7331, le ms. porte *9sin* qu'on ne peut guère transcrire que par *cousin*. Il est par suite possible que *9vine, 9venir* doive se lire *couvine, couvenir* et non *convine*, etc. [1].

l finale se redouble fréquemment lorsque le mot suivant commence par une voyelle : *cillautre* 4, *quillot* 28, *llest* 6351, *illen* 6364; de même *l* initiale lorsque le mot précédent finit par une voyelle : *vertelle* 35, 6331; pour *cil autre, qu'il ot, il est, il en, verté le,* formes que nous avons introduites dans notre texte au lieu de celles du ms. Pour conserver ce redoublement de l'*l*, il eût sallu, conformément au ms., réunir les deux mots en un eul, ce qui eût nui à la clarté et d'ailleurs n'eût pas été conforme aux règles générales que nous suivons pour la division des mots. Imprimer *cill autre, qu'ill ot, verté lle,* eût été aller directement à l'encontre du but de ce redoublement. — L'*n* est redoublée de la même façon dans *ennont* 6678, que nous avons aussi réduit à *en ont*. — *n* s'intercale avant *gn* dans *singnor, singnori,* 6446, 6566. — *gn* se produit à la place d'*n* dans *figna* 6340, 6543. — *n* se maintient devant les labiales : *anbedex*

---

1. M. de Wailly a montré qu'à Reims *o*, surmonté d'un *titulus*, devait se rendre plutôt par *ou* que par *on*, *Mém. de l'Acad. des Inscript.*, XXVIII, II, 308-9.

8071 *enbarrès* 7019, *enprist* 7210, *Herchanbaut* 6324.

Ce qu'il y a de plus particulier dans la graphie du second copiste, c'est l'usage d'écrire des consonnes qui certainement ne se prononçaient pas, ou qui servaient tout au plus, en certains cas, à marquer un certain allongement dans le son de la voyelle précédente. L'*r* et l'*s* s'introduisent entre une voyelle et une consonne, ainsi : *iers* 6858, 6916-7, 6962-3, *sierge* 6443, *niers* 6724, 7125, pour *iés* (ind. pr. deuxième p. sing. d'*estre*), *siége*, *niés* (nepos); de même pour *s* : *chasploier* 6973, 7023, 7779, *eschaspés* 7506, *esvesque* 16, 56, 6838, *mescredi* 6325, 6352, *mestrai* 7275, *envoslespe* 46, *ostri, ostrois, ostrierent* 25, 6463, 6557 6700, 6814, *prospice* 6389, *sosmiers* 6926. Cette introduction intempestive d'une *s* est parfois fort gênante. Ainsi *dist*, 7529 7556, peut être aussi bien au présent *(dit)* qu'au prétérit [1] ; *fust*, 6650, a l'apparence d'un imparfait du subjonctif quand c'est un prétérit. Par contre, l'*s* véritablement étymologique est omise dans *pait* 6665, *beloi* 6819, *blemis* 7020, *et* 6960, *foret* 6468, *fit* 6511, 6689, *fesit* 6862, *deffendit* 6528, pour *paist, besloi, blesmis, est, forest, deffendist, fist, fesist*. Evidemment le copiste ne prononçait plus cette *s* et, sachant vaguement qu'elle prenait place traditionnellement en certains mots, il la mettait un peu au hasard [2]. — A la fin des mots, on observe un phénomène analogue. Le copiste, entraîné par de fausses analogies, met une *s* ou un *t* là où il n'en faut pas : *dis* (dico), 19, 37,

1. Au v. 7556, c'est sûrement le présent.
2. L'exemple daté le plus ancien que nous connaissions de la perte de l'*s* suivie d'une consonne, est fourni par un acte de 1238, écrit dans la partie méridionale du dép. de l'Aisne (*Musée des archives départementales*, n° 71). On y lit : *anquete, requete, otelerie* (et aussi *ostelerie*), *croitre, meïmes, etable*.

6451, *dis* (d i c) 6314, *dois* (d e b e o) 6807, *ostrois* 6700, 6814, *fuis* 7061, *pors* (p o r t o), 6860, *vis* (v i d i) 24, 6695, *vis* (v i v o) 6360, *ainsis* 6585, 6608, *ausis* 6884, *Orignis* (cas rég.) 7006. Pour le *t* final, il y a lieu de distinguer deux cas. Il apparaît en des mots qui n'y ont étymologiquement aucun droit : *foit* (f i d e m) 6377, 6455, 6549, 6806 *mercit* 6310, 6664, *Savarit* (S a v a r i c u m) 6707, comme en d'autres où le type étymologique présente en effet un *t :* tels sont les participes *baillit* 6447, *cevelit* 32, *choisit* 6279, *jehit* 6334, *mentit* 6314, *merit* 22, *oït* 2, 6381, 6408, *plevit* 6322, *tenut* 6295, *detenut* 6427, les substantifs *erit* 6467, *escut* 6419, 6421. Toutefois, bien que le *t* soit ici étymologique, on ne saurait affirmer, en présence des exemples cités en premier lieu, qu'il ait été réellement prononcé. La graphie de notre copiste est trop hésitante pour qu'on puisse lui attribuer une grande valeur. Nous remarquerons encore que beaucoup de participes passés de la première conjugaison, et, en général, les mots en -a t u m, sont terminés au cas régime par *t : contet* 34, *delgiet* 6257, *entaillet* 6258, *enterret* 36, *exploitiet* 6345, *juret* 6322, *malgret* 6323, *mandet* 6368, *pret* 6326. On sait que dans les mots de cette catégorie la conservation du *t* étymologique s'est perpétuée au Nord de la France jusqu'au xve siècle. Mais nous nous garderons bien de conclure de cette circonstance que le copiste ait été originaire de la France septentrionale : plusieurs caractères importants du roman de la Picardie, du Ponthieu, du Vermandois et de la Flandre faisant ici défaut. D'ailleurs, le même fait s'observe, avec une fréquence variable, dans le nord de la Champagne [1] et en Lorraine.

---

1. Voir par ex. les pièces françaises du cartulaire du comté de

c (avec le son de *ç*) et *s* sont parfois employés contrairement à l'étymologie dans certains mots. Voici des exemples de *c* pour *s* : *arces* 7713, *ce*, pronom neutre, 6297, 6299, 6355, 6412 ; *ce*, adverbe, lat. sic, 6302, *ce*, conjonction, 6286, 6315, 6489, *ces*, pronom sing. suj. ou rég. pluriel, 16, 6266, 6294, 6376, *cevelit* 32, *ciecle* 29. Réciproquement, *s* pour *c* : *se*, pronom neutre, 6319, *ensainte* 35, 39.

Nous avons vu (p. LXXV) que l'auteur de la seconde partie admettait indifféremment à la rime les finales en *ois* et celles en *és* pour les secondes personnes du pluriel des futurs : nous ne nous étonnerons pas de trouver le même mélange de formes dans le corps des vers, soit qu'il y ait lieu de l'attribuer à l'auteur, soit que le copiste seul en soit responsable : *avrois* 6360, *comparrois* 7381, *dirois* 6321, *irois* 6320, *orrois* 18, *porrois* 7126, *serois* 6535, *avrés* 6628, 7394, *irés* 6598, *porrés* 6497, 7068. Il y a peut-être lieu de considérer comme plus particulier au copiste l'emploi de la finale *ens* pour le latin -amus lorsqu'un *i* précède : *aideriens* 7679, *estïens* 6386, 6390, *puissiens* 7456-7, *peüssiens* 7678, *seriens* 6391. C'est la dérivation proprement étymologique dont l'existence est bien constatée en Champagne [1].

Les différences que nous avons signalées entre nos deux copistes se rapportent plutôt, en somme, à la graphie qu'à la langue. La moyenne des caractères linguistiques semble indiquer, pour l'un et pour l'autre, le nord de la Champagne comme lieu d'origine. Nous avons

---

Rethel, publiées par M. Delisle dans l'*Annuaire-Bulletin* de la Société de l'Histoire de France, 1867, 2e partie.

[1]. De Wailly, *Mém. sur la langue de Joinville*, dans *Bibl. de l'Éc. des Chartes*, 6e série, IV, 374, 378, 582.

noté plus haut, p. lxxix, une circonstance toute matérielle, l'emploi comme feuillet de garde d'un fragment de charte écrit à Reims, qui favorise cette conclusion.

Si les deux copies qui forment le ms. de *Raoul de Cambrai* diffèrent considérablement quant à la graphie, elles se ressemblent du moins en un point qui n'est pas à leur avantage : c'est qu'elles sont l'une et l'autre très fautives, la première surtout. Nous avons fait ou proposé de nombreuses corrections : nous croyons qu'il en reste encore beaucoup à faire.

2. — *Manuscrits perdus.* — *Extraits de Fauchet.*

Les inventaires des *librairies* du moyen âge ne mentionnent, à notre connaissance, que trois mss. de *Raoul de Cambrai*. Dans l'inventaire rédigé après le décès de Jean de Saffres, doyen du chapitre de Langres, mort en 1365, on lit un article ainsi conçu : *Item, romancium* Radulphi de Cameraco, *taxatum precio octo grossorum*[1].

Charles V possédait deux manuscrits de *Raoul*. En voici la description tirée de l'inventaire de sa librairie du Louvre :

Bueve d'Esgremont; la vie saint Charlemainne, les Quatre fils Aimon, dame Aie d'Avignon, les croniques de Jerusalem, Doon de Nantueil, Maugis le larron, Vivien et Raoul de Cambrai, rimé. *L'emperieres de France*[2].

1. *Bulletin du bibliophile*, 1857, p. 472.
2. L. Delisle, *Le Cabinet des manuscrits*, III, 164; n° 1096 de l'inventaire.— Un ms. qui contenait tant de matières devait être de grand format, à deux colonnes par pages, et à 40 à 45 vers par colonne, soit 160 à 180 vers par feuillet. Et en effet les mots

Taillefer dit Raoul de Cambresis, rimé, très vieil et bien petit, de lettre bastarde. *Dame Aalez* ¹.

Ces deux mss. sont perdus. La description du second pourrait assez bien s'appliquer au seul ms. actuellement connu de *Raoul*, n'était la mention des premiers mots du second feuillet qui exclut l'identification. *Dame Aalez* paraît être le commencement du v. 52 : *Dame A. n'ot pas le cuer frarin;* le second feuillet de notre ms. commence au v. 58 : *Desq'a Biavais ne prisent onques fin.*

Dans la seconde moitié du xvie siècle, il existait un ms. de *Raoul de Cambrai*, duquel le président Fauchet a cité une vingtaine de vers dans les chapitres x et xi de ses *Origines des dignitez et magistrats de France* ². Ces quelques citations suffisent à prouver que le ms. dont s'est servi Fauchet était différent du nôtre; car, sans parler de variantes assez nombreuses, il contenait un vers qui manque au ms. de la Bibliothèque nationale ³.

Mais nous avons mieux que les citations imprimées de Fauchet. La Bibliothèque nationale possède un petit volume in-4° composé de dissertations, de notes historiques et d'extraits de lectures, le tout écrit à diverses époques par Fauchet lui-même ⁴. On y trouve, du fol. 66

L'emperieres de France, début du second feuillet de ce ms., correspondent au v. 173 du *Renaut de Montauban*, publié par M. Michelant. On sait que la première partie du poème est formée par *Beuve d'Aigremont*.

1. *Ibid.*, 168, n° 1191.
2. Ce sont les vers 361-3 (Fauchet, *Œuvres*, 1610, 4°, fol. 483 ᵃ), 1556-7 (*ibid.*), 1977-80 (fol. 487 ᵃ), 4798-4805 (fol. 483 ᵃ ᵇ), 4815-8 (fol. 483 ᵇ).
3. Le vers 1980, que nous avons rétabli d'après Fauchet.
4. Bibl. nat , fonds fr. 24726, ancien S. Victor 997.

au fol. 72, des extraits de *Renaut de Montauban*, de *Doon de Nanteuil*[1], d'*Aie d'Avignon*, de *Gui de Nanteuil*, enfin (fol. 71) de *Raoul de Cambrai*. Fauchet ne nous dit pas que ces cinq poèmes se soient trouvés unis dans le même manuscrit. Si on était sûr qu'ils aient été joints, on pourrait se hasarder à identifier le ms. de Fauchet avec le ms. perdu de Charles V qui, selon l'ancien inventaire du Louvre, renfermait également, avec d'autres poèmes encore, *Doon de Nanteuil*, *Aie d'Avignon*, *Gui de Nanteuil* et *Raoul de Cambrai*. Mais cette identification ne va pas sans quelques difficultés. D'abord rien ne prouve que le *Raoul de Cambrai* utilisé par Fauchet se soit trouvé dans le même ms. que *Doon de Nanteuil*, *Aie d'Avignon* et *Gui de Nanteuil*. Fauchet dit quelque part[2] qu'il a vu un manuscrit où *Renaut de Montauban*, *Doon de Nanteuil*, *Aie d'Avignon* et *Gui de Nanteuil* étaient « cousus l'un après l'autre ». C'est indubitablement de ce ms. qu'il a tiré ses citations de ces divers poèmes ; mais, à cet endroit, il ne parle pas de *Raoul*. Ce n'est pas une preuve que ce poème ne fût pas dans le ms., mais c'est encore moins une preuve qu'il y fût. En outre, le ms. du Louvre renfermait la chanson de *Maugis* et celle de *Vivien*[3]. Or, il ne paraît pas que Fauchet ait connu ces deux poèmes. Du moins ne les cite-t-il nulle part, que nous sachions.

Quoi qu'il en soit, les extraits que Fauchet nous a con-

---

1. La *Romania* publiera prochainement un mémoire sur *Doon de Nanteuil*, d'après les extraits conservés par Fauchet.

2. *Origine de la langue et poésie française*, l. II, § XIIII; *Œuvres*, f. 562.

3. Probablement *Vivien l'Aumacour de Monbrant*, qui ne paraît s'être conservé que dans le ms. de Montpellier où se trouvent aussi *Doon de Mayence*, *Gaufrei*, *Ogier*, etc.

servés d'un ms. perdu de *Raoul* sont d'un grand prix. Ils se composent, comme nous l'avons dit au commencement de cette introduction, d'environ 250 vers, proportion assez faible pour un poème de plus de 8,000 vers, mais, outre que nous y avons puisé d'excellentes variantes, notamment celle des vers 5484-6, il se trouve que quelques-uns des vers transcrits par Fauchet correspondent aux lacunes qui déparent l'unique manuscrit du poème. Enfin, ces mêmes extraits fournissent un argument de plus en faveur de l'opinion émise plus haut [1], selon laquelle la continuation en assonances aurait été ajoutée à la partie ancienne, alors que celle-ci était déjà mise en rimes. En effet, la rédaction que Fauchet a eue sous les yeux était celle même qui nous est parvenue, mais elle ne contenait pas la suite en tirades assonantes. La dernière citation de Fauchet correspond à notre vers 5542, et c'est au v. 5555 que s'arrête la partie rimée.

Quelques mots, pour terminer, sur la façon dont nous avons compris notre tâche. Nous n'avons pas cru devoir réformer la langue du poème conformément à un type idéal. Dans l'espèce, les éléments nécessaires pour déterminer ce type font défaut. Il faut ajouter qu'il y aurait eu probablement deux types légèrement différents à fixer, puisque rien ne prouve que les deux parties du poème aient été composées dans le même pays. Nous avons tenu d'autant plus à conserver la graphie propre à chacun des deux copistes, que cette graphie offre, on l'a vu plus haut, des particularités intéressantes. Nous nous sommes bornés aux corrections exigées par la mesure ou par le sens. Entre ces corrections, celles-là seulement ont été

---

[1]. P. IV.

introduites dans le texte que nous regardons comme certaines ; celles qui ne nous ont paru que probables ont été proposées en note. Le glossaire et la table des noms sont très détaillés et fourniront, sous une forme condensée, beaucoup de notions qui n'ont pu trouver place dans cette introduction déjà bien longue. Les éditeurs de *Raoul de Cambrai* ne se dissimulent pas toutefois qu'il reste encore à faire pour résoudre toutes les difficultés que présente ce poème si important et cependant à peu près négligé, jusqu'à ce jour, par la critique. Ils espèrent du moins que leur travail pourra fournir une base solide aux recherches de ceux qui viendront après eux.

Septembre 1883.

APPENDICE

APPENDICE

L'HISTOIRE DE RAOUL DE CAMBRAI ET DE BERNIER

D'APRÈS LA CHRONIQUE DE WAULSORT [1]

(D'Achery, *Spicilegium*, t. VII (p. 518-524), de l'édition in-4°, t. II (p. 710-712), de l'édition in-folio.)

(1) Processu tamen volvente, haud multo post, ultima labentis ætatis clauditur dies Heriberti, comitis de Sancto Quintino [2], qui viam universæ carnis ingressus superstites post se quatuor filios reliquit; quibus, ut regimine fratris sui comitis Eilberti [3] nutri-

---

1. Nous réimprimons ce morceau d'après d'Achery, *Spicilegium*, II, 100 de l'éd. in-fol.; VII, 511-524, de l'édition in-4°. Le texte n'en est pas toujours fort correct, mais nous n'avons pu le vérifier sur le seul ms. connu, probablement identique au ms. de Gembloux dont s'est servi d'Achery, qui a été récemment retrouvé dans la bibliothèque du grand séminaire de Namur, et d'après lequel une nouvelle édition de la chronique doit être donnée en Allemagne; voy. *Neues Archiv der Gesellschaft fur ältere deutsche Geschichtskunde*, III, 220.

2. Herbert II, comte de Vermandois, mort en 943.

3. Ybert *(Eilbertus)*, que la chanson de *Raoul de Cambrai* présente comme l'un des quatre fils du comte Herbert de Vermandois, est pour l'auteur du *Chronicon Valciodorense* l'aîné des sept fils du comte lorrain Ebroin et d'Eve,

rentur, et hereditate eorum terræque ejus industria auxilioque tuerentur, obedire præceptis præcepit. Cum vero istius angoris mæstitudine premeretur, et ab amicis et fratribus funeris exsequiæ præpararentur, quidam Cameracensis comes Rodulfus nomine, qui dignitate regalis consanguinitatis gloriabatur, adversus quatuor Heriberti filios, confidens in robore fortitudinis suæ, insurrexit, et annuente rege Francorum, videlicet avunculo suo, terras eorum invasit, sicque evaginata iniquitate quam consideraverat [1], adversæ partis cuneus ab eodem præparatur, et atrocis crudelitatis dolus, qui clausus latuerat, evidentibus indiciis in propatulo manifestatur. Reciproca namque crudelitate a genitore puerorum et patruis se vinculatum reminiscens, præfatus rex jus abnegans, injuste possessiones, terras, hereditatesque eorum supradicto Rodulfo concessit; sicque ab hoc norma justitiæ confusa est, et gravis periculi commotio ab utraque parte machinatur [2].

(2) In exordio suæ congressionis, Rodulfus oppidum Sancti Quintini obsidendo aggressus est expugnare; quod cum ab eodem minime caperetur, impetum vimque resistentium ferre non valens, ignibus deliberabat aduri [3]. Cumque certatim istius iniquitatis ruina machinaretur, concursu hostium nobilium virorum nobile oppidum repente crematur, et villa mobilibus et diversis repleta

---

fille du comte Guerri. Ses six frères puînés sont désignés dans l'ordre suivant : le comte Eudes de Roye *(Uddo de Roix)*, le comte Herbert de Saint-Quentin, le comte Gérart d'Audenarde, le comte Boson, le comte Guitier et l'évêque Marquart. En outre, la chronique de Waulsort fait descendre Ybert d'un autre héros épique, Aimeri de Narbonne, et de la femme de celui-ci, « la comtesse Ermengarde, sœur de Boniface, le grand prince de Pavie » : le comte Garin *de Asclovia* (le Garin d'Anceûne des poèmes français?), fils d'Aimeri, aurait été le père du comte Beuvon Sans-Barbe, l'aïeul du comte Ebroin et le bisaïeul d'Ybert (§ 3 du *Chronicon Valciodorense*). Mais le paragraphe du *Chronicon* qui renferme la généalogie du comte Ybert est, paraît-il, l'œuvre du religieux qui, vers l'an 1243, continua jusqu'à son époque l'histoire du monastère de Waulsort (*Histoire littéraire de la France*, VIII, 348), et obéit, dans les quelques lignes que nous analysons, à la tendance si manifeste alors de rattacher à deux ou trois familles héroïques tous les héros des chansons qui constituaient alors le cycle carolingien.

1. Corr. *concelaverat?*
2. Cf. tirades XXXIX et suiv. de la chanson.
3. Cet épisode de la guerre de Raoul de Cambrai contre les fils de Herbert ne figure pas dans la chanson que nous publions.

commeatibus, diversorumque agminum stipata plebe depopulatur, et cum ea templi ædificia uruntur, et ad nihilum rediguntur. Inter hæc templum virginum monialium [1] a fratribus haud multo post constructum, et magnis prædiorum honoribus ditatum, propter cujusdam nobilissimæ mulieris conversionem, quæ se sacri veli consecratione, relicto sæculari habitu munierat, aduritur, et cum eo hæc nobilis mulier et virginum chorus. Mulier autem hæc, cum magnis orta foret natalibus, seducta fuisse dignoscitur a comite Eilberto quasi sub quadam conjugii confœderatione; quæ cum eo permansit, quousque alterius nobilissimæ prosapiæ mulieris, legalis decreti cæremonia, conjugii dans consensum, necteretur contubernio; quæ cum spernendo se cerneret postponi, ordine supradicto curam sæcularis negotii postposuit [2].

(3) Hæc itaque ex supradicto comite filium enixa est, cui in spiritali regeneratione et nominis acquisitione Bernerus nomen impositum est. Hic avulsus a lacte, atque dempto ubere ablactatus, supradicto Rodulfo urbanitatis gratia traditus est nutriendus, qui cum aliis juvenibus nobilibus vernaculis serviebat ex armorum apparatu. Ut vero matris adustionem, patris, patrui ac filiorum ejus agnovit detrimentum, et honoris diminutionem, imbecillitatis suæ condoluit importunitatem, eumque tædere cœpit cum proximorum infortunio mors suæ unicæ genitricis, et repentini casus cœpit conqueri austeritatis improbitatem. Cumque crebro in hoc conquereretur infortunio, lacrymabilique ejulatu gravis finis interitum memoratæ genitricis lugeret, luctus ejus ad domini sui aures pervenit. Unde conversus in iram, post jurgiorum proverbia, occiput sui capitis vulneravit nimia fervens insania; sicque bonæ indolis adolescentulum removit a contubernio suorum familiarium. Talis siquidem gravedinis et molestiarum acerbitas cum a filio patri nuntiaretur, reciprocatus dolor graviter renovatur, quo exasperati cordis meditatione, confluentia diversarum gentium multiplici numerositate conglobata, catervæ multiplices disponuntur, et machinamento prudentium congressiones Rodulfo præparantur. Præfatus siquidem Bernerus, infra quanquam pueriles annos positus, eventum rei graviter accepit, et actionem præteritam non pueriliter investigans, rogavit patrem militiæ sibi non negare armaturam. Tandem ipse quod concupierat voto adeptus militiam honestis moribus

1. Le monastère d'Origni.
2. Cf. *Raoul de Cambrai*, tirades LX et suiv.

adornavit. Cum vero ab utrisque partibus graviter fortiterque præliaretur, et invicem adversarum partium cadavera mucrone sæviente passim sternerentur, cum capite primæ cohortis Bernerus voluit apparere, quo strenuitatem suæ actionis evidentius voluit ostendere.

(4) Igitur in tempore definitæ congressionis antequam, pariter convenirent, de morte matris Rodulfum sicut suum dominum convenit, a quo inconvenienter improperia sustinendo repulsus; dominum suum postposuit, et sibi fidem post hæc servare denegavit. Ordine siquidem certaminis composito, obvius affuit in concertatione Bernerus Rodulfo, cui mortem matris requirens anteposuit, et ab eodem sibi hanc injusto judicio sublatam nuntiavit, Hic autem verba illius ignaviæ æquiparans, insultationis verba illi respondendo reddidit, corpusque illius ab eo simili sorte fieri pronuntiavit. Ut autem istius commotionis verba a Rodulfo accepit Bernerus, in indignationem conversus et iram, spiculo et ense contumacem militem aggressus est, et in impetu sui spiritus ab ejus corpore animam viriliter non timuit abstrahere. Sedata itaque seditione istius malæ contritionis et doloris, gemitus suæ partis factus est Rodulfus, et ulto sanguine, qui ab eo effusus fuerat innoxius, hereditates et terræ, quæ per violentiam ab eo fuerant usurpando invasæ, Heriberti heredibus restituuntur juste, judicio, probitate, industria, fortitudine familiarium amicorum [1].

(5) Hujus rei gratia, et prosperorum actuum prudenti progressu omnimoda urbanitate compositus, a suo genitore et familiaribus iste egregius adolescens complectebatur tenere, in quibus successor paternæ hereditatis credebatur fore, quia ex sponsalis confœderationis connexione patri heres negatus cælica voluntate, quo nomen ejus dilataretur posteritatis successione. Surrexit interea ex Rodulfi radice, gravis infestationis et totius iniquitatis dolo [2] repletus quidam surculus, nomine Walterus, qui ejusdem pompaticæ regalis consanguinitatis tumendo gloriabatur propinquitate, veluti sororis Rodulfi filius. Hic autem adversus Eilberti filium, Bernerum scilicet, inter innumeras adversæ partis catervas, cohortium princeps primus effectus surrexit, et ab hoc sui avunculi mortem requisivit. Illum autem sibi injusto judicio ab eo præeunte mortem demptum pronuntiavit, et ab eodem manu propria contra jus fasque illum exs-

1. Tir. LXXIII et suiv.
2. L'édition in-folio donne ici *dono*.

tinctum dicens, mœroris affectum per cordis contriti verba evidentibus indiciis indicavit. Tumultus autem venturæ congressionis, et tempestuosus ardor gravis angoris utraque parte machinatus, propositione verborum horum quadam ex parte conquierunt. Contra hæc mortem matris, fracturam capitis, vel detrimentum genitoris et patruorum desolationem illi respondendo Bernerus opposuit; et hæc omnia injusto judicio sustinuisse ab eodem replicavit [1].

(6) Animati igitur diræ congressionis et adversæ machinationis mutua confabulatione, uno conspirationis consensu adversum se invicem exaggerantes malum, regis præsentiam adiere, et ibi, ex utraque parte datis obsidibus, condixerunt sub regalis juris observatione et suæ litis agone, suæ propositionis verba confirmare. Statuto siquidem certi temporis die una pariter convenere, atque ipsis acriter modo irremediabili invicem propugnantibus, triduano litigio sese ceciderunt; pro quibus regiæ magnificentiæ auctoritatem, cernentes constantiam et fortitudinem juvenum mutuæ partis exercitus, interpellavit. Regalis itaque auctoritatis ut pervenit ad eos sententia, armaturam suam obsidibus suis tradiderunt. Palatinorum autem procerum judicio abjudicatum litigium, et moderatione inlustrium [2] virorum pacata sunt jurgia tumultuantium puerorum, eorumque conflictus pacem dedit mutuæ partis principibus: sed virus præteritæ commotionis in Viromannorum et Cameracensium serpit visceribus usque in præsens tempus [3].

(7) Dei post hæc judicium, ejusque ordinatio qui quos creat et sui signaculi virtute conservat, regit, suaque gubernatione in prosperis adversitatibusque provehit, istum adolescentem Bernerum videlicet vocavit, vocandoque sui spiraminis commissum suscepit [4]; atque sic ejusdem assumptionis vocatio patri facta est diutinæ desolationis et lacrymabilis rememorationis sæva destitutio, orbatioque irrecuperabilis. Pulsatus igitur tantis talibusque eventibus, infortunium diversorum casuum corporis et animæ timere cœpit veneran-

---

1. Cf. *Raoul de Cambrai*, tir. CLXXVIII et suiv.
2. Les éditions portent *industrium*.
3. Cf. *Raoul de Cambrai*, tir. CCXX et suiv.
4. La mort prématurée de Bernier terminait évidemment la chanson de *Raoul de Cambrai*, mais l'auteur de la seconde partie de ce poème prolongea d'une vingtaine d'années la vie du fils d'Ybert de Ribemont pour le faire enfin mourir d'une façon aussi tragique qu'inattendue après un récit de plus de 4,000 vers.

dus comes, priscæ reminiscens conversationis enormitatem, et antiquorum contagiorum præteritam actionem, quid egerit diuturna meditatione cœpit meditari, et se reum voce lacrymabili ex transactis facinoribus confiteri. Cumque jugi mœroris anxietate filii defleret destitutionem, suæ intentionis actionem suppliciter ad Deum convertit, et in studio istius bonæ voluntatis ex sui juris proprietario, una cum sua clarissima conjuge Heresinde, archangeli Michaelis ob honorem in Tirasce basilicam condidit, eoque in loco sub tramite beati Benedicti Deo militantibus coadunatis fratribus, ipsis abbatem præficiens, ad usus quotidiani victus stipendia constituit non modica, locumque illum sub ditione et ordinatione Laudunensis ecclesiæ antistitis constituit.

RAOUL DE CAMBRAI

I

Oiez chançon de joie et de baudor ! *f. 1*
Oït avés auquant et li plusor
Del grant barnaige qui tant ot de valor;
Chantet vous ont cil autre jogleor
5 Chançon novelle : mais il laissent la flor.
C'est de Raoul; de Canbrai tint l'onour.
Taillefer fu clamés par sa fierour.
Cis ot .j. fil qui fu bon poingneor,
Raoul ot nom, molt par avoit vigor.
10 As fils Herbert fist maint pesant estor;
Mais Berneçons l'ocit puis a dolor.

Les mots ou lettres restitués par conjecture dans les endroits où le ms. (A) est mutilé sont en italiques; les mots ou lettres restitués par conjecture dans les endroits où le ms. est entier sont entre crochets; les mots ou lettres restitués, en quelque endroit que ce soit, à l'aide des extraits conservés par Fauchet (B) sont entre crochets, et accompagnés d'un astérisque. Les vers qui se trouvent dans B, mais sans variante par rapport à A, sont indiqués en note ainsi : = B.

1 *Le premier feuillet est de la main qui a écrit la fin du poème, depuis le v. 6250.* — 4 A *cil lautre jogleors.* — 5 *Après ce vers,* A *répète le v. 3.*

II

Ceste chançon n'est pas drois que vous lais.
Oiez chançon, et si nous faites pais,
Del sor Gr. et de dame Aalais,
15 Et de Raoul cui fu lige Canbrai.
Ces pairins fu l'esvesque de Biauvais.
As fils Herbert enprist R. tel plait,
Con vos orrois en la chançon huimais.

III

Icis Raoul Taillefer dont je dis
20 Fu molt preudons, si ot le cuer hardi.
L'enpereor de France tant servi,
Que l'empereres li a del tot merit.
De Canbrisin an droit fié le vesti,
Et mollier belle, ains plus belle ne vis.
25 Tuit l'ostrierent et parent et ami.
Noces en firent tex con poés oïr
Dedens la cort au fort roi Loeys.
Puis vesqui tant qu'il ot le poil flori,
Et quant Dieu plot del ciecle departi.
30 La jantil dame Aalais au cler vis
Tel duel en fait si grans ne fu oïs.
Et li baron l'avoient cevelit :
Si l'enter[e]rent au mostier saint Geri.
De cel baron dont vous ai contet ci
35 Estoit ensainte, par vertet le vous di.

14 Gr., *plus loin* G., = Gueri, *comme au v. 338, ou encore* Guerri. *v. 641.* — 24 *Ce vers se rattache mal au précédent ; p.-é. manque-t-il un vers entre les deux.* — 26 tex, *A* stex. — 28 = *B* ; *A* quillot. — 35 vertet, *A* vertel.

IV

      Enterret ont le chevallier vaillant :
      C'est Taillefer dont je vous dis avant.
      La gentil dame au gent cor avenant
      De lui remest ensainte d'un anfant.
40   Tant le porta con Dieu vint a talent.
      Quant il fu nez, joie en firent molt grant
      Cil de la terre, chevalliers et serjant.
      Tex en ot joie, par le mien esciant,
      Qui puis en ot le cuer triste et dolent.
45   L'anfant a pris la dame au cors vaillant :
      Si l'envoslespe an .j. chier boquerant;
      Dex frans baron[s] apella erranment :
      Thiebaut [apellent] le premier li auquant,
      L'autre Acelin, par le mien esciant :
50   « Baron, » dist elle, « por Dieu, venés avant;
      « Droit a Biavais m'alés esperonnant. »

V

      Dame A[a]lais n'ot pas le cuer frarin :
      Son fil coucha an .j. chier drap porprin;
      Puis en apelle .ij. baron[s] de franc lin :
55   « Droit a Biauvais m'en irois le matin,
      « A dant Guion l'esvesque mon cousin. »
      Et cil s'en tornent, n'i fisent lonc traïn.
      Desq'a Biavais ne pris*ent* on*ques fin* :   *f.* 2
      L'evesque troevent sus el p*alais marbrin*.
60   Icil fu freres Joifroi de *Lavardin*.

42 *A* Cis. — 46 = B. Fauchet ajoute : « *il l'appelle depuis* pailhe Alexandrin »; *ce qui peut se rapporter au v.* 53.— 56 Guion, *Fauchet* : « *Huon, frere de Geofroi de Laverdin et d'Aalis, femme de Tailhefer* ».

VI

El palais monte[n]t andui *li chevalier;*
L'enfant aportent qe mervel*les ont chier;*
L'evesque trueve[n]t qi molt fait a *proisier :*
Bien le saluent, en ex n'ot q'ensaignie*r :*
65 « Cil Damedieus qi tout a a jugier,
« Il saut et gart l'evesque droiturier
« De part no dame A. au vis fier,
« Feme R. Taillefer le guerrier.
« Mors est li quens : n'i a nul recovrier ;
70 « Mais de lui a la dame .j. iretier ;
« Ci le vos fait par chierté envoier,
« Qe del lignaje ne le vieut eslongier. »
L'evesque l'ot ; si se prist a saignier.
Dieu en mercie qi tout a a baillier :
75 « Franche contese, Diex te puist consellier !
« Iceste chose ne vuel plus respitier. »
Il fait les fons aprester au mostier,
Et oile et cresme por l'enfant presaignier,
Si se revest por faire le mestier.

VII

80 El moustier vint li evesques gen*tis,*
L'enfant baptise qi molt est esche*vis.*
Tout por son pere Taillefer le *marchis,*
Mist non l'enfant R. de Cambr*esis.*
Li gentix vesques n'i a nul *respit mis ;*
85 Bien l'aparelle comme frans *et eslis.*
Et la norrice qi molt ot *cler le vis*
Fu revestue et de vai*r et de gris.*
Tuit cil i vindrent por cui orent tremis.
A l'endemain qant il ont congié pris,

90 Tuit s'en tornerent; s'i ert li sors G.
    Al baptisier nen ot ne giu ne ris.
    Li enfes fu et amez et goïs,
    De sa norrice molt gentilment norris.
    Passa des ans et des mois et des dis,
95 Plus de .iij. ans, ce conte li escris.

VIII

    Dame A. n'ot pas le cuer frarin.
    Huimais orrez la paine et le hustin
    De la grant guere qi onques ne prist fin.
    Au roi de France avoit .j. franc meschin :
100 François l'apelent le mancel Gibouin.
    Le roi servi au bon branc acerin ;
    De pluisors gueres li fist maint orfenin ;
    Molt servi bien nostre roi de franc lin
    Et richement, a loi de palazin.
105 De son service vieut le don enterin.
    Cil li loerent d'outre l'aigue del Rin
    Que li donnast l'onnor de Cambrezin.
    Del parenté Joifroi de Lavardin
    L'ot A. qi maint home a enclin ;
110 Se Dex n'en pense qi de l'aigue fist vin,
    Tex onnor est donnez et traiz a fin
    Dont mains frans hom en giront mort souvin.

IX

    [* Nostre emperere] oit les barons parler,
    [* Les gentis hom]es toz ensamble loer,
115 [* Que il li doint Aalais au] vis cler,
    [* Car li Manseaus l'a servi] comme ber.

94 *Cf. vv. 369 et 558.* — 95 *Cf. v. 294.* — 115 Aalais, *Fauchet* Alais.

[* Li rois les croit, si en fist] a blasmer.
Le gant l'en do[ne, cil l'en vet mercier *],   *f 3*
De ci au pié li baisa [le soler *].
120 Et dist li rois qi France a a *garder* :
« Gibouin, frere, *bien me dois mercier;*
« Je te fas ci molt grant hon*n*or do*n*er.
« Par tel convent-la te vuel je li*v*rer,
« L'enfant R. n'en vuel deseriter.
125 « L'enfes est jovenes; pense del bien ga*r*der
« Tant qe il puist ces garnemens port*er*.
« Cambrai tenra; nul ne l'en puet veer,
« Mais l'autre terre te ferai delivrer. »
Dist Giboïn : « Je nel doi refuser,
130 « Mais qe la dame me faites espouser. »
Qe fox fist cil qant il l'osa penser,
Car maint franc home en covint puis verser.
La gentix dame o le viaire cler
Ne le prendroit por les menbres colper.

X

135 Rois Loeys fist le jor grant folaige
Qi son neveu toli son eritaige;
Et Giboïn refist molt grant outraige
Quant autrui terre vost avoir par barna*ige*;
Puis en fu mors a duel et a hontaige.
140 Nostre empereres a parlé au mesa*ige* :
« Va, met la cele el destrier *de Cartaige*.
« Di ma seror o le simple vi[s]a*ige*,
« Droit a Cambrai le sien riche *eritaige*,
« Le Mancel pregne a l'aduré *coraige*,
145 « C'est Giboïn qi tant a va*sselaige* :
« Tel chivalier n'a de ci en *Cartaige;*

118 *B* cil l'en vet. — 119 *B* Au pié l'en vet, si baise le soler. — 137 Qi, *A* Qe *(abrégé)*. — 141 *Cf.* Le Bastart de Bouillon, *5836*, mul de Cartage. — 146 de ci en Cartaige, *même locution*, Bastart de Bouillon, *92*.

« Toute la terre li doin en mariaige.
« Vaigne a ma court sans nesun arestaige
« Et si ameint o soi tot son barnaige,
150 « S'i manderai le plus de mon lignaige ;
« Et s'ele i faut, trestot par son outraige,
« [* S'irai saisir la terre et l'eritaige ;]
« [* De son doaire porra] faire mesnaige,
« [* Que ja en l'autre] ne prendra plait ne gaige. »

XI

155 Li mès s'en vait qi congié demanda ;
Dessus la cele sor son destrier monta,
De Paris ist, droit a Cambrai s'en va ;
Par la grant porte en la cité entra.
Au grant mostier de saint Geri torna ;
160 La gentil dame en la place trova ;
Maint chevalier en sa compaignie a.
Li mès descent, son cheval aresna ;
De par le roi la dame salua :
« Cil Damerdiex qi le mont estora
165 « Et ciel et terre et trestout commanda
« Saut la contesce et ciax que amés a
« De part le roi qi a garder nos a !
— Diex gart toi, frere, qui le mont estora !
« Di, qe me mande li rois ? nel celer ja.
170 — En non Dieu, dame, mes cors le vos dira :
« Li rois vos mande, qi grant poesté a,
« Qe a baron Giboïn vos donra ;
« Saichiez de fi, li rois le commanda. »

152 *Omis dans A. Avant de citer ce vers, Fauchet écrit :* « Il
« (l'auteur) fait Raoul de Cambrai nepveu du roy Loeïs, lequel,
« après la mort (de Taillefer) mande a Alis espouser Giboïn le
« Mansel, qu'il fet conte de Cambrai, jusques a ce que Raoul soit
« en aage ; que, si elle ne le veut prendre en mariage, il lui mande:
« s'irai saisir... » — 153 *A* mesage, *B* menasge. — 154 *B* Que ja en
l'autre n'avra denier ne gage.

Dame A. vers terre s'enbroncha :
175 *Plore des iex, .j. grant soupir jeta ;*
Ses conseillers a itant demanda :
« *Hé Diex!* » dist ele, « *mal mandement ci a!* »

(*Manquent, dans A, deux feuillets*)

[« * Fous fu li rois qui le gant li donna !]

Elle dit encore :

« * Rois Loeïs a mon fil le rendra
180 « * A icel jor que chevaliers sera
« * Et droit en cort de jugement avra. »

XII

* Nostre emperere esploita malement,
* De Cambresis saisi le tenement
184 * Et au Mansel en fist saisissement.

XIII

Quand le roi a dit à Guerri qu'il a donné Cambrai au Mansel, Guerri respond :

290 « * Je le chalenge, » dit Guerris li senez ;
« * Combatrai m'en a l'espée del lez. »

Le roi dit :

« * Quant vos ainsi sor moi le fait tornez
« * Vostre neveu a ma cort amenez,]
« Qu'il n'a encor ne m[ès trois ans passez*.] » *f. 4*

178-293. *Nous évaluons à 116 vers la lacune produite par la perte des deux feuillets, mais nous n'avons pas le moyen de déterminer avec précision la place qu'occupaient dans cet espace les vers restitués d'après B, sauf pour les deux derniers. En effet, ces deux vers et le suivant (292-4) sont cités consécutivement par Fauchet, et les premiers mots du troisième subsistent encore au haut du fol. 4 du ms.* — 294 B Qu'il n'a encor mès que.

XIV

295 « Drois empereres, » ce dist G. *li ber,*
  « Volez le vos por ce d*esireter*
  « Qe il ne puet chevalch*ier ne errer?*
  « Par cele foi qe je doi vos porter,
  « Ains en verrés .M. chevaliers ver*ser,*
300 « Qe li Manciaus s'en puist a *cort vanter.*
  « Drois empereres, ne le vos qiier celer,
  « S'en Cambrisis puet mais estre tr*over,*
  « Seürs puet estre de la teste colper.
  « Et vos, fox rois, on vos en doit blasmer :
305 « Vos niés est l'enfes, nel deüssiés penser,
  « Ne sa grant terre vers autrui delivrer. »
  Et dist li rois : « Tot ce laisiés ester ;
  « Li dons est faiz : ne m'en puis desparler. »
  G. s'en torne, n'i vost plus demorer ;
310 Mal del congié qe il volsist rover !
  Au perron fisent les bons destriers garder,
  Et li baron penserent de monter.
  A haute voiz commença a crier :
  « Or s'aparellent li legier baicheler,
315 « Cil qi volront les paines endurer !
  « Qe, par celui qui se laissa pener,
  « Ains me lairoie toz les membres colper
  « Mon neveu faille tant com puisse *durer.* »

XV

  Li sors G. fu molt de grant a*ïr.*
320 Desq'a Cambrai pensa de *revertir,*
  Enmi la place descendi *par aïr ;*

---

302 trover *pour* trovés, *à cause de la rime, comme au v.* 581 parer *pour* parés. — 319 *Cf. v.* 4878. — 321 par aïr, *il reste un débris de la première lettre qui semble bien avoir été un* p.

Dame A. vit le vasal *venir*,
Si li parla com ja porrés oïr :
« *Sire Gueris*, ne me *devez* faillir,
325 « *La verité me savez* vos gehir ?
— *Dame*, » dist il, « *ne* vos en qier mentir :
« *Vostre eritaige vos* fait li rois tolir
« *Por Giboïn, Diex le* puist maleïr !
« *Pren l'a mari*, por tant porras garir
330 « *Vers Loeys qi* France a a baillir.
— *Diex!* » *dist* la dame, « com puis de duel morir !
« [* Ains me] lairoie ens en .j. feu bruïr
« [* Que il] a viautre face gaingnon gesir !
« *Diex me do*nra de mon effant norrir
335 « *Tant qe* il puist ces garnemens tenir. »
Dist G. : « Dame, buer l'osastes gehir :
« *Al* grant besoign ne puis de vos partir. »

XVI

Gueris parole au coraige vaillant :
« A. dame, par Dieu le raemant,
340 « Ne vos faurai tant com soie vivant.
« *U* est mes niés ? car l'amenez avant. »
.II. damoisel se lievent en estant,
L'enfant *a*maine[n]t en la place devant.
Il ot .iij. ans, par le mien esciant :
345 S'ert *aces*mez d'un paile escarimant,
Et ot bliaut d'un vermel bougerant ;
En tot le *mon*t n'avoit plus bel enfant.
G. le prent en ses bras maintenant,
Parfondement de*l* cuer va soupirant.
350 « *Enfes*, » dist il, « *ne v*os voi gaires grant,
« *Et li Man*ciaus a vers vos *ma*utalant

---

332 *Ms.* feur. *B* Ains me ferois (*lis.* feroie) a honte departir. —
350 il *est conservé parce qu'il se trouve dans la marge en renvoi.*

« Qi de vo terre vos va *deseritant*.   *f 5*
— Oncles, » dist l'enfes, « or le *laissiez atant* :
« Je la ravrai, se je puis vivre *tant*
355 « Qe je port armes desor mon *auferant*.
— Voir, » dist G., » ja n'en perdrés plai*n gant* :
« Ainz en morront .xx. M. combatant. »
L'aigue demande[n]t li chevalier vaillant,
Et par les tables s'asient maintenant.

XVII

360 Dame A. et li vasax G.
Et li baron sont as tables asis.
Li seneschax s'en sont bien entremis :
De bien servir fu chascuns bien apris.
Après mengier la dame o le cler vis
365 A plenté done as barons vair et gris.
Congié demande li riches sors Gueris :
La dame baise, puis a le congié pris ;
A Aras vait, tot droit, molt aatis.
Puis passa molt et des ans et des dis,
370 Qe il n'ot noise ne plait en cel païs.
Quant .xv. ans ot R. de Cambrizis,
A grant mervelle fu cortois et gentis ;
Forment l'amerent si home et si marchis.

XVIII

Dame A. au gent cors honnoré
375 Son effant voit grant et gros et formé.
Li .xv. an furent acompli et passé.
.I. gentix hom estoit en cel regné ;
Non ot Ybert ; si fu de grant fierté.
Cil ot .j. filg : Bernier l'ont *apelé*

361-3 = B.

380 Em petitece, qant l'ont en fons levé.
Molt crut li enfes, si fu de grant bonté,
Grans fu et fors qant ot .xv. ans passé;
Li cuens R. le tint en grant chierté
Dame A., par debonaireté
385 Avoit l'enfant nourri de jone aé.
Il l'en mena a Paris la cité,
Et si l'acointe del plus riche barné;
R. servi del vin et del claré.
Miex li venist, ce saichiés par verté,
390 Q'il li eüst le chief del bu sevré,
Car puis l'ocist a duel et a vilté.

XIX

Li quens R. a la clere façon
A grant mervelle avoit chier Berneçon,
Cil estoit fix Y. de Ribemont.
395 En nule terre n'avoit plus bel garçon,
[* Ne p]lus seüst d'escu ne de baston,
[* En] cort a roi de sens ne de raison,
[* Et n]eqedent bastart l'apeloit on.
R. l'ama a la clere façon;
400 Son escuier en a fait a bandon,
Mais en lui ot estrange compaignon.

XX

[* Dame] A. voit son fil enbarnir,
[* Bien v]oit qu'il puet ses garnemens soufrir.
Si l'aresone com ja porez oïr :
405 « Faites vo gent et semonre et banir
« Si qu'a Cambrai les peüssiés veïr.

396 = B. — 397-8 B En cort a roi de plait ne de raison | Et ne pourquant. — 402 = B. — 403 B son garnement.

« *Bien verra on qui se feint de servir.* »
Raous les mande, si lor dist son plaisir :
409 « *A mon besoign ne me devez faillir.* »

(Manque un feuillet, probablement 58 vers; pour le sens cf. les vers 1109 et suiv.)

XXI

[Il (Raoul) vient demander au roi chevalerie.

440 * Dont s'escrierent Normant et Herupois :

. . . .

XXII

460 * Nostre emperere a adobé l'enfant ;
 * Il en apele ses seneschaus avant :
462 * « Aportez armes, car ge le vos comant. »]

. . . .

Dist l'empereres au coraige vaillant :   *f.* 6
« Biaus niés R., je vos voi fort et grant,
470 « La merci Dieu, le pere omnipotent. »

XXIII

Nostre emperères ama molt le meschin :
L'erme li donne qi fu au Sarrazin
Q'ocist Rolans desor l'aigue del Rin.
Desor la coife de l'auberc doublentin
475 Li a assis, puis li a dit : « Cousin,
« Icis ver hiaumes fu a .j. Sarrazin ;
« Il ne doute arme vaillant .j. angevin.
« Cil te doint foi qi de l'aigue fist vin,
« Et sist as noces del saint Arcedeclin. »
480 Et dist R. : « Gel praing par tel destin :

469 B Cosin, dit il. — 480 Gel, *A* ges.

« Vostre anemi i aront mal voisin :
« Ne lor faut guere au soir ne au matin. »
En icel elme ot .j. nazel d'or fin ;
.I. escarboucle i ot mis enterin,
485 Par nuit oscure en voit on le chemin.

XXIV

Li rois li çainst l'espée fort et dure.
D'or fu li pons et toute la heudure,
Et fu forgie en une combe oscure.
Galans la fist qi toute i mist sa cure.
490 Fors Durendal qi fu li esliture,
De toutes autres fu eslite la pure :
Arme en cest mont contre li rien ne dure ;
Iteles armes font bien a sa mesure.
Biax fu R. et de gente faiture ;
495 S'en lui n'eüst .j. poi de desmesure,
Mieudres vasals ne tint onques droiture.
Mais de ce fu molt pesans l'aventure ;
Hom desreez a molt grant painne dure.

XXV

Li rois li donne son bon destrier corant ;
500 La cele est d'or et derriere et devant,
Oevres i ot de molt divers samblant,
Taillie a bestes de riches contenant.
Bien fu couvers d'un riche bouquerant
Et la sorcele d'un riche escarimant,
505 De ci a terre geronnée pendant.
R. i saut par si fier contenant,
Puis a saisi l'escu a or luisant.
A bendes d'or fu la boucle seant,

495 desmesure, B mespresure. — 498 = B.

Mais ne crient arme ne fort espieu tranchant.
510 Et prent l'espieu a or resplendissant,
A .v. clox d'or l'ensaigne bauliant.
Fait .j. eslais a loi d'ome saichant :
Au retenir le va si destraignant,
C'onques de terre le sorportast plain gant.
515 Dient Francois : « Ci a molt bel enfant! »
« L'onnor son pere ira bien chalengant. »
Tex en fist goie qi puis en fu dolant,
Com vos orrez, ce longuement vos chant.

XXVI

Adoubés fu R. de Cambrezis.
520 Une grant piesce remeist la chose ensi.
Nostre empereres au coraige hardi
Le retint bien comme son bon ami,
Et seneschal, ce savons nos de fi,
En fist en France, si com aveiz oï.
525 Or n'a baron de ci qe en Ponti
Ne li envoit son fil ou son nourri,
Ou son neveu ou son germain cousin.
Il fu preudon : ces ama et goï,
Bien les retint et bien les revesti ;   *f. 7*
530 Si lor donna maint destrier arabi.
Dolant en furent trestuit si anemi,
Et li Manciax qi le don recueli
De Cambrizis, qi a mal reverti.
R. fu preus, de son quer le haï :
535 Par le concel au riche sor G.
Commença puis tel noise et tel hustin
Dont maint baron furent mort et traï.

512 *B* Ung eslais fait. — 513 = *B*. — 514 *B* Onques de t. nel sorporta plein g. — 517 qi, *A* qe. *Ce vers et le suivant reparaissent plus loin, vv. 3113-4 et 3212.*

XXVII

    Une grant piece estut puis demorer
    Desc'a cele eure qe vos m'orrez conter,
540 Le jor de Pasques qe on doit celebrer,
    Et l'andemain doit on joie mener,
    Qe R. ist fors del mostier li ber
    De saint Denis, ou il ala ourer ;
    Emmi la place qi tant fist a loer,
545 Cil chevalier commencent a jouer
    A l'escremie, por lor cors deporter.
    Tant i joerent a mal l'estut torner.
    Après lor giu lor covint a irer ;
    Les fix Ernaut i covint morz jeter,
550 Cel de Doai qi tant fist a loer.

XXVIII

    Qant li effant furent andui ocis,
    Li fil Ernaut de Doai li marchis,
    Desor R. en ont le blasme mis,
    Qe trestuit dient li baron del païs
555 Qe par R. furent andui ocis.
    Li quens Er. n'iert ja mais ces amis
    Desq'a cele eure q'en iert vengemens pris.
    Molt trespassa et des ans et des dis,
    Ne sai combien ne je ne l'ai apris.
560 Se Dex n'em pense qi en la crois fu mis,
    Mar le pensa R. de Cambrezis.
    Forment en fu dolans li sors G. :
    Il ot bon droit, si com il m'est avis,
    Qe molt grant paine en ot puis li floris,
565 Et por ces .ij. ot il molt d'anemis.

543 Denis, *ms.* Cenis. — 549 morz, *A* mort. — 549-50 *Cf. tirade* CXXXVIII.

XXIX

Grans fu li diex as effans enterrer.
A Pentecoste qe on doit celebrer
Tint Loeys sa grant cort comme ber.
R. apele qe il pot molt amer :
570 « Biax niés, » dist il, « je vos vuel commander
« Qe del piument me servez au disner.
— Sire, » dist il, « je nel vos doi veer ;
« Je sui vostre hon, je nel puis refuser. »
A B. font le piument livrer ;
575 As gentix homes en fisent tant donner,
Qe par droiture nes en doit on blasmer.
Li quens R., qi molt fist a loer,
A l'endemain fist B. adouber
Des millors armes qe il pot recouvrer.
580 El dos li vest l'auberc tenant et cler,
Et lace l'elme qi fu a or parer,
Et çainst l'épée c'on li fist presenter ;
Son bon destrier B. i va monter.

XXX

Dès que B. fu el destrier montez,
585 A grant mervelle par fu biax adoubez.
L'escu saisi qi fu a or bendez,
Et prent l'espieu qi bien fu acerez,
Le confanon a .v. clox d'or fermez ;
Fait .j. eslais, si s'en est retornez.
590 Emmi la place fu molt grans li barnez ;

---

568 *B* T. L. sa cort comme haut ber. — 569 *B* que il deut. — 570 *B* Cosins. — 571 *B omet* Que. — 574 B. *doit se lire* Bernier *(v. 379), ou* Berneçon *(vv. 11, 393) selon le nombre de syllabes qu'exige la mesure.*

Dist l'uns a l'autre : « Cis est molt bel armez ;
« Encor ne soit de mollier espousez,
« C'est grans et riches ses noble parentez. »
Et dist R. : « Diex en soit aourez !
595 « Or ne plain pas, ja mar le mescre[r]ez,
« Les garnemens qe je li ai donez :
« Por ces amis doit il estre honorez. »
Mais puis en fu R. grains et irez
Si faitement con vos dire m'orrez.
600 « Sire B. » dist R. li senez,
« En la quintaine por moi[e] amor ferrez,
« Si qe le voie Loeys l'adurez. »
Et dist B. : « Si con vos commandez.
« Premiere chose que requise m'avez,
605 « Si m'aït Diex, escondiz n'en sereiz. »
Une quintaine drecent la fors es preiz.
De .ij. escus, de .ij. haubers safrez.
L'enfes B. c'est en haut escriez :
« Sire Beraut, envers moi entendez ! »
610 (Gentix hom fu, si tint grans eritez.)
« En la quintaine, c'il vos plaist, me guiez. »
Et cil respont : « Volentiers et de grez. »
Beraus le guie, B. fu desreez :
En la quintaine fu si grans cox donez,
615 Ja par bastart mais si grant ne verrez,
Qe les escuz a ambedeus trouez,
Et les haubers desmailliés et fauseiz.
Li uns des pex est fendus et troez,
Qe trés parmi est li espiex passez.
620 Il fait son tor, si s'en est retornez.
D'ambes .ij. pars est mervelles loez,
De maintes dames veüs et esgardez.

606 *B* u. q. font dresser (*lis.* drecier) ens es p. — 607 = *B*. —
614 *B* a si grant coup. — 616 trouez, *B* cassez. — 617 = *B*. —
618 *B* L'un des peus a fendu et estrouez. — 619 = *B*.

XXXI

En la quintaine ot feru B.
Il s'en repaire par devant les barons :
625 Biaus fu et gens et escheviz et lons ;
Descent a pié chauciés les esperons :
Devant Raoul s'asiet a genoillons.
« Sire, » dist il, « biax est li gueredons ;
« Vostre hom sui liges, si m'aït s. Symon.
630 « Ja a mes oirs n'en iert retracion,
« Qe par moi soit menée traïson ;
« Mais je vos proi, por Dieu et por son non,
« Q'as fix Herbert ne soit ja vos tençons. »
R. l'oï, mornes fu et enbruns.
635 A l'ostel va, o lui maint compaingnon.
Tant i ot princes, n'en sai dire les nons.
El palais montent o ermins peliçons.
G. parole o les floris grenons.
Del grant service iert ja requis li dons,
640 Dont maint frans hom vuidera les arçons.

XXXII

Guerri parole o le grenon flori :
« Par ma foi, sire, ne vos en iert menti,
« Molt longuement vos a mes niés servi ;
« Rien ne li donne[n]t, se saichiés, si ami,
645 « Quant son service ne li avez meri.
« Rendez li viax l'onnor de Cambrizi,
« Toute la terre Taillefer le hardi.
— Je nel puis faire, » li rois li respondi ;
« Li Manciax l'a, qe del gant le saisi,

---

627 Raoul, *A* le roi. — 635 *A* compaingnons. — 639 iert, *A* est
— 649 qe, *A* qi.

650 « Par tel covent le quer en ai mari.
« Par maintes fois m'en sui puis repentis,
« Mais li baron le loerent ensi. »
Et dist li sors : « Mal en sommes bailli.
« Ce chaleng je, par le cors s. Geri! »
655 Isnelement fors de la chambre issi,
Par maltalant vint el palais anti.
As eschés joue R. de Cambrizis
Si com li hom qi mal n'i entendi.
G. le voit, par le bras le saisi ;
660 Son peliçon li desrout et parti :
— « Fil a putain! » le clama, si menti,
« Malvais lechieres! por quoi joes tu ci ?
« N'as tant de terre, par verté le te di,
« Ou tu peüses conreer .j. ronci. »
665 R. l'oï, desor ces piés sailli ;
Si haut parole qe li palais fremi,
Qe par la sale l'a maïns frans hon oï :
« Qi la me tout? trop le taing a hardi! »
G. respont : « Ja te sera gehi :
670 « Li rois meïsmes, bien te tient a honni,
« Dont devons estre tensé et garanti. »
R. l'oï ; toz li sans li fremi.
Dui chevalier que ces peres norri
En entendirent et la noise et le cri ;
675 De lui aidier furent amanevi,
Et B. sert qui le henap tendi.
Devant le roi vienent cil aati ;
Cele parole pas a pié ne chaï.
R. parole, dejoste lui G.

XXXIII

680 Raous parole qi ot grant maltalant :
« Drois empereres, par le cors s. Amant,
« Servi vos ai par mes armes portant :

« Ne m'en donnastes le montant d'un bezant :
« Viax de ma terre car me rendez le gant,
685 « Si com la tint mes pere au cors vaillant !
— Je nel puis faire, » li rois respont atant :
« Je l'ai donnée au Mancel combatant;
« Ne li tolroie por l'onnor de Melant. »
G. l'oï, si se va escriant :
690 « Ainz combatroie armez sor l'auferrant
« Vers Giboïn, le Mancel souduiant. »
R. clama malvais et recreant :
« Par cel apostre qe qiere[n]t penaant,
« S'or ne saisis ta terre maintenant,
695 « Hui ou demain, ains le soleil couchant,
« Je ne mi home ne t'ierent mais aidant ! »
C'est la parole ou R. ce tint tant,
Dont maint baron furent puis mort sanglant :
« Drois emperere, ge vos di tot avant :
700 » L'onnor del pere, ce sevent li auquant,
« Doit tot par droit revenir a l'effant.
« Dès iceste eure, par le cors s. Amant,
« Me blasmeroient li petit et li grant,
« Se je plus vois ma honte conquerant,
705 « Qe de ma terre voie autre home tenant.
« Mais, par celui qui fist le firmamant,
« Se mais i truis le Mancel souduiant,
« De mort novele l'aseür a mon brant ! » *f. 10*
Oit le li rois, si se va enbronchant.

XXXIV

710 Li Manciax fu el palais a .j. dois.
Manecier s'oit, si en fu en esfrois ;
Au roi en vint, vestus d'un ermin frois :
« Drois emperere, or me va molt sordois.

684 B si me. — 685 A perés. — 699 = B. — 700 B L'enor mon pere. — 701 A par tot d.; B Doit remanoir tot par droit a.

« Vos me donastes Cambrizis lés Artois ;
715 « Ne la poés garantir demanois.
« Vés ci .j. conte qi est de grant boufois :
« R. a non ; molt a riche harnois :
« Vostre niés est, ce sevent li François ;
« Li sors G. est ces amis molt prois.
720 « En cest païs n'ai ami si cortois
« Qe vers ces .ij. me valsist .j. balois.
« Je t'ai servi a mon branc vienois,
« N'i ai conquis vaillant .j. estampois.
« Or m'en irai sor mon destrier norois
725 « Asez plus povres qe je n'i vig ançois.
« S'en parleront Alemant et Tiois,
« Et Borguignon et Normant et François ;
« De mon service n'ai qi vaile .j. tornois. »
Pitié en prist Loeys nostre roi.
730 R. apele de son gant a orfrois :
« Biaus niés, » dist il, « por Dieu qui fist les lois,
« Lai li encor tenir .ij. ans ou trois
« Par tel couvent con ja dire m'orrois :
« Qe, c'il muert conte de ci qu'en Vermendois,
735 « D'Aiz la Chapele de ci en Tellentois,
« De Monloon de ci en Ollenois,
« Qe les honnors et la terre tenrois ;
« Ja n'i perdrois le montant d'u[n] balois. » v°
R. l'oï, ne fu pas en souspois.
740 Par le concelg G. qui tint Artois
En prist le gant ; puis en fu mors toz frois.

XXXV

Li quens R. en apela Gueri :

---

723 = B. *Avant ce vers, Fauchet cite celui-ci que nous ne savons où placer* : Je n'en prendroie le pris d'un orlenois. *Peut-être doit-il prendre place à la tirade XXI?* — 735 Tellentois, *A* cellentois.

« Oncles, » dist il, « je vos taing a ami.
« Cest don prendrai, ne nos en iert failli. »
745 Del fié son pere grant chalenge saisi
Dont maint baron furent mort et honni.
Ostaige qierent au fort roi Loeys,
Et il leur done, malvais concel creï,
Des plus haus hom[es] que R. i choisi ;
750 Mais puis en furent coreços et mari.
Quarante ostaige l'ont juré et plevi.
Li rois lor donne Lohier et Anceïs ;
S'i fu Gociaumes et Gerars et Gerins,
Herbers del Maine et Joifrois l'Angevins,
755 Henris de Troies et Gerars li meschins ;
Senlis tenoit devers le Biauvoisin.
Ensamble donne Galeran et Gaudin,
Et puis Berart qui tenoit Caorsin.
Li quens R. n'ot pas le quer frarin :
760 Les sains aporte el palais marberin,
Chieres reliques i ot de s. Fremin,
Et de s. Pierre et de s. Augustin.
Li rois li jure, n'i qist autre devin,
Qe les honors li donra il en fin,
765 Qex quens qe muire entre Loire et le Rin.

XXXVI

Li rois li done Olivier et Ponçon,
Se li livra et Gautier et Ponçon
Et puis li donne Amauri et Droon, *f. 11*
Richier le viel et l'amorois Foucon,
770 Et Berengier et son oncle Sanson ;
Cil sont ostaige qe il donne au baron.

---

744 nos, *il y a plutôt* uos. — 745 son, *l's est refaite ; peut-être y avait-il* mon ? — 766-7 sic ; Ponçon *doit être remplacé dans l'un des deux vers par un autre nom, soit* Huon *(cf. v. 785), soit* Simon *(cf. v. 786), soit* Wedon *(cf. v. 788).*

Devant le roi jurerent el donjon
Qe des ostaiges seront bon compaignon;
Qe, se quens muert d'Orliens desq'a Soisons,
775 De Monloon dusq'a Ais au perron,
Qe la conté li donra a bandon.
R. ot droit, trés bien le vos dison :
Mais l'emperere ot trop le quer felon
Qi de tel terre fist a son neveu don
780 Dont maint baron widierent puis arçon.
R. fu saiges, trés bien le vos disons,
Qi des ostaiges demanda a fuison.

XXXVII

Quarante ostaiges l'emperere li done.
Li sors G. les prent et araisone :
785 Gerin d'Auçois et Huon de Hantonne,
Richart de Rainz et Simon de Perone,
Droon de Miax, Savari de Verone,
Estout de Lengres et Wedon de Borbone :
Toute Borgoigne tenoit en sa persone;
790 Tel chevalier n'ot jusqu'a Barselone.
Sor s. jurerent q'il n'i qerront essoine.
Li rois meïsmes jura par sa couronne,
Qe ja par home n'i perdra une poume.

XXXVIII

Li emperere a la fiere puissance
795 .XL. ostaiges li livra en oiance,
Par tel couve[n]t com dirai la samblance,
Qe, ce quens muert en Vermendois n'en France,
Qe de la terre, qui q'il tourt a pesance,
Li fera il el païs delivrance :

---

785 *A* Auquois. — 793 *Ou* ponme. — 798 qui, *sic, in extenso, pour* cui. — 799 païs, *corr.* p[al]ais ?

800 Ja n'en perdra nés le fer d'une lance.
Puis l'en failli par sa desmesurance ;
Maint gentil homme torna puis a pesance,
Tuit li ostaige en furent en balance.

XXXIX

Ostaiges ot trestoz a son devis.
805 Une grant piece demora puis ensi,
Mien esciant .j. an et .xv. diz.
R. s'en va ariere en Cambrizi ;
Et par dedens le terme que vos dis,
Fu mors Herbers, .j. quens poesteïs :
810 Preus fu et saiges et ot molt bons amis ;
Vermendois tint et trestout le païs,
Roie fu soie, Perone et Orignis,
Et Ribemons, S. Quentins et Claris.
Tant buer fu nez qi a plenté d'amis !
815 R. le sout qi molt en fu hatis.
Molt tost monta sor .j. destrier de pris ;
Siax a mandez qi s'en sont entremis ;
S'i fu ces oncles d'Aras li sors G.
Ainc ne finere[n]t, si vinrent el païs.
820 .VII. .xx. amaine et a vair et a gris ;
Le don vont qere au fort roi Loeys
Dont mains frans hom fu puis mors et ocis.
R. ot droit, si con je ai apris ;
Le tort en ot li rois de S. Denis ;
825 Par malvais roi est mains frans hom honnis.
Li baron vinre[n]t a la cort a Paris,
A pié descende[n]t par desoz les olis ;
El palais montent, ja iert li rois requis. *f. 12*
Loeys truevent el faudestuef asis.
830 Li rois regarde, vit venir les marchis ;

.809 = B. — 811-3 = B. — 825 = B.

Devant venoit R. o le cler vis :
« Cil Diex, » dist il, « qi en la crois fu mis
« Il saut et gart le fort roi Loeïs! »
Li emperere ne fu pas trop hatis :
835 « Dex gart toi, niés, cil qi fist paradis! »

XL

Raous parole li gentix et li ber :
« Drois emperere, ne le vos qier celer,
« Vostre niés sui, ne me doi meserrer.
« Mors est Herbers, si com j'oï conter,
840 « Qi Vermendois sieut tenir et garder :
« Faites m'en tost les honors delivrer :
« Je le vos vi et plevir et jurer,
« Et les ostaiges m'en feïstes livrer.
— Non ferai, frere, » dist Loeys li ber :
845 « Del gentil conte dont je t'oi ci parler,
« Sont .iiij. fill qi molt font a loer;
« Tex chevaliers ne porroit nus trover.
« S'or vos aloie lor terre abandonner,
« Tuit gentill home m'en devroient blasmer;
850 « Mais a ma cort nes poroie mander,
« Ne me volroient servir ne honnorer.
« Et neporcant, bien le te vuel monstrer,
« N'ai nul talent de ciax deseriter :
« Por .j. seul home n'en vuel .iiij. grever. »
855 R. l'entent, le cens quide derver :
Escharnis est, ne seit mais qe penser.
Par mal talent s'en commence a torner;
Desq'a[l] palais ne se vost arester,
De ces ostaiges i vit assez ester.
860 Par sairement les prist a apeler.

---

845 *A* donc; *B* dont ge vos oi p. — 846 = *B*. — 847 *B* ne peut hom t. — 848 *B* la t. — 849 = *B*. — 855 *A* lescens.

XLI

  Li quens R. ot molt le cuer mari;
  Droon apele et Joifroi le hardi,
  Celui d'Angou qi molt s'en esperdi,
  Herbert del Maine et Gerart et Henri,
865 Sanson de Troies et Bernart le flori :
  « Venez avant, baron, je vos en pri,
  « Si con l'avez et juré et plevi.
  « Demain au jor, sor vos fois vos envi,
  « Dedens ma tor, par le cors s. Geri!
870 « De grant dolor i serez raempli. »
  Joifrois l'oï, toz li cors li fremi :
  « Amis, » dist il, « por quoi m'esmaies ci ?
  — Jel vos dirai, » R. li respondi :
  « Mors est Herbers, cil qui tint Origni,
875 « Et S. Quentin et Perone et Clari,
  « Et Ham et Roie, Neele et Falevi.
  « Penseiz qe j'aie le riche fié saisi ?
  « Li emperere m'en a del tout failli. »
  Et li baron chascuns li respondi :
880 « Donnés nos trives, s'irons a Loeys;
  « A sa parole averons tost oï
  « Con faitement en serons garanti. »
  Et dist R. : « Par ma foi, je l'otri. »
  B. s'en vait el palais signori;
885 Devant le roi s'en vont tot aati.
  Joifroi[s] parole, au roi proie merci :
  « Drois emperere, malement sons bailli;

864-5 *La leçon originale, modifiée pour la rime, était peut-être* et Gerart et Gerin || Henri de Troies, Berart de Caorsin ? *cf. vv.* 753 *et* 758. — 879-81 B Donez nos jor, Giefroi lui respondi; | S'irons parler au fort roi Loeï. | A sa parole orons bien tost oï. — 882 = B. — 883 B Raol respond : Par ma foi je l'otri. — 884 B. *corr.* R.?

« Pór q'aś ostaiges cest malfé nos rendis,   *f. 13*
« Au plus felon qi ait hauberc vesti?
890 « Mors est Herbers, ainc tel baron ne vi,
« De tout son fié vieut estre ravesti. »

XLII

Joifrois parole a l'aduré coraige :
« Drois empereres, trop feïs grant folaige
« Quant ton neveu donnas tel eritaige,
895 « Et d'autrui terre l'onnor et le fieaige.
« Mors est Herbers qi menoit grant barnaige.
« R. a droit, vos en aveiz l'outraige;
« Delivreis li, nos en somes ostaige.
— Diex! » dist li rois, « por .j. poi je n'enraige,
900 « Qant por .j. homme perde[n]t .iiij. l'oumaje!
« Mais, par celui qui fist parler l'imaige,
« Je quit si[s] dons li vendra a outraige :
« Se ne remaint par plait de mariaige,
« Mains gentix hom i recevront damaige. »

XLIII

905 Li rois parole qi le cuer ot dolant.
« Biax niés R., » dist il, « venés avant.
« Par tel covent vos en doing ci le gant,
« Je ne mi home ne te seront garant. »
Et dist R. : « Et je miex ne demant. »
910 B. l'oï, si se drece en estant;
Ja parlera hautement en oiant :
« Li fil H. sont chevalier vaillant,

---

888 a, *A* as. — 892 = *B*. — 893 *B* t. faites. — 894 *B* Qui ton cosin donne. — 895 *B* le gant et. — 900 Perde[n]t, *corr.* pert de? — 907-8 *B* vos en donrai le g.]. Je ne nus hom ne vos seroit (*lis.* serai) g.

« Riches d'avoir, et des amis ont tant
« Qe ja par vos n'en perdront .j. besant. »
915 François parolent el palais li auquant;
Dist l'uns a l'autre, li petit et li grant :
« L'enfes R. n'a mie sens d'effant;
« L'onnor son pere va molt bien chalengant.   v°
« Si muet li rois une guere si grant
920 « Dont mainte dame avront les cuers dolans. »

XLIV

B. parole qi cuer a de baron
Si hautement qe bien l'entendi on :
« Drois emperere, par le cors s. Simon,
« Esgardez ore se ci a desraison:
925 « Li fil Herbert n'ont pas fait qe felon,
« N'en vostre cort forgugier nes doit on.
« Por quoi donnez lor terres a bandon?
« Ja Damerdiex ne lor face pardon
« C'il nel desfendent vers R. le baron ! »
930 — Et je l'otroi, » dist li rois a bandon :
« Qant sor mon pois en a reciut le don,
« Ja n'en avrai fermé mon confanon. »

XLV

Berniers parole a R. de Cambrai :
— « Je sui vostre hom, ja nel vos celerai,
935 « Mais endroit moi ja ce ne loerai
« Qe vos lors terres prenés, car trés bien sai,
« Il sont .l. a Ernaut de Doai :
« En nule terre tex barons n'esgardai ;
« Prenez en droit ainz qe riens lor mesfai.

920 dolans, *ms.* dolant (*pour la rime*).— 935 *A* ja nel vos celerai, comme au v. précédent.

940 « C'il t'ont mesfait, por oux l'amenderai,
« Por toie amor si les aconduirai.
— Voir, » dist R., « ja ne le penserai :
« Li dons m'est fais, por rien nel gue[r]pirai. »
Et dist B. : « Sire, a tant m'en tairai
945 « Tant qe lor force au desfendre verrai. »

XLVI

Qant voit R. que si bien li estait,
Q'en la grant cort li a on le don fait,
Ne Loeys desdire ne s'en lait,   *f. 14*
Por poi B. ces chevos n'en detrait.
950 Li quens R. a son ostel s'en vait.
El destrier monte, fait sonner son retrait,
De Paris ist, n'i ot ne cri ne brait.

XLVII

Vait s'en R. poingnant a esperon ;
Desc'a Cambrai est venus a bandon ;
955 A lor ostex descende[n]t li baron.
L'enfes B. tenoit le chief enbrun :
A R. ot tencié par mesproison.
Ains dormira qu'il boive de puison,
Ne qe il voist n'en palais n'en donjon,
960 Qe vers sa dame ne vieut movoir tençon.
Li quens R. descendi au perron.
Dame A., a la clere façon,
Son filg baisa la bouche et le menton.

943 m'est fait, *A* mesfais *ou* meffais. *Il est possible qu'il manque ici quelques vers, car plus loin, vv. 1081-2, Raoul dit avoir prononcé des paroles qui devraient se trouver ici.*

XLVIII

  Dame A. au gent cors signori
965 Son fil R. baisa et conjoï,
  Et li frans hom par la main la saisi ;
  Andui monterent el grant palais anti.
  Ele l'apele, maint baron l'ont oï :
  « Biax fix, » dist ele, « grant vos voi et forni ;
970 « Seneschax estes de France, Dieu merci.
  « Molt m'esmervel del fort roi Loeys;
  « Molt longuement l'avez ore servi,
  « Ne ton service ne t'a de rien meri.
  « Toute la terre Taillefer le hardi,
975 « Le tien chier pere qe je pris a mari,
  « Te rendist ore, par la soie merci,
  « Car trop en a Mancel esté servi.
  « Je me mervelg qe tant l'as consenti,
  « Qe grant piece a ne l'as mort ou honni. »
980 R. l'entent, le cuer en ot mari :
  « Merci, ma dame, por Dieu qui ne menti !
  « Tout mon service m'a Loeys meri :
  « Mors est H., ice saichiés de fi,
  « De sa grant terre ai le don recoilli. »
985 Oit le la dame, souspirant respondi :
  « Biax fix, » dit ele, « longement t'ai norri ;
  « Qi te donna Peronne et Origni,
  « Et S. Quentin, Neele et Falevi,
  « [Et] Ham et Roie et la tor de Clari,
990 « De mort novele, biax fix, te ravesti.
  « Laisse lor terre, por amor Dieu t'en pri.
  « R. tes peres, cil qui t'engenuï,
  « Et quens H. furent tos jors ami :

---

970 = B. — 989 Cf. vv. 876 et 1005. Au lieu de Roie, il y avait d'abord Neele qui a été exponctué.

« Maint grant estor ont ensamble forni ;
995 « Ainc n'ot entr'ax ne noise ne hustin.
« Se tu m'en croiz, par les s. de Ponti,
« Non aront ja li effant envers ti. »
Et dist R. : « Nel lairai pas ensi,
« Qe toz li mons m'en tenroit a failli,
1000 « Et li mien oir en seroient honni.

XLIX

— Biax fix R., » dist A. la bele,
« Je te norri del lait de ma mamele ;
« Por quoi me fais dolor soz ma forcele ?
« Qi te dona Perone et Peronele,
1005 « Et Ham et Roie et le borc de Neele,
« Ravesti toi, biaux fix, de mort novele.
« Molt doit avoir riche lorain et cele, *f. 15*
« Et bon barnaige qi vers tel gent revele.
« De moi le sai, miex vosisse estre ancele,
1010 « Nonne velée dedens une chapele.
« Toute ma terre iert mise en estencele. »
R. tenoit sa main a sa maissele,
Et jure Dieu qi fu nez de pucele,
Q'il nel lairoit por tout l'or de Tudele,
1015 Ains qu'il le lait en iert traite boele
Et de maint chief espandue cervele.

L

Dame A. o le simple viaire
Avoit vestu une pelice vaire.
Son fil apele, ce li dist par contraire :
1020 « Biax fix R., qant ce deviés faire,

996 s. = sainz *ou* sains *(saints).* — 1009 *Corr.* De voir ? — 1015 le, *ms.* ne. — 1020-1 *Ce discours est probablement incomplet.*

« Car mandissiés les barons d'Arouaise.
— Volentiers, dame, mais ce nes en puis traire,
« Par cele foi que je doi s. Ylaire,
« Se Dex se done qe je vis en repaire,
1025 « Tant en ferai essorber et desfaire,
« Et pendre en haut as forches comme laire,
« Qe tuit li vif aront assez que braire.
— Diex! » dist la dame, « li cuers point ne m'esclaire :
« Li sors G. en iert prevos et maire.

LI

1030 « Biax fix R., » dist la dame au vis fier,
« A si grant tort guere ne commencier.
« Li fil H. sont molt bon chevalier,
« Riche d'avoir, si ont maint ami chier.
« Fix, ne destruire chapele ne mostier;
1035 « La povre gent, por Dieu, ne essillier.
« Biax fix R., por Dieu nel me noier,
« Combien as gent por guere commencier?
— En non Dieu, dame, bien seront .x. millier;
« Del sor G. ferai confanonnier;
1040 « Cil d'Aroaise ne l'oseront laisier
« Qe il n'i vaigne[nt], cui q'il doie anuier.
— Dex! » dist la dame, « c'est mal acommencier.

LII

« Dex! » dist la dame, « par ton saintisme non,
« Je ne di pas G. ne soit preudon
1045 « Et preus et saiges : si a cuer de baron;

1025-6 = B. — 1029 A iiert; B Li sors Guerris en ert prevos en la maire, où la leçon en la peut bien n'être qu'une fausse lecture de Fauchet. Ce vers serait mieux placé dans la bouche de Raoul; s'il n'y a point ici une lacune, il devrait venir après le v. 1027.

« Si portera molt bien ton confanon,
« Et conquerra le païs a bandon.
« Cil d'Arouaise sont malvais et felon :
« Se tu fais proie de buef ou de mouton,
1050 « La seront il si fier comme lion ;
« Se fais bataille, maint plait en orra on,
« Car au ferir s'en fuiront li glouton :
« En la bataille seras a grant friçon.
« Li filg Herbert ne sont mie garçon ;
1055 « Qant te verront si seul sans compaingnon,
« Trencheront toi le chief soz le menton.
« Et je, biax fix, foi que doi s. Simon,
« Morrai de duel, n'en avrai garison. »
Et dist R. : « Vos parlez en pardon,
1060 « Qe, par celui qi vint a paission,
« Je nel laroie por tot l'or d'Avalon,
« Qe je n'i voise, qant g'en ai pri le don.

LIII

— Biax fix R., je te di bien sans faille,
« Q'en Aroaise a malvaise fraipaille.
1065 « Se tu fais proie de chose qi riens vaille, *f. 16*
« Tuit te sivront et sergant et pietaille ;
« Mais n'en fai nul armer contre bataille,
« Car n'i valroient vaillant une maaille,
« Ainz s'en fuiront, sor cui qe la perte aille.
1070 « N'avras de gent valissant une paille.
« Li gent H. ne sont mie frapaille :
« Ils t'ociront, c'en est la devinaille,
« Et si te di, le cuer soz la coraille
« Te trairont il a lor branc qi bien taille.

1048 = B. — 1051 maint, corr. mal. — 1055, 1063 sans, A s'. abréviation ordinaire de saint ou sainz. — 1056 soz, A sor.— 1063 cf. la note du v. 1055.— 1065 de, A ne.— 1069 cui, A qi.—1073-4 B Je te di bien li cuer sor.... | Te toudront il a un branc sans faille.

LIV

1075 — « Biax fix R. por Dieu le droiturier,
« A si grant tort guere ne commencier.
« Car me di ore q'escera de Bernier?
« Tant l'as norri qe l'as fait chevalier.
— En non Dieu, dame, felon le vi et fier :
1080 « Devant le roi le me vint chalengier,
« Qant g'en jurai le cors de s. Richier
« Mar l'en orroie parole sorhauchier;
« Et il me dist bien le devoit laissier
« Tant qe venroit desq'as lances brisier,
1085 « Mais au besoing vieut ces oncles aidier. »
Oit le la dame, quide vive esraigier;
A haute vois commença a huchier :
« Bien le savoie, a celer nel vos qier,
« Ce est li hom dont avras destorbier,
1090 « C'il en a aise, de la teste trenchier.
« Biax fix R., .j. consel vos reqier :
« Q'as fix Herbert vos faites apaisier
« Et de la guere acorder et paier.
« Laisse lor tere, il t'en aront plus chier,
1095 « Si t'aideront t'autre gu[e]re a baillier,
« Et le Mancel del païs a chacier. »
R. l'oï, le sens quida changier,
Et jure Dieu qi tot a a jugier,
Q'il nel feroit por l'or de Monpeslier.
1100 « Maldehait ait, je le taing por lanier,
« Le gentil homme, qant il doit tornoier,
« A gentil dame qant se va consellier !
« Dedens vos chambres vos alez aasier :
« Beveiz puison por vo pance encraissier,

1080 le, *corr.* si *ou* ja? — 1082 *A* soz hauchier. — 1083-4 *Cf.* 944-5. — 1094 tere, *A a plutôt* terr.

1105 « Et si pensez de boivre et de mengier;
« Car d'autre chose ne devez mais plaidier. »
Oit le la dame, si prist a larmoier :
« Biax fils, » dist ele, « ci a grant destorbier.
« Ja vi tel jor qe je t'oï grant mestier,
1110 « Qant li François te vosent forjugier :
« Donner me vosent le felon pautounier,
« Celui del Maine, le felon soldoier :
« Je nel vos prendre ne avec moi colchier,
« Ainz te norri, qe molt t'avoie chier,
1115 « Tant qe poïs monter sor ton destrier,
« Porter tes armes et ton droit desraisnier;
« Puis t'envoiai a Paris cortoier
« A .iiij c., sans point de mençoingier,
« De gentils homes, chascuns ot le cuer lié,
1120 « N'i ot celui n'eüst hauberc doublier.
« Li emperere te retint volentiers;
« Il est mes freres, ne te vost abaissier,
« Ains t'adouba et te fist chevalier,
« * [De tote France te fist confanonier]
1125 « Et seneschal, por t'onnor essauscier.   *f. 17*
« Tes anemis en vi molt embronchier,
« Et tes amis lor goie sorhaucier,
« Car au besoing s'en quidoient aidier.
« Or viex aler tel terre chalengier
1130 « Ou tes ancestres ne prist ainz .j. denier;
« Et qant por moi ne le viex or laisier,
« Cil Damerdiex qi tout a a jugier,
« Ne t'en ramaint sain ne sauf ne entier! »
Par cel maldit ot il tel destorbier,
1135 Com vos orez, de la teste trenchier.

1105 *A* boiuure. — 1118 sans, *A* s'. — 1122 vost, *A* vols. —
1125 = B.

LV

    Dame A. ot molt le cuer mari.
    Son filg maldist, fors del palais issi;
    Entrée en est el mostier S. Geri.
    En crois se met devant le crucefi,
1140 Dieu reclama qi onques ne menti :
    « Glorieus Diex qi en crois fustes mis,
    « Si com c'est voirs q'al jor del venredi
    « Fustes penez qant Longis vos feri,
    « Por pecheors vostre sanc espandi,
1145 « Ren moi mon filg sain et sauf et gari.
    « Lasse dolante! a grant tort l'ai maldi.
    « Ja l'ai je, lase! si doucement norri;
    « Se il i muer[t], bien doit estre gehi,
    « Ce iert merveille s'a coutel ne m'oci. »
1150 A ces paroles del mostier departi;
    Devant li garde, si vit le sor G.,
    Passa avant, par le frainc l'a saisi :
    « Sire vasals qi chevalchiés ici,
    « Ou avez vos tel concell acolli?
1155 — Dame, » dist il, « ne vos en iert menti,
    « Ce fait l'orgiex vostre fil qe voi ci;
    « Sous ciel n'a home si preu ne si hardi,
    « C'il li blasmoit, ja mais fusent ami. »

LVI

    Li sors G. nel vost aseürer.
1160 Ou voit R., cel prent a apeler :
    « Biax niés, » dist il, « comment volrez errer?
    « Iceste guere lairés la vos ester? »

1145 sain, *A* s'. — 1149 s'a, *A* san *ou* sau. — 1153 qi, *l'abréviation donne plutôt* qe.

Et dist R. : « De folie oi parler :
« Miex me lairoie toz les menbres colper! »
1165 Par tout Artois fait les barons mander,
Et d'Arouaise les grans gens asambler ;
Et cil i vinrent qi ne l'osent veer.
Desq'a .x. .m. les peüssiez esmer.
Par mi les portes les veïssiés entrer,
1170 L'or et l'argent luire et estenceler.
Voi[t] le la dame, le sens quide derver ;
« Lase! » dist ele, « ne sai mais qe penser.
« Li fil Herbert referont asambler
« Lor ost plaigniere ; se se vient au joster
1175 « Ja sans grant perte ne porront retorner. »

LVII

Droit a Cambrai fu A. la bele.
Par mi la porte Galerans de Tudele.
La voit venir tant destrier de Castele,
Tant bon vasal et tante bele cele.
1180 La dame estoit dedens une chapele ;
A l'issir fors son fil R. apele :
« Biax fix, » dist ele, « por la virgene pucele,
« Qe quidiés faire de tel gent garçonnele?
« Hom d'Aroaise ne vaut une cinele.
1185 « Trop par sont bon por vuidier escuele,   *f. 18*
« Mais au combatre, tex en est la novele,
« Ne valent mie .j. froumaje en fissele. »
R. l'oï : li cuers soz la mamele
Li fremist toz et saut jusq'a l'aissele ;
1190 Par irour tint sa main a sa maissele :
« Dame, » dist il, « ci a longe favele,

1177 *Ce vers se rattache mal au précédent, peut-être y a-t-il une lacune, soit à l'hémistiche, soit avant le vers.* — 1184 = B. — 1185 = B. — 1186 B *Mais au besoing.* — 1187 B *en foiselle.*

« Qe, par la dame que l'on qiert a Nivele;
« Miex volroie estre toz jors cers d'une ancele,
« Qe ne conquiere Perone et Peronnele,
1195 « Et Ham et Roie et le borc de Neele.
« Rois Loeys qui les François chaele
« M'en fist le don en sa sale nouvele.
« Ançois en iert froide mainte cervele,
« Et traïnans en iert mainte bouele,
1200 « Qe je lor lais vaillant une prunele.
— Dex ! » dist la dame, « con cuisant estencele !
« Tu em morras, car tes cuers trop revele. »

LVIII

« Biaus fix R., se g'en fuse creüe,
« Por ce ce sui toute vielle et chenue
1205 « Ne sui je pas de mon cens esperdue,
« Iceste guerre ne fust awan meüe ! »
R. l'oï, toz li cors li tressue;
G. apele a la fiere veüe :
« Gardez tos[t] soit nostre gens esmeüe.
1210 « Sor Vermendois soit telx guere creüe
« Dont mainte eglise soit arse et confondue !
« Laissiés ma dame : vielle est et remasue.
« La gens me blasme qi est a moi venue;
« En maint estor a esté combatue,
1215 « Ainc ne pot estre en bataile vainchue. »

LIX

Congié demande R. de Cambresis;
Part de sa mere A. au cler vis,

1198 A mainte froide. — 1204-5 A Por ce ce sui de mon cens esperdue | Ne sui je pas toute vielle et chenue; *corrigé d'après B.*
— 1206 awan, A awant.

Passe Aroaise, ce est li siens païs,
Ensamble o lui s'en va li sors G. :
1220 Bien sont armé sor les chevals de pris.
En Vermendois d'autre part ce sont mis :
Prennent les proies ; mains hom en fu chatis ;
Ardent la terre, li maisnil sont espris.
Et B. fu mornes et pensis ;
1225 Qant vit la terre son pere et ces amis
Ensi ardoir, por poi n'enraige vis.
Ou que cil voisent, B. remeist toz dis ;
De lui armer ne fu mie hastiz.

LX

Li quens R. apela Manecier,
1230 Droon le conte et son frere Gautier :
« Prenés vos armes vistement, sans targier ;
« Quatre .c. soient, chascuns sor bon destrier ;
« A Origni soiés ains l'anuitier :
« Mon tré tendez em mi liu del mostier,
1235 « Et en ces porches esseront mi sohmier ;
« Dedens les creutes conreés mon mangier ;
« Sor les crois d'or seront mi esprevier.
« Devant l'autel faites aparillier
« .I. riche lit ou me volrai couchier.
1240 « Au crucefis me volrai apuier,
« Et les nonnains prendront mi esquier.
« Je vuel le liu destruire et essillier ;
« Por ce le fas li fil H. l'ont chier. »
Et cil responde[n]t : « Nos nel poons laissier. »
1245 Isnelement se vont aparillier.   f. 19
Es chevals montent li nobile guerier :
N'i a celui n'ait espée d'acier,
Escu et lance et bon hauberc doblier.

1232 A bons.

Vers Origni prene[n]t a aproichier.
1250 Li sain sonnerent sus el maistre mostier :
　　　De Dieu lor menbre le pere droiturier ;
　　　Tos les plus fox convint a souploier ;
　　　Ne vossent pas le corsaint empirier.
　　　La fors es prez fisent lor tré drecier :
1255 La nuit i giurent de ci a l'esclairier.
　　　Tou[t] ausi bien se vont aparillier,
　　　Com c'il deüse[n]t estre .j. an tout entier.

LXI

　　　Sous Origni ot .j. bruel bel et gent,
　　　La se logierent li chevalier vaillant
1260 Dès q'al demain a l'aube aparissant.
　　　R. i vint endroit prime sonnant ;
　　　A sa maisnie tença par maltalant :
　　　« Fil a putain, fel glouton souduiant,
　　　« Molt estes ore cuvert et mal pensant
1265 « Qi trespassez onques le mien commant !
　　　— Merci, biau sire, por Dieu le raemant !
　　　« Ne sommes mie ne Giué ne tirant,
　　　« Qi les corsains alomes destruiant. »

LXII

　　　Li quens R. fu molt desmesurez :
1270 « Fil a putain, » ce dist li desreez,
　　　« Je commandai el mostier fust mes trez
　　　« Tendus laiens et li pommiaus dorez,
　　　« Par quel concel en est il destornez ?
　　　— Voir, dist G., trop ies desmesurez ;
1275 « Encor n'a gaires que tu fus adoubés,

1250 sain, *A* saint. — 1257 c'il, *corr.* s'i ? — 1264 cuvert, *d'après*
B, *A* gloton. — 1273 *A répète* en.

« Se Diex te heit, tu seras tost finez.
« Par les frans homes est cis lius honnorez;
« Ne doit pas estre li corsains vergondez;
« Car bele est l'erbe et fresche par les prez,
1280 « Et si est clere la riviere dalez
« Ou vos angardes et vos homes metez,
« Qe ne soiés soupris ne encombrez. »
Et dist R. : « Si con vos commandez;
« A tant le lais, puis qe vos le volez. »
1285 Sor l'erbe vert ont les tapis getez,
[* Et coutes peintes et pailes bien ovrez.]
R. s'i est couchiés et acoutez.
.X. chevalier[s] a avuec lui menez,
Concel i prisent qi a mal est tornez.

LXIII

1290 Raous escrie : « As a[r]mes! chevalier;
« Alomes tost Origni pesoier!
« Qi remanra, jamais ne l'arai chier. »
Li baron montent, qe ne l'osent laissier.
Ensamble furent plus de .iiij. millier.
1295 Vers Origni prenent a avancier;
Le borc asaillent, si prene[n]t a lancier.
Cil se desfende[n]t qi en ont grant mestier.
La gent R. prene[n]t a aproichier,
Devant la vile vont les aubres trenchier.
1300 Et les nonnains issent fors del mostier,
Les gentix dame[s], chascune ot son sautier,
Et si faisoient le Damerdieu mestier.
Marcens i fu qi fu mere Bernier :
« Merci, R., por Dieu le droiturier!

1278 *Il manque probablement quelque chose entre ce vers et le suivant.* — 1285 *B* lor t. — 1286 *Manque dans A.* — 1287 *B* se est. — 1289 *B* fu t.

1305 « Grans pechiés faiz se nos lais essilier;
« Legierement nos puet on essillier. » *f. 20*

LXIV

Marcens ot non la mere Berneçon,
Et tint .j. livre dès le tans Salemon;
De Damerdieu disoit une orison.
1310 R. saisi par l'auberc fermillon :
« Sire, » dist ele, « por Dieu et por son non,
« Ou est B., gentix fix a baron?
« Je ne le vi dès qel norri garçon.
— En non Dieu, dame, au maistre pavillon,
1315 « Ou il se joe a maint bon compaignon;
« Tel chevalier n'a ju[s]q'al pré Noiron.
« As fix H. m'a fait movoir tençon,
« Et ci dist bien ja ne chaut esperon,
« Se je lor lais le montant d'un bouton.
1320 — Diex! » dist la dame, « com a cuer de felon!
« Il sont si oncle, si qe bien le seit on;
« Se le lor perdent, mar les i verra on!

LXV

« Sire R., valroit i rien proiere
« Qe .j. petit vos traisisiés ariere?
1325 « Nos somes nonnes, par les s. de Baviere;
« Ja ne tenrons ne lance, ne baniere;
« Ne ja par nos n'en iert .j. mis en biere.
— Voir! dist R. vos estes losengiere.
« Je ne sai rien de putain chanberiere
1330 « Qi ait esté corsaus ne maaillere,

1306 essilier, *corr.* empirier? — 1308 dès, *A* del. — 1323-4
= *B.* — 1328 *B* trop iestes. — 1329 = *B.* — 1330 *B* corselz
et m.

« A toute gent communax garsoniere.
« Au conte Y. vos vi je soldoiere,
« La vostre chars ne fu onques trop chiere ;
« Se nus en vost, par le baron s. Piere!
1335 « Por poi d'avoir en fustes traite ariere.
— Diex! » dist la dame, « or oi parole fiere,
« Laidengier m'oi par estrainge maniere.
« Je ne fu onques corsaus ne maailliere :
« S'uns gentils hom fist de moi sa maistriere,
1340 « .I. fil en oi, dont encor sui plus fiere.
« La merci Dieu, ne m'ent met pas ariere.
« Qi bien sert Dieu, il li mostre sa chiere.

LXVI

« Sire R., » dist la mere Bernier,
« Nos ne savons nule arme manoier ;
1345 « Bien nos poez destruire et essilier :
« Escu ne lance ne nos verez baillier
« Por nos desfendre, a celer nel vos qier.
« Tot nostre vivre et tot nostre mengier
« De cel autel le couvient repairier,
1350 « Et en cel borc prenons nostre mengier.
« Li gentil homme ont ce liu forment chier,
« Q'il nos envoie[nt] et l'argent et l'or mier,
« Donés nos trives de l'aitre et del mostier,
« Et en nos prez vos alez aasier.
1355 « Del nostre, sire, se le volez baillier,
« Conreerons vos et vos chevalier[s] ;

1331 A gens, corrigé d'après B. — 1332-3 = B. — 1334 B foi
que je doi saint P. — 1335 B en fu mis a. — 1338 B Onques ne
fui maaillans ne corsiere. — 1339 B sa mesniere. — 1340 dont, A
donc. Ce vers, n'étant pas cité par Fauchet qui cite consécutivement les deux précédents et les deux suivants, manquait peut-être
dans B. — 1341 A Dieus; B ne se met. — 1342 = B.

« La livroison aront li escuier,
« Fuere et avainne et plenté a mengier. »
Et dist R. : « Par le cors s. Richier,
1360 « Por vostre amor, qe m'en volez proier,
« Arez la trive, qui q'il doie anuier. »
Et dist la dame : « Ce fait a mercier. »
Vait s'en R. sor sen cheval corcier.
B. i vint qi molt fist a proisier,
1365 Veïr sa mere Marsent o le vis fier :   *f. 21*
D'a li parler avoit molt grant mestier.

LXVII

Vait s'en R., si est issus del pas.
B. i vint vestus d'un[s] riches dras,
Veïr sa mere, si descendi en bas.
1370 Ele le baise et prent entre ces bras,
Trois foiz l'acole, ne ce fist mie mas.
« Biax fix, » dist ele, « tes armes prises as ;
« Bien soit del conte par cui si tos[t] les as,
« Et de toi miex qant tu deservi l'as !
1375 « Mais une chose nel me celer tu pas :
« L'onnor ton pere, por quoi gueroieras ?
« N'i a plus d'oirs, ja ne le perderas ;
« Par ta proesce et par ton cens l'aras. »
Et dist B. : « Par le cors s. Toumas
1380 « Je nel feroie por l'onnor de Baudas.
Mais « R. mesires est plus fel que Judas :
« Il est mesires ; chevals me done et dras,
« Et garnemens et pailes de Baudas :
« Ne li fauroie por l'onnor de Damas,
1385 « Tant que tuit dient : « B., droit en as.

1358 et p., *A* a. — 1361 qui, *comme v. 798.* — 1370 Ele, *A* Et.
— 1371 foiz, *A* froiz. — 1379 Par, *A* Por. — 1385-6 *La fin du vers*

— Fix, » dist la mere, « par ma foi, droit en as.
« Ser ton signor, Dieu en gaaingneras. »

LXVIII

En Origni, le bor[c] grant et plaingnier,
Li fil H. orent le liu molt chier,
1390 Clos a palis qu'entor fisent fichier;
Mais por desfendre ne valoit .j. denier.
.I. pré avoit mervillous et plagnier   v°
Soz Origni, la on sieut tornoier.
Li gués estoit as nonnains del mostier;
1395 Lor buef i paissent dont doivent gaaingnier;
Sous ciel n'a home qui l'osast empirier.
Li quens R. i fait son tré drecier;
Tuit li paisson sont d'argent et d'or mier;
Quatre .c. homes s'i pueent herbergier.
1400 De l'ost se partent .iij. glouton pautonnier;
De ci al borc ne finent de broichier,
L'avoir i prisent, ne l'i vosent laissier.
Sous en pesa qu[i] il devoit aidier.
.X. en i qeurent, chascuns porte .j. levier;
1405 Les .ij. ont mors par leur grant encombrier,
Li tiers s'en vait fuiant sor son dest[r]ier;
De ci as trez ne se vost atargier;
A pié descent desor le sablonier,
Son droit signor va le souler baisier,
1410 Tout en plorant merci prist a crier,
A haute voiz commença a huchier :
« Ja Damerdieu ne puist ton cors aidier
« Se ne te vas de ces borgois vengier

est fautive dans l'un des deux cas, probablement au v. 1386 où on pourrait proposer bien feras. — 1387 B D. en achateras. — 1388 le, *corr.* ot? *cf. v.* 1477. — 1395 buef, *corr.* bues?

« Qi tant sont riche et orguillos et fier
1415 « Toi ne autrui ne prisent .j. d.,
« Ainz te manasce[n]t la teste a rooignier.
« Ce il te pu[e]ent ne tenir ne baillier,
« Ne te garroit tot l'or de Monpeslier.
« Mon frere vi ocire et detranchier,
1420 « Et mon neveu morir et trebuchier.
« Mort m'i eüsent, par le cors s. Richier,
« Qant je m'en vign fuiant sor cest destrier. » *f. 22*
R. l'oï, le sens quida changier ;
A vois c'escrie : « Ferez, franc chevalier !
1425 « Je vuel aler Origni pesoier.
« Puisq'il me font la guere comencier,
« Se Diex m'aït, il le comparront chier ! »
Qant cil l'entende[n]t si se vont haubergier
Isnelement, q'il ne l'osent laissier.
1430 Bien sont .x. mile, tant les oï prisier.
Vers Origni commence[n]t a broichier ;
Es focez entrent por le miex esploitier :
Le paliz tranche[n]t a coignies d'acier,
Desous lor piés le font jus trebuchier ;
1435 Le fosé passent par delez le vivier,
De ci as murs ne vossent atargier.
Es borgois n'ot a cel jor qu'aïrier,
Qant del palis ne se porent aidier.

LXIX

Li borgois voient le paliz ont perdu :
1440 Li plus hardi en furent esperdu.
As forteresce[s] des murs sont revenu ;
Si getent pieres et maint grant pel agu ;
Des gens R. i ont molt confondu.
Dedens la vile n'a home remasu

1432-3 = B. — 1437 Es, A El. — 1442 pel, A pex.

1445 As murs ne soient por desfendre venu,
Et jurent Dieu et la soie vertu,
Se R. truevent, mal li est avenu.
Bien se desfendent li jovene et li chenu.
R. le voit, le quer ot irasqu :
1450 Il jure Dieu et la soie vertu,
Se tuit ne sont afolé et pendu,
Il ne se prise valisant .j. festu.
A vois c'escrie : « Baron, touchiés le fu ! »
Et il si fisent qant il l'ont entendu,
1455 Car au gaaing sont volentiers venu.
Malement a R. couvent tenu
Qi entre lui et l'abeese fu.
Le jor lor a rendu malvais salu :
Le borc ont ars, n'i a rien remasu.
1460 L'enfes B. en a grant duel eü,
Qant il voit ci Origni confundu.

LXX

Li quens R. ot molt le quer irié
Por les borgois qi l'ont contraloié.
Dieu en jura et la soie pitié
1465 Q'il ne laroit por Rains l'arseveschié,
Qe toz nes arde ainz q'il soit anuitié.
Le fu cria : esquier l'ont touchié ;
Ardent ces sales et fonde[n]t cil planchier.
Tounel esprene[n]t, li sercle sont trenchié.
1470 Li effant ardent a duel et a pechié.
Li quens R. en a mal esploitié :
Le jor devant ot Marcent fiancié,
Qe n'i perdroient nes .j. paile ploié ;
Le jor les art, tant par fu erragiés !

1470 Li efant, *corr.* Les nonains, *cf. v. 1490.*

1475 El mostier fuient, ne lor a preu aidié :
Cel desfiassent n'i eüssent lor pié.

LXXI

En Origni, le borc grant et plaignier,
Li fil H. orent le liu molt chier,
Marsent i misent qui fu mere B.,
1480 Et .c. nonains por Damerdieu proier.
Li quens R., qui le coraige ot fier,
A fait le feu par les rues fichier.   *f. 23*
Ardent ces loges, ci fondent li planchier ;
Li vin espandent, s'en flotent li celie[r] ;
1485 Li bacon ardent, si chiéent li lardie[r] ;
Li saïns fait le grant feu esforcier,
Fiert soi es tors et el maistre cloichier.
Les covretures covint jus trebuchier ;
Entré .ij. murs ot si grant charbonier,
1490 Les nonains ardent : trop i ot grant brasier ;
Totes .c. ardent par molt grant encombrier ;
Art i Marsens qui fu mere B.
Et Clamados la fille au duc Renier.
Parmi l'arcin les covint a flairier ;
1495 De pitié pleurent li hardi chevalier.
Qant B. voit si la cose empirier,
Tel duel en a le sens quide changier.
Qi li veïst son escu enbracier !
Espée traite est venus au mostier,
1500 Parmi les huis vit la flame raier ;

1476 *Corr.* Sis desfiast ? *S'il les avait défiés (les bourgeois ?), ils n'auraient pas mis le pied (ils ne se seraient pas réfugiés) dans le moutier.* — 1477 le, *corr.* ot ? *cf. v. 1387 et la note.* — 1483 B A. les salles *(comme au v. 1468).* — 1484 s'en flotent *d'après* B, A *et* fondet. — 1485 = B. — 1486 esforcier, B engreignier. — 1487 B el mestre mostier. — 1488-9 = B. — 1497 A quida. — 1499 A venue.

4

De tant com puet .j. hom d'un dart lancier
Ne puet nus hon ver le feu aproichier.
B. esgarde dalez .j. marbre chier :
La vit sa mere estendue couchier,
1505 Sa tenre face estendue couchier.
Sor sa poitrine vit ardoir son sautier.
Lor dist li enfes : « Molt grant folie qier :
« Jamais secors ne li ara mestier.
« Ha ! douce mere, vos me bais[as]tes ier !
1510 « En moi avez mout malvais iretier :
« Je ne vos puis secore ne aidier.
« Dex ait vostre arme qi le mont doit jugier ! v°
« E ! R. fel, Dex te doinst encombrier !
« Le tien homaje avant porter ne qier.
1515 « Se or ne puis ceste honte vengier,
« Je ne me pris le montant d'un denier. »
Tel duel demaine, chiet li li brans d'acier;
.III. foiz se pasme sor le col del destrier.
Au sor G. s'en ala conseillier,
1520 Mais li consaus ne li pot preu aidier.

LXXII

L'enfe[s] B. ot molt le cuer mari ;
Por consellier s'en ala a Gueri :
« Consellïés moi, por Dieu qui ne menti !
« Mal m'a baili R. de Cambresi,
1525 « Qi ma mere ar[s]t el mostier d'Origni :
« Dame Marsent au gent cors signori.
« Celes mameles dont ele me norri
« Vi je ardoir, par le cors s. Geri ! »
G. respont : « Certes, ce poise mi ;
1530 « Por vostre amor en ai le cuer mari. »

1501 B Itant..... d'un arc gitier. — 1502 = B. — 1505 Corr
doir et graaillier ?

LXXIII

As trez repairent li nobile guerier.
B. s'en vait ou n'ot qe courecier;
A pié descent de son corant destrier;
As hueses traire qeurent cil esquier.
1535 Por sa dolor pleurent les gens B.
Cortoisement le[s] prist a araisnier :
« Franche maisnie, savez moi concellie[r]?
« R. mesire ne m'a mie molt chier,
« Qi ma mere ar[s]t la dedens cel mostier.
1540 « Diex me laist vivre qe m'en puise vengier! »
R. repaire; fait ot le destorbier;
Les nonnains fist ardoir et graaillier. *f. 24*
A pié descent del fauvelet corcier.
La le desarme[n]t li baron qui l'ont chier :
1545 Il li deslace[n]t son vert elme a ormier,
Puis li desçaigne[n]t son bon branc q'est d'acier.
Del dos li traient le bon hauberc doublier.
Camosé ot le bliaut de quartier.
En toute France n'ot plus bel chevalier,
1550 Ne si hardi por ces armes baillie[r].

LXXIV

Devant la place de son demaine tré
Descent R. del destrier abrievé;
La le desarment li prince et li chasé
De son bliaut ot l'elmin engoulé;
1555 En nule tere n'ot plus bel desarmé.
Son seneschal a R. apelé,
Qi del mengier le servoit mieus a gré;

1556 = B. — 1557 A le servent molt; *corrigé d'après B.*

        Et cil i vint, n'i a plus demoré :
        « Del mangier pense; si feras grant bonté :
1560 « Paons rostiz et bons cisnes pevreis,
        « Et venoison a molt riche plenté,
        « Qe tous li pires an ait tot a son gré.
        « Je ne volroie por l'or d'une cité
        « Qe li baron m'en eüssent gabé. »
1565 Qant cil l'oï, ci l'en a regardé;
        Trois foiz ce saigne por la grant cruauté :
        « Nomenidame! qe avez empensé?
        « Vos renoiés sainte crestienté
        « Et baptestire et Dieu de maïsté !
1570 « Il est caresme, qe on doit jeüner,
        « Li grans devenres de la solempnité
        « Qe pecheor ont la crois aouré.
        « Et nos, chaitif, qi ci avons erré,
        « Les nonnains arces, le mostier violé,
1575 « Ja n'en serons envers Dieu acordé,
        « Se sa pitiés ne vaint no cruauté. »
        Oit le R., si l'en a regardé :
        « Fix a putain, porq'en as tu parlé?
        « Porquoi ont il enver moi meserré?
1580 « Mi esquier sont andui afront[é].
        « N'est pas mervelle se chier l'ont comparé.
        « Mais le quaresme avoie [entr]oublié. »
        Eschès demande, ne li furent veé ;
        Par maltalant s'aisist emmi le pré.

LXXV

1585 As eschès goue R. de Cambrisis
        Si com li om qi bien en est apris.
        Il a son roc par force en roie mis,
        Et d'un poon a .j. chevalier pris.

    1562 tous, *A* tout. — 1573 qi, *A* qe (abrégé).

Por poi q'il n'a et maté et conquis
1590 Son compaingnon qi ert au giu asis.
Il saut en piés, molt par ot cler le vis.
Por la chalor osta son mantel gris.
Le vin demande, .x. s'en sont entremis
Des damoisiax qi molt sont de grant pris.

LXXVI

1595 Li quens R. a demandé le vin ;
Lors i corurent tels .xiiij. meschin
N'i a celui n'ait peliçon ermin.
.I. damoisel, nez fu de S. Quentin,
Fix fu Y., .j. conte palasin,
1600 Cil a saisie .j. coupe d'or fin,
Toute fu plaine de piument ou de vin ;
Lors s'agenolle devant le palasin :
Bien peüst on estanchier .j. roncin
Ains qu'il desist ne roumans ne latin.
1605 L'enfes le voit, si jure s. Fremin,
Se ne la prent R. de Cambresin,
Il respandra le piument et le vin.

LXXVII

Li quens R. qant le vaslet choisi,
Isnelement le hennap recoilli.
1610 Dieu en jura qi onques ne menti :
« Amis biax frere, ainc plus tost ne te vi. »
R. parole, qe plus n'i atendi :
« Or m'entendez, franc chevalier hardi,
« Par cest vin cler que vos veés ici,
1615 « Et par l'espée qi gist sor le tapi,
« Et par les sains qi Jhesu ont servi,

1661 3 *A* frans. — 1616 qi, *A* qe (*en abrégé*).

« Li fil H. sont ici mal bailli.
« Ne lor laira[i] qi vaille .j. parisi.
« Par cele foi que je doi s. Geri,
1620 « Ja n'avront pais, se saichiés vos de fi,
« Tant que il soient outre la mer fuï.
— En non Dieu, sire, » B. li respondi,
« Dont seront il vilainement bailli ;
« Car, par celui qui le mont establi,
1625 « Li fil H., ne sont mie failli.
« Bien sont .l. qi sont charnel ami,
« Qi trestuit ont et juré et plevi
« Ne se fauront tant con il soient vif. »

LXXVIII

Raous parole qi le coraige ot fier :
1630 « Entendez moi, nobile chevalier !
« Par le Signor qi le mon[t] doit jugier,
« Les fix H. ferai ci aïrier.   v°
« Ne lor lairai le montant d'un denier
« De toute honnor ne de terre a baillier,
1635 « Ou vif remaigne[n]t, ou mort puise[nt] couchier.
« Outre la mer les en ferai naigier. »
Huimais orez la desfense B. :
« R., biaus sire, molt faites a proisier,
« Et d'autre chose fais molt a blastengier.
1640 « Li fil H., ce ne puis je noier,
« Sont molt preudomme et molt bon chevalier ;
« S'outre la mer les en faites chacier,
« En ceste terre arez malvais loigier.
« Je sui vostre hom, a celer nel vos qier,
1645 « De mon service m'as rendu mal loier :
« Ma mere as arce la dedens cel mostier,

1627 Qi, A Qe. — 1631 qi le, ms. qe (abrégé) li. — 1634 toute, corr. cuite?

« Dès q'ele est morte n'i a nu[l] recovrier.
« Or viex mon oncle et mon pere essillier !
« N'est pas mervelle s'or me vuel corecier :
1650 « Il sont mi oncle, je lor volrai aidier,
« Et près seroie de ma honte vengier. »
R. l'oï, le sens quida changier :
Le baron prist forment a laidengier.

LXXIX

Raous parla a la clere façon :
1655 « Fix a putain, » dist il a Berneçon,
« Je sai molt bien qe vos estes lor hom :
« Si est vos peres Y. de Ribemont.
« Por moi marir iés en mon pavillon,
« Et mes consox te dient mi baron.
1660 « Ne deüst dire bastars itel raison ;
« Fix a putain, par le cors s. Simon,
« Preis va n'em praing le chief soz le menton !
— Diex ! » dist Bernier, « con riche gueredon ! *f. 26*
« De mon service m'ofr'on ci molt bel don. »

LXXX

1665 Berniers escrie a sa voiz haute et clere :
« Sire R., ci n'ai parent ne frere,
« Asez seit on qe Y. est mes pere,
« Et gentix feme refu assez ma mere.

LXXXI

« Sire R., a celer nel vos qier,
1670 « Ma mere fu fille a .j. chevalier,
« Toute Baviere avoit a justicier.

1662 soz, A sor.— 1666 ci (*comme ailleurs*) *pour* si.

« Preé[e] en fu par son grant destorbier.
« En cele terre ot .j. noble guerier
« Qi l'espousa a honor de mostier.
1675 « Devant le roi qi France a a baillier
« Ocist .ij. princes a l'espée d'acier :
« Grant fu la guere, ne se pot apaissier;
« En Espolice s'en ala a Gaifier ;
« Vit le preudoume, cel retint volentier;
1680 « En ceste terre ne vost puis repairier,
℞ « Ʈoi ne autrui ne daigna ainc proier.

LXXXII

« Dont fu ma mere soufraitouse d'amis :
« Il n'ot si bele en .xl. païs.
« Y. mes peres, qi molt par est gentix,
1685 « La prist par force, si com je ai apris.
« N'en fist pas noces, itant vos en devis.

LXXXIII

« Sire R., » l'enfes B. dist,
« Y. mes peres par sa force la prist.
« Je ne dis pas que noces en feïst :
1690 « Par sa richese dedens son lit la mist,
« Ʈoz ses talans et ces voloirs en fist,
« Et quant il vost, autre feme reprist ;   v⁰
« Doner li vost Joifroi, mais ne li sist :
« Nonne devint, le millor en eslist.

LXXXIV

1695 « Sire R., tort faites et pechié.
« Ma mere as arce, dont j'a[i] le quer irié.

1677 ne se, A si ne. — 1680 repairier, A repaife.

« Dex me laist vivre tant q'en soie vengiés ! »
R. l'oï, s'a le chief enbronchié :
« Fil a putain, » le clama, « renoié,
1700 « S'or nel laissoie por Dieu et por pitié,
« Ja te seroient tuit li menbre tranchié.
« Qi me tient ore qe ne t'ai essillié? »
Et dist B. : « Ci a male amistié.
« Je t'ai servi, amé et sozhaucié,
1705 « De bel service reçoif malvais loier.
« Se je avoie le brun elme lacié,
« Je combatroie, a cheval ou a pié,
« Vers .j. franc home molt bien aparillié,
« Q'il n'est bastars c'il n'a Dieu renoié.
1710 « Ne vos meïsme qe voi outrequidié,
« Ne me ferriés por Rains l'arceveschié! »
Oit le Raous, si a le front haucié :
Il a saisi .j. grant tronçon d'espié
Qe veneor i avoient laissié :
1715 Par maltalent l'a contremont drecié,
Fiert B., qant il l'ot aproichié,
Par tel vertu le chief li a brisié
Sanglant en ot son ermine delgié.
Voit le B., tot a le sens changié :
1720 *Par* grant irour a Raoul enbracié ;
Ja eüst molt son grant duel abaissié. *f. 27*
Li chevalier i qeurent eslaissié :
Cil les departent, q'il ne ce sont touchié.
Son esquier a B. huchié :
1725 « Or tost mes armes et mon hauberc doublier,
« Ma bonne espée et mon elme vergié !
« De ceste cort partirai san congié. »

1709 Q'il, B Nul (*faute de lecture de Fauchet?*). — 1710 = B.
— 1720 *Le premier mot du vers a été enlevé par une déchirure.*

LXXXV

    Li quens R. ot le coraige fier.
    Qant il voit ci B. correcié,
1730 Et de sa teste li voit le sanc raier,
    Or a tel duel le sens quida changier.
    « Baron, » dist il, « savez moi concellier ?
    « Par maltalent en voi aler B. »
    Lors li escrient li vaillant chevalier :
1735 « Sire R., molt li doit anuier ;
    « Il t'a servi a l'espée d'acier,
    « Et tu l'en as rendu malvais loier :
    « Sa mere as arce la dedens cel mostier,
    « Et lui meïsme as fait le chief brisier.
1740 « Dex le confonde, qui tot a a jugier,
    « Qil blasmera se il s'en vieut vengier !
    « Faites l'en droit s'il le daingne bailler. »
    Et dist R. : « Millor concel ne qier.
    « B. frere, por Dieu le droiturier,
1745 « Droit t'en ferai voiant maint chevalier.
    — Tele acordanse qi porroit otroier ?
    « Ma mere as arce qi si me tenoit chier,
    « De moi meïsme as fait le chief brisier.
    « Mais, par celui cui nos devons proier,
1750 « Ja enver vos ne me verrés paier,
    « Jusqe li sans qe ci voi rougoier
    « Puist de son gré en mon chief repairier.
    « Qant gel verai, lor porrai esclairier
    « La grant vengancé qe vers ton cors reqier :
1755 « Je nel laroie por l'or de Monpeslier. »

1747 qi, A qe (abrégé). — 1749 cui, A qi (abrégé).— 1754 cors, A tors. *Lacune entre ce vers et le suivant ?*

LXXXVI

Li quens R. belement l'en apele ;
Il s'agenoille ; vestue ot sa gonnele,
Par grant amor li a dit raison bele :
« E! B., » ce dit li quens, « chaele !
1760 « N'en viex pas droit ? s'en pren amende bele,
« Noient por ce qe je dot rien ta guere,
« Mais por ice qe tes amis vuel estre.
« Qe, par s. Jaque, c'on qiert en Compostele,
« Ançois perdroie del sanc soz la mamele,
1765 « Ou me charoit par plaie la bouele,
« Toz mes palais depeciés en astele,
« Tant en fesise l'amirant de Tudele,
« Nes Loeïs qui les François chaele.
« Por ce le fas, par la virgene pucele,
1770 « Qe l'amendise en soit et gente et bele.
« Dès Origni jusqa[l] borc de Neele,
« .XIIII. liues, drois est que je l'espele,
« .C. chevalier, chascuns ara sa cele,
« Et je la toie par deseur ma cervele.
1775 « Baucent menrai mon destrier de Castele.
« N'encontrerai ne sergant ne pucele
« Que je ne die : « Veiz ci la B. cele. »
Dient François : « Ceste amendise est bele;
« Qi ce refuse vos amis ne vieut estre. »

LXXXVII

1780 Raous parole par grant humeliance :   J. 28

1767 amirant, A amiraut. — 1768 *Il doit manquer quelque chose après ce vers ou après le v. 1770. On voit, à la tirade CXII, que Raoul avait fait des offres qui devraient être énumérées ici.* — 1775 menrai, *le ms. porte plutôt* mourai.

« Berneçon, frere, molt iés de grant vaillance :
« Pren ceste acorde, si lai la malvoillance.
— Voir, » dist Bernier, « or oi je plait d'enfance !
« Je nel feroie, por tot l'or d'Aqilance,
1785 « Dusqe li sans dont ci voi la sanblance
« Remontera en mon chief sans doutance.
« Dusq'a cele eure n'en iert faite acordance
« Ou je verrai s'avoir porrai venjance.
— Voir, » dist R., « ci a grant mesestance ;
1790 « Dont ferons nos vilaine desevrance. »
G. parole par grant desmesurance :
« Par Dieu, bastars, ci a grant desfiance.
« Mesniés R. t'ofre aseiz, sans dotance.
« D'or en avant el grant fer de ma lance
1795 « Est vostre mors escrite, sans faillance. »
Et dist B. : « N'aiés en moi fiance ;
« Ceste colée n'iert ja mais sans pesance. »

LXXXVIII

Es vos la noise trés parmi l'ost levée.
L'enfes B. a la chiere menbrée
1800 D'un siglaton a sa teste bendée ;
Il vest l'auberc dont la maille est ferée,
Et lace l'elme, si a çainte l'espée.
El destrier monte a la crupe estelée ;
A son col pent une targe roée,
1805 Et prent l'espié ou l'ensaigne est fermée.
Il sonne .j. cor a molt grant alenée.
.V. chevalier ont la noise escoutée,
Homme B., s'en tiene[n]t lor cont[r]ée,
Vers B. viene[n]t de randonée,
1810 Ne li fauront por chose qui soit née.
Des gens R. font laide desevrée ;

1797 sans, *ms.* s'. — 1800 sa, *A* la.

Vers Ribemont ont lor voie tornée.
Li quens Y. a la barbe meslée
Ert as fenestres de la sale pavée,
1815 A grant compaigne de gent de sa contrée.
Il regarda trés parmi la valée,
Et vit B. et sa gent adoubée.
Bien le connut, s'a la colour muée.
Dist a ces homes : « Franche gent honnorée,
1820 « Je voi venir mon fill par cele prée.
« Chasquns des ciens a bien la teste armée ;
« Bien samble gent de mal faire aprestée.
« Ja nos sera la novele contée
« Por quoi R. a no terre gastée. »

LXXXIX

1825 Li quens Y. o le coraige fier
Va oïr vespres del glorieus del ciel.
B. descent, il et si chevalier;
Cil del chastel li qeurent a l'estrier,
Puis li demande[n]t : « Por Dieu le droiturier,
1830 « Saveiz noveles? nel devez pas noier.
— Oïl, » dist il, « aseiz en puis noncier
« De si malvaises ne m'en sai concellier.
« Qi or volra sa terre chalengier,
« Gart qu'il soit preus de son hiaume lacier.
1835 « R. mes sires nos vieut toz essillier,
« Et tos mes oncles de la terre chacier.
« Tous les manace de la teste a tranchier;
« Mais Dieu de gloire nos porroit bien aidier. »
Devant la sale desarmerent Bernier,
1840 Et de son chief vire[n]t le sanc raier. *f. 29*

1835 *Il y a dans B trois vers qui ne paraissent pouvoir prendre place qu'ici :* Li cuens Raol vos velt mal engignier; | En vos alues est entrés, ce sachiez, | A molt grant gent armez et haubergez.

Mains gentils hom s'en prist a esmaier.
Vespres sont dites, Y. vient del mostier,
Il va son fil acoler et baisier ;
Joste la face li vit le sanc raier :
1845 De la mervelle se prist a mervillier;
Tel duel en a le sens quide changier :
« Biaus fix, » dist il, « por le cors s. Richier,
« Dont ne puis je monter sor mon destrier ?
« Qi fu li hon qui vous osa touchier
1850 « Tant com je puise mes garnemens baillier ?
— Se fist mes sires, » ce dist l'enfes Bernier,
« Li quens R. qi nos vieut essillier,
« Totes nos terres est venus chalengier ;
« Ne te laira valissant .j. denier.
1855 « Tout Origni a ja fait graaillier ;
« Marcent ma mere o le coraige entier
« Vi je ardoir, ce ne puis je noier.
« Por ceul itant qe m'en voux aïrier
« Me feri il d'un baston de poumier ;
1860 « Tous sui sanglans desq'al neu del braier.
« Droit m'en offri, ce ne puis je noier,
« Mais je nel vox prendre ne otroier.
« A vos, biaus peres, m'en vign por consellier ;
« Or repensons de no honte vengier. »
1865 Oit le li peres, cel prist a laidengier.

XC

Ibers parole a la barbe florie :
« Biax fix B., ne t'en mentirai mie,
« De pluisors gens te sai conter la vie :
« Hom orguillous, qe qe nus vos en die,
1870 « N'ara ja bien, fox est qi le chastie.

1845 mervelle, *corr.* novele ? — 1852 vieut *ou* vient. — 1869-72 = B.

« Qant q'il conquiert en .vij. ans par voisdie
« Pert en .j. jor par sa large folie.
« Tant qe tu fus petiz en ma baillie,
« Te norresimes par molt grant signorie ;
1875 « Et qant fus grans, en ta bachelerie,
« Nos guerpesiz par ta large folie :
« R. creïs et sa losengerie ;
« Droit a Cambrai fu ta voie acoillie.
« Tu l'as servi ; il [t'] a fait cortoisie :
1880 « Tant t'a batu comme vielle roncie.
« Je te desfen toute ma manantie,
« Ja n'i prendras vaillisant une alie ! »
B. l'entent ; s'a la coulor noircie :
« Merci ! biax pere, por Dieu le fil Marie,
1885 « Reteneis moi en la vostre baillie.
« Qant vi ardoir Origni l'abeïe,
« Marcent la bele, ma mere l'eschevie,
« Et mainte dame qi est arce et perie,
« Nule des .c. n'en est remeise en vie,
1890 « Miex vossisse estre trestoz nus en Roucie.
« Par tous les s. c'on requiert a Pavie,
« Qant g'en parlai, voiant ma baronie,
« A mon signor ou a grant felonnie,
« Tel me donna d'un baston leiz l'oïe
1895 « Del sanc vermel oi la chiere souplie. »
Y. l'entent, dont n'a talent q'il rie ;
Il jure Dieu cui tot li mondes prie :
« Ceste meslée mar i fu commencie,
« Marcent vo mere ne arce ne bruïe !
1900 « Li fel cuivers par engien l'a traïe. *f. 30*
« Ançois en iert mainte targe percie,
« Et mainte broigne rumpue et dessartie
« Qe ja la terre li soit ensi guerpie.

1880 *Corr.* [f]roncie ? — 1891 tous, *A* tout. — 1897 cui, *A* qi (*abrégé*). — 1902 broigne, *A* targe, *comme au v. précédent.*

« Ja ne soit hom qi de ce me desdie :
1905 « De la parole drois est qe l'en desdie.
« Il a ma terre a grant tort envaïe :
« Ce nel desfen a m'espée forbie,
« Je ne me pris une poume pourie,
« E! R. fel, li cor Dieu te maldie !
1910 « Qe as nonnains creantas compaingni[e],
« Qe n'i perdroient valisant une alie,
« Puis les as arces par ta grande folie.
« Qant Diex ce suefre, ce est grans diablie
« Terre ne erbe n'est soz ces piés partie. »

XCI

1915 El conte Y. n'ot le jor qu'aïrier :
Par grant amor en apela B. :
« Biax fix, » dist il, « ne vos chaut d'esmaier;
« Car, par celui qui tout a a jugier,
« Ançois quart jor le comparra mout chier! »
1920 Les napes metent sergant et despencier;
Au dois s'asient li vaillant chevalier :
Qi qe mengast, Y. l'estut laissier;
.I. os de cerf commence a chapuisier;
Li gentil home le prisent a huchier :
1925 « Car mengiés, sire, por Dieu le droiturier :
« Jors est de Pasques, c'on se doit rehaitier.»
Et dist Y. : « Je nel puis commencier;
« Ci voi mon fil, dont quit le sens changier,
« Le cors sanglant jusq'el neu del braier.
1930 « Li quens R. ne m'a mie trop chier,   v°
« Qe si sanglant le m'a fait envoier.
« Vos, li viel homme, garderez le terrier,
« Et la grant tor et le palais plaignier;

1904-5 sic, desdie *est sans doute fautif au premier vers; pour le second,* cf. *2807.* — 1925 B s. mal fetes et pechié (*Fauchet* peché). — 1926 B treshaitier.

« Et li vaslet et li franc esquier
1935 « Voist tost chascuns aprester son destrier,
« Car orendroit nos couvient chevauchier. »
Dist B. : « Sire, ne m'i devez laissier.
— Si ferai, fix, par le cors s. Richier :
« Malades estes; faites vos aaisier,
1940 « Qe de sejor avez molt grant mestier. »
Dist B. : « Sire, ja n'en devés plaidier.
« Qe, par le cresme que pris a bautisier,
« Je nel lairoie, por les membre[s] trenchier,
« Qe je n'i voise por ma honte vengier. »
1945 A ces paroles se vont aparillier.
Ainc toute nuit ne finent de broichier;
A Roie vinre[n]t asez ains l'esclarier.

XCII

Qant li baron sont a Roie venu,
Isnelement sont a pié descendu.
1950 Li quens Y. n'a gaires arestu;
Bien fu armés, a son col son escu;
En son dos ot .j. blanc hauberc vestu,
A son costé le bon branc esmolu.
De ci au gué ne sont aresteü.
1955 La maistre gaite qi en la faude fu
Jete une piere, n'a gaire[s] atendu,
Por poi nel fiert desor son elme aigu;
S'ataint l'eüst, bien l'eüst abatu.
En l'a[i]gue clere chiet devant le crenu;
1960 Puis li escrie : « Vasal, di, qui es tu?   *f. 31*
« Je t'ai jeté, ne sai se t'ai feru;
« Or te vuel traire, qe j'ai mon arc tendu. »
Et dist Y. : « Amis, frere, ne tu;
« J'ai non Y., fix sui Herbert feü.

1953 bon branc, A branc bon.

1965 « Va, di W. a la fiere vertu,
 « Le mien chier frere qi le poil a chenu,
 « Q'il viegne a moi, qe molt l'ai atendu ;
 « Besoign en ai, onques si grant ne fu. »

XCIII

 Et dist la gaite : « Comment avez vos non ?
1970 — Amis biax frere, ja sarez la raison :
 « J'ai non Y., nez sui de Ribemont.
 « Va, si me di mon frere dant Wedon,
 « Q'il vaigne a moi, por le cors s. Simon :
 « Besoign en ai, ainc si grant ne vit on. »
1975 Et dist la gaite : « A Dieu beneïçon ! »
 Desq'a la chambre est venus a bandon.

XCIV

 Vait s'en la gaite, qe plus n'i atendi,
 Desq'a la chambre dant W. le hardi.
 L'anel loiga : li chambrelains l'oï ;
1980 [* Wedon esveille, le chevalier genti.]
 Qant li quens Wedes le voit si esbahi :
 « Amis biax frere, isnelement me di
 « As tu besoign, por Dieu qi ne menti ?
 — Oïl voir, sire, onques si grant ne vi :
1985 « Sa defors a .j. vo charnel ami,
 « Le conte Y., ensi l'ai je oï. »
 W. l'entent, fors de son lit sailli :
 En son dos a .j. ermine vesti ;

1965 W. = Wedon, cf. v. 1972. — 1977 = B. Ce vers est cité par Fauchet, Œuvres, 1610, fol. 487, avec les trois suivants, mais il manque dans ses extraits manuscrits. — 1978 B Droit a la cambre d. Oedon. — 1979 B L'anel crosla. — 1980 B Oedon, le vers manque dans A ; p.-ê. manque-t-il encore un vers ou deux.

Il vest l'auberc, lace l'elme burni,
1990 A son costé a çaint le branc forbi.
Atant eis vos son seneschal Tieri
Qi li amaine son destrier arabi ;
W. i monte, s'a son escu saisi,
Et prent la lance au confanon sarci.
1995 Isnelement fors del palais issi.

XCV

Va s'en quens W., ç'avala les degrez ;
Desq'a la bare n'ot ces resnes tirez,
Voit la grant route des chevalier[s] armez,
Il a parlé : « Frere Y., dont venez ?
2000 « Est ce besoing, qi a ceste eure alez ?
— Oïl voir, frere, ja si grant ne verez.
« Rois Loeys nos vieut deseriter :
« R. le conte a nos païs donnez ;
« A .x. mile homes est en no terre entrez.
2005 « Grans mestiers est qe bien la desfendez :
« Isnelement toz nos amis mandez. »
Et dist quens W. : « Nos en arons assez ;
« Mais encor cuit adez qe me gabez ;
« Je nel creroie, por l'or d'une citez,
2010 « Li quens R. fust ci desmesurez
« Qe ja sor nos soit ci a ost tornez.
« Li sors G. est saiges hon asez ;
« Ains tex consoux ne fu par lui trovez. »
Respont Y. : « De folie parlez :
2015 « Toz Origni est ars et embrasez,
« Et les nonnains qe mises i avez
« A toutes arces, ce fu grans cruautez. »

1992 Qi li, *A* Qil li. — 1997 ot, *A* est. — 2003 nos, *corr.* no ?

XCVI

Et dist quens W. : « Por le cors s. Richier !
« A fait R. Origni graallier ?
2020 — Oïl, biau frere, par Dieu le droiturier,
« Qe Berneçons en est venus dés ier.   *f. 32*
« Il vit sa mere ardoir en .j. mostier,
« Les .c. nonains par mortel encombrier.
— Or le croi je, » dist W. au vis fier,
2025 « Qe B. ne taing pas a legier. »

XCVII

Et dist Y. o les floris grenons :
« Dites, biau frere, por Dieu, qi manderons ? »
W. respont : « A plenté en arons.
« Mandons H., ja est siens Ireçons,
2030 « Et de Tieraisse tient les plus fors maisons ;
« Il tient bien xxx. qe chastiax qe donjons.
« Il est nos freres : trés bien nos i fions. »
Il le manderent, s'i ala Berneçons.
Cil lor amaine .m. gentis compaignons.
2035 Sous S. Quentin tende[n]t lor pavillons ;
Raoul manderent, le conte de Soissons :
Cil lor amaine .m. chevalier[s] barons.
Soz S. Quentin fu molt biaus li sablons ;
La descendire[n]t ; molt i ot de penons.
2040 Dieu en jurerent et ces saintisme[s] nons,
Se R. truevent, tex en est la chançons,
Mar i reciut de lor terres les dons ;
Le sor G. saicheront les grenons.

2018 par, *A* por. — 2034 *A* gentil.

XCVIII

     Après manderent cel de Retest Bernart;
2045 Toute Champaigne tenoit cil d'une part.
     Cil jure Dieu q'il fera l'estandart.
     .M. chevalier[s] entre lui et Gerart
     Ont amené; n'en i a nul coart.
     Sous S. Quentin se loigent d'une part.
2050 Par maltalant jurent s. Lienart,
     Se R. truevent, ne G. le gaignart,
     Li plus hardiz s'en tenra por musart :
     « Nos li trairons le sanc parmi le lart. »

XCIX

     Il font mander le bon vasal Richier,
2055 Qi tint la terre vers la val de Rivier;
     Avec celui vinrent .M. chevalier;
     Chascuns ot armes et bon corant destrier.
     Soz S. Quentin se loigent el gravier.

C

     Sor la riviere qi tant fist a loer,
2060 Les cleres armes i reluisent tant cler;
     De .ij. pars font la riviere muer;
     Et jurent Dieu qi se laisa pener
     En sainte crois por son peule sauver,
     Se R. puent en lor terre trover,
2065 Seürs puet estre de la teste colper.

    2059 *A ne distingue pas cette tirade de la précédente.*

CI

Après celui i vint W. de Roie.
.M. chevalier[s] a ensaignes de soie
Amaine o lui; molt vinrent droite voie;
Soz Saint Quentin se loigent a grant goie.
2070 Il jurent Dieu qi pecheor[s] avoie,
Se Raoul trueve[n]t, mar acoilli lor proie :
« Nos li trairons le poumon et le foie.
« Rois Loeys qui les François maistroie,
« L'en fist le don del pris d'une lamproie :
2075 « N'en tenra point tant comme je vis soie. »

CII

Puis fu mandez li menres Loeys;
Ce fu li mendres des .iiij. H. fix.
O lui amainne .M. chevalier[s] de pris.
Bien fu armés sor Ferrant de Paris.
2080 Souz S. Quentin ont lor ostex porpris.   *f. 33*
Il jurent Dieu qi en la crois fu mis,
Mar i entra R. de Cambresis,
Il et ces oncles, d'Aras li sors G.
Leqel qe truisse, par le cors s. Denis,
2085 Tantost sera detranchiés et ocis.
Mar fu li dons de Vermendois requis.

CIII

Puis vint Y. qi cuer ot de baron,
Li ainsnez freres, peres fu Berneçon;
Aveqes lui ot maint bon compaignon.

2070 qi, *A* qe (*abrégé*).

2090 La veïssiés tan bon destrier gascon !
Soz S. Quentin descende[n]t el sablon;
La ot tendu maint riche pavillon;
Et jure Dieu qi soufri passion
Mar prist R. de la terre le don.

CIV

2095 Qant li baron prise[n]t a desloigier,
Vers Origni prisent a chevauchier.
.XI. .M. furent; n'i a cel n'ait destrier,
Et beles armes et espée d'acier.
A une liue, ci con j'oï noncier,
2100 De l'ost R. se fisent herbergier :
Loiges i fisent aprester et rengier.
« Baron, » dist W., « nobile chevalier,
« Hons sans mesure ne vaut .j. alier.
« Li quens R. fait forment a proisier;
2105 « Niés est le roi qi France a a baillier :
« Se l'ocions, par no grant encombrier,
« Ja l'enperere mais ne nos avra chier :
« Toutes nos terres nos fera essilier ;
« Et, s'il nos puet ne tenir ne bailie[r],
2110 « Il nos fera toz les menbres tranchier.
« Car li faisons un mesaige envoier,
« Qe de nos terres se traie .j. poi arier :
« Voist en la soie, por Dieu le droiturier;
« C'il l'en doinst goie qi tot a a jugier !
2115 « S'on li fait chose dont doie courecier,
« Nos l'en ferons droiture sans targier,
« Ne de sa terre .j. seul point ne li qier,
« Ains li volrons de la nostre laissier ;
« Puis referons l'eglise et le mostier,

2096 chevauchier, A deslogier. — 2103, 2114, 2157, etc., sans,
A s'; B il ne vaut un denier. — 2107 Ja, A Mais.

2120 « Q'il fist a tort ardoir et graaillier.
« Aiderons li s'autre guere a baillier
« Et le Mancel del païs a chacier,
« Et pardonrons l'amende de Bernier.
— Dieu! » dist Y., « cui porrons envoier?
2125 — Je irai, sire, » ce li a dit Bernier.
Oit le li peres, prist soi a courecier :
« Par Dieu, lechieres, trop estes pri[n]sautier.
« Raler i viex ; batus i fus l'autrier :
« S'or i estoies, ja volroies tencier ;
2130 « Tos nos porroies no droit amenuisier. »
Devant lui garde, vit G. le Pohier.
« Alez i, frere, je vos en vuel proier.
— Volentiers, sire, ne qier plus delaier. »
Vint a son tré por son cors haubergie[r].

CV

2135 A son tré vint dant G. l'espanois ;
En son dos veist .j. hauberc jaserois,
En son chief lace .j. elme paviois.
On li amaine .j. bon destrier norois ;
Par son estrier i monta li Flandrois. *f. 34*
2140 A son col pent .j. escu demanois.
Atant s'en torne trés parmi le marois ;
Au tré R. est venus demanois ;
Aseis i trueve Cambrisis et Artois.
Li quens R. seoit au plus haut dois.
2145 Bien fu vestus d'un chier paille grigois.
Li mesaigiers ne samble pas Tiois :
Il s'apuia sor l'espieu acerois,
De saluer ne fu mie en souspois :
« Cil Damediex qi fu mis en la crois,

2127 pri[n]sautier, *A* prisantier. — 2131, 2135 G. = Gerart, *cf.*
v. 2204. — 2137 chief, *A* chiés.

2150 « Et estora les terres et les lois,
« Il saut R. et trestous ces feois,
« Le gentil conte cui oncles est li rois !
— Diex gart toi, frere, » dist R. li cortois ;
« Si m'aït Diex, ne sambles pas Irois.

CVI

2155 — Sire R., » ce dist G. li ber,
« C'il vos plaisoit mon mesaige escouter,
« Gel vos diroie sans plus de demorer.
— Di tos, biau frere, pense del retorner,
« Qe si ne vaignes mon couvine esgarder. »
2160 Dist G. : « Sire, ainc n'i vos mal penser. »
Tout son mesaige li commence a conter
De chief en chief, si con il dut aler.
R. l'oï, si commence a penser :
« Par foi ! » dist il, « bien le doi creanter ;
2165 « Mais a mon oncle en vuel ançois parler. »

CVII

Vait s'en R. a G. consellier :
Tout le mesaige dant G. le Poihier
Li a conté, ne l'en vost plus laisier.
Oit le Gueris, Dieu prist a mercier :
2170 « Biax niés, » dist il, « bien te dois faire fier,
« Qant .iiij. conte se vuele[n]t apaier.
« Niés, car le fai, por Dieu t'en vuel proier :
« Laisse lor terre, ne la te chaut baillier. »
R. l'entent, le sens quide changier ;
2175 Ou voit G. se li prent a huchier :
« G'en pris le gant voiant maint chevalier,
« Et or me dites q'il fait a relaissier !
« Trestos li mons m'en devroit bien huier. »

2155 ber, A bers. — 2171 se, corr. te ?

CVIII

    Raous parole au coraige hardi :
2180 « On soloit dire le riche sor G.
    « Qu'en tout le mont n'avoit .j. si hardi,
    « Mais or le voi couart et resorti. »
    G. l'oï, fierement respondi ;
    Por trestout l'or d'Abevile en Ponti,
2185 Ne volsist il qe il l'eüst gehi,
    Ne qe ces niés l'en eüst si laidi.
    Par maltalant a juré s. Geri :
    « Qant por coart m'en avez aati,
    « Ains en seront .m. hauberc dessarti,
2190 « Qe je ne il soions ja mais ami ! »
    Dist au mesaige : « Torne toi tos de ci :
    « As fix Herbert isnelement me di
    « Bien se desfendent ; bien seront asailli. »
    Dist li mesaiges : « Par mon chief, je l'otri.
2195 « De la lor part loiaument vos desfi !
    « Mar acoi[n]tastes les nonnains d'Origni.
    « Bien vos gardez, bien serez recoilli :
    « Chascuns des nos a son hauberc vesti. »
    A tant s'en torne, s'a son escu saisi.   *f. 35*
2200 Ce fut mervelle qant il nul n'en feri,
    Et neporqant s'ot il l'espieu brandi,
    Qant li menbra de Y. le flori,
    Qi de R. atendoit la merci.

CIX

    Vait s'en Gerars, ne s'i est atargiés.
2205 Li quens Y. est vers lui adreciés :
    « Q'aveis trové ? gardés nel me noiés.

2180 le, *corr.* del ?

— En non Dieu, sire, molt est outrequidiés.
« Il n'i a plus : tos vos aparilliés,
« Et vos batailles ajostez et rengiés. »
2210 Et dist B. : « Diex en soit graciés !
— Baron, » dist W., « faites pais, si m'oiés.
« Hom sans mesure est molt tos empiriés ;
« Preneis .j. més et si li renvoiés.
« Cele parole qe G. li Poiers
2215 « Li conta ore, qant fu aparilliés,
« Li tenrons nos c'il en est aaisiés ;
« Par aventure s'en est puis conselliés ;
« Et c'il le fait, chascuns de nos soit liés:
— Diex, » dist Y., « j'en sui molt esmaiés.
2220 « Ou est li més, gardez nel me noiés ? »
Dist B. : « J'en sui aparilliés. »
Oit le li peres, molt en fu coreciés :
« Par Dieu, lechieres, trop iés outrequidiés ;
« Et neporqant, qant presentez en iés,
2225 « Autre qe tu n'i portera les piés. »
Dist B. : « Sire, grans mercis en aiés. »
Il vest l'auberc, tos fu l'elme laciés ;
El destrier monte, ces escus n'est pas viés.
Voit le li pere, si l'en prist grans pitiés :   v°
2230 « Alez, biax fix, por Dieu ne delaiés ;
« Por Dieu, nos drois ne soit par vos laissiés. »
Dist B. : « Por noient en plaidiés,
« Qe ja par moi n'en serez avilliés. »

CX

Vait s'en B., de sa gent departi ;
2235 Vint jusq'as treiz, mais pas ne descendi.
Au saluer pas ne mesentendi :
« Cil Damerdieus qi onques ne menti,

2212 = B. — 2231 par, A por.

« Et qi Adan et Evain beneï,
« Il saut et gart maint baron que voi ci ;
2240 « Entor aus m'ont molt doucement norri :
« Onques n'i oi ne noise ne estrif;
« Et il confonde R. de Cambrisi
« Qi ma mere ar[s]t el mostier d'Origni,
« Et les nonnains, dont j'ai le cuer mari,
2245 « Et moi meïsme feri il autresi,
« Si qe li sans vermaus en respandi.
« Diex me laist vivre qe li aie meri!
« Si ferai je, par Dieu qi ne menti,
« Se j'en ai aise, par le cors s. Geri!
2250 — Voir, » dist R., « fol mesaigier a ci.
« Est ce B., fix Y. le flori ?
« Fix a putain, or te voi mal bailli ;
« En soignantaige li viex t'engenuï. »

CXI

Raous parole, q'il ne s'en pot tenir :
2255 « Cuivers bastars, je ne t'en qier mentir,
« A mon quartier te covient revenir,
« As escuiers te covient revertir.
« De si haut home ne pues si vil veïr. »
Berniers l'oï, del sens quida issir.

CXII

2260 « Sire R., » ce dist l'enfes Bernier,
« Laissiés ester le plait de vo quartier.
« Le vostre boivre ne le vostre mangier,
« Se Dex m'aït, nen ai je gaires chier :
« N'em mengeroie por les menbres tranchier,

2252-3 B Cuivers bastars que est ce que tu dis (cf. v. 2255)
| En soig[n]antage li viés t'engenuï.— 2263 nen ai, A ne nai.

2265 « Ne je ne vuel folie commencier.
« Cele parole dant Gerart le Poihier
« Q'il vos conta en vostre tré plaignier,
« Li fil Herbert m'ont fait ci envoier,
« Vos tenront il cel volez otroier.
2270 « En droit de moi nel volroie empirier.
« Ma mere arcistes en Origni mostier,
« Et moi fesistes la teste peçoier.
« Droit m'en offristes, ce ne puis je noier.
« Por l'amendise poi avoir maint destrier :
2275 « Ofert m'en furent .c. bon cheval corcier,
« Et .c. mulet et .c. palefroi chier,
« Et .c. espées et .c. hauberc doblier,
« Et .c. escu et .c. elme a or mier.
« Coureciés ere qant vi mon sanc raier,
2280 « Si ne le vous ne prendre n'otroier ;
« A mes amis m'en alai consellier.
« Or le me loent li nobile guerier,
« Se or le m'ofre[s], ja refuser nel qier,
« Et pardonrai trestot, par s. Richier,
2285 « Mais qe mes oncles puisse a toi apaier. »

CXIII

Li quens R. la parole entendi :
Ou voit Bernier, si l'apela : « Ami,
« Si m'aït Diex, grant amistié a ci ;
« Et par celui qi les paines soufri,
2290 « Ja vo concel n'en seront mesoï. »
Desq'a son oncle a son oire acoilli ;
Ou q'il le voit par le bras l'a saisi,
Et la parole li conta et gehi,
Et l'amendise de B. autresi ;

2271-85 *Ces vers sont répétés à la tirade* CLIII.— 2276 A palefrois. — 2277 A haubers. — 2278 A escus... elmes. — 2290 mesoï, A mais oï.

2295 Tout li conta, n'i a de mot menti :
« Fai le, biaus oncles, por amor Dieu te pri,
« Acordon nos, si soions bon ami. »
G. l'entent, fierement respondi :
« Vos me clamastes coart et resorti !
2300 « La cele est mise sor Fauvel l'arabi ;
« N'i monteriés por l'onnor de Ponti,
« Por q'alissiés en estor esbaudi.
« Fuiés vos ent a Cambrai, je vos di ;
« Li fil H. sont tuit mi anemi ;
2305 « Ne lor faut guerre, de ma part les desfi ! »
Dist B. : « Damerdieu en merci :
« Sire R., je voi cest plait feni
« Por .j. mesfait dont m'avez mal bailli.
« De ci qe la vos avoie servi,
2310 « Vos le m'aveiz vilainement meri :
« Ma mere arcistes el mostier d'Origni,
« Et moi meïsmes feristes autreci,
« Si qe li sans vermaus en respandi. »
Il prent .iij. pox de l'ermin qu'ot vesti,
2315 Parmi les mailles de l'auberc esclarci,
Enver R. les geta et jali ;
Puis li a dit : « Vassal, je vos desfi !
« Ne dites mie je vos aie traï. »
Dient François : « Torneiz vos ent de ci,   *f.* 37
2320 « Vos avés bien vo mesaige forni. »

2299 *Cf. v. 2182*. — 2314 — 8 = *B* : Trois peus sacha de son peliçon gris, | Parmi les mailles de l'aubert esclarci | Puis si les soufle Raol en mi le vis ; | Si li a dit : « Vassal, je vos desfi. | Ne dites mie que vos aie trahi. » *Le premier éditeur a cité ici ces vers de Garin dont le rapport avec ceux de notre poème est évident, et qui confirment la leçon d'A pour le v.* 2316 :

    Dist a Girbert : Mult me tenez por vil.....
    Il prit deux peus del peliçon hermin,
    Envers Girbert les rua et jali
    Puis li a dit : Girbert, je vos desfi !

CXIV

« Sire R., » dist B. li vaillans,
« La bataille iert molt orrible et pesans,
« Et vos et autres i serez connoissans :
« En toz lius mais vos en serez nuissans.
2325 — Voir ! » dist R., « tant sui je plus dolans ;
« Ja reprovier n'en iert a nos effans :
« Desfié m'as, bien t'en serai garans.
« Mais c'estiens en cel pré ataquans,
« L'uns de nos deus i seroit ja versans.
2330 — Voir, » dist B., « molt en sui desirans.
« Je mosteroie, se g'en ere creans,
« Q'a tort fu pris de la terre li gans,
« Et qe vers moi iés fel et souduians. »
R. l'oï, d'ire fu tressuans,
2335 Grant honte en ot por les apartenans.
Bien sot q'estoit B. ces max vuellans.
Desarmeis ert, s'en fu mus et taisans.

2327 *A Desfiés.* — 2328 *A atanquans.* — 2335 apartenans (p barré), *corr.* apercevans ? — 2337 *Il y a dans B ces vers dont les premiers (rime en* ié) *semblent devoir prendre place entre les tirades* CXIV *et* CXV, *tandis que les autres pourraient se rattacher à la tirade* CXV. *A moins que Fauchet les ait transcrits hors de leur lieu, on ne voit pas, du v. 2314 au v. 2428 (précédente et suivante citations de Fauchet), à quel autre endroit on pourrait les assigner :*

   Le destrier broche des esperons des piez,
   Puis si se couvre de l'escu de quartier ;
   Brandist la hante ot le tranchant espié,
   Si s'aficha sor les dorez estriez
   Que les fers fet ploier desos ses piez
   Et le cuir fait demi pié alongnier,
   Et le cheval desoz lui archoier.

   Le destrier broche des esperons a or,
   Fauvel le brun qu'est remuans et fors,
   Et cil trespasse et les gris et les mors,
   Et les liars, les fauves et les sors.

CXV

Qant voit B. desfié les a lors,
Son bon escu torne devant son dos.
2340 Bien fu brochiés li destriers de Niors.
R. le comte vost ferir par esfors.
En son tref ert, ci n'ert mie defors.
L'enfes B. lait corre les galos :
Plus tost li vient que chevrieus parmi bos ;
2345 .I. chevalier qi molt avoit grant los
Entre R. et B. se mist fo[r]s,
Et B. le fiert parmi le cors.

CXVI

Li chevalier[s] fist molt large folie,
Devant B. se mist par estoutie,
2350 Car a R. vost faire garantie ;
B. le fiert, q'il ne l'espargne mie ;
Parmi le cors son roit espieu li guie :
Mort le trebuche, l'arme s'en est partie.
R. le voit, a haute voiz c'escrie :
2355 « Franc chevalier, ne vos atairgiés mie,
« C'il nos eschape ne me pris une alie.
« Ferir me vost, q'il n'aime pas ma vie. »
.C. chevalier par molt grant aatie
En sont monté es destrier[s] d'Orqenie,
2360 N'i a celui qi B. ne desfie.
Voit le li enfes, n'a talent q'il en rie ;
Fuiant s'en torne, s'a sa voie acoillie.
Après lui torne[n]t, mais ne l'ataigne[n]t mie,
Car tost l'emporte li destriers d'Orqenie.

2355 *A* Frans. — 2358 *A* chevaliers.   2359 *A* et destrier. —
2360 qu, *A* qe (abrégé).

2365 Y. estoit leiz la selve foillie,
Et vit l'enchaus et la fiere envaïe;
Dieu reclama le fil sainte Marie :
« Ci voi mon fil, grant mestier a d'aïe;
« Se je le per n'iere liés en ma vie.
2370 « Or del secore, franche gent et hardie! »
.XIIII. cor i sonne[n]t la bondie.
La veïssiés tante targe saisie,
Et por ferir tante lance brandie.

CXVII

Li quens Y. c'est escriés .iij. mos :
2375 « Or del reqerre, car li drois en est nos !
« B. s'en vient plus tost qe les galos.
« Nostres mesaiges a parlé comme sos :
« .C. chevalier le sivent a[s] esclous;
« Après lui voi lancier mains gavelos. » *f. 38*
2380 Dont ce desrengent de .ij. pars a esfors ;
Qui fust li drois ne cui en fust li tors,
Par B. asamblerent les os.

CXVIII

Li baron furent et serré et rengié,
D'ambe .ij. pars mout bien aparillié.
2385 Li plus hardi en pleurent de pitié,
Car trés bien sevent n'i valra amistié :
Tuit li coart en sont molt esmaié.
Cil qui char[r]a n'ara autre loier
Fors de l'ocire a duel et a pechié ;
2390 Ja n'i avra autre gaige mestier.
Et li vaslet en sont goiant et lié,
Et li pluisor sunt descendu a pié ;

2379 *A* voit... maint.

Cortoisement ce sont aparillié,
Li auquant ont lor estriers acorcié.
2395 Par B. est tex plais commencié
Dont maint baron furent puis essillié,
En es le jor ocis et detranchié.

CXIX

Les os se voient, molt se vont redoutant.
D'ambe .ij. pars se vont reconisant.
2400 Tuit li coart vont de poour tramblant,
Et li hardi s'en vont resbaudissant.
Les gens R. se vont bien afichant
Q'as fix Herbert feront dolor si grant.
Q'après les peres en plour[r]ont li effant
2405 Tuit sont armé li petit et li grant ;
Li sors G. les va devant guiant,
O lui si fil qi tant ont hardemant :
Ce est Reniers au coraige vaillant,
Et Garnelins qui bien fiert de son branc.
2410 Li quens R. sist desor l'auferrant ;
Il et ces oncles vont lor gent ordenant.
Si serré vont li baron chevalchant,
Se getissiés sor les hiaumes .j. gant
Ne fust a terre d'une louée grant.
2415 Desor les crupes des destriers auferant
Gisent li col et deriere et devant.

CXX

Grans sont les os que Raous amena :
.X. M. furent, G. les chaela ;
N'i a celui n'ait armes et cheval.
2420 Li fil Herbert, ne vos mentirai ja,

2420 *Lacune après ce vers?*

Et Berneçon qi l'estor desira
A .xj. .M. sa grant gent aesma.
Bien s'entrevienent et de ça et de la.
Chascuns frans hom de la pitié plora ;
2425 Prometent Dieu qi vis en estordra
Ja en sa vie mais pechié ne fera,
Et c'il le fait, penitance en prendra.
Mains gentix hom s'i acumenia
De .iij. poux d'erbe, q'autre prestre n'i a ;
2430 S'arme et son cors a Jhesu commanda.
R. en jure et G. s'aficha,
Qe ja par oux la guerre ne faudra
Tant qe la terre par force conqerra ;
Les fix H. a grant honte ocira,
2435 Ou de la terre au mains les chasera.
Et Y. jure ja plain pié n'en tendra,
Et li barnaiges trestoz li afia
Qe por morir nus ne le guerpira.
« Diex ! « dist B., » quel fiance ci a ! . 39
2440 « Mal dehait ait qi premiers reqerra,
« Ne de l'estor premerains s'enfuira ! »
Bertolais dist que chançon en fera,
Jamais jougleres tele ne chantera.

CXXI

Mout par fu preus et saiges Bertolais,
2445 Et de Loon fu il nez et estrais,
Et de paraige del miex et del belais.

2428 *B* Chacun franc hom le jor se communya.— 2429-30 = *B*.
— 2442-3 *B* Bertolais dit chançon en escrira | Ja nuls juglerres
meilor (*bonne leçon*) ne chantera. *Fauchet fait ici cette remarque :*
« *Je crois que c'est l'auteur de ce roman et des autres.*» — 2444 = *B*.
2445 *B* De Loon fu trastoz nez. — 2446 *Ce vers, n'étant pas
cité par Fauchet, semble avoir fait défaut dans B.*

De la bataille vi tot le gregnor fais :
Chançon en fist, n'or[r]eis milor jamais,
Puis a esté oïe en maint palais,
2450 Del sor G. et de dame A.
Et de R., siens fu liges Cambrais,
Ces parins fu l'evesques de Biauvais.
B. l'ocist, par le cors s. Girvais,
Il et Ernaus cui fu liges Doais.

CXXII

2455 Ainc tex bataille ne fu ne tex esfrois.
Ele n'est pas de Normans ne d'Englois,
Ains est estraite des pers de Vermendois.
Assez i ot Canbrezis et Artois,
Et Braibençons ; s'i ot molt Champenois.
2460 Des Loeys i ot assez François.
Li fil H. vuele[n]t tenir lor drois :
Molt en aront de sanglans et de frois ;
Toutes lor vies lor essera sordois.
B. lait corre son bon destrier norois ;
2465 Sor son escu vait ferir l'Avalois :
Toutes ces armes ne valent .j. balois ;
Vilainement l'en fist le contrepois :
Plaine sa lance l'abat mor[t] en l'erbois.
« Saint Quentin ! » crie, « ferés tuit demanois !
2470 « Mar acointa R. son grant boufois :
« Se ne l'ocis a mon branc vienois,
« Dont sui je fel et coars et revois ! »
Dont laisent corre de .ij. pars a esplois ;
Sonnent cil graisle par ice grant escrois,

2447 *A* tot les gregnors ; *corrigé d'après* B. — 2448 B ne s'en volt tenir mès. — 2449 = B. — 2454 cui, *A* qi. — 2474 ice, *corr.* itel ?

2475 Puis qe Diex eut establies les lois,
Par nule guere ne fu si grans esfrois.

CXXIII

A l'ajoster oïssiés noise grant.
D'ambes .ij. pars ne vont pas maneçant :
Si s'entrefiere[n]t et deriere et devant
2480 D'une grant liue n'oïst on Dieu tounant.
E vos Y. a esperon broichant ;
A haute voiz va li quens escriant :
« Ou iés, R., por Dieu le raemant ?
« Por quoi seroient tant franc home morant ?
2485 « Torne vers moi ton destrier auferant.
« Se tu me vains a l'espée tranchant,
« Toute ma terre aras a ton commant :
« Tuit s'en fuiront li pere et li effant ;
« N'i clameront .j. d. valisant. »
2490 Ne l'oï pas R., mien esciant ;
D'autre part ert en la bataile grant,
Il et ces oncles qi le poil ot ferrant.
Y. le voit, molt se va coresant :
Le destrier broiche qi li va randonnant,
2495 Et fiert Fromont sor son escu devant ;
Desoz la boucle le va tout porfendant.
Li blans haubers ne li valut .i. gant ;
El cors li va son espieu conduisant ; *f. 40*
Tant con tint l'anste, l'abati mort sanglant.
2500 « S. Quentin ! » crie, « baron, ferez avant !
« Les gens R. mar s'en iront gabant ;
« De nostre terre mar i reciut le gant ! »

2492 ot, A a, *corrigé d'après* B. — 2494-7 *cf.* vv. 2750-4. — 2501 *Cf.* vv. 2700, 2759.

CXXIV

Wedes de Roie lait corre a esperon,
Li uns des freres, oncles fu B.,
2505 Bien fu armés sor .j. destrier gascon,
Sor son escu ala ferir Simon,
Parent R. a la clere façon :
Desous la boucle li perce le blazon ;
El cors li met le pan del confanon ;
2510 Tant com tint l'anste, l'abat mort el sablon.
« Saint Quentin ! » crie, « ferez avant baron !
« Mar prist R. de no terre le don :
« Tuit i morront li encrieme felon. »

CXXV

Par la bataille eis poignant Loeys.
2515 C'ert li plus jovenes des .iiij. H. fis,
Mais desor toz estoit il de grant pris.
Bien fu armés sor Ferrant de Paris
Qe li dona li rois de S. Denis.
Ces parins fu li rois de S. Denis.
2520 A haute vois a escrier se prist :
« Ou iés alez, R. de Cambrizis?
« Torne vers moi ton destrier ademis ;
« Se tu m'abas grant los aras conqis :
« Qite te claim ma terre et mon païs ;
2525 « N'i clamera rien nus de mes amis. »
Ne l'oï pas R. de Cambrezis ;
Car venus fust, ja ne li fust eschis.

2515 ert, A est.— 2519-20 Au lieu de li rois de S. Denis, il faut probablement corriger dans l'un des deux cas li fors rois Loeys ; cf. vv. 27, 821.

        D'autre part ert el riche poigneïs
        Ou tient le chaple il et li sors G.
2530 L'enfes le voit, a poi n'enraige vis :
        Son bon escu torne devant son pis ;
        Le destrier broiche, de grant ire emblamis,
        Et fiert Garnier desor son escu bis :
        Nez fu d'Aras, fil G. au fier vis ;
2535 Desoz la boucle li a frait et malmis ;
        Ainc por l'auberc ne pot estre garis :
        El cors le fiert, ne li pot faire pis ;
        Mort le trebuche ; vers sa gent est guenchis.

CXXVI

        Qant Loeys ot geté mort Garnier,
2540 « Saint Quentin ! » crie, « ferez i, chevalier
        « Mar vint R. nos terres chalengier ! »
        Ei vos G. poignant sor son destrier.
        L'escu enbrace, tint l'espée d'acier ;
        Cu[i] il ataint n'a de mire mestier ;
2545 Plus de .xiiij. en i fist trebuchier.
        Il regarda leiz .j. bruellet plaignier,
        Son fil vit mort ; le sens quide changier.
        De ci a lui ne fine de broichier ;
        A pié descent de son corant destrier,
2550 Et tot sanglant le commence a baissier :
        « Fix, » dist li peres, « tan vos avoie chier !
        « Qi vos a mort, por le cors s. Richier,
        « Ja de l'acorde ne vuel oïr plaidier
        « Si l'avrai mort et fait tot detranchier. »
2555 Son fil vost metre sor le col del destrier,
        Qant d'un vaucel vit lor gent repairier.   *f. 41*
        G. le voit, n'i a qe corecier ;

2542 = B. — 2543 B El bras senestre son escu de quartier, | El destre point tint l'espée d'acier. — 2544 = B. Cf. vv. 2714-5.

Sor son escu rala son fil couchier.
« Fix, » dist li peres, « vos me covient laissier,
2560 « Mais, ce Dieu plaist, je vos quit bien vengier.
« Cil ait vostre arme qi le mont doit jugier! »
A son destrier commence a reparier.
G. i saut ou il n'ot q'aïrier;
Fiert en la presse a guise d'omme fier.
2565 Qi li veïst son maltalent vengier,
Destre et senestre les rens au branc serchier,
Et bras et pis et ces testes tranchier,
De coardie nel deüst blastengier.
Bien plus de .xx. en i fist trebuchier;
2570 Entor lui fait les rens aclaroier.

CXXVII

Grans fu li chaples et molt pesans li fais.
Es vos G. poignant tot a eslais,
Et encontra Ernaut cui fu Doais.
Les destriers broiche[n]t qui molt furent irais;
2575 Grans cols se donent es escu[s] de Biauvais;
Ploie[n]t les lances, si porfendent les ais,
Mais les haubers n'ont il mie desfais.
Andui s'abatent trés enmi le garais;
En piés resaillent, n'en i a .j. malvais;
2580 As brans d'acier se deduiront huimais.

CXXVIII

Andui li conte furent nobile et fier.
El sor G. ot molt bon chevalier,
Fort et hardi por ces armes baillier.
L'escu enbrace, tint l'espée d'acier,
2585 Et fiert Ernaut sor son elme a or mier,

2573 cui, A qi. — 2582-6 Cf. vv. 2819-23 et 2919-20.

Qe flors et pieres en fait jus trebuchier.
S'or n'eüst trait E. son chief arier,
Fendu l'eüst G. dusq'el braier. (v°)
Devers senestre cola li brans d'acier ;
2590 De son escu li trancha .j. quartier
Et .j. des pans de son hauberc doublier.
Grans fu li cols, molt fist a resoignier ;
Si l'estona qel fist agenollier.
E. le voit, n'i ot qe esmaier ;
2595 Dieu reclama le verai justicier :
« Sainte Marie, pensez de moi aidier,
« Je referai d'Origni le mostier. »
A ces paroles eiz vos poignant Renier,
Fix fu G. le nobile guerier ;
2600 Devant son pere vit Ernaut trebuchier ;
L'escu enbrace, cel prent a avancier ;
Ja l'eüst mort sans autre recouvrier
Qant d'autre part e vos poignant B.
A haute vois commença a huchier :
2605 « Gentix hom, sire, por Dieu ne le touchier !
« Torne vers moi ton auferrant destrier,
« Bataille aras, ce l'oses commencier. »
Qant cil l'oï, n'i ot qe correcier ;
D'a lui combattre avoit grant desirier,
2610 Vengier voloit son chier frere Garnier.
Li uns vers l'autre commence a avancier,
Grans cols se donne[n]t es escus de quartier,
Desoz les boucles les font fraindre et percier,
Mais les haubers ne porent desmaillier.
2615 Outre s'en pasent, les lances fon[t] brisier,
Qe nus des .ij. ne guerpi son estrier.
B. le vit, le sens quida changier.

2589 *Cf. v. 2921.* — 2593 Qel, *A* qil *(abrégé).* — 2594-7 *Cf.
vv. 2830-3.*

CXXIX

Cil B. fu de molt grant vertu :
Il a sachié son bon branc esmolu,   *f. 42*
2620 Le fil G. fiert parmi l'elme agu
Qe flors et pieres en a jus abatu,
Trenche la coife de son hauberc menu,
De ci es dens l'a colpé et fendu.
Et dit G. : « Bien ai cest colp veü ;
2625 « Se j'aten l'autre, por fol m'avrai tenu. »
Entor lui a tant des B. veü,
De la poour a tout le sanc meü.
Au cheval vint qi bien l'a atendu ;
G. i monte, a son col son escu,
2630 Poignant s'en vait, son fil lait remasu
Encontre terre mort gisant estendu.

CXXX

Vait s'en G., q'il ne seit mais qe faire ;
Parmi .j. tertre a esperon repaire ;
Por ces .ij. fix son grant duel maine et maire ;
2635 Qi li veïst as poins ces chevols traire !
R. encontre, n'i mist autre essamplaire ;
Il li aconte le duel et le contraire :
« Li fil H. sont felon de put aire ;
« Mes fix m'ont mort, par le cors s. Ylaire !
2640 « Chier lor vendrai ains qe soie au repaire.
« Diex, secor moi tant que je m'en esclaire ! »

2618-21 Cf. vv. 2857-60 et 3304. — 2628 qi, A qe (abrégé).

CXXXI

« Biax niés R., » ce dist li sors G.,
« Par cele foi qe je doi s. Denis,
« Li fil H. sont de mervillous pris :
2645 « Andeus mes fix ont il mors et ocis.
« Je nel quidase por tout l'or de Paris,
« Ier au matin, ains qe fus miedis,
« Vers nos durassent vaillant .ij. parizis.
« A molt grant tort les avonmes requis.
2650 « Se Dex n'en pense, ja .j. n'en ira vis.
« Por Dieu te pri qi en la crois fu mis
« Qe en l'estor hui seul ne me guerpis ;
« La moie foi loiaument te plevis
« N'encontreras .x. de tes anemis,
2655 « Se il t'abate[n]t de ton destrier de pris,
« Par droite force t'avera[i] lues sus mis. »
De ce ot goie R. de Cambrisis.

CXXXII

Li quens R. au coraige vaillant,
D'ambes .ij. pars voit la presse si grant
2660 Qe il n'i pot torner son auferrant
Ne de l'espée ferir a son talant ;
Tel duel en a, toz en va tressuan[t].
Par grant fierté va la presse rompant ;
Mais d'une chose le taign je a effant,
2665 Qe vers son oncle fausa de convenant :
G. guerpi son oncle le vaillant
Et les barons qi li furent aidant.

2651 qi A qe (*abrégé*). — 2664-70 *Cf. vv.* 2710-5. — 2666 -
Guerri guerpi qui le poil ot ferrant.

Parmi la presse s'en torne chaploiant;
Cu[i] il ataint il n'a de mort garant :
2670 A plus de .xx. en va les chiés tolant;
Par devant lui vont li pluisor fuiant.
E vos Y. a esperon broichant;
Sor son escu fiert le conte Morant;
Et B. i est venus corant,
2675 Si fiert .j. autre qe mort l'abat sanglant,
Et tuit li frere i fiere[n]t maintenant;
La gent R. vont forment enpirant.
Li destrier vont parmi l'estor fuiant,
Les sengles routes, les resnes traïnant.
2680 La ot ocis maint chevalier vaillant. *f. 43*
Li fil H. n'ont mie sens d'effant :
.M. chevalier en envoient avant
Qe vers Cambrai ne s'en voist nus fuiant.
E vos R. a l'aduré talant;
2685 De lui vengier ne se va pas faignant :
Hugon encontre, le preu conte vaillant,
N'ot plus bel hom de ci q'en Oriant,
Ne plus hardi ne meilor conqerant;
Jovenes hom ert, n'ot pas aaige grant,
2690 Chevalerie et pris aloit qerant;
Sovent aloit lor essaigne escriant,
Les gens R. aloit mout damaigant.
R. le vit, cele part vint corant :
Grant coup li donne de l'espée tranchant
2695 Parmi son elme, nel va mie espargnant,
Qe flor[s] et pieres en va jus craventant;

2678 *B* Li buen d. v. par le champ f. — 2679 *B* Lor cengles r. lors r. — 2686 *B* H. e. au gent cors avenant. — 2687 *B* de si en. — 2688 meilor *d'après B, A* mieudre.— 2689-90 = *B*.— 2692 = *B*. — 2693 *B* vait poignant. — 2694 *A* Grans cols se donnet des espées; *corrigé d'après B*. — 2695 = *B*.— 2696 = *B*. *Ce vers et le suivant se retrouvent aux vv. 3105-6.*

Trenche la coife de son hauberc tenant,
Dusq'es espaules le va tout porfendant;
Mort le trebuche, « Cambrai! » va escriant ;
2700 « Li fil H. mar s'en iront gabant;
« Tuit i morrunt li glouton sousduiant! »

CXXXIII

Li quens R. ot le coraige fier ;
De .ij. pars voit si la presse engraignier
Qe il n'i puet torner son bon destrier,
2705 N'a son talent son escu manoier ;
Tel duel en a le sens quide changier.
Qi li veïst son escu manoier,
Destre et senestre au branc les rens serchier,
Bien li menbrast de hardi chevalier.
2710 Mais d'une chose le taign je a legier :
G. guerpi son oncle le legier
Et les barons qi li durent aidier.
Parmi la presse commense a chaploier :
Cu[i] il ataint n'a de mire mestier ;
2715 Bien plus de .vij. en i fist trebuchier.
Devant lui voit le bon vasal Richier
Qi tint la terre ver la val de Rivier,
Parent Y. et le confanonier ;
Cousins germains estoit l'enfant B. ;
2720 A tout .M. homes vint les barons aidier ;
Des gens R. faisoit grant enconbrier.
Voit le R., cel prent a covoitier ;
Prent .j. espieu qi puis li ot mestier,
Par grant aïr le prent a paumoier ;
2725 Desous lui broiche le bon corant destrier
Et fiert Richier en l'escu de quartier :

2697 B del blanc h. — 2698 B De si es dens. — 2699 = B. —
2700-1 Cf. vv. 2501, 2759-60. — 2707 A Qil li. — 2710-5 Cf.
vv. 2664-70. — 2714-5 Cf. 2544-5. — 2726-7 Cf. vv. 2911, 2913.

Desoz la boucle li fist fraindre et percier,
Le blanc hauber desrompre et desmaillier;
Parmi le cors li fist l'espieu baignier,
2730 Plaine sa lance l'abati en l'erbier;
L'ensaigne Y. chaï el sablonier.
R. le voit, n'i ot q'esleescier :
« Canbrai! » escrie, « ferez i chevalier!
« Ne la gar[r]ont li glouton losengier. »

CXXXIV

2735 Raous lait corre le bon destrier corant;
Devant lui garde, vit Jehan le vaillant :
Cil tint la terre de Pontiu et de Ham;
En toute l'ost n'ot chevalier si grant,
Ne homme nul que R. doutast tant.
2740 Asseiz fu graindres que Saisnes ne gaians, *f. 44*
Plus de .c. homes avoit ocis au branc.
R. l'esgarde qant le va avisant;
Si grant le voit seoir sor l'auferrant
Por tout l'or Dieu n'alast il en avant,
2745 Qant li remenbre de Taillefer errant,
Qi fu ces peres, ou tant ot hardemant;
Qant l'en souvint, si prist hardement tant
Por .xl. homes ne fuïst il de champ.
Droit ver Jehan retorne maintenant;
2750 Le destrier broche, bien le va semonnant;
Brandist la hanste de son espieu trenchant,
Et fiert Jehan sor son escu devant,
Desoz la boucle le va tout porfendant;
Li blans haubers ne li valut .j. gant :
2755 Parmi le cors li va l'espieu passant;

2729 li, *A* le. — 2750-4 *Cf. vv. 2494-7.* — 2755-6 *Il faut probablement rapporter ici ces vers de B :* Parmi le cors li vet l'espié metant | Que d'autre part en ist le fer sanglant | Mort le trebuche outre s'en va passant.

Plaine sa lance l'abati mort sanglant.
« Cambrai! » escrie, hautement, en oiant;
« Ferez, baron, n'alez mais atargant;
« Li oir H. mar s'en iront gabant :
2760 « Tuit i morront li glouton souduiant. »

CXXXV

Raous lait coure le bon destrier isnel,
Fiert Bertolai en son escu novel,
Parent B. le gentil damoisel;
El val de Meis tenoit .j. bel chastel.
2765 Des gens R. faisoit molt grant maisel;
R. le fiert, cui mervelles fu bel,
Qe li escus ne li vaut .j. mantel,
Et de l'auberc li rompi le clavel.
Parmi le cors li mist le penoncel :
2770 Mort le trebuche el pendant d'un vaucel.
« Cambrai! » escrie, « fereis i, damoisel!
« Par cel signor qi forma Daniel,
« Ne le gar[r]a li agais del cenbel. »

CXXXVI

La terre est mole, si ot .j. poi pleü;
2775 Li brai espoisse del sanc et de[l] palu.
Bien vos sai dire des barons comment fu,
Li qel sont mort et li qel sont venchu.
Li bon destrier sont las et recreü;
Li plus corant sont au pas revenu.
2780 Li fil H. i ont forment perdu.

2759-60 *Cf. vv.* 2501, 2700-1. — 2761 *A* Raoul. — 2773 le,
A la. — 2774-5 *B* car le jor ot pleü | Li sans espoisse le brai et e
palu.

CXXXVII

Il ot pleü, si fist molt lait complai;
Trestuit estanche[n]t li bauçant et li bai.
E vos Ernaut, le conte de Doai :
Raoul encontre, le signor de Cambrai;
2785 .I. reprouvier li dist qe je bien sai :
« Par Dieu, R., jamais ne t'amerai
« De ci qe mort et recreant t'avrai.
« Tu m'as ocis mon neveu Bertolai,
« Et Richerin qe durement amai,
2790 « Et tant des autres qe nes recoverai.
— Voir, » dist R., « encore en ocirai,
« Ton cors meesmes, se aisement en ai. »
E. respont : « Et je m'en garderai.
« Je vos desfi del cors s. Nicolai,
2795 « Si m'aït Diex, qe je le droit en ai.

CXXXVIII

« Iés tu donc ce, R. de Cambrisis?
« Puis ne te vi qe dolant me feïs.
« De ma mollier oi deus effans petis;
« Ses envoia[i] a la cort a Paris,
2800 « De Vermendois, au roi de S. Denis : *f. 45*
« En traïson andeus les oceïs.
« Nel feïz pas, mais tu le consentis.
« Por cel afaire iés tu mes anemis.
« S'a ceste espée n'est de toi li chiés pris,
2805 « Je ne me pris vaillant .ij. parisis.
— Voir! » dist R., « molt vos estes haut pris.

2797 A dolans. — 2798-2802 *Cf. les vers 549 et suiv.* — 2806 haut, *d'abord* aut.

« De la parole se ne vos en desdis,
« Jamais ne voie la cit de Cambrisis! »

CXXXIX

Li baron tencent par grant desmesurance;
2810 Les chevals broichent, chascuns d'aus c'en avance.
Li plus hardis ot de la mort doutance.
Grans cols se done[n]t es escuz de Plaisance,
Mais li hauberc lor fisent secorance.
Andui s'abatent sans nule demorance;
2815 Em pié resaillent, molt sunt de grant puissanse;
As brans d'acier refont tele acointance
Dont li plus fors en fu en grant dotance.

CXL

Andui li conte ont guerpi lor estrier.
En R. ot mervilloz chevalier,
2820 Fort et hardi por ces armes baillier.
Hors de son fuere a trait le branc d'acier,
Et fier[t] E. sor son elme a ormier
Qe flors et pieres en a jus trebuchié.
Ne fust la coife de son hauberc doublier
2825 De ci es dens feïst le branc glacier.
L'espée torne el costé senest[r]ier :
De son escu li colpa .j. quartier
Et .ij. .c. maille[s] de son hauberc doublier;
Tout estordi le fist jus trebuchier.
2830 Ernaus le voit, n'i ot qe esmaier;
Dieu reclama le verai justicier :
« Sainte Marie, pensez de moi aidier!

2812 A Grant. — 2819-23 Cf. vv. 2582-6. — 2823 On pourrait aisément rétablir la rime en corrigeant en fist jus trebuchier, cf. v. 2920. — 2830 Ernaus, A Ernaut. — 2830-3 Cf. vv. 2594-7.

« Je referai d'Origni le mostier.
« Certes, R., molt fais a resoigner ;
2835 « Mais, se Dieu plaist, je te quit vendre chier
« La mort de ciax dont si m'as fait irier. »

CXLI

Li quens E. fu chevalier[s] gentis
Et par ces armes vasals et de grant pris ;
Vers R. torne, de mal talent espris :
2840 Grant colp li done, con chevalier[s] gentis,
Parmi son elme qi fu a or floris :
Trenche le cercle qi fu a flor de lis ;
Ne fust la coife de son hauberc treslis,
De ci es dens li eüst le branc mis.
2845 Voit le R., mornes fu et pensis ;
A voiz escrie : « Foi que doi s. Denis,
« Comment q'il pregne, vasalment m'as requis.
« Vendre me quides la mort de tes amis :
« Nel di por ce vers toi ne m'escondis :
2850 « Si m'aït Diex qi en la crois fu mis,
« Ainc tes enfans ne mal ne bien ne fis. »
Del colp E. fu R. si aquis,
Sanglant en ot et la bouche et le vis.
Qant R. fu jovenciax a Paris
2855 A escremir ot as effans apris ;
Mestier li ot contre ces anemis.

CXLII

Li quens R. fu molt de grant vertu.
En sa main tint le bon branc esmolu,
Et fiert E. parmi son elme agu

2855 *Il y a plutôt* esfans *dans A*. — 2857-60 *Cf. vv.* 2618-21.
— 2858 *A* elmolu.

2860 Qe flors et pieres en a jus abatu;   *f. 46*
Devers senestre est li cols descendu ;
Par grant engien li a cerchié le bu.
Del bras senestre li a le poing tolu,
Atout l'escu l'a el champ abatu.
2865 Qant voit E. q'ensi est confondu,
Qe a la terre voit gesir son escu,
Son poing senestre qi es enarme[s] fu,
Le sanc vermel a la terre espandu...
E. i monte qi molt fu esperdus ;
2870 Fuiant s'en torne lez le bruellet ramu,
Qe puis le blasme ot tout le sens perdu.
R. l'enchause qi de preis l'a seü.

CXLIII

Fuit s'en E. et R. l'enchauça.
E. li quens durement redouta,
2875 Car ces destrier[s] desoz lui estancha,
Et li baucens durement l'aproicha.
E. se pense qe merci criera.
Ens el chemin .j. petit s'aresta ;
A sa voiz clere hautement s'escria :
2880 « Merci ! R., por Dieu qi tot cria.
« Se ce vos poise qe feru vos ai la,
« Vos hom serai ensi con vos plaira.
« Qite vos clain tot Braibant et Hainau,
« Qe ja mes oirs demi pié n'en tendra. »
2885 Et Raous jure qe ja nel pensera
Desq'a cele eure qe il ocis l'avra.

2868 *Il y a évidemment une lacune entre ce vers et le suivant.* —
2871 *Vers corrompu ; corr. :* Qi puis le blasme a ! *ou, dans un tout autre sens,* Qe près ne blasme, s'ot tout le sanc ?

Blasme = "la mutilation que vient de subir Ernaud".

CXLIV

Fuit s'en E. broichant a esperon ;
R[aous] l'enchauce qi cuer a de felon.
E. regarde contremont le sablon,
2890 Et voit R[ocoul] le nobile baron   v°
Qi tint la terre vers la val de Soisons.
Niés fu E. et cousins Berneçon.
Avec lui vinrent .M. nobile baron.
E. le voit, vers lui broiche a bandon ;
2895 Merci li crie por avoir garison.

CXLV

Ernaus c'escrie, poour ot de mourir :
« Biaus niés R[ocoul], bien me devez garir
« Envers R[aoul] qi ne me vieut guerpir.
« Ce m'a tolu dont devoie garir,
2900 « Mon poing senestre a mon escu tenir ;
« Or me manace de la teste tolir. »
Rocous l'oï, del sens quida issir :
« Oncles, » dist il, « ne vos chaut de fuïr :
« Bataille ara R[aous], n'i puet faillir,
2905 « Si fiere et dure con il porra soufrir. »

CXLVI

En Rocoul ot mervillous chevalier,
Fort et hardi por ces armes baillier.

2887 *Cf. la note du v. 2937*. — 2888 *Dans cette tirade et dans les deux suivantes, nous rétablissons entre* [ ] *les noms de Raoul et de Rocoul qui, indiqués par leur lettre initiale, prêteraient à confusion*. — 2892 *A* Berneçons. — 2894-902 *Cf. vv. 2946-55*. — 2896 *A* Ernaut. — 2906-7 *Cf. vv. 2819-20*.

« Oncles, » dist il, « ne vos chaut d'esmaier. »
Le cheval broiche des esperons d'or mier;
2910 Brandist la hanste planée de pum[i]er,
Et fiert R[aoul] en l'escu de quartier,
Et R[aous] lui, nel vost mie esparnier :
Desoz la boucle li fist fraindre et percier.
Bons haubers orent, nes porent enpirier.
2915 Outre s'en passent, les lances font brisier,
Qe nus des .ij. n'i guerpi son est[r]ier.
R[aous] le vit, le sens quida changier :
Par mal talent tint l'espée d'acier,
Et fiert R[ocoul] sor son elme a or mier,
2920 Pieres et flors en fist jus trebuchier. *f. 47*
Devers senestre cola li brans d'acier.
Tout son escu li fait jus reoingnier.
Sor l'estriviere fait le branc apuier,
Soz le genoil li fait le pié tranchier :
2925 O l'esperon l'abat el sablonnier.
Voit le R[aous], n'i ot q'esleecier ;
Puis lor a dit .j. molt lait reprovier :
« Or vos donrai .j. mervillous mestier :
« E. ert mans, et vos voi eschacier ;
2930 « Li uns iert gaite, de l'autre fas portier.
« Ja ne porrés vostre honte vengier.
— Voir, » dist Rocous, « tant sui je plus irier !
« Oncles E., je vos quidoie aidier,
« Mais mes secors ne vos ara mestier. »
2935 Fuit s'en E., n'i ot qe esmaier ;
R[aous] l'enchauce, q'il ne le vieut laissier.

2911, 2913 *Cf. vv.* 2726-7. — 2916 *B* Si que nulz d'els n'i guerpi son estrié. — 2921 *Cf. v.* 2589. — 2932 sic; *il faudrait, n'était la rime,* iriés.

CXLVII

    Fuit s'en E. broichant a esperon.
    R. l'enchauce qi quer a de felon;
    Il jure Dieu qi soufri passion,
2940 Por tout l'or Dieu n'aroit il garison
    Qe ne li toille le chief soz le menton.
    E. esgarde contreval le sablon
    Et voit venir dant H. d'Ireçon,
    W. de Roie, Loeys et Sanson,
2945 Le comte Y., le pere B.;
    E. les voit, vers ous broiche a bandon;
    Merci lor crie por avoir garison.

CXLVIII

    Ernaus escrie, poour ot de morir :
    « Signor, » dist il, « bien me devés garir
2950 « Envers R. qi ne me vieut guerpir.
    « De vos parens nos a fait tant mourir.
    « Se m'a tolu dont deüse garir,
    « Mon poing senestre a mon escu tenir;
    « Or me manace de la teste tolir. »
2955 Y. l'oï, del sens quida issir.

CXLIX

    Ibers lait core le bon destrier gascon;
    Brandist la hanste, destort le confanon,
    Et fiert R. en l'escu au lion;

2937-55 *Ces deux tirades ne sont guère, sauf la différence des noms propres, que la répétition des vers 2887-902.* — 2941 soz A sor. — 2946-55 *Cf. vv.* 2894-902. — 2953 mon, A son.

Desoz la boucle li perce le blason,
2960 Fauce la maille de l'auberc fremillon,
Lez le costé li mist le confanon;
Ce fu mervelle qant il ot garison.
Plus de .XL. l'ont saissi environ;
Ja fust ocis ou menez en prison,
2965 Qant G. vint a coite d'esperon
A .CCCC. qui sont si compaignon,
Tuit chevalier et nobile baron.
De lui rescoure sont en mout grant friçon;
La abatirent maint vasal de l'arçon.

CL

2970 Or ot G. sa grant gent asamblée.
.CCCC. furent de gent molt bien armée.
G. lait corre par molt grant aïrée,
Et fiert Bernart sor la targe dorée,
Cel de Retest a la chiere menbrée:
2975 Desous la boucle li a fraite et troée,
La vielle broigne rompue et despanée;
Parmi le cors li a l'anste pasée;
Mort le trebuche de la cele dorée.
Lors veïssiés une dure meslée,
2980 Tant'hanste fraindre, tant[e] targe troée,   *f. 48*
Et tante broigne desmaillie et fausée,
Tant pié, tant poing, tante teste colpée,
Tant bon vasal gesir goule baée.
Des abatus est joinchie la prée,
2985 Et des navrez est l'erbe ensangle[n]tée.
R. rescousent a la chiere menbrée.
Li quens le voit, grant goie en a menée.
Espée traite, par molt grant aïrée,

2965 G. = Gueris. — 2969 arçon, *A* arscon. — 2976 *A* despasnée.

Fiert en la preisse ou dure est la meslée.
2990 Le jor en a mainte arme desevrée
Dont mainte dame remeist veve clamée;
Plus de .xiiij. en a mors a l'espée.
E. le voit, mie ne li agrée;
Dieu reclama qui mainte ame a sauvée :
2995 « Sainte Marie, roïne coronée,
« La moie mors n'iert jamais restorée,
« Q'en cest diable ci n'a point de rousée. »
Fuiant s'en torne parmi une valée.
R. le vit, s'a la teste levée;
3000 Après lui broiche toute une randonnée;
Se li escrie a molt grant alenée :
« Par Dieu, E., ta mort ai desirée;
« A cest branc nu est toute porpalée. »
E. respont cui goie est definée :
3005 « N'en puis mais, sire, tex est ma destinée
« N'i vaut desfense une poume parée. »

CLI

Fuit s'en E., q'il ne seit ou guenchir.
Tel poor a ne se puet soustenir.
R. esgarde q'il voit si tost venir.
3010 Merci li crie, con ja por[r]ez oïr :
« Merci ! R., se le poez soufrir.
« Jovenes hom sui, ne vuel encor morir,
« Moines serai, si volrai Dieu servir.
« Cuites te claim mes onnors a tenir.
3015 — Voir ! » dist R., « il te covient fenir,
« A ceste espée le chief del bu partir;
« Terre ne erbe ne te puet atenir,
« Ne Diex ne hom ne t'en puet garantir,

2997 *Suppr.* ci *et corr.* raüsée?

« Ne tout li saint qi Dieu doivent servir. »
3020 E. l'oï, s'a geté .j. soupir.

CLII

Li quens R. ot tout le sens changié,
Cele parole l'a forment empirié,
Q'a celui mot ot il Dieu renoié.
E. l'oï, s'a le chief sozhaucié :
3025 Cuers li revint, si l'a contraloié :
« Par Dieu, R., trop te voi renoié,
« De grant orgueil, fel et outrequidié.
« Or ne te pris nes q'un chien erragié
« Qant Dieu renoies et la soie amistié,
3030 « Car terre et erbe si m'avroit tost aidié,
« Et Dieu[s] de gloire, c'il en avoit pitié. »
Fuiant s'en torne, s'a son branc nu sachié.
Devant lui garde qant il l'ot eslongié :
Voit B. venir tout eslaisié,
3035 De beles armes molt bien aparillié,
D'auberc et d'elme et d'escu et d'espié ;
E. le voit, s'a son poing oblié;
Por la grant goie a tout le cuer hatié ;
Vers B. a son cheval drecié,
3040 Merci li crie par molt grant amistié : *f. 49*
« Sire B., aies de moi pitié !
« Vez de R., con il m'a justicié :
« Del bras senestre m'a mon poing rooignié. »
B. l'oï, tout a le sens changié,
3045 De poor tranble desq'en l'ongle del pié.
Et vit venir R. tout aïrié;
Ains qu'il le fiere l'ara il araisnié.

3019 qi, *A* qe (*abrégé*). — 3036 *A* D'aubers et d'elmes et d'escus.

CLIII

En B. ot molt bon chevalier,
Fort et hardi et nobile guerier.
3050 A sa vois clere commença a huchier :
« Oncles E., ne vos chaut d'esmaier,
« Car je irai mon signor araisnier. »
Il s'apuia sor le col del destrier ;
A haute vois commença a huchier :
3055 « E! R. sire, fix de franche mollier,
« Tu m'adoubas, ce ne puis je noier,
« Mais durement le m'as puis vendu chier.
« Ocis nos as tant vaillant chevalier!
« Ma mere arsistes en Origni mostier,
3060 « Et moi fesistes la teste peçoier.
« Droit m'en offrites, ce ne puis je noier.
« Por l'amendise poi avoir maint destrier.
« Offert m'en furent .c. bon cheval corcier,
« Et .c. mulet et .c. palefroi chier,
3065 « Et .c. escu et .c. hauberc doublier.
« Coreciés ere qant vi mon sanc raier ;
« A mes amis m'en alai conseillier.
« Or le me loent li vaillant chevalier :
« Se or le m'ofres ja refuzer nel qier,
3070 « Et pardonrai trestout, par s. Richier.
« Mais que mes oncles puisse a toi apaier ;
« Ceste bataille feroie je laissier,
« Vos ne autrui ne querroie touchier,
« Toutes nos terres vos feroie baillier ;
3075 « Mar en lairez ne anste ne poumier.
« Laissiés les mors, n'i a nul recouvrier.

3065 A haubers doubliers. — 3059-71, *répétition des vers 2271-85.* — 3075 *corr.* une anste de?

« E! R. sire, por Dieu le droiturier,
« Pitié te pregne : laisse nos apaissier,
« Et cel mort home ne te chaut d'enchaucier :
3080 « Qi le poing pert, n'a en lui q'aïrier. »
R. l'oï, le sens quida changier.
Si s'estendi qe ploient li estrier :
Desoz lui fait le dest[r]ier archoier.
« Bastars, » dist il, « bien savez plaidoier ;
3085 « Mais vos losenges ne vos aront mestier :
« N'en partirés sans la teste tranchier.
— Voir ! » dist B., « bien me doi corecier :
« Or ne me vuel huimais humelier. »

CLIV

Qant B. voit R. le combatant,
3090 Qe sa proiere ne li valoit .j. gant,
Par vertu broiche desouz lui l'auferrant ;
Et R. vient vers lui esperonant.
Grans cols se done[n]t sor les escus devant :
Desoz les boucles les vont toz porfendant.
3095 Berniers le fiert qi droit i avoit grant :
Le bon espieu et l'ensaigne pendant
Li mist el cors, n'en pot aler avant.
R. fiert lui par si grant maltalant,
Escuz n'aubers ne li valut .j. gant.
3100 Ocis l'eüst, sachiés a esciant,
Mais Diex et drois aïda B. tant,
Lez le costé li va le fer frotant :
Et B. fait son tor par maltalent,
Et fier[t] R. parmi l'elme luisant
3105 Qe flors et pieres en va jus craventant ;

f° 50

3082-3 *Ces vers rappellent deux des vers qui ont été cités d'après* B, p. 79, à la note du vers 2337. — 3101-2 B Diex et li drois aida Berneçon tant | Lez le costé ala l'acier broiant (froiant?). — 3105-6 Cf. vv. 2696-7.

Trenche la coife del bon hauberc tenant,
En la cervele li fait couler le brant.
Baron, por Dieu, n'iere ja qi vos chant,
Puis qe l'on muert et l'om va definant,
3110 Qe sor ces piés soit gaires en estant :
Le chief enclin chaï de l'auferrant.
Li fil H. en sont lié et goiant.
Tex en ot goie qui puis en fu dolans,
Con vos orrés, se longement vos chant.

CLV

3115 Li quens R. pense del redrecier ;
Par grant vertu trait l'espée d'acier.
Qi li veïst amon[t] son branc drecier !
Mais il ne trueve son colp ou emploier ;
Dusq'a la terre fait son bras asaier :
3120 Dedens le pré fiert tot le branc d'acier ;
A molt grant paine l'en pot il resaichier.
Sa bele bouche li prent a estrecier,
Et si vair oil prenent a espessier.
Dieu reclama qi tout a a baillier :
3125 « Glorious peres, qi tout pues justicier,
« Con je voi ore mon cors afoibloier !
« Soz siel n'a home, se jel conseüsse ier,
« Après mon colp eüst nul recovrier.
« Mar vi le gant de la terre bailier ;
3130 « Ceste ne autre ne m'avra mais mestier.
« Secorés moi, douce dame del ciel ! »
B. l'oï, le sens quida changier ;
Desoz son elme commence a larmoier ;
A haute voiz commença a huchier :
3135 « E ! R., sire, fix de franche mollier,

3108 Corr. n'iert ja qi vos [en]chant ? — 3113-4, Vers identiques aux vers 517-8. — 3135-40 Cf. vv. 3055-7 et 3059-61.

« Tu m'adoubas, ce ne puis je noier;
« Mais durement le m'as puis vendu chier.
« Ma mere arcis par dedens .j. moustier,
« Et moi fesis la teste peçoier.
3140 « Droit m'en ofris, ce ne puis je noier;
« De la vengance ja plus faire ne qier. »
Li quens E. commença a huchier :
« Cest home mort laisse son poing vengier!
— Voir! » dist B., « desfendre ne[l] vos qier;
3145 « Mais il est mort, ne[l] vos chaut de tochier. »
E. respont : « Bien me doi correcier. »
Au tor senestre trestorne le destrier,
Et el poing destre tenoit son branc d'acier,
Et fiert R., ne le vost esparnier,
3150 Parmi son elme qe il vost empirier :
La maistre piere en fist jus trebuchier,
Trenche la coife de son hauberc doublier;
En la cervele li fist le branc baignier.
Ne li fu sez, ains prist le branc d'acier;
3155 Dedens le cors li a fait tout plungier;
L'arme s'en part del gentil chevalier :
Damerdiex l'ait, se on l'en doit proier!

CLVI

Berniers escrie : « S. Quentin et Doai! *f. 51*
« Mors est R., li sire de Cambrai.
3160 « Mort l'a Ernaus et B., bien le sai. »
Li quens E. broiche le destrier bai.
B. en jure le cors s. Nicolai :
« De ce me poise qe je R. mort ai,
« Si m'aït Diex, mais a mon droit fait l'ai. »
3165 E vos G. sor .j. grant destrier bai :
Son neveu trueve, s'en fu en grant esmai.
Il le regrete si con je vos dirai :
« Biax niés, » dist il, « por vos grant dolor ai.

« Qi vos a mort jamais ne l'amerai,
3170 « Pais ne acorde ne trives n'en prendrai
« Desq'a cele eure qe toz mors les arai :
« Pendus as forches toz les essillerai.
« A. dame, qel duel vos noncerai !
« Jamais a vos parler nen oserai. »

CLVII

3175 E vos G. broichant a esperon ;
Son neveu trueve gisant sor le sablon.
En son pong tint c'espée li frans hom ;
Si l'a estrainte entre heut et le pom
Qe a grant peine desevrer li pot on ;
3180 Sor sa poitrine son escu a lion.
G. se pasme sor le piz del baron :
« Biax niés, » dist il, « ci a male raison.
« Ja voi je la le bastart B.
« Qe adoubastes a Paris el donjon :
3185 « Il vos a mort par malvaise oquison,
« Mais, par celui qui soufri passion,
« Se ne li trais le foie et le poumon,
« Je ne me pris vaillant .j. esperon. »

CLVIII

Li sors G. vit ces homes morir,
3190 Et son neveu travillier et fenir,
Et sa cervele desor ces oils gesir.
Lors ot tel duel del cens quida issir :
« Biax niés, » dist il, « ne sai qe devenir.
« Par cel signor qi ce laisa laidir,
3195 « Cil qi de moi vos ont fait departir
« N'avront ja pais qe je puisse soufrir,

3192 del, *ms.* des.

« Ces avrai faiz essillier et honnir,
« Ou tot au mains de la terre fuïr.
« Trives demant, se je i puis venir,
3200 « Tant qe je t'aie fait en terre enfoïr. »

CLIX

Grant duel demaine d'Aras li sors G.
Perron apele : « Venez avant, amis,
« Et Harduïn et Berart de Senliz,
« Poingniés avant desq'a mes anemis,
3205 « Et prenez trives, si çon je le devis,
« Tant qe mes niés soit dedens terre mis. »
Et cil respondent : « Volentiers, a toudis. »
Les chevals broichent, escus devant lor vis.
Les fix H. n'ont pas longement quis,
3210 Ains les troverent sor les chevals de pris;
Grant goie font de R. q'est ocis.
Tex en ot goie qi puis en fu maris.
Eiz les mesaiges de parler entremis :
A ciax parole[n]t, as cols les escuz bis :
3215 « Tort en avez, par le cors s. Denis;
« Li quens R. don[t] ert il molt gentis,
« Si ert ces oncles nostre rois Loeys,
« Et cil d'Arras li bons vasals Guerris.   *f. 52*
« Tex en fait goie, sains et saus et garis,
3220 « Qi essera detranchiés et ocis,
« G. vos mande, li preus et li hardis,
« Respit et trives, par le cors [saint] Denis,
« Tant qe ces niés soit dedens terre mis.

3198 *A* Out toz. — 3199 se je, *A* se re. — 3201 *A néglige de marquer ici le commencement d'une tirade.* — 3212 qi, *A* qe (abrégé). *Cf. v.* 3113. — 3222 *Cf.* la Mort de Garin, *publ. par du Méril, p. 41* : Se il estoit sor mi | Trives prenroie jusqu'au jor do joïz.

— Nous l'otrions, » dist Y. li floris,
3225 « C'il les demande jusq'al jor del juïs. »

CLX

Les trives donnent devant midi sonnant.
Par la bataille vont les mors reversant.
Qi trova mort son pere ou son effant,
Neveu ou oncle ou son apartenant,
3230 Bien poés croire, le cuer en ot dolant.
Et G. va les siens mors recuellant ;
Andeus ces fix oublia maintenant
Por son neveu R. le combatant.
Devant lui garde, vit Jehan mort sanglant ;
3235 En toute France n'ot chevalier si grant.
R. l'ocist, ce sevent li auquant.
G. le vit, cele part vint corant :
Lui et R. a pris de maintenant,
Andeus les oevre a l'espée trenchant,
3240 Les cuers en traist, si con trovons lisant ;
Sor .j. escu a fin or reluisant
Les a couchiés por veoir lor samblant :
L'uns fu petiz ausi con d'un effant,
Et li R., ce sevent li auquant,
3245 Fu asez graindres, par le mien esciant,
Qe d'un torel a charue traiant.
G. le vit, de duel va larmoiant ;
Ces chevaliers en apele plorant :
« Franc compaignon, por Dieu venez avant :
3250 « Vés de R. le hardi combatant,
« Qel cuer il a encontre cel gaiant !
« Plevi m'avez, franc chevalier vaillant,
« Force et aïde a trestout vo vivant.
« Mi anemi sont ci devant voiant ;
3255 « Celui m'ont mor[t] qe je amoie tant :
« Se je nel venge, tai[n]g moi a recreant.

« Piere d'Artois, ralez a ox corant,
« Rendés lor trives, nes qier porter avant. »
Et cil respont : « Tout a vostre commant. »
3260 As fix H. s'en va esperonnant ;
Si lor escrie hautement en oiant :
« G. vos mande, par le cors s. Amant,
« Tenés vos trives ; saichiés a esciant,
« C'il en a aise, n'arés de mort garant. »
3265 Qant cil l'entende[n]t molt en sont esmaiant ;
De la bataille sont forment anuiant,
Et lors destriers lassé et recreant.
Envers G. revient cil traveschant,
Et li Sors va toz ces homes rengant ?
3270 Ançois le vespre en seront mil dolant.

CLXI

Or ot G. sa grant gent asamblée ;
.V. mile furent et .vij. .c. en la prée.
Li fil H. ront la lor ajostée ;
.VII. .m. furent de gent bien ordenée.
3275 G. chevalche la baniere levée ;
Voit le B., s'a la coulor muée :
« Voiés, » fait il, « con faite recelée !
« G. nos a sa grant gent amenée. *f. 53*
« Je cuit la trive mar i fu hui donnée. »
3280 G. lait coure par molt grant alenée,
Et fiert Ugon a la chiere menbrée,
Cousin B. ; tele li a donnée,
Desoz la boucle l[i] a fraite et troée,
La vielle broigne rompue et despanée,
3285 Parmi le cors li a l'anste passée ;
Mort le trebuche de la cele dorée.

3282 *Il est probable qu'il manque après ce vers un vers où figurait le mot* targe.

Voit le B., s'a la coulor muée :
« E ! G. fel, » dist il, « barbe meslée,
« Respit et trive nos aviés demandée,
3290 « Et con traïtres la nos as trespassée.
« Mais ains qe soit la nuis au jor meslée,
« En sera il mainte targe troée,
« Et pluisors armes de maint cors desevrée. »
A icest mot commença la meslée,
3295 Et G. tint el poign traite l'espée ;
Desor maint elme l'a iluec esprovée,
De ci q'as poins est toute ensangle[n]tée.
Bien plus de .xxx. en a mors a l'espée.
Voit le B. ; s'a la color muée
3300 Qant de sa gent il fait tele aterrée.
Celi en jure q'est el ciel coronée,
« S'or en devoie gesir goule baée,
« Si sera ja de nos deus la meslée. »

CLXII

Cil B. fu molt de grant vertu,
3305 Et vit Ugon son cousin estendu ;
Fill fu s'antain ; grant ire en a eü :
Il le regrete et dist qe mar i fu :
« Ahi ! G., qel ami m'as tolu !
« Cuivers viellars, mal dehait aies tu ! »
3310 Il se redrese sor l'auferant crenu,
Et G. broiche qant il l'a conneü.
Si durement se sont entreferu,
Desoz la boucle percierent les escu.
Bons haubers orent qant il ne sont rompu.
3315 G. se tint qi le poil ot chenu.

3288 B Ahi Guerri fel viel barbe enfumée. — 3289 A trives. —
3291 qe, A qu'il. — 3298 mors, A mort. — 3300 il, corr. li ? —
3304 Cf. v. 2618. — 3313 boucle, A bouche. — 3315 = B.

B. a del destrier abatu.
Goie ot G. qant il le vit cheü;
Il traist l'espée, sore li est coru :
Ja en presist le chief desor le bu
3320 Qant Y. vint qi bien l'a secoru.
G. le vit, grant duel en a eü :
« Bastars, » dist il, « trop vos ai consentu.
« R. as mort, certes, qe mar i fu ;
« Mais, par celui c'on apele Jesu,
3325 « Ja n'avrai goie le montant d'un festu
« S'aie ton cuer sa defors trestout nu. »

CLXIII

Ce dist G. : « Franc chevalier baron,
« Ja n'en avra[i] a nul jor retraçon
« Qe mes lignaiges porchaçast traïson.
3330 « Ou ies alez, li bastars B.?
« N'a encor gaires qe t'oi en tel randon
« Devers le ciel te levai les talons.
« Ja de la mort n'eüses garison,
« Ne fust tes peres Y. de Ribemont. »
3335 G. lait corre le destrier de randon ;
Brandist la hanste, destort le confanon,
Et va ferir dant Herber[t] d'Ireçon ; *f. 54*
C'ert l'un des freres, oncles fu B. ;
Grant colp li done sor l'escu au lion,
3340 Q'i li trencha son ermin peliçon,
Demi le foie et demi le poumon ;
L'une moitié en chaï el sablon,
L'autre moitiés demora sor l'arçon ;
Mort le trebuche del destrier d'Aragon.
3345 Atant e vos Loeys et Vuedon,

3332 *B* Devers le ciel ¦ torneront tes talons ; *la bonne leçon est probablement* tornerent ti talon. — 3338 ert, *A* est.

Le conte Y., le pere Berneçon ;
Mort ont trové H. le franc baron ;
Por lor chier frere furent en grant friçon.
B. lait corre le bon destrier gascon,
3350 Sor son escu fiert le conte Faucon ;
Et Loeys ala ferir Sanson ;
Li quens Y. Amauri le breton ;
Onques cil .iij. n'orent confession.
La gent Y. croissent a grant fuison,
3355 Sor la G. fu la confusion ;
Molt plus de terre c'on ne trait d'un boujon
Les requlerent li parent B.
Tant i a mors chevalier[s] el sablon
N'i puet passer chevalier[s] ne frans hon.
3360 Li bon destrier, je vos di par raison,
Li plus corant sont venu au troton.

CLXIV

Li sors G. voit sa gent enpirier ;
Tel duel en a le sens quide changier.
Sor son escu ala ferir Gautier.
3365 Pieres d'Artois ne s'i vost atargier,
Ains fiert le conte Gilemer le Pohier,
Et Harduïns vait ferir Elier ;
Ainc a ces .iij. n'i ot arme mestier,
N'i covint prestre por aus cumenier.
3370 La gens Y. commence a avancier
Et la G. molt a amenuisier ;
Tuit sont ocis li baron chevalier,
Ne mais .vij. vins qi ne sont mie entier.
Il se ralient parmi le sablonier ;
3375 Ains qe il fuient se venderunt molt chier.
G. esgarde parmi le sablonnier,
Voit sa maisnie estendue couchier
Morte et sanglente, n'ot en lui qu'aïrier.

De sa main destre la commence a sainier :
3380 « E ! tant mar fustes, nobile chevalier,
« Cil de Cambrai, qant ne vos puis aidier ! »
Tenrement pleure, ne se seit consellier,
L'aigue li cort contreval le braier.

CLXV

Or fu G. lez l'oriere del bos,
3385 O lui .vij. .xx. de chevalier[s] cortois,
Et vit B. d'autre part le marois,
Et Loeys el destrier castelois,
Le conte Y. qui tenoit Vermendois,
W. de Roie et trestos lor feois :
3390 « Diex ! » dist G., « qe ferai, peres rois ?
« Mes anemis voi ci et lor harnois ;
« La voi B. qi m'a mis en effrois,
« Celui m'a mort qi m'a mis en effrois.
« S'ensi les lait et je atant m'en vois,
3395 « Trestous li mons m'en tenra a revois. »
Par vertu hurte le bon destrier norois,
Mais ne li vaut la montance d'un pois,
Car desoz lui li estanche el chamois. *f. 55*

CLXVI

El sor G. nen ot que correcier :
3400 Il ne sot tant son cheval esforcier
Ne le passast .j. roncins charuier.
G. le voit, le sens quida changier;
A pié descent, ne se vost atargier,

3380 *A* nobiles. — 3383 cort, *le ms. a plutôt* sort. — 3393 *Ce second hémistiche est visiblement fautif; on pourrait proposer :* qi tant par ert cortois, *ou* por cui sui en souspois.

La cele osta, qe n'i qist esquier;
3405 Il le pormaine por le miex refroidier.

CLXVII

Li sors G. le destrier pormena;
Trois fois se viutre, sor les piés se dreça;
Si for[t] heni qe la terre sonna.
G. le voit, molt fiere goie en a.
3410 La cele a mise, par l'estrier i monta;
Des esperons .j. petit le hurta;
Par desoz lui si isnel le trova,
Plus tost li cort qu'aronde ne vola.
Ou voit B. fierement l'apela :
3415 « Bastars, » dist il, « trop te voi en enfla.
« R. as mort qi premiers t'adouba,
« En felonie, et li quens molt t'ama;
« Mais s'un petit te traioies en ça,
« De mort novele mes cors t'avestira. »

CLXVIII

3420 Qant B. oit le plait de sa mort,
Le destrier broiche, le confanon destort.
« Sire G., » fait i, « vos avez tort :
« R. vos niés ot molt le cuer entort,
« Mais aseiz plus vos voi felon et fort.
3425 « Dès que Diex fist s. Gabriel en l'ort,
« Ne fu mais hom ou il n'eüst re[s]ort.
« Por l'amendise irai a Acre au port
« Servir au Temple, ja n'i avra recort. »

3407. *Cf. v. 4347.* — 3415 qi, *A* qe (*abrégé*). — 3427 = *B.* — 3428 *B* a la gent diort (*sic*).

CLXIX

  Se dist G. : « Bastart, petit vos vaut,-
3430 « Se mes escus et mes espiex ne faut.
  « Tele amendise ne pris je .j. bliaut,
  « Si t'avrai mort ou encroé en haut. »
  Dist B. : « C'est li plais de Beraut.
  « Cuivers viellars, ancui arez vos chaut.
3435 « Je vos ferrai, se Damerdiex me saut! »

CLXX

  Berniers lait corre, li prex et li hardis,
  Mais ces destriers fu forment alentis;
  Et G. broiche qi toz fu afreschis,
  Et fiert B. desor son escu bis :
3440 Desoz la boucle li a frait et malmis;
  Trenche la maille desoz son escu bis,
  Lez le costé li a fer et fust mis :
  Ce fut mervelle qant en char ne l'a pris.
  Si bien l'enpaint G. li viex floris,
3445 Qe B. a les estriers guerpis.
  G. le voit, molt en est esbaudiz;
  Espée traite est desor lui guenchis.
  Devers B. est li gius mal partis,
  Qant d'autre part eiz ces neveus saillis :
3450 Ce fu Gerars et Henris de Cenlis.
  Qant cil i vinrent, ci les ont departis.
  G. les voit, molt les en a haïs.
  Il fiert G. l'espanois au fier vis
  Desor son elme qi est a flor de lis;
3455 Li cercles d'or ne li vaut .j. tapis :

3444 B l'e. li viel chanu floris.

Trenche la coife de son hauberc treslis,
De ci es dens li a tout le branc mis;
Mort le trebuiche del bon destrier de pris. *f. 56*
Voit le G., molt en est esgoïs :
3460 « Cambrai! » escrie, « cius est asez norris!
« Ou iés alez, B. li faillis ?
« Cuivers bastars, tos jors m'ies tu fuïs;
« Ja n'avrai goie tant con tu soies vis. »

CLXXI

Qant B. voit le franc Gerart morir,
3465 Tel duel en a le sens quide marir.
De Vermendois vit les grans gens venir;
Cil de Cambrai ne porent plus soufrir.
G. le voit, de duel quide morir.
En l'estor vait le chaple maintenir,
3470 Et tuit li sien i fierent par aïr.
Dont veïssiés fier estor esbaudir,
Tante anste fraindre et tant escu croissir,
Tant bon hauberc desrompre et dessartir,
Tant bon destrier qui n'a soign de henir;
3475 Tant pié, tant poig, tante teste tolir;
Plus de .xl. en i fissent morir.
G. ne pot plus le chaple tenir;
A .vij. .xx. homes s'en puet huimais partir.
Il se demente com ja por[r]és oïr :
3480 « Franche maisnie, qe por[r]és devenir ?
« Qant je vos lais, si m'en convient partir. »

CLXXII

Vait s'en G., .vij. .xx. hommes chaele;

3465 marir, *A* morir.— 3466 venir, *A* morir. — 3471 esbaudir;
A et baudir; *B* La veïssiez un estor esbaudir.— 3472 = *B*.— 3474
B tant buen cheval qui n'ot. — 3475 = *B*. *Ce vers et le précédent
sont intervertis dans B.*

De .x. mile homes n'en remeist plus en cele.
Il esgarda contreva[l] la vaucele,
3485 Voit tant vasal traïnant la boele ;
Toz li plus cointe[s] de rien ne se revele ;
Et G. pleure, sa main a sa maisele ;
R. enporte dont li diex renovele.
Si com il va contreval la praele,
3490 Voit sa gent morte, doucement les apele :
« Franche maisnie, par la virgene pucele,
« Ne vos puis metre en aitre n'en chapele.
« A., dame, ci a dure novele ! »
Tant a ploré mollie a sa maissele ;
3495 Li cuers li faut par desoz la mamele.
Saint Jaque jure c'on qiert en Compostele
Ne fera pais, por l'onnor de Tudele,
S'ait B. trait le cuer soz la mamele.

CLXXIII

Li fil H. ne sont mie goiant :
3500 D'onze .m. homes qe il orent avant,
Et des secors qe fisent païsant,
N'ont qe .iij.c., par le mien esciant ;
Par devers ous est la perte plus grant ;
Li plus hardiz s'en va espoentant.
3505 Lor frere troevent mort el sablon gisant,
Et lors parens don[t] i ot ocis tant.
A S. Quentin les portent duel faisant ;
Et G. va son grant duel demenant.
R. enporte dont a le cuer dolant ;
3510 Desoz Cambrai descendirent atant.

CLXXIV

A Cambrai fu A., je vos di.

3485 *A* boeele.— 3492 en a., *A* ne a.— 3495 mamele, *A* maissele.

Ainc en trois jors ne me[n]ga ne dormi,
Tout por son fil qe ele avoit laidi.
Maudi l'avoit; le cuer en a mari.
3515 Un poi s'endort, qe trop ot consenti ;
Soinga .j. soinge qe trop li averi :
De la bataille voit R. le hardi,
Ou repairoit, .j. vert paile vesti,
Et B. l'avoit tout departi.
3520 De la poour la dame c'esperi ;
Ist de la sale, s'encontra Amauri,
.I. chevalier qe ele avoit nouri.
La gentix dame le hucha a haut cri :
« Ou est mes fix, por Dieu qi ne menti ? »
3525 Cil ne parlast por l'onour de Ponti :
Navrés estoit d'un roit espieu burni;
Chaoir voloit del destrier arabi,
Qant .j. borgois en ces bras le saisi.
A ces paroles es vos levé le cri,
3530 Qe partot dient, si c'on l'a bien oï :
« Mors est R. et pris i est G. ! »

CLXXV

La gentix dame vit le duel engraignier.
Parmi la porte entrent li bon destrier,
Les arçons frais : n'i a qe peçoier.
3535 Ocis i furent li vaillant chevalier.
Sergant i qeurent, vaslet et esquier.
Parmi la porte eiz vos entrer Gautier
Qi R. porte sor son escu plegnier.
Si le sostiene[n]t li vaillant chevalier,
3540 Le chief enclin soz son elme a or mier.
A S. Geri le portent au mostier.
En unne biere fissent le cors couchier ;

f. 57

3516 averi, A averti.

Quatre crois d'or fisent au chief drecier.
D'argent i ot ne sai qans encencier.
3545 Li saige clerc i font le Dieu mestier.
Dame A., ou n'ot qe corecier,
Devant la biere sist el faudestuef chier.
Les chevaliers en prist a araisnier :
« Signors, » dist ele, « a celer nel vos qier,
3550 « Mon fil maudis par maltalent l'autrier ;
« Mieudres ne fu Rolans ne Oliviers
« Qe fustes, fix, por vos amis aidier !
« Qant moi remenbre del traitor B.
« Qi vos a mort, j'en quit vive erragier ! »
3555 Lors chiet pasmée ; on la cort redrecier.
De pitié pleure mainte franche mollier.

CLXXVI

Dame A., qant revint de pasmer,
Son fil regrete, ne se pot conforter :
« Biau fix, » dist ele, « je te poi molt amer !
3560 « Tant te norris q'armes peüs porter.
« Li miens chiers freres qi France a a garder
« Te donna armes, presis les come ber.
« O toi feïs .j. bastart adouber,
« Q'il m'estut, lase ! de tel dolor jeter,
3565 « N'a home el siecle qi l'osast esgarder.
« Malvaisement le seit gueredonner :
« Soz Origni vos a fait devier. »
Lors vint G. qui tant fait a douter ;
Vait a la biere le paile souslever :
3570 Por la dolor le convint a pasmer.
Dame A. le prist a ranprosner :
« Sire G., on vos en doit blasmer :
« Je vos charchai mon effant a garder :

3545 A saiges. — 3564 *Ce vers se rattache mal à ce qui précède ;
il y a p.-ê. une lacune à l'hémistiche.*

« En la bataille le laissastes sevrer.
3575 « Qex gentils hom s'i porra mais fier,
« Puisqe tes niés n'en i pot point trover? »
G. l'oï, le sens quida derver ;
Les ex roelle, sorciux prent a lever ; *f. 58*
Par contenance fu plus fiers d'un sengler.
3580 Par maltalent la prist a regarder,
C'ele fust hom ja se vossist mesler :
« Dame, » dist il, « or revuel je parler.
« Por mon neveu qe j'en fis aporter,
« Me covint il mes .ij. fils oublier
3585 « Qe vi ocire et les menbres colper.
« Bien me deüs[t] li cuers el cors crever.

CLXXVII

— Sire G., » dist la dame au fier vis,
« Je vos charchai R. de Cambrisis ;
« Fix ert vo frere, bien estoit vos amis :
3590 « En la ba[ta]ille con fel le guerpesis. »
G. l'entent, a poi n'enraige vis :
« Mal dites, dame, » dist il, « par S. Denis!
« Je n'en puis mais, tant sui je plus maris,
« Qe B. li bastars l'a ocis ;
3595 « Mais plus i ont perdu de lor amis.
— Diex ! » dist la dame, « cum est mes cuers maris!
« Se l'eüst mort un quens poesteïs,
« De mon duel fust l'une motiés jus mis.
« Qui lairai je ma terre et mon païs ?

3599-603. *Les vers 3600 et 3603 sont la répétition l'un de l'autre, et les v. 3601-2 devraient faire suite au v. 3598. On pourrait donc rétablir le texte ainsi :*

De mon duel fust l'une motiés jus mis.
Ou par ot ore li bastars le cuer pris
Qe si haus hom fu par son cors requis?
Qui lairai je ma terre et mon païs ?
Or n'i a oir......

3600 « Or n'i ai oir, par foi le vos plevis.
« Ou par ot ore li bastars le cuer pris
« Qe si haus hom fu par son cors requis ?
« Or n'i a oir, par foi le vos plevis,
« Fors Gautelet; ces pere ot nom Henris;
3605 « Fix est ma fille et molt par est gentis. »
Gautiers le seut, si vint en Canbrisis
Il et sa mere, qe n'i ot terme mis,
Et descendirent; si ont les cuers maris.
Molt par fu l'enfes coraigeus et hardis.

CLXXVIII

3610 L'enfes Gautiers est descendu[s] a pié;
El mostier entre, si n'ot pas le cuer lié;
Vint a la biere, s'a le paile haucié;
Maint gentill home en pleure de pitié.
« Oncles, » dist il, « tos ai duel acointié.
3615 « Qi de nos .ij. a parti l'amistié
« Ne l'amerai si l'arai essillié,
« Ars ou destruit ou del regne chacié,
« Cuivers bastars, con tu m'as fait irié !
« Se m'as tolu dont devoie estre aidié :
3620 « Tuit nostre ami en fusent essaucié.
« Mais, par les s. qi Jhesu ont proié,
« Se je tant vif q'aie l'elme lacié,
« Ne te larai n'en donjon n'en plaisié,
« N'en forteresce dusq'a Paris au sié,
3625 « Si t'averai le cuer del pis sachié,
« En .c. parties fendu et peçoié.
« Tuit ti ami en seront detrenchié ! »
G. l'oï, si a le chief haucié,

3604 A peres. — 3607 *Ce vers a été, par mégarde, répété au commencement de la page suivante.* — 3621 qi, A qe (*abrégé*).

Et dist en bas, que nus ne l'entendié :
3630 « Se cis vit longes, Y. fera irié. »

CLXXIX

Dame A. fut d'ire trespensée.
Sa fille chiet de maintenant pasmée,
Mais Gautelès l'en a jus relevée.
Au redrecier abati la velée
3635 De quoi la biere estoit acouvetée :
Voit de R. la chiere ensanglentée ;
La maistre plaie li estoit escrevée. *f. 59*
« Oncles, » dist l'enfes, « ci a male soldée
« Qe B. li bastars t'a donnée,
3640 « Qe nouresis en ta sale pavée.
« Se Dex se done q'aie tant de durée
« Qe je eüse la ventaille fermée,
« L'iaume lacié, enpoignie l'espée,
« Ne seroit pas si en pais la contrée.
3645 « La vostre mort seroit chier comparée. »
G. l'oï, s'a la teste levée :
Il a parlet et dit raison menbrée :
« En non Dieu, niés, je vos saindrai l'espée. »
Dist A. la preus et la senée :
3650 « Biax sire niés, vos are[z] ma contrée :
« En poi de terme est la terre aclinée. »

CLXXX

Grans fu li diex de la chevalerie.
Il n'est nus hom qi por verté vos die,
Tant alast loing en Puille n'en Hongrie,
3655 Qi por .j. conte de tele signorie
Tel duel veïst en trestoute sa vie.

3651 est, *corr.* t'iert?

A ces paroles vint Heluïs sa mie ;
Abevile ot en droite anceserie.
Cele pucele fu richement vestie
3660 Et afublée d'un paile de Pavie :
Blanche char ot comme flors espanie,
Face vermelle con rose coulorie ;
Qi bien l'esgarde vis est qe toz jors rie.
Plus bele fame ne fu onques en vie.
3665 El mostier entre comme feme esmarie ;
Isnelement a haute vois escrie :
« Sire R., con dure departie !
« Biax dous amis, car baisiés vostre amie.
« La vostre mors doit estre trop haïe.
3670 « Qant vos seiés el destrier d'Orqanie
« Roi resambliés qi grant barnaige guie.
« Qant aviés çaint l'espée forbie,
« L'elme lacié sor la coife sarcie,
« N'avoit si bel desq'en Esclavonie,
3675 « Ne tel vasal dusqes en Hongerie.
« Las ! or depart la nostre druerie.
« Mors felonese, trop par fustes hardie
« Qi a tel prince osas faire envaïe !
« Por seul itant qe je fui vostre amie,
3680 « N'avrai signor en trestoute ma vie. »
Lors chiet pasmée, tant par est esbahie ;
Tos la redrese la riche baronie.

CLXXXI

« Sire R., » dist la franche pucele,
« Vos me jurastes dedens une chapele.
3685 « Puis me reqist Harduïns de Nivele
« Qi tint Braibant, cele contrée bele ;
« Mais nel presise por l'onnor de Tudele,

3671 A Rois. — 3679 fui, A sui.

« Sainte Marie, glorieuse pucele,
« Porquoi ne part mes quers soz ma mamele
3690 « Qant celui per cui devoie estre ancele ?
« Or porrira cele tenre maissele
« Et cil vair oel dont clere est la prunele.
« La vostre alaine estoit tos jors novele. »
Lor chiet pasmée la cortoise pucele;
3695 Cil la redresce qi la tint par l'aissele.

CLXXXII

« Dame A., por Dieu le raemant, »
Dist la pucele au gent cors avenant, *f. 60*
« C'est vostre duel, je le parvoi si grant !
« Dès iert matin en aveiz vos fait tant
3700 « Dont pis vos iert a trestout vo vivant;
« Laissiés le moi, car je ving maintenant;
« Si le doi faire, par le mien esciant.
« Il me presist ançois .j. mois passant.
« Sire G., por Dieu le raemant,
3705 « Gentix hom sire, je te pri et comant
« Qe li ostez son hauber jazerant,
« Et en après son vert hiaume luisant,
« Les riches armes et l'autre garnement;
« Nos amistiés iront puis departant. »
3710 G. le fait trestout a son commant,
Et la pucele le va souvent baisant;
Puis ci l'esgarde et deriere et devant :
« Biax dox amis, » dist la bele en plorant,
« N'avrai signor en trestout mon vivant;
3715 « Nos amistiés vont a duel departant. »
R. atornent comme prince vaillant :
Por lui ovrir donnere[n]t maint besant.
L'evesques chante la mese hautement;

3717 ovrir, *corr.* ofrir?

Offrande i ot et bele et avenant;
3720 Puis enfoïrent le vasal combatant.
Sa sepouture seve[n]t bien li auquant.

CLXXXIII

Qant R. orent anterré au mostier,
Dont se departent li vaillant chevalier.
Dame A. retint o soi Gautier.
3725 Li sors G. est retornez arier
Droit a Aras q'il avoit a baillier,
Por reposer et por lui aasier;
Travilliés est, si en a grant mestier.
En Pontiu va Heluïs au vis fier;
3730 Molt la reqierent et haut home et princier,
Mais n'en vost nul ne prendre ne baillier.
Une grant piece covint puis detrier
Ceste grant guerre dont m'oés ci plaidier;
Mais Gautelès la refist commencier.
3735 Tantost com pot monter sor son destrier,
Porter les armes, son escu manoier,
Molt se pena de son oncle vengier.
Dès or croist guere Loeys et Bernier,
W. de Roie et Y. le guerier.
3740 Tout le plus cointe en convint essillier.

CLXXXIV

Une grant piece a ensi demoré
Iceste guere dont vos ai ci conté,
Jusq'al termine qe je vos ai noumé.
A .j. haut jor de la Nativité,
3745 Dame A. qi le cuer ot iré
Le Dieu servise a la dame escouté.

3745 *Lacune après ce vers?*

Del mostier ist si com on ot chanté;
Gautelet a en la place trové;
As effans joe qi forment l'ont amé.
3750 La dame l'a a son gant asené,
Et il i vint de bone volenté :
« Biax niés, » dist ele, « or sai de verité
« R. vostre oncle aveiz tout oublié,
« Son vaselaige et sa nobilité. »
3755 Gautiers l'oï, si a le chief cliné :
« Dame, » dist il, « ci a grant cruauté ;   *f. 61*
« Por ce se j'ai o les effans joé,
« S'ai je le cuer dolant et trespensé.
« Mi garnement me soient apresté :
3760 « A Pentecoste, qe ci vient en esté,
« Volra[i] penre armes, se Diex l'a destiné.
« Trop ara ore B. sejorné;
« Par tans sera li bastars revisdé.
« Nostre anemi sont en mal an entré. »
3765 La dame l'ot, Dieu en a mercié,
Doucement l'a baisié et acolé.
Ei vos le tans et le terme passé.
A Pentecoste, qe naist la flors el pré,
Il ont d'Arras le sor G. mandé,
3770 Et il i vint a molt riche barné.
.C. chevalier a armes conreé
Vinre[n]t o lui tout le chemin ferré.
Desq'a Cambrai n'i ot resne tiré;
Ci se herberge[n]t par la bone cité.
3775 Li sors G. descendi au degré;
Dame A., qi l'ot en grant chierté,
Ala encontre, s'a le conte acolé :
« Sire, » dist ele, « por sainte charité,
« Ne vos vi mais, molt a lonc tans pasé.
3780 — Dame, » dist il, « por sainte loiauté,
« En la bataille oi si mon cors pené,
« Mi flanc en furent en .xv. lius navré;

« La merci Dieu, or sont bien respasé. »

CLXXXV

  Dist G. : « Dame, a celer nel vos qier,
3785 « Bien a .v. ans ne montai sor destrier.
  « En la bataille m'estut tant sanc laissier
  « Qe de sejor avoie grant mestier.
  « Bien a .vij. ans, par le cors s. Richier,
  « Ne me senti si fort ne si legier
3790 « Con je fas ore por mes armes baillier.
  — Diex ! » dist la dame, « toi en doi mercier ! »
  G. esgarde par le palais plaignier,
  Voit son neveu, cel prent a araisnier :
  « Biax niés, » dist il, « mervelles vos ai chier ;
3795 « Comment vos est ? gardés nel me noier. »
  Gautiers respont, ou il n'ot qu'ensaignier :
  « En non Dieu, oncles, grant me voi et plaignier,
  « Fort et forni por mes armes baillier ;
  « Donnez les moi, por Dieu le droiturier,
3800 « Car trop laissons B. sommillier,
  « Or le rirons, se Dieu plaist, esvellier.
  — Diex ! » dist G., « g'en ai tel desirier
  « Plus le covoit qe boivre ne mengier. »
  Dame A. corut aparillier
3805 Chemise et braies, et esperons d'or mier,
  Et riche ermine de paile de quartier ;
  Les riches armes porterent au mostier ;
  La mese escoute de l'evesque Renier ;
  Puis a parellent Gautelet le legier.
3810 G. li sainst le branc forbi d'acier
  Qi fu R. le nobile guerrier.
  « Biaus niés, » dist il, « Dex te puist avancier !
  « Par tel couvent te fas hui chevalier

3806 de p., *corr*. et ? — 3812 *B* D. te puist si aidier. — 3813 = *B*

« Tes anemis te laist Dieus essillier,
3815 « Et tes amis monter et esaucier.
— Diex vos en oie! sire, » se dist Gautier.
On li amainne .j. auferrant destrier :
Gautiers i saut, q'estrier n'i vost baillier.
Lors li baillierent son escu de quartier :
3820 Bien fu ovrés a .ij. lions d'or mier;
Hante ot mout roide, planée, de poumier;
Ensaigne i a et fer por tout trenchier.
Fait .j. eslais, si s'en retorne arier.
Dist l'uns a l'autre : « S'i a bel chevalier! »
3825 Dame A. commence a larmoier
Tout por son fil qe ele avoit tant chier;
En liu de lui ont restoré Gautier.

CLXXXVI

Gautiers c'escrie par mervillos pooir :
« Oncles G., por amor Dieu le voir,
3830 « Secor moi, sire, que molt me pues valoir.
« Vers S. Quentin vuel orendroit movoir.
« .M. chevalier[s] arons bien ains le soir.
« Qant nos verrons demain le jor paroir,
« En .j. bruellet ferons l'agait tenoir;
3835 « A .c. des nos ferons la terre ardoir.
« Li fel B. porra mais bien savoir
« Se je ver lui porrai guere movoir.
« Je nel lairoie por or ne por avoir
« Qe je nes aille acointier et veoir.
3840 — Voir, » dist G., « bien vos taing a mon oir;
« Je vos volrai maintenir et valoir.
« B. quide bien en pais remanoir,
« Celui m'ocist dont je ai le cuer noir.

3814 B te doinst D.

« Montés, baron, por amor Dieu le voir,
3845 « Mes niés le vieut, si ne doit remanoir. »

CLXXXVII

Monte Gautiers et li vasaus G.
Tant ont mandé et parens et amis,
Des chevalier[s] environ le païs,
Q'il furent .M. as blans haubers vestis.
3850 Isnelement issent de Cambrisis;
De l'autre part en Vermendois sont mis.
En .j. bruellet ont lor agait tremis :
.C. chevalier en ont les escus pris;
La proie acoille[n]t, mains hom en fu chaitis,
3855 Et bues et vaiches et chevaus et roncis.
A S. Quentin en est levez li cris.
Devant la porte ont .j. borgois ocis.
B. s'adoube, mornes fu et pensis,
Dejoste lui ces oncles Loeys,
3860 W. de Roie et Y. li floris;
L'uns monte el vair et li autres el gris,
Y. el noir q'en l'estor fu conquis,
En la bataille ou R. fu ocis;
Desoz lui fu abatus et malmis.
3865 Et dist B. : « Par le cors s. Denis,
« Ainc puis cele eure qe R. fu ocis,
« Ne vi par guere nes .j. bordel malmis.
« Ce est Gautiers, ice m'est bien avis;
« Repairiés est de la cort de Paris,
3870 « Pris a ces armes, chascuns en soit toz fis.
« Cil nos consout qi pardon fist Longis!
« Q'il volra estre nos mortex anemis.
« De poindre avant nus ne soit trop hatis.
« Qi la char[r]a, ja n'i sera requis;
3875 « De raençon ja n'en iert d. pris
« Fors qe la teste : ce n'iert ne giu ne ris. »

CLXXXVIII

Qant B. est fors de la porte issus,
Et ci dui oncle et Y. li chenus,
Bien sont .D. les blans haubers vestus.
3880 Li cenbiaus fu richement porseüs ;
L'agait paserent sor les chevals crenus
.XIIII. arpent, nes ont mie veüs.
Li sors G. et Gautiers li menbrus
Par grant vertu lor est seure corus :
3885 « Cambrai! » escrie, « or sera dieus meüs !
« Par Dieu, bastars, or est vos jors venus :
« Por mon neveu vos rendrai tés salus,
« Se m'estordés ne me pris .ij. festus. »
B. l'oï, molt en fu esperdus.
3890 Ilueques fu li chaples maintenus,
Tante anste fraite et perciés tans escus,
Tans bons haubers desmailliés et rompus,
Li chans jonchiés des mors et des cheüs.
Li sor G. et Gautelès ces drus
3895 Après les lances traie[n]t les brans toz nus.
Qi la chaï bien est del tans issus :
Ja por froidure n'escera mais vestus.
Bien en ont .xxx. qe mors, qe confondus,
Et bien .L. qe pris qe retenus.
3900 Cu[i] il ataigne[n]t bien se tient por ferus.
B. s'en fuit et Y. est perdus,
Et Loeys parmi .j. pui agus ;
W. de Roie n'i est pas remasus.
« Dex! » dist B., « verais peres Jhesus !
3905 « [N']iert ja G. li viellars recreüs ? v°
« Au bien ferir est toz jors revischus. »

3879 les, *A* des. — 3887 tés, *A* tel. — 3892 Tans, *A* Tant.

Eis les borgois de S. Quentin issus,
.D. archiers qi ont les ars tendus,
Des arbalestes n'iert ja conte tenus.
3910 « Diex! » dist B., « li cuers m'est revenus :
« Par ceste gent serai je secorus.

CLXXXIX

« Signors barons, » dist B. li vaillans,
« Li cris nos vient de totes pars de gent.
« Si[l] vaslès est hardis et combatans,
3915 « Molt par doit estre redoutés li siens brans :
« Cu[i] il ataint tos est mus et taisans.
« Li sors G. est fel et sousduians;
« N'a home el mont tant soit fors combatans.
« Les nos enmaine, dont mes cuers est dolans;
3920 « Et tant en voi par le pré mort gisans
« Dont je sui molt et tristes et dolans.
« Tant con je vive ne morrai recreans.
« Poignons avant, plus sommes nos .iij. tans.
« Li sors G. est fel et souduians.
3925 « S'en ceste terre puet mais estre ataingnans,
« Il et Gautiers qe si est conqerans,
« Ja raençons n'en soit pris nus bezans,
« Car del destruire sui je molt desirans.
« Ja Loeys ne lor sera aidans,
3930 « Ne empereres, ne rois, ne amirans.
« Ne nos faut guere a trestout no vivant. »
Dont laissent corre les destriers auferans.
G. esgarde par delez .j. pendans
Et voit venir unes gens isi grans,
3935 Et voit venir l'esfors des païsans,   *f. 64*

3916 est, *A* &. — 3921 *A* dolant. — 3927 *Corr.* De raençon ? — 3931 *Cf. v. 482, et la* Mort de Garin, *p. 71* : Ne lor faut guerre en trestot mon aé.

A beles armes, a escus reluisans ;
Dist a Gautier .ij. mos molt avenans :
« Fox est li hom qui croit concel d'enffans !
« Se Dex n'en pense, li peres raemans,
3940 « Ains qu'il soit vespres ne li solaus couchans,
« I avra molt des mors et des sanglans.
— Voir, » dist Gautiers, « molt estes esmaians.
« Mes anemis voi ici aproichans ;
« Or vengerai les miens apartenans. »

CXC

3945 Es vos poignant aïtant Berneçon ;
Bien fu armés sor .j. destrier gascon.
Ou voit G. ci l'a mis a raison :
« Sire viellars, por le cors s. Simon,
« Ja vi tel jor qe nos nos amions.
3950 « Rendez les pris qe nos vos reqerons,
« Qe ceste guere ne vaut pas .j. bouton.
« Ja en sont mort tant chevalier baron
« D'anbe .ij. pars le nonbre n'en seit on.
« Devant mon pere vos en proi et semon. »
3955 G. l'oï, si baisse le menton :
Et Gautelès mist le Sor a raison :
« Qi est cis hom qe ci samble baron ?
« Vieut il ja prendre des pris la rae[n]son ? »
Et dist G. : « Sire niés, nennil non.
3960 « Si m'aït Diex, B. l'apele on.
« En toute France n'en a .j. si felon.
« Tornons nos ent, si laissons le gloton.
« Veés lor force qi lor croist a bandon.
— Dex ! » dist Gautiers, « con sui en grant friçon !
3965 « Par cel apostre c'on qiert en pré Noiron,
« N'en partiroie por la cit d'Avalon,

3939 A rae̊mans.

« Tant que li aie mostré mon confanon. »
Le destrier broiche qi li cort de randon,
Brandist la hanste, destort le confanon,
3970 Et fiert B. sor l'escu au lion :
Desor la boucle li perce le blazon,
Fauce la maille de l'auberc fremillon ;
Dedens le flanc le fiert de tel randon
Li sans en chiet contreval le sablon ;
3975 Plaine sa lance l'abati de l'arson
Loing une toise del destrier aragon.
Gautiers li dist par grant contralion :
« Cuivers bastars, par le cors s. Simon,
« Li vif diable vos ont fait garison.
3980 « De par mon oncle te muet ceste tençon,
« Qe oceïs, et c'estoies ces hom.
« S'or n'avoit ci de ta gent tel fuison,
« A ceste espée qi me pent au geron
« T'aprenderoie ici pesme leçon
3985 « C'onques n'oïs si dolereus sermon :
« Ja par provoire n'ariés confession.
— Voir, » dist B., « or oi parler bricon :
« Del manecier te taign je por garçon. »

CXCI

Mout fu dolans B. et corrociés,
3990 Qant a veü ces escus est perciés,
Et ces haubers desrous et desmailliés,
Et ens el flanc est durement plaiés :
« Dex ! » dist B., « ja serai esragiés
« Qant par garçon sui en champ trebuchiés ! »
3995 Vers Gautelet c'est mout humeliés ;   *f. 65*
Courtoisement fu par lui araisniés :
« Sire Gautier, molt estes resoigniés,

3968 qi, *A* qe (*abrégé*). — 3986 *B* n'avras.

« Cortois et saiges et preus et afaitiés;
« Mais d'une chose dois estre blastengiés :
4000 « Ne faites preu qant vos me maneciés.
« R. vos oncles fu molt outrequidiés.
« Je fui ces hom, ja ne sera noiés;
« Il ar[s]t ma mere, tant fu il erragiés,
« Et moi feri, tant fu outrequidiés.
4005 « Gel deffiai, a tort m'en blastengiés.
« Qant ces niés estes, a moi vos apaiés ;
« Prenés l'amende, se faire le dengniés.
« Vostre hom serai, de vos tenrai mes fiés.
« .C. chevalier molt bien aparilliés
4010 « Vos serviront de gré et volentiers;
« Et je meïsme, en langes et nus piés,
« Desq'a Cambrai m'en irai a vos fiés.
« Por amor Dieu qi en crois fu dreciés,
« Prenés l'amende, si vos en conselliés. »
4015 Gautiers l'oï, si s'en est aïriés :
« Bastars, » dist il, « vos me contraloiés.
« Par le sepulcre ou Jhesu fu couchiés,
« Ja vostre drois n'en essera bailiés,
« Ains vos sera li cuers del piz saichiés,
4020 « En .c. parties fendus et peçoiés. »
Et dist B. : « Ci faut nos amistiés.
« Cis hateriax vos iert ains reoigniés. »
Les chevaus broiche[n]t des esperons des piés
Et Gautelès revint tos eslaissiés.
4025 Li uns a l'autre refust ja acointiés ;
Mais tant i ot entr'ox des haubergiés
Qi les secourent, les hiaumes enbuschiés.

4027 enbuschiés, *corr.* enbronchiés? *cependant, même forme aux vv. 4237, 4667. Lacune après ce vers, ou faut-il corriger tant en trop, au v. 4026 ?*

CXCII

Guerris parole hautement, en oiant :
« Niés Gautelès, par le cors s. Amant,
4030 « De ceste chose te taing je por effant.
« Chevalerie ne pris je pas .j. gant,
« Ne vaselaige, se il n'i a sens grant.
« Gaaing avons et bel et avenant
« S'or en poons departir aïtant.
4035 — Voir, » dist Gautiers, « je l'otroi et creant. »
Atant s'en torne par delez .j. pendant.
Cil les enchauce[n]t a esperon broichant ;
Droit a une aigue les viene[n]t ataingnant.
La veïssiés fier estor et pesant,
4040 Tant escu fendre, tante lance froissant,
Et desrompu tant hauberc jazerant,
Tan pié, tam poing, tante teste perdant,
Et par le gué en furent tant gisant ;
Mort et navré en i par gist itant,
4045 Qe l'aige clere en va tout rougoiant.
Et G. broiche et tint tout nu le brant ;
Parmi son elme ala ferir Droant,
Parent B., le preu et le vaillant,
Qe flors et pieres en va jus craventant ;
4050 Trenche la coife de l'auberc jazerant,
Dusqes es dens le va tot porfendant ;
Mort le trebuche del bon destrier corant.
« Cambrai! » escrie hautement en oiant.
« Voir, » dist B., « molt me faites dolant
4055 « Qi mes parens m'alez ci ociant.
« Molt ai en vos a tos jors mon nuisant.

4031 *B* ne prise mie. — 4032 *B* se il n'i a sachant. — 4056 mon, *A* mont.

« Mais par l'apostre qe qiere[n]t pen[e]ant,
« Qant ci vos voi, se ne vos qier avant,
« Jamais franc homme ne merai a garant. »
4060 Desoz lui broiche le bon destrier corant;
Brandist la hanste del roit espié trenchant,
Et fiert G. sor son escu devant,
Desoz la boucle le va tot porfendant.
Bons fu l'auberc, ne l'enpira noiant.
4065 Si bien l'enpainst B. par maltalant,
Qe de Gueri sont li arçon vuidant.
De toutes pars l'on[t] saisi .x. sergant.
B. le rende[n]t qi molt en fu goiant.
De raenson n'en iert ja pris besant,
4070 Ains le manace de la teste perdant.

CXCIII

Qant Gautiers voit son oncle enprisonné,
Tel duel en a le sens quide derver.
Le destrier broiche, le frainc abandoné,
Et fier[t] B. sor son escu listé :
4075 Desoz la boucle li a frait et troé,
Le blanc hauberc ronpu et despané;
Parmi les flans l'a durement navré;
Del destre pié l'a tout desestrivé,
Et sor la crupe del destrier acliné.
4080 Ce fu mervelle qant il ne l'a tué.
B. se tint par sa nobilité :
Par grant vertu a l'estrier recouvré;
Isnelement trait le branc aceré
Et fiert Gautier sor son elme gemé,
4085 Del cercle d'or li a mout recolpé,
Et del nazel, qanq'en a encontré,
Et el visaige l'a .j. petit navré.

4058 ne, *A* je. — 4063 boucle, *A* bouche.

Ne fust la coife del bon hauberc safré,
De par Gautier fust li chans afiné.
4090 A icest colp fu l'enfes estouné;
S'or li eüst .j. autre colp donné,
Mien esciant, tout l'eüst craventé.
Cil le secorent, ne l'ont pas oublié,
Qi de lui sont de lor terre chasé.
4095 La veïssiés tant vasal mort geté!
G. rescousent par vive poesté.
L'enfes Gautiers i a maint colp donné.
B. s'en vait; par tant s'en sont torné
Qe de Cambrai voie[n]t la fermeté.
4100 Il prent .j. cor, s'a son retrait sonné.
B. s'en vait ; atant s'en sont torné ;
Et Gautiers vint a Canbrai la cité.
Dex ! qel escheq en ont o aus mené !
Dame A. au gent cors honoré
4105 Ala encontre, s'a G. acolé :
« Sire, » dist ele, « por sainte loiauté,
« Qe vos resamble del nouvel adoubé ?
« A il mon fil de noient restoré ?
— Oïl, ma dame; por sainte loiauté,
4110 « N'a tel vasal en la crestienté :
« Tex .xxx. fois a il jehui josté,
« Ne feri colp n'ait baron craventé,
« Ocis ou mort, ou vif enprisoné.
« Qant on le voit en l'estor eschaufé,
4115 « Contre son colp n'a arme poesté.   *f. 67*
« Par .ij. fois a le bastart souviné,
« Et ens el flanc l'a durement navré.
— Dex ! » dist la dame, « qi le mont a sauvé,
« Or ne plaign pas ce qe li ai donné.
4120 « Ma terre ara en lige qiteé. »
En icel jor l'en a aseüré.

CXCIV

  Or ot Gautiers et la terre et l'onnor ;
  Sodoiers mande, n'i a fait lonc sejor.
  La ou il sorent forteresce ne tour,
4125 Bien se garnissent, q'il en orent loissor.
  B. repaire a force et a vigor,
  Il et ci oncle maint destrier milsoldor
  En amenerent c'ont conqis en l'estor.
  A S. Quentin font lor maistre retor.
4130 Y. apele B. par amor,
  Et en après le fil de sa serour,
  Et ces .ij. freres qui sont bon poigneor,
  W. de Roie, Loeys le menor :
  « Baron, » dist il, « por Dieu le creator,
4135 « De ceste guere sui en molt grant freor.
  « Il nos metront, c'il pueent, a dolour.
  « Ne sont en France .ij. tel combateor
  « Com est G. a la fiere vigour
  « Et Gautelès a la fiere valour. »
4140 Dist B. : « Sire, molt aveiz grant poour.
  « Soiés preudoume et bon combateour :
  « Chascun remenbre de son bon ancesor.
  « Je nel volroie por une grant valour
  « Povre chançon en fust par gogleour. »

CXCV

4145 Ibers parla par molt grant sapience :
  « Biaux fix, » dist il, « molt iés de grant vaillance ;
  « Je n'ai ami de la toie puissance,
  « Et de ma vie n'ai je nule fiance :

« Toute ma terre te doing en aqitance;
4150 « Ja après moi n'en perdras plaine lance. »
B. en jure Jhesu et sa puissanse
Q'il nel feroit por tout l'or d'Aqilance.
« Sire, » dist il, « trop dites grant enfance :
« Je sui vaslès, si n'ai autre esperance
4155 « Fors de ma vie, de mort sui en doutance.
« Trop est G. de grant desmesurance,
« Et Gautelès de grant outrequidanse.
« Ains qe de moi facent la lor vuellance,
« En escera percie maincte pance. »

CXCVI

4160 Berniers parole, s'apela les barons,
Y. son pere et toz ces compaignons :
« Signors, por Dieu et ces saintismes nons,
« Mandons tos sox que nos avoir poons. »
Et il si font, n'i ot arestisons.
4165 Par Vermendois envoient lors garsons.
Ains le mardi, qe solaus fust escons,
Furent .iij^m. fermés les confanons.
Atant chevalchent, ces conduist Berneçons.
Li chaus fu grans, si vola li sablons,
4170 B. en jure celui qi fist poissons :
« Se je sax truis qe nos reqerre alons,
« G. le viel saicherai les grenons ;
« Ja de Gautier ne prendrai raençons
« Tant qe li mete le fer par les roignons.
4175 « Qant ne plaist Dieu qe nos nos acordons, *f. 68*

4149 *B* en quiteance. — 4150 = *B*. — 4157 *A* de g. desmesurance, *répétition fautive de la fin du vers précédent; mais les vv. 4156 et 4157 ont été écrits par erreur, puis raturés au commencement du fol. 68, et cette fois il y a pour le vers 4157,* de grant outrequidanse. — 4165 *Il y a dans B ce vers :* Par Vermandois nos corlius envoions, *qui semble devoir prendre place après 4163.*

« Et tant les truis orguillous et felons,
« Qant nos vers aus plus nos umelions
« Plus les trovons orguillous et felons;
« Et qant ostaiges volentiers lor ofrons,
4180 « Et li lor homes volentiers devenons,
« Plus nos manace[n]t, par Dieu et par ces nons.
« Il ne nos prisent vaillant .ij. esperons.
« Or n'i a plus : de bien faire pensons. »

CXCVII

Or ot B. sa grant gent asamblée,
4185 .III.m. furent de gent molt bien armée.
A Cambrai vinrent a une matinée.
B. apele Joifroi de Pierelée :
« Sonnez .j. cor a mout grant alenée,
« Qe li renons en voist par la contrée :
4190 « Je ne vuel pas asaillir a celée. »
Dist Joifrois : « Sire, ceste raisons m'agrée. »
Le cor sonna, la noise en est levée :
Li escuier ont la barre colpée,
Defors les murs ont la vile alumée.
4195 Dame A. fu par matin levée,
Et vit la vile par defors alumée ;
Tel duel en a cheüe en est pasmé[e] ;
Et Gautelès l'en a sus relevée :
« Dame, » dist il, « porq'estes adolée ?
4200 « Ceste folie sera chier comparée. »
Il sonne .j. cor a mout grant alenée :
Desq'a la porte n'i ot resne tirée.
La veïssiés une dure meslée,
Tant pié, tant poing, tante teste colpée ;
4205 Plus de .ij. cens en sont mort en la prée.

4179 qant, A c.

CXCVIII

  Grans fu la noise, li cris est esforciés.
  Gautiers lait corre li preus et li legiers;
  Brandist la hanste com hom encoraigié[s],
  Et fiert Antiaume qant il fu aproichiés,
4210 Parent B., molt estoit bon guerriers.
  L'escu li perce, l'aubers est desmailliés;
  Parmi le cors li est l'espiex baigniés :
  Mort le trebuche ; li cris est esforciés.
  G. i vint poignant toz eslaissiés ;
4215 Bien lor mostra qe il ert correciés :
  Cui il ataint a la mort est jugiés;
  Bien plus de .vij. en a mors trebuchiés.
  « Dex ! » dist B., « ja serai erragiés.
  « Cil fel viellars n'iert il ja essilliés ?
4220 « Ja n'avrai goie si esserai vengiés.
  — Voir ! » dist G., « fel cuivers renoiés,
  « Dont ne serez a molt grant piece liés.
  « Trop estes loins : en ença vos traiés;
  « Vostre proesce envers moi assaiés. »
4225 Dist B. : « J'en sui aparilliés. »
  Les destriers broiche[n]t des esperons des piés,
  De[s] groces lances ont brandis les espiés,
  Grans cox se donnent es escus verniciés,
  Desoz les boucles les ont fraiz et perciés,
4230 Mais les haubers n'ont il pas desmailliés.
  De si grant force c'est chascuns enbroiés,
  Brisent les lances de lor tranchans espiés;
  Outre s'em pase[nt], n'en est uns trebuchiés; *f. 69*
  Au tor françois est chascuns repairiés.
4235 Ja fust des .ij. l'estors recommenciés,

4211 *A* escus. — 4227 *A* brandist. — 4233-4 *Cf.* 4454-5.

Mais entor aus ot tant de haubergiés
Qe les desoivre[n]t, les elmes embuschiés.

CXCIX

Grans fu la noise et esforciés li cris;
Et Gautelès c'est cele part guenchis :
4240 Armes ot beles, paintes a flor de lis.
B. lait coure qi molt fu de grant pris :
Sor son escu fiert Jehan de Paris;
Si bien l'enpainst del destrier l'a jus mis.
De celui prendre B. fu molt hastis.
4245 Dist a son pere qi avoit le poil gris :
« Par cel signor qi pardon fist Longis,
« Se par cestui ne rai trestoz le[s] pris
« Qe Gautiers ot et ces oncle G.,
« Pendus sera ains qe past miedis. »
4250 Molt par en fu dolans li sors G.;
Et Gautelès ne li fu mie eschis,
Ains l'apela par delez .j. laris ;
B. i va, durement fu eschis.
« Sire B. », dist Gautiers au fier vis,
4255 « Auques me poise qe n'iés [pas] mes amis.
« Nel di por ce qe pas ne te traïs :
« Trés bien te garde de tos tes anemis.
« Forment me poise de R. le marchis ;
« Porquoi en iert tant gentils hom ocis?
4260 « Prenons bataille a .j. jor ademis,
« Qe n'i ait home qi de mere soit vis,
« Ne mais qe .ij. qi diront el païs
« Li qeus de nous en escera ocis.
— Et je l'otroi, » dist B. li gentis,
4265 « Mais molt me poise que tu m'en aatis. »

4246 A trestot. — 4261 qi, A qe (abrégé).

CC

Se dist B. : « Gautelet, or m'enten :
« Tu m'aatis par ton fier hardement,
« J'en ai le cuer correcié et dolent.
« Don ça ta main : je t'afi loialment
4270 « Qe avec nos n'avera plus de gent,
« Ne mais qe .ij. qi diront seulement
« A nos amis le pesant marement.
— Voir, » dist Gautiers, « je l'otroi bonnement. »
A ces paroles s'en vont communement.
4275 B. s'en va, sans nul arestement
A S. Quentin, a son droit chasement.
Gautiers repaire a Cambrai droitement.
Il et G. au grant perron descent.
Dame A. qi le cors avoit gent,
4280 A la encontre tos et isnelement.
« Biax niés, » dist ele, « con vos est covenant
« De ceste guere qi par est si pesans ?
« Vos en morrez, jel sai a esciant.
— Non ferai, dame, se Dex le me consent.
4285 « Or me verrés mais chevalchier avant ;
« Ja de ma guerre n'i ara finement
« Desq'a cele eure qe je ferai dolent
« Celui qi fist le fort commencement :
« Ou mort l'avrai, ou encroé au vent. »

CCI

4290 Gautiers s'en entre dedens une abeïe ;
Cele parole n'a a nelui jehie.
Por la bataille ver Dieu molt s'umelie :
Il ne pert messe, ne vespres ne matines ;   f. 70
Toute guerpi sa grande legerie ;

4295 N'i a .j. seul a cui il jout ne rie.
Li sor G. fu molt de grant voisdie,
Gautier apele, durement le chastie :
« Q'avés vos, niés ? se Diex vos beneïe;
« Dites le moi, nel me celez vos mie.
4300 — No[n] ferai, oncles, ne vos en poist il mie.
« Se gel disoie, par Dieu le fil Marie,
« Plus q'a .j. home, ma foi seroit mentie.
« Vers B. ai bataille aatie.
« Vos remanrés en ma sale garnie ;
4305 « Se je i muir, s'arez ma signorie,
« Toute ma terre en la vostre baillie.
— Voir ! » dist G., « or oi grant estoutie.
« Je nel lairoie por tout l'or de Pavie
« Que je n'i port la grant lance burnie.
4310 « Je vuel veïr vo grant chevalerie
« Et vos grans cols de l'espée forbie. »

CCII

Or fu li jors et li termes noumés
De la bataille qe vos oï avés.
Au matin c'est Gautelès bien armés ;
4315 Ne fu requis sergans ne demandés.
Il vest l'auberc, tos fu l'elme fermés,
Et çainst l'espée au senestre costé ;
Chauces ot riches et esperons dorez.
De plain eslais est el destrier montez,
4320 Et prent l'escu qi bien fu enarmés.
Li bon[s] espiés ne fu pas oubliés,
Grans fu li fers, si ert bien acerés ;
En son estoit .j. penonciaus fermez.
Si faitement s'en est Gautiers tornez.
4325 Soventes foiz c'est l'enfes regardez ;

4322 ert, A est. — 4323. son, A sonc.

Lons fu et grailes, parcreüs et moulez,
Ne se changast por home qi soit nez.
Son oste apele qi ot non Ysorez :
« Dès ore vuel qe vos le m'afiez :
4330 « Nel direz home qi de mere soit nez
« Qel part je sui ne venus ne alez
« Desc'a cele eure qe vos me reverrez.
« Vostre sera cis dest[r]iers sejornez
« Et cis haubers et ci[s] elmes jemez,
4335 « La bonne espée, li bons escus listez,
« Et .iij. .c. livres de d. moneez. »
Sa main li tent et cil li dist : « Tenez. »
Il li afie; Gautiers s'en est tornez.
Desq'a la porte ne s'i est arestez ;
4340 G. trova qi ja fu aprestez,
De riches armes belement adoubez.
E vos andeus les amis ajostez;
En nule terre n'avoit plus biax armez.
Viene[n]t au liu qe vos oï avez;
4345 A pié descende[n]t des destriers sejornez,
Si ont les celes et les poitrax ostez ;
Troi[s] foiz se viutre[n]t qant les ont pormenez.
Les celes mete[n]t, fort les ont recenglés,
Qe au besoing les truissent aprestez.
4350 Or gart B. qe il soit atornez,
Car Gautelès est richement armez,
Li sors G. richement adoubez.
Par matinet est B. levez ; *f. 71*
Armes ot bones, ja mar le mesqer[r]ez ;
4355 Plus tost qe pot s'en est bien adoubez.
Manda son pere par molt grant amistez,
Q'a S. Quentin ert por sejor alez :
« Sire, » dist il, « ci endroit m'atendez;
« A Damerdieu soiés vos commandez,

4347. *Cf. v. 3407.*

4360 « Qe je ne sai se vos me reverrez. »
Atant s'en torne les galos par les prez.
Avueques lui est .j. vasals montez;
De toutes armes fu richement armez,
Bons chevalier[s] cremus et redoutez,
4365 Non ot Aliames et fu de Namur nez;
Plus de .c. homes a par son cors matez;
De coardise ne fu onques proveiz.
De ci au liu n'en est .j. arestez.
E vos toz quatre les guerie[r]s asamblez.
4370 G. les voit, ci s'est haut escriez :
« Biax niés G., de bien faire pensez.
« Vés ci celui q'a bataille atendez.
« Vostre oncle a mort, chierement li vendez;
« Ja de cest autre mar vos esmaierez. »

CCIII

4375 Li baron sont tot .iiij. el champ venu ;
Richement furent armé et fervestu.
Es vos B. apoignant par vertu ;
Desous lui broche le bon destrier quernu ;
Et Gautelès a saisi son escu.
4380 Ou voit B. ce li rent lait salu.
« Bastars, » dist il, « trop vos ai consentu.
« R. as mort, certes, qe mar i fu ;
« Mais, par celui c'om apele Jhesu,
« Se ne te toil le chief desor le bu,
4385 « Je ne me pris valissant .j. festu.
— Voir, » dist B., « fol plait avez meü ;
« Je me fi tant en Dieu et sa vertu,
« Ains q'il soit vespres t'avrai je confondu. »

CCIV

Gautiers parole a l'aduré coraige ;

4390 « B. frere, por Dieu qi fist s'imaje
« Venir a Luqe par haute mer a naje,
« Fai une chose qi me vient a coraige :
« Qe nos dui jovene provons nostre barnaje.
« Cil dui viel home, qi sont près d'un aaige,
4395 « Nos garderont qe il n'i ait outraige.
« Li qés qe muire de nos deus el praaige,
« Cist autre dui le diront le paraige. »
Et dist B. : « Or oi grant copulaige.
« Mal dehait ait el col et el visaige
4400 « Qi ce fera ! trop vos taing ore a saige ;
« Mes niés Aliaumes est de trop grant barnage.
— Voir ! » dist Gautiers, « tu as el cors la raige.
« A molt grant tort i aroies hontaige ;
« G. mes oncles est de grant vaselaige. »

CCV

4405 Gautiers parole a loi d'omme saichant :
« B. frere, por amor Dieu le grant,
« Ne te reqier fors seulement itant
« Qe nos dui jovene nos conbatons atant.
« Cist autre dui le nonceront avant.
4410 « Garderont nos par itel convenant
« Li qés qe muire q'il le diront avant. »
Et dist B. : « Je l'otroi et creant. »
Donc s'entreviene[n]t par si grant maltalant, *f.* 72
Grans cols se done[n]t sor les escuz devant ;
4415 Desoz les boucles vont trestot porfendant.
Li espieu brisent, molt en furent dolant.
N'i a destrier qi ne voist archoiant.
« Diex ! » dist G., « n'est pas joste d'enfant.
« Garis Gautier, mon neveu le vailant ! »

4402 el, *A* es. — 4408 atant, *A* avant.

CCVI

4420 Gautiers lait corre le destrier abrivé.
A icel tans estoit acostumé
Qant dui baron orent en champ josté,
Chascuns avoit .ij. bons espieus porté;
Et B. ot le sien fichié el pré;
4425 L'autre avoit ja rompu et tronçonné.
Le destrier broiche, s'a l'autre recovré,
Et Gautelès le sien par poesté.
Li dui branc furent el fuere reboté.
Il s'entreviene[n]t par si ruiste fierté,
4430 Gautiers failli; B. l'a encontré :
Si l'a feru par tel nobilité
Qe son escu li a frait et troé,
Et le hauberc rompu et despané,
Mais en la char ne l'a mie adesé;
4435 Son bon espié li serra au costé.
« Diex ! » dist G., « or ai trop ci esté.
« Mes niés est mors, trop ai ci demoré
« Q'a cest bastart nen ai le chief copé.
— Voir ! » dist Aliaumes, « vos avés fol pensé :
4440 « Voz n'en avez pas ci la poesté;
« Gel vos aroie molt tost gueredoné.
« Encor ai ge mon bon elme fermé,
« L'escu au col et le branc au costé,
« Tos vos aroie del destrier abrievé ! »
4445 Et Gautelès li a tos escrié :
« Oncles G., trop vos voi esgaré,
« Qe li bastars ne m'a de rien grevé. »
Le destrier broiche, le frainc abandonné,
Il et B. resont si encontré

4438 A bastarst. — 4444 *Lacune après ce vers?*

4450 Qe li escu sont frait et estroé ;
Mais li hauberc ne sont mie fausé.
Si bien se hurtent li vasal aduré
Qe li espieu sont en tronson volé ;
Outre s'en pasent par grant hum[i]lité.
4455 Au tor françois sont andui retorné ;
Tos furent trait li bon branc aceré.

CCVII

Eiz les barons au chaple revenus ;
En lor poins portent les brans d'acier molus.
Cil Gau. fu fiers et irascus,
4460 Et fiert B. par molt ruistes vertus
Parmi son elme, bien fu aconseüs ;
Pieres et flors en a craventé jus,
Li cercles est et trenchiés et fendus.
Ne fust la coife dont li chiés est vestus,
4465 Desq'es espaules fust B. porfendus.
Devers senestre est li brans descendus :
Del colp fu ci B. esperdus,
Parmi la bouche li est li sans corus ;
Por .j. petit ne cheï estendus.
4470 Lors dist Gautiers : « Claime toi recreüs.
« Par Dieu, bastars, hui est vos jors venus.
« Se m'estordés, ne me pris .ij. festus.
« Tout por mon oncle vos rendrai tés salus *f. 73*
« Qe, se je puis, vos serez confondus. »
4475 B. l'oï, si en fu esperdus ;
Par maltalant li est sore corus,
Mais Gautelès li est tos revenus.
De B. a les cols atendus,
Et s'embracierent par desoz les escus ;

4454 *La fin du vers est vraisemblablement corrompue ; corr.*
nobilité? *Cf. v. 4431.* — 4455 B s. molt tost r. — 4473 tés, A tel.

4480 Puis si trestornent par si ruistes vertus
C'ambedui sont des destriers abatus.
En piés resaillent, les blans haubers vestus ;
Es les au chaple ambedeus revenus.
« Dex ! » dist Aliaumes, « ja les arons perdus,
4485 « Car les depart, G. li viex chenus. »
Et dist G. : « Ja ne soit asolus
« De Damerdieu ne de ces grans vertus
« Qes severa s'en iert li .j. venchus.
« Par lor orguel est tos ci[s] plais meüs.
4490 « Ce poise moi qe l'uns n'est recreüs. »

CCVIII

Es .ij. barons nen ot qe corecier ;
Bien se reqierent li hardi chevalier ;
De lor espées font esgrener l'acier,
Et les vers elmes enbarer et trenchier,
4495 Et lor escuz fisent si depecier
Q'en tout le mieudre nen avoit tant d'entier
C'om i couchast .j. gasté de denier.
Es blans haubers se corent acointier.
« Glous, » dist Gau., « près iés de trebuchier :
4500 « N'en partirés sans la teste trenchier.
— Voir ! » dist B. qi le coraige ot fier,
« Dame A., qi tant vos avoit chier,
« Doinst a autrui sa terre a justicier,
« Qe ja de vos ne fera iretier. »
4505 Gautiers l'oï, le sens quida changier :
Par maltalent ala ferir B.
Par tel vertu .j. grant colp si plaignier
Qe li bruns elmes ne li ot nul mestier.
Pieres et flors en font jus trebuchier.
4510 La coiffe bonne li a fait desmaillier,

4487 A Damerdiex. — 4498 Es, A El.

Et des chevox li fist asez trenchier;
De ci a l'os li fist le branc glacier.
S'or ne tornast sor le flanc senestrier,
Fendu l'eüst enfreci q'el braier.
4515 Aval le cors del gentil chevalier
Descent li cols sor le hauberc doublier
Qe .cc. mailles en fist jus trebuchier.
Le char li tranche par desor le braier,
C'un grant charnal en fist jus trebuchier.
4520 A cel colp fu molt près de mehaignier;
Parmi la bouche li fist le sanc rahier.
Li oel li troble[n]t, si l'estuet trebuchier :
S'or li alast .j. autre colp paier,
Ocis l'eüst sans autre recovrier.
4525 Aliaumes vit B. damagier,
Dist a G. : « Car li alons aidier :
« Li qés qe muire, n'i arons recovrier. »
Et dist G. : « Or oi bricon plaidier.
« Mieus aim cest colp qe boivre ne mengier.
4530 « Diex, laisse m'en mon grant duel essaucier! »
Berniers l'oï, si commence a huchier :
« Par Dieu, G., ci a lonc desirier.
« Cil m'a feru, ci ravra son louier. *f. 74*
« De ceste part me sent je plu[s] legier.
4535 « De povre char se puet on trop charchier.
« Je n'en ai cure, ja porter ne la qier.
« Malvaise chars n'est preus a chevalier
« Qi veut s'onnor acroistre et essaucier. »

CCIX

Berneçons ot le cuer tristre et dolant

4513 *Cf. v.* 5092. — 4517 fist, *A* font.   4521 *Cf. v.* 5075.
— 4531 *A marque ici, par une capitale, le commencement d'une nouvelle tirade.*

4540 Por la bataille qi avoit duré tant,
Et por les plaies qe ci le font pesant.
Il tient l'espée dont bien trenche li brant,
Et fiert Gautier sor son elme luisant
Qe flors et pieres en va jus craventant.
4545 Ne fust la coife del bon hauberc tenant,
Fendu l'eüst jusq'el nasel devant.
Par tel vertu va li cols descendant,
Parmi la boche li va li sans raians,
Et li bel oel li vont el chief tornant.
4550 .I. grant arpent alast .j. hom corant
Ains q'eüst mot de la bouche parlant.
Lors dist B. : « Claime toi recreant.
« Je t'ociroie, mais trop te voi effant. »
Gautiers l'oï, si respont hautement :
4555 « Par Dieu, » dist il, « bastars, n'irés avant;
« Ton quer tenrai ains le soleil couchant. »
Lors li qeurt seure Gautelès fieremant;
Mais nus des .ij. n'en alast ja gabant,
Qant vint Aliaume et G. apoignant;
4560 Si les desoivre[n]t tos et isnelement.

CCX

Grans fu li dues iluec au departir.
Gautier ont fait ens el pré aseïr
Près de B., qe bien le pot veïr.   v°
Li bers Aliaumes se paine de se[r]vir :
4565 « B., » dit il, « ne vos en qier mentir,
« A grant mervelle vos voi le vis palir.
« Por amor Dieu, porrés en vos garir ?
— Voir, » dist B., « molt sui près de morir.
« En Gautelet n'a gaire qe fenir. »

4545 *Cf. vv. 2696, 3105.* — 4551 *Corr.* A. q'alast ? — 4552 recreant, *A* recorant. — 4556 *Cf. v. 3326.* — 4562 *A* Gautiers.

4570 Gautiers l'oï, le sens quida marir :
« Bastart, » dist il, « Dex te puist maleïr.
« N'en partiroie por les menbres tolir
« Tant qe te face cele teste jalir. »
Et dist B. : « La bataille desir. »
4575 En piés resaillent por les haubers vestir.
Ja fusent prest as grans cols revenir,
Mais li baron ne le vossent sofrir,
Ains lor ont fait fiancier et plevir
Lues qe por[r]ont les garn[em]ens tenir
4580 A la bataille porront molt tos venir.
Envis l'otroient, mais nel porent guenchir.
« Niés, » dist G., « fins cuers ne puet mentir ;
« Ançois laroie ma grant terre honnir
« Que te laissasse vergonder ne honnir. »

CCXI

4585 Berniers parole au coraige hardi :
« Biax niés Aliaume, por le cors s. Geri,
« Qe diront ore et parent et ami,
« Se vostre escu en reportés ensi,
« Et sain et sauf, par le cors s. Geri ?
4590 « Nos en serons gabé et escharni ;
« Car vos alez asaier a G. »
Et dist Aliaümes : « Par mon chief, je l'otri.
« Par tel couvent con ja porrez oïr : *f.* 75
« Del qel qe soi[en]t li arçon deguerpi,
4595 « Son cheval perde, et ci remegne ensi. »
Et dist G. qi le poil ot flori :
« De grant folie m'avez ore aati ;
« Qe moi et toi ne sommes anemi,
« Ne mes lignaiges par toi sanc ne perdi.
4600 « Laissons ester et si remaigne ensi. »

4578 lor, A li. — 4594 qi, A q. (abrégé).

CCXII

Se dist Aliaumes : « Par le cors s. Richier,
« En droit de moi fesist bien a laissier;
« Mais vos oés le contraire B.,
« Ne je n'en vuel avoir nul reprovier.
4605 « Par tel covent le vuel je commencier,
« Cil qui char[r]a si perde son destrier.
— Voir, » dist G., « or me taing por lanier ;
« Se jel refus ne me pris .j. denier. »
Chascuns monta sor son corant destrier,
4610 Et molt se painet de soi aparillier.
Parmi la place prenent a esloingier.
Qi lors veïst les bons chevals broichier!
Ja se volront fierement essaier :
Grans cols se donent es escus de quartier.
4615 G. failli, n'i ot qe corecier;
Li frans Ali. ne le vot espargnier ;
Grant colp li donet sor l'escu a or mier;
Desoz la boucle li fist fendre et percier,
Et le hauberc desrompre et desmaillier.
4620 El flanc senestre li fist passer l'acier,
Mais ainc G. ne guerpi son estrier.
« Voir, » dist li Sors, « tu me viex empirier;
« Cius gius n'est preus por nous esbanoier : v⁰
« Se g'en ai aise tu le comparras chier. »

CCXIII

4625 Li sors G. ot le cuer irascu :
Sor son escu vit son sanc espandu ;
Le destrier broiche qi li cort de vertu,
Brandist la hanste del roit espieu molu
Et fiert Ali. devant, sor son escu :

4630 Desoz la boucle li a frait et fendu,
Et le hauberc desmaillié et rompu
Qe del cheval l'a a terre abatu.
Voit le Ali., près n'a le cens perdu.
Il saut en piés, si a trait le branc nu :
4635 Au cheval vint qi bien l'a atendu,
Ali. monte a force et a vertu,
Puis en apele dan G. le chenu :
« Sire G., por le cors de Jhesu,
« Abatu m'as, si qe bien l'ont veü.
4640 « Je vos donroie de mon branc esmolu,
« Mais qe l'estor fust atant remasu.
« N'en partiroie por plain val d'or molu
« Qe ne te toille le chief desor le bu.
— Voir ! » dist G., « fol plait avés meü :
4645 « Ainc ne me ting .j. jor por recreü. »

CCXIV

Guerris lait corre le bon cheval isnel ;
Brandist la hanste, destort le penoncel,
Et fiert Ali. en l'escu de chantel ;
Fust et verniz li trancha et la pel,
4650 Et de l'auberc desrompi le clavel.
Parmi le cors li mist le penoncel.
Si bien l'enpainst, ne sambla pas tozel,
Qe contremont en torne[n]t li mustel.   *f. 76*
Au resaichier li fist vilain apel,
4655 Puis li a dit .j. contraire molt bel :
« Biau sire Ali., a ces[t] giu vos rapel ;
« Ne me tenrés huimais por pastorel,
« Qe par la plaie vos saile[n]t li boel.
« Il fait malvais joer a viel chael. »

4640-3 *Le sens se suit mal : il y a une lacune ou quelque trouble grave dans le texte.*

4660 Ali. jure le cors s. Daniel :
« Se de ta char ne fas vilain maisel,
« Je ne me pris vaillant .j. arondel. »

CCXV

Li frans Ali. qant il se sent plaiés,
Lors a tel duel a poi n'est erraigiés ;
4665 Par maltalent est tos saillis em piés,
Et G. vint vers lui tos eslaissiés,
Espée traite, soz l'escu enbuschiés.
Ali. c'est contre lui bien gaitiés,
Et fiert G. qant il fu aproichiés ;
4670 Desor l'auberc est li brans adreciés
Qe l'uns des pans maintenant fu trenchiés.
Se li brans nus fust bien droit avoiés
D'une des gambes fust G. meheniés ;
Au bon destrier est li cols adreciés
4675 Qe del gros col li a fait .ij. moitiés.
Li chevals chiet, G. fu esmaiés ;
A voiz escrie : « Sainte Marie, aidiés !
« Cis chevals n'iert huimais sans mehaignier,
« Qe por le mien ne soit li tiens laissiés. »
4680 Li frans Aliaumes fut molt afoibloiés.
De maltalent fu G. erraigiés.
C'il ne se venge ja sera forvoiés.

CCXVI

Li sors G. tint la targe novele
Et trait l'espée qi fu et clere et bele,
4685 Il n'ot si bone jusq'a[l] borc de Neele,
Et fiert Aliaume qi contre lui revele

4673 une, *A* unes. — 4675 *Corr.* Del gros del col? — 4678 *Corr.* si mehaigniés, *ou faut-il supposer une lacune après ce vers?*

Desor son elme qi luist et estencele :
Ausi le fent com .j. pan de gonnele,
La bone coife ne valt une cinele,
4690 Li branc li fait sentir en la cervele ;
Jus le trebuche ; par contraire l'apele :
« Par Dieu, Ali., ci a dure novele :
« Or me lairez le cheval et la cele. »
Et cil s'en vait cui paroit la boele,
4695 Forment li bat li cuers soz la mamele :
« Sainte Marie, glorieuse pucele, »
Ce dist Ali. qi por la mort chancele,
« Mais ne verrai S. Quentin ne Neele. »
Atant s'aissit, sa main a sa maissele ;
4700 B. le voit, son duel en renouvele.

CCXVII

Berneçons fu dolans et correciés.
Il et Gautiers sont tos sailli en piés ;
Desq'a Ali. sont andui adreci[é]s.
Dist B. : « Sire, molt sui de vos iriés.
4705 « Vivrés en vos ? gardez nel me noiés. »
Et dist Ali. : « De folie plaidiés.
« E[n] mon vivant n'esserai mais haitiés,
« Ne ne verrai mes terres et mes fiés
« Ne mes effans ; pregne vos en pitiés.
4710 « Par vostre orguel sui mors et detranchiés.
« B., biau sire, por amor Dieu m'aidi[é]s. »
B. respont qi molt fu damagiés :
« Je ne puis, sire, molt en sui esmaiés. » *f. 77*
Dist Gautelès : « J'en sui aparilliés. »
4715 Il li aïde comme vasals pro[i]siés.
Contre oriant li fu li chiés dreciés ;
Confès se fist li bers de ces pechiés

4688 pan, *A* pou. — 4707 *Ou* ne serai, *A* nes serai.

As .ij. baron[s] q'il vit aparilliés,
Qe d'autre prest[re] n'estoit il aaisiés.
4720 Et G. est a Gautier repairiés
Sor le destrier qi la fu gaaigniés.
Il descendi, ne s'i est atargiés.
B. le voit, molt en fu esmaiés.

CCXVIII

« Sire G., » dist B. li gentis,
4725 « En traïson avés Ali. ocis. »
G. l'entent, a poi n'enraige vis :
« Vos mentés, gloz, » dist il, « par s. Denis.
« Toz sains estoie qant par lui fui requis :
« Tel me donna desor mon escu bis
4730 « El flanc senestre fui perciés et malmis.
« Bien vossissiez, par le cors s. Denis
« Qe par Ali. fuse mors et ocis.
« La merci Dieu, n'est pas cheüs mes pris ;
« Mais, par celui qi en la crois fu mis,
4735 « Vos en morrés, trés bien le vos devis. »
Le destrier broiche des esperons burnis,
Vers B. en vient tos aatiz.
B. le voit, s'en fu toz esbahis ;
Tel poour ot li sans li est fuïs.
4740 « Merci ! » dist il, « frans chevalier gentis.
« Males noveles en iront el païs
« Qe dedens trives serai par vos mordris.
« Cheüs en iert a toz jors vostre pris. »

CCXIX

En Berneçon nen ot qe esmaier.
4745 A vois s'escrie : « Qe faites vos, Gautier ?
« S'ensi me laisse[s] ocire et detranchier,
« Tuit ti ami en aront reprovier.

« De ta main nue te vi je fiancier
« N'avroie garde fors qe d'un chevalier.
4750 — Vos dites voir, » dist Gautelès, « B.;
« Je ne volroie por les menbres tranchier
« Qe dedens trives eüsiés encombrier.
« Mais qant mes oncles se prent a correcier,
« Il nen est mie legiers a apaier.
4755 « Or montés tos, pensez de l'esploitier,
« Et je meïsme vos i volrai aidier. »
B. monta, Gautiers li tint l'estrier;
Demie liue le prist a convoier.
« B., » dist il, « de mire avés mestier,
4760 « Et je meïsme n'ai pas le cors entier;
« Et neporcant je ne t'ai gaires chier. »
Atant departent, si laissent le plaidier.
A Saint Quentin est retornés Berniers.
Ali. enfuent a l'entrant d'un mostier.
4765 Por le vasal fisent .j. duel plaignier.
Au sor G. est retornez Gautier,
Dusq'a Cambrai ne volrent atargier.
Dame A. o le viaire fier
Ala encontre, ces prist a araisnier :
4770 « Signor, » dist ele, « a celer nel vos qier,
« De ceste guere vos faites trop legier.
« Vos en mor[r]és, je quit, par Dieu del ciel.
« A vos andeus voi les costés sainier. » *f. 78*
Dont respondire[n]t li nobile guerrier :
4775 « Non ferons, dame, Diex nos puet bien aidier.
« Mandés les mires qi nos saichent noncier,
« Dire le terme qe porrons chevauchier.
« Nos anemis irons toz essilier. »

4760-1 *Ces deux vers se suivent mal; il se peut qu'il y ait une lacune entre les deux, il se pourrait aussi que le v. 4761 dût être transporté après le v. 4756.* — 4772 *Cf. v. 4283.*

CCXX

Isnelement font les mire[s] venir.
4780 Cil se penerent des .ij. barons garir.
Tant demorere[n]t con vos porrés oïr.
A Pentecoste qe on doit bien goïr
Nostre empereres qi France a a tenir
Ces homes mande, a lui les fait venir.
4785 Tant en asamble n'en sai conte tenir.
G. manda qi dut Aras tenir.

CCXXI

Nostre empereres a ces barons mandés.
G. manda et Gautier l'alozés,
Et Loeys et W. le senés;
4790 E. i vint qui li poins fu colpés
En la bataille soz Origni es prés.
Estes vos toz les guerie[r]s asamblés.
El maistre borc c'es[t] G. ostelez,
Et Gautelés li preus et l'adurez.

CCXXII

4795 Nostre empereres a sa gent asamblée,
A .xxx.m. fu le jor aesmée.
Par matinet ont la messe escoutée :
Après monterent en la sale pavée.
Li seneschaus a la table pasée,

4790 *Cf. tirade CXLII.* — 4798 = *B.* — 4799 *B* a la chere membrée.

4800 En sa main destre une verge pelée.
Si s'escria a molt grant alenée :
« Oiés, signor, franche gent honorée,
« Qele parole vos a li rois mandée :
« N'i a celui, c'il fait çaiens meslée,
4805 « Qi ains le vespre n'ait la teste colpée. »
G. l'entent, s'a la coulor muée.
Ou voit B. met la main a l'espée,
Mais Gautelès l'i a ens reboutée.
« Oncles, » dist il, « c'est folie provée
4810 « Qi chose emprent par sa fort destinée
« Dont il ait honte et sa gent soit blasmée.
« Gardez la chose soit si amesurée
« Honte n'en vaigne a ciax de no contrée
« Tant qe la chose [ne] puist estre amendée. »

CCXXIII

4815 Grans fu la cors sus el palais plagnier ;
A[s] hautes tables sient li chevalier.
El seneschal ot mout qe ensaignier :
Ensamble mist B. et Gautier,
Le sor G. et Y. le guerrier,
4820 W. de Roie, Loeys au vis fier,
Le manc E. ou n'ot qe courecier.
Or sont ensamble li nobile guerier.
G. le vit, le sens quida changier ;
En sa main tint .j. grant coutel d'acier,
4825 Vers B. le vost le jor lancier,
Mais Gautelès ne li laissa touchier :

4800 *B* Tint en sa main. — 4801 = *B*. — 4802 *B* O. baron. — 4803 *B* li rois vos a. — 4804 *B* se çaiens fet. — 4805 = *B*; Qi, *A* qe (*abrégé*). — 4815 *B* ens el. — 4816 *B* As h. t. sistrent. — 4817 *B* Li seneschaux ot mout a enseigner. — 4818 *B* E. mist Gauteret et Garnier.

« Oncles, » dist il, « on vos doit chastoier.
« Ja ne vos coste la viande .j. denier ;
« Et tex hom quide sa grant honte vengier
4830 « Qi tos esmuet .j. mortel encombrier. »
G. aporte[nt] .j. mès de cerf plenier,
Le plus maistre os de la cuisse derier.
G. le vit, ne vost plus atargier : *f. 79*
Ens en la temple en feri ci B.,
4835 De ci a l'os li fist la char percier.
Tout le viaire li fist de sanc raier.
Voit le B., le sens cuida changier,
Car veü l'orent li vaillant chevalier
Et por ice q'ils isent au mengier.
4840 Saut de la table : .j. colp li va paier
El haterel, ne le vost espargnier,
Qe sor la table le fist tout enbronchier.
Gautiers saut sus qi vost son oncle aidier,
Par les chevox ala saisir B.;
4845 Li quens Y. se commence a drecier ;
Loeys tint .j. baston de pommier;
W. de Roie cort a son branc d'acier ;
Li sor G. saisi .j. grant levier,
Et Gautelès .j. grant coutel d'acier ;
4850 De .ij. pars saillent li baron chevalier.
Ceste meslée fust ja vendue chier,
Qant la acorent sergant et despencier :
Des tables prene[n]t les barons a saichier ;
Au roi les maine[n]t qi France a a baillier,
4855 Et dist li rois : « Qi commença premier ?
— Li sors G., » dient maint chevalier,
« La commença premerains a B. »

4829 = B. — 4830 B en muet. — 4834 B. *(Bernier)*, A G.
— 4839 Et, *corr.* En ?

CCXXIV

Se dist li rois : « Frans chevalier baron,
« Qi commença premerains la tençon ?
4860 — Li sor G., par le cors s. Simon,
« La commença premiers a B. »
Li rois en jure s. Jaque le baron :
« G'en prendrai droit a ma devision. »
G. parole a la fiere façon :
4865 « Drois empereres, ci a grant mesprison :
« Se Dex m'aït, ne valez .j. bouton.
« Comment poroie esgarde[r] cel glouton
« Qi mon neveu ocist en traïson ?
« Fix ert vo suer, qe de fit le seit on.
4870 — Voir ! » dist B., « vos dites mesproison :
« Gel defiai dedens son pavilon.
« Mais, par l'apostre c'on qiert en pré Noiron,
« Ja por bataille mar querrés compaignon.
« Tant en arés, certes, o l'esperon
4875 « Qe ains le vespre vos tenrez por bricon. »
G. l'oï : ainc tel goie n'ot om :
Plus le covoite q'aloe esmerillon.

CCXXV

Gueris parole qi fu de grant aïr :
« Drois empereres, ne vos en qier mentir ;
4880 « Trestos li mons vos en devroit haïr,
« Qant le poés esgarder ne veïr.
« De vo neveu fist l'arme departir ;
« Je me mervel comment le pués soufrir

4871 A povilon.

« Qe ne li fais toz les menbres tolir,
4885 « Ou pendre as forches, ou a honte morir. »
Et dist li rois : « Nel doit on consentir.
« S'uns gentils hom mande autre por se[r]vir,
« Ne le doit pas vergonder ne honnir ;
« Et neporcant, par s. Pol le ma[r]tir,
4890 « C'il ne se puet deffendre et garantir,
« A lui destruire ne puet il pas faillir. »
B. l'oï, si commence a rougir :
« Signor, » fait il, « penseiz de moi nuisir : *f. 80*
« A la bataille poés molt tos venir. »

CCXXVI

4895 L'enfes Gautiers est saillis en estant,
Ci a parlé hautement en oiant :
« Drois empereres, entendés mon samblant.
« Je combatrai a l'espée tranchant
« Vers B. le bastart sousduiant ;
4900 « Si l'en ferai tout mat et recreant,
« Et par la geule, oians tous, jehissant
« Q'ocist R., mon oncle le vaillant,
« En felonnie, se sevent li auquant. »
Et dist G. : « Lechieres, laisse atant :
4905 « Trop par iés jovenes, encor as cens d'effant.
« Qi te ferroit sor le nés d'un seul gant,
« Por q'en volast une goute de sanc,
« Si plououroies, par le mien esciant.
« Mais mi nerf sont fort et dur et tenant,
4910 « Et s'ai le cuer hardi et combatant.
« Quant on me fiert d'un roit espieu tranchant,
« J'en pregn vengance molt tost au riche branc.
« Vers le bastart vuell acomplir cest champ.
« Se ains le vespre nel rent por recreant,

4901 *A oiant tout.* — 4908 *Corr.* Si plouerroies.

4915 « Fel soit li rois, se de pendre ai garant. »
   Et dist Gautiers au coraige vaillant :
   « Drois empereres au coraige vaillant,
   « Je ne volroie, por l'onor de Mellant,
   « Q'a[u]tres qe je en çainssist ja le brant.
4920 — Voir ! » dist B., « je l'otroi et creant.
   « Ançois le vespre ne le solell couchant
   « De la bataille te quit je donner tant,
   « Ja por nul home mar en iras avant. »

CCXXVII

   « Drois empereres, » dist B. li senez,
4925 « Ceste bataille referai ge aseiz
   « Par tel covent con ja dire m'or[r]ez.
   « S'il n'est ensi con ja dire m'orez,
   « Ja Dieu ne place, qi en crois fu penez,
   « Qe je en soie sains ne saus retornez.
4930 — Voir, » dist li rois, « bien t'en iere avoez,
   « Et neqedent ostaiges m'en donrez. »
   Et dist B. : « Si con vos commandez. »
   Son pere i met, et il i est entrez;
   Et Gautelès ne c'est aseürez,
4935 A son ostel s'en est tantos alez.
   Il vest l'auberc, tos fu l'elmes fermez,
   Et sainst l'espée au senestre costé,
   De plaine terre est el destrier montez,
   Puis pent l'escu a son senestre lez.
4940 Li bons espieus ne fu pas oubliez,
   A .iij. clox d'or le confanon fermés.

4916 *Corr. au second hémistiche,* a loi d'home sachant? *Cf. v. 4405. Mais la faute peut tout aussi bien être au vers suivant.* — 4927 *Il faut probablement corriger* m'orez *en* m'oez, *et supposer entre ce vers et le précédent une lacune. En effet, les conditions annoncées au v. 4926 font défaut.* — 4928 A Diex.

CCXXVIII

Et B. se rest bien adoubez,
De riches armes noblement acesmés.
Nostre empereres le fist comme senez.

CCXXVIII

4945 En deus batiaus les fist Saine passer.
Gautiers est outre, li gentils et li ber,
Il et Berniers qi tant fait a loer.
Saintes reliques i fait li rois porter,
En .j. vert paile desor l'erbe poser.
4950 Qi donc veïst le paile venteler
Et les reliques fremir et sauteler,
De grant mervelle li poïst ramenbrer.

CCXXIX

L'enfes B. se leva sor les piés : *f. 81*
« Baron, » dist il, « faites pais, si m'oiés :
4955 « Par tos les sains qe je voi si couchiés,
« Et par les autres dont Dex est essauciés,
« Et par celui qi en crois fu dreciés,
« Q'a droit me sui del cors R. vengiés ;
« Si m'aït Dex et ces saintes pitiés !
4960 « Et q'a tort c'est Gautiers vers moi dreciés.
— Voir, » dist Gautiers, « vos mentés, renoiés :
« Ensois le vespre en serez detrenchiés. »
B. respont qi c'est humeliés :
« Diex soit au droit ! a tort me laidengiés. »

CCXXX

4965 De B. fu li sairemens jurez.

<hr>

4945 *A ne marque pas le changement de tirade, et en effet le sens se suit de l'une à l'autre.* — 4965 *Il faut, ou corriger* De Gautier, *ou,*

« Baron, » dist il, « envers moi entendez :
« Par toz les sains qe vos ici veez,
« Et par les autres dont Diex est aourez,
« Qe B. est ici parjurez.
4970 « Ancui en ert recreans et matez. »
Et dist B. : « Se Dieu plaist, vos mentez. »
Et Gautiers est sor son destrier montez,
B. el sien qi fu la amenez.
Gautiers fu jovenes, de novel adoubez,
4975 B. a requis comme senés.
Sor son escu li fu tex cols donnez,
Desoz la boucle li est frais et troez.
Et li haubers rompus et despanés,
Parmi les costes li est li fers passés.
4980 Si fort le hurte Gautelès l'alosez
Plaine sa lance l'abat enmi le pré ;
Et Gautelès s'en est outre passez,
A vois c'escrie : « Bastars, n'i garirez.
— Voir ! » dist B., « plus terre ne tenrez.
4985 « Hom abatus n'est mie toz matez. »

CCXXXI

Berneçons ot le cuer grain et irié,
Qant il se vit jus del cheval a pié.
Il traist l'espée, s'a l'escu embracié ;
Au cheval vint q'il vit aparillié.
4990 B. monta par le doré estrié ;
Dedens le fuere a le branc estoié.
Le destrier broiche, si a brandi l'espié,
Et fiert Gautier sor l'escu de quartier ;
Desoz la boucle li a frait et percié,
4995 Et le hauberc rompu et desmaillié.

ce qui est plus probable, supposer l'omission d'un vers où était annoncé le serment de Gautier. — 4971 A Diex.— 4978 Cf. v. 4433.

El flanc senestre li a l'espié bagnié;
Outre s'en pase, le fer i a laissié.
Ou voit G. si l'a contraloié :
« Cuivers viellars, molt te voi enbronchié;
5000 « Ja ne verras ains le solel couchié
« De ton neveu partira l'amistié. »
Gautiers l'oï, si a haut escrié :
« Cuivers bastars, com as le cens changié!
« Ains q'il soit vespres t'arai ci justicié
5005 « Jamais de terre ne tenras demi pié. »
Le destrier hurte, si a le branc sachié,
Et fiert B., ne l'a pas espargnié,
Mervillos col sor son elme vergié.
Desor le cercle li a frait et trenchié;
5010 La bone coife li a petit a[i]dié
Qe de la char li trancha demi pié.
L'orelle emporte, dont trop l'a empirié.
« Voir! » dist B., « malement m'a[s] saignié. » f. 82

CCXXXII

« Dex! » dist B., « vrais peres, qe ferai,
5015 « Qant sor mon droit l'orelle perdu ai?
« Se ne me venge, jamais liés ne serai. »
L'espieu requevre, si con je bien le sa[i];
Fiert Gautelet, mervelles li fist lai,
Del sanc del cors li fist saillir .j. rai.
5020 « Voir! » dist B., « aconseü vos ai.
« Mais ne verrés les honors de Cambrai.
— Voir! » dist Gautiers, « jamais ne mengerai
« Desq'a cele eure qe vostre quer tenrai.
« Je sai de fit q'ains la nuit t'ocirai.
5025 « De vostre orelle estes en grant esmai;
« De vostre sanc voi tout covrir le tai. »
Et dist B. : « Molt bien m'en vengerai.

— Mes niés ventra, » dist E. de Doai.
« Fix a putain, » dist G. de Cimai,
5030 « Se je vois la, je vos chastoierai.
« Del poing senestre me resamblez le gai
« Qi siet sor l'arbre ou je volentiers trai :
« Le pié en port et la cuisse li lai.
« Se je vois la, je vos afolerai. »
5035 Et dist Y. : « Ne le penserés ja,
« Tant con je vive, n'en ma vertu serai.
« Au branc d'acier vos noterai tel lai
« Donc ja n'arez a nul jor le cuer gai.
« Mais ne verrés le borc S. Nicolai.
5040 — Voir ! » dist G., « ausi t'atornerai
« Con fis ton pere Herbert q'esboelai
« Soz Origni ou a lui asamblai ;
« Ou par la goule as forches te pendrai. »   v°

CCXXXIII

La bataille est mervillouse et plaigniere ;
5045 Ainc par .ij. homes ne fu faite si fiere.
Cascuns tenoit son bon branc de Baiviere ;
N'i a celui qi son per ne reqiere.
Escus n'i vaut une viés estriviere,
Neïs la boucle n'i remaint pas entiere.
5050 Li hauberc rompe[n]t et devant et deriere ;
N'i a celui en vive char ne fiere,
N'i a celui n'ait sanglante la chiere ;
Li sancs lor cort contreval l'estriviere.
Ne quit qe longues li .j. l'autre reqiere ;
5055 Ce est merveille s'andui ne vont en biere.
Atant eis vos Joifroi de Roiche Angliere ;

5040 G. = Gueris. — 5041 pere, *corr.* frere ? *Cf. vv. 3337 et suiv.* — 5053 lor, *A* li. — 5055 est, *corr.* ert ?

Sus el palais en est venus ariere :
« Drois empereres, » dist li bers, « par saint Piere,
« La vostre gent n'est mie trop laniere.
5060 « Des champions chascuns a brace fiere ;
« Bien s'entrefierent et devant et deriere. »

CCXXXIV

Grans fu la noise sus el palais plaignier.
Li dui el pré n'ont cure d'espargnier.
En Gautelet ot molt bon chevalier ;
5065 Grans fu et fors, bien resambla guerier.
Vers B. se vorra acointier :
Grans cols li donne sor l'escu de quartier,
Mais a se colp ne le pot espargnier :
Devers senestre cola li branc d'acier ;
5070 Desor l'espaule li fist la char trenchier,
De si a l'os li fist le branc fichier ;
Bien demi pié en abat sor l'erbier.
S'or ne tornast li riches brans d'acier,   *f. 83*
Fendu l'eüst desq'outre le braier.
5075 Parmi la bouche li fist le sanc raier ;
Tout estordi l'abati en l'erbier.
« Voir ! » dist B., « tu me vieus empirier. »
Dist Gautelès : « Jel fas por chastoier.
« Ensi doit on traïtor justicier
5080 « Q'ocist a tort son signor droiturier. »
Dist B. : « Vos i mentés, Gautier.
« Vos aveiz tort, vos le comparrés chier.
« De duel mor[r]ai se ne me puis vengier ! »
Qi li veïst son escu embracier,
5085 Sa bonne espée tenir et paumoier,
Son hardement doubler et engraigner !
Qant Gautelès le vit venir si fier,

5068 pot, *corr.* vost? *Cf. v.* 5089. — 5075 *Cf. v.* 4521.

A grant mervelle le prist a resoingnier ;
Et B. ne le vost espargnier :
5090 Grant colp li done parmi l'elme a or mier
Q'il li trencha près de demi quartier.
S'or ne tornast vers le flanc senestrier,
Dusq'es espaules feïst le branc glacier.
Gautiers lo vit, n'i ot qe corecier :
5095 Seure li cort a guise d'ome fier.
Ja fuse[n]t mort andui li bon guerrier,
N'i a celui qi bien se puist aidier.
G. le vit, le sens quida changier :
Il a sonné .j. graile menuier,
5100 Si home viene[n]t, q'il ne l'osent laissier.
Il s'agenoille vers la tor del mostier,
Sor sains jura, voiant maint chevalier,
C'il voit Gautier jusq'a mort justicier,
B. fera toz les menbres trenchier.
5105 Y. l'oï, le sens quida changier ;
Ses homes mande [et] si les fait rangier.
Le signor jure qi tout a a baillier,
Se B. voit morir ne trebuchier,
Gautier fera laidement aïrier ;
5110 Ne le gar[r]a tos l'or de Monpeslier,
Ne Loeys qi France a a baillier.
Puis qe venra a estor commencier,
Se on l'encontre as fors lances baissier,
Seürs puet estre de la teste trenchier.
5115 Atant es vos Joifroi et Manecier ;
Cele parole en vont au roi nuncier ;
Et dist li rois : « Par le cors s. Richier,
« Desevrés les, nes lassiés plus touchier. »
Plus de .l. avalent le planchier ;
5120 Sor Saine viene[n]t, corant sor le gravier,
Sox deseverent sans plus de l'atargier.

5092 Cf. v. 4513.

Mout lor em poise, si con j'oï noncier,
Encor volssise[n]t la bataille essaier.
Qi longement les laissast chaploier,
5125 El qe[l] qe soit n'eüst nul recovrier.
Plaies ont grans, ne fine[n]t de saignie[r].
Li mire viene[n]t, si les font estanchier,
Et les esvente[n]t por lor cors refroidier,
Puis les menere[n]t ens el palais cochier;
5130 .II. riches lis fisent apariller.
Mais l'empereres en fist a blastengier
Qe si près giure[n]t ambedui li guerrier,
Qe l'uns vit l'autre remuer et couchier. *f. 84*
A Gautelet vint li rois tout premiers.
5135 Cortoisement le prit a araisnier :
« Vivrés en vos? nel me devez noier.
— Oïl voir, sire, a celer nel vos qier.
— Dex, » dist li rois, « vos en doi gracier.
« A vos quidai B. apaier. »
5140 Gautiers l'oï, le sens quida changier;
A haute vois commença a huchier :
« Drois empereres, Dex te doinst encombrier!
« Car ceste guere feïs tu commencier,
« R. mon oncle ocire et detranchier.
5145 « Par celui Dieu qi tout a a jugier,
« Ne m'i verrés a nul jor apaier,
« Ains li ferai toz les menbres tranchier. »
Et dist B. : « Or oi bricon plaidier :
« S'or ne devoie ne boivre ne mengier,
5150 « Ja ne veroies mais le mois de fevrier. »

CCXXXV

Nostre empereres est de Gautier tornez;
A B. en est tantost alez,

5139 *Corr.* A v. cuit jou?

Courtoisement fu par lui aparlez :
« Sire B., frans chevaliers menbrez,
5155 « Vivreiz en vos? gardez nel me celez.
— Oïl voir, sire, mais molt sui agreveiz.
— Dex! » dist li rois, « t'en soies aourez!
« Tant quidai vivre, ja mar le mesqerrez,
« Qe vos fuissiés a Gautier acordez;
5160 « Mais tant par est fiers et desmesurez
« Qe nel feroit por l'or de .x. citez. »
Dist B. : « Sire, ja autre n'en verrez.
« Gautiers est jovenes, de novel adoubez,
« Si quide bien faire ces volentez.
5165 « Mais, par celui qi en crois fu penez,
« Se n'iert jamais a trestoz mes aez
« Qe je ja soie recreans ne matez. »
Gautiers l'oï qi molt fu aïrez :
« Cuivers bastars, com iés desmesurez !
5170 « Mon oncle as mort qi fu preus et senez,
« Ton droit signor, con traîtres provez.
« Ce est mervelle comment vos le soufrez.
« De vostre oreille estes mal atornez
« Qi desor Sainne remeist gisant es prez. »
5175 Dist B. : « Molt grant tort en avez.
« Tel vos donnai, si qe bien le savez,
« El flanc senestre fustes parfont navrez.
« Ce poise moi, dolans en fui aseiz.
« Grant pechié faites qant ne vos acordez. »
5180 Gautelès l'oit, ne l'en est pris pitié.

CCXXXVI

« Sire Gautiers, » dist B. li gentiz,
« Por amor Dieu qi en la crois fu mis,
« Iceste guere dur[r]a ele toudis?

5180 ne, A ci. — 5162 autre, *corr.* a chief;

« Ja pardonna Diex sa mort a Longis.
5185 « Car pren l'amende, frans chevalier eslis.
« Droit t'en ferai trestot a ton devis.
« Quite te claim ma terre et mon païs,
« Si m'en irai o toi en Cambrisis,
« Servirai toi, ce te di et plevis.
5190 « Ne qier avoir qe .ij. povres roncis ;
« Mar vestirai ne de vair ne de gris :
« As esquiers serai comme mendiz *f. 85*
« Por aigue boivre ne por mengier pain bis.
« Tant con volras cerai ensi chaitis
5195 « Desq'a cele eure qe pitiés t'en iert pris.
« Ou pren t'espée, orendroit ci m'ocis. »
Dont c'escrierent et Gautiers et G. :
« Cuivers bastars, com or estes aquis !
« Ja, par cel Dieu qi en la crois fu mis,
5200 « Li vostre drois n'en sera requellis.
« Ains en mor[r]ez, par le cors s. Denis !
— Tot est en Dieu, » dist B. li gentis.
« Ne puis morir de ci a mon juïs. »
Ez en la vile la seror Loeys.
5205 Qant ele entra es rues de Paris,
De totes pars a entendu les cris
Des .ij. vasaus qe chascuns est malmis.
Oit le la dame, ces cuers en est maris.
Qi li donnast tot l'avoir s. Denis
5210 Ne poïst ele faire ne giu ne ris,
Tant q'ele saiche qe fait li siens amis.
Ele descent del mulet arabis,
Puis est montée sus el palais voltis.
Vint en la sale devant roi Loeys ;
5215 Après li vint main[s] chevalier[s] de pris.

5192 *Corr.* As e. servirai com? — 5206 *Il faut certainement, malgré la rime,* le cri.

CCXXXVII

Dame A., qi tant fist a proisier,
Del bon mulet descendi sans targier;
Sus el palais commença a puier;
Avuec li ot maint vaillant chevalier.
5220 Encontre saille[n]t si ami li plus chier,
Li sors G. et maint autre princier,
Et l'empereres qi France a a baillier.
Il la salue belement, sans targier;
Après la vost acoler et baissier;
5225 La gentix dame l'en a bouté arier :
« Fui de ci, rois, tu aies encombrier!
« Tu ne deüses pas regne justicier.
« Se je fuse hom, ains le sollelg couchier,
« Te mosteroie a l'espée d'acier
5230 « Q'a tort iés rois, bien le pues afichier,
« Qant celui laises a ta table mengier
« Qi ton neveu fist les menbres trenchier. »
Devant li garde, si vit gesir Gaut[i]er.
De duel se pasme sans plus de l'atargier.
5235 Tos la redresce[nt] li vaillant chevalier.
Et Gautelès commença a huchier :
« Franche maisnie, faites vos baut et fier.
« Dites ma taie qe j'ai fait de Bernier :
« Mais en sa vie n'avra home mestier:
5240 « G'en pris l'orelle a l'espée d'acier. »
La dame l'ot, ces mains tent vers le ciel :
« Biaus sire Dex, vos en doi mercier. »
D'autre part garde, si voit gesir B.,
Seure li cort, si saisi .j. levier:

5216 *B D.* Aleis qui le corage ot fier. — 5217 *B* De son m. d. s. dangier. — 5239 home *doit être corrompu.*

5245 Ja l'eüst mort sans autre recovrier,
Mais li baron ne li laissent touchier ;
Et B. prent fors del lit a glacier,
Tot belement, sans plus de l'atargier.
Dame A. cort la gambe enbracier,
5250 Et le souler doucement a baisier :
« Gentix contesce, plus ne vuel delaier. *f. 86*
« Vos me nouristes, se ne puis je noier,
« Et me donnastes a boivre et a mengier.
« E ! Gautelès, por Dieu le droiturier,
5255 « S'or ne te viex por Jhesu apaier,
« Vois ci m'espée : de moi te pues vengier,
« Car plus ne v[u]el envers toi gueroier. »
Dame A. commence a larmoier ;
Ne s'en tenist por les menbres trenchier,
5260 Qant B. voit si fort humelier.

CCXXXVIII

Grans fu la cors en la sale garnie.
L'enfes B. a la chiere hardie
Son chief benda d'une bende de sie.
Toz fu en braies, n'ot chemise vestie.
5265 En crois adens tint l'espée forbie;
Devant le roi Gautelet merci prie :
« Merci, Gaut., por Dieu le fil Marie
« Qi sucita le mort en Betanie,
« Et reciut mort por nos rendre la vie!
5270 « Je te proi, sire, lai ester la folie,
« Ne doit durer tos jors ceste folie :
« Ou tu m'ocis ou tu me laisse en vie. »
G. l'oï, s'a la coulor noircie :
Si haut parole, la sale est estourmie :
5275 « Par Dieu, bastars, ensi n'ira il mie :

5266 *A* Gauteles. — 5271 *Corr.* ceste aatie?

« Tu en pendras ou mor[r]as a hachie,
« Se ne t'en fuis en Puille ou en Hongrie. »
Desor G. est la cors revertie.
Se li escrient, la sale est estormie :
5280 « Sire G., plains estes d'estotie,
« Qant vos ce dites force li est faillie ;
« Encor a il .M. homes en s'aïe ;
« Ne li fauront por a perdre la vie. »
B. respont, q'il n'a soing de folie :
5285 « Merci, signor, por Dieu le fil Marie.
« Se Dex se done, qi tout a em baillie,
« Qe ma proiere fust en gré recoillie,
« Anqui seroit ceste guere fenie. »

CCXXXIX

Berniers se gist ens el palais listé,
5290 En crois adens tint le branc aceré.
De S. Germain i est venus l'abé,
Chieres reliques aporta a plenté
De s. Denis et de s. Honnoré.
En haut parole, qe bien l'ont escouté :
5295 « Baron, » dist il, « oiés ma volenté :
« Vos savez bien, par sainte charité,
« Qe Damerdiex qi tant a de bonté
« Ot le sien cors travillié et pené
« En sainte crois au vendredi nommé.
5300 « Longis i fu au cors boneüré,
« Si le feri el senestre costé ;
« N'avoit veü lonc tans avoit passé :
« Tert a ces ex, si choisi la clarté ;
« Merci cria, par bone volenté,
5305 « Et nostres sire li ot lues pardonné.

5278 G., A B. — 5279 Après ce vers, A répète le v. 5275. —
5294 qe, A qi (abrégé).

« Sire G., por Dieu de maïsté,
« Iceste guere a ele trop duré :
« B. vos ofre par bone volenté ;
« Se vos nel faites, vos en serez blasmé. »
5310 Li gentix abes fu de grant loiauté,
Y. le conte a par non apelé,
W. de Roie, Loeïs l'aduré,
Et de Doai dant E. le sené ;
Le poing senestre ot en l'estor colpé
5315 En la bataille soz Orrigni el pré.
« Baron, » dist il, « or oiés mon pensé :
« Chascuns aport son bon branc aceré :
« Vos anemis soient si presenté,
« Qe, se Dieu plaist, ja serez acordé
5320 « Par tel covent con ja dire m'or[r]ez :
« Tout li pechié te soient pardonné
« Qe au juïse lor soient pardonné.
— Voir, » dist Y., « ja n'en iert trestorné. »
Il s'agenoillent voiant tot le barné.
5325 Merci crierent par bonne volenté :
Onques G. n'en a .j. esgardé.
L'abes le vit, près n'a le sens dervé.

CCXL

L'abes c'escrie, qi molt fu bien apris :
« Qe faites vos, d'Aras li sors G. ?
5330 « Levez les ent, franc chevalier gentil. »
Et Gautelès c'escria a haus cris :
« Levez les ent, dame, par vos mercîs,
« Por Damerdieu qi onques ne mentis.
« Nel di por ce qe ja soit mes amis

5319 Dieu, *A* Diex. — 5321-2 *Il y a une faute au second hémistiche de l'un de ces deux vers; peut-être* Tuit li pechié dont estes encombré | Qe au juïse vos soient pardonné.

5335 « Tant qe il soit detranchiés et ocis. »
    G. l'oï, s'en a jeté .j. ris :
    « Biax niés, » dist il, « molt par iés de haut pris :
    « Bien hez de cuer trestoz tes anemis.
    « N'i garira B. li chaitis. »
5340 L'abes l'entent, a poi n'enrage vis :
    « Sire G., tout avés le poil gris,
    « Ne ne savez le jor de vo juïs.
    « Se pais ne faites, si m'aït s. Denis,
    « Ja la vostre arme n'avera paradis. »

CCXLI

5345 Sus el palais a grant noise de gent.
    Devant Gautier gist B. simplement,
    Devant G. Y. par bon talent,
    Et Loeys ces freres ensement.
    W. de Roie en prie doucement,
5350 Il et E. de Douai au cors gent.
    Et B. c'escria hautement :
    « E! Gaut. sire, por Dieu omnipotent,
    « Nos .v. espées te sont ci en present.
    « Nos n'i arons mais nul recovrement.
5355 « Or nos pardone, por Dieu, ton maltalent,
    « Ou pren t'espée, si t'en venge erramment. »
    Par le palais c'en escrie[nt] .vij. cent :
    « E! Gautelet, por Dieu ou tout apent,
    « Por amor Dieu, frans hom, levez les hent.
5360 — Dex! » dist G., « con je le fas dolent! »
    Il les en lieve tos et isnelement ;
    Puis s'entrebaisent com ami et parent.
    Li rois s'en torne, pla[i]ns fu de maltalent,
    Car dolans est de cel acordement.
5365 Li sors G. se dreça en estant,

5341 *B* S. Guerri bien.

A la fenestre en est venus avant.
Il c'escria a sa voiz hautement :
« B. frere, por Dieu venez avant.
« Cis rois est fel, gel taing a sousduiant.
5370 « Iceste guere, par le cors s. Amant,   *f. 88*
« Commença il, se sevent li auquant.
« Faisons li guere, franc chevalier vaillant.
— Voir, » dist B., « je l'otroi et creant.
« Ne vos fauroie por nule rien vivant. »
5375 Y. parole o le grenon ferrant :
« Tout Vermendois, le païs fort et grant,
« Vos abandoins a faire vo talant.
« Ja contre vos n'en recevrai plain gant
« Ne de ma terre .j. denie[r] vaillisant.
5380 « De ce me poise, par le cors saint Amant,
« Qe ceste guere avera duré tant. »
Et dist G. : « Ne puet estre autremant.
« Dès or serons comme prochain parent. »

CCXLII

Grans fu la cors sus el palais plaingnier.
5385 Entre A. et Y. au vis fier,
Le sor G. et le cortois Gautier,
E. le conte de Doai le guerier,
Et Loeys et W. et Bernier,
Trestout li conte vont ensemble mengier.
5390 El roi de France nen ot qe courecier.
Les barons mandet q'a lui vegne[n]t plaidier,
Et il si font, q'il ne l'osent laissier.
Dusq'el palais ne vorent atargier.
Li rois s'en va a .j. dois apuier,
5395 Et apela Y. le fort guerier :
« Y., » fait il, « molt vos ai eü chier,

5375 = B. — 5378 A recrevrai; *on pourrait corriger* retendrai.

« Après vo mort, par Dieu le droiturier,
« Vuel Vermendois donner a .j. princier. »
Dist Y. : « Sire, ne fait a otroier :
5400 « A Berneçon la donnai dès l'autrier.
— Comment, diables! » dist li rois au vis fier,
« Doit donc bastars nule honnor chalengier? »
Y. respont, ou n'ot qe corecier :
« Drois empereres, par Dieu le droiturier,
5405 « A grant tort faites vostre home laidengier.
« Vostre hom estoie hui main a l'esclarier :
« Le vostre hommaige avant porter ne qier
« Se droit n'en faites et le gaige ploier.
— Voir, » dist li rois, « trop te sai losengier :
5410 « Ja de la terre n'averas .j. denier;
« Je l'ai donnée Gilemer le Pohier. »
Dist B. : « Sire, asez poez plaidier,
« Qe, par celui qi tot a a baillier,
« Ja vos secors ne li ara mestier
5415 « Qe ne li face toz les menbres trenchier. »
Et dist li rois : « Tais toi, glous, pautounier!
« Cuivers bastars, viex tu a moi tencier?
« Tos te feroie en .j. vil liu lancier. »
B. l'oï, le sens quida changier :
5420 Par maltalent traist l'espée d'acier ;
A vois escrie : « Qe faites vos, Gautier?
« Desor toz homes me devez vos aidier. »
Et dist G. : « Ne te doi fauvoier :
« Ne te fauroie por l'or de Monpeslier.
5425 « Cest coart roi doit on bien essillier,
« Car ceste guere nos fist il commencier,

5399 ne, *A* bien, *ce qui est un contre-sens.* — 5402 = B. *Fauchet ajoute :* « comme s'il ne pouvoit venir a succession, car Ber-« niçon estoit filz bastart d'Iber de Ribemont. » — 5408 et, *corr.* par? — 5409 sai, *corr.* soi, *au prétérit.* — 5421 faites, *A* faistes. — 5423 doi, *A* doit. — 5424 G. = Gueris, *et non* Gautier; *cf. v.* 5427.

« Et mon neveu ocire et detranchier. »
Qi dont veïst ces espées saichier,
Le sor G. la soie paumoier,
5430 Et les roiax fremir et goupillier !   *f. 89*
Bien plus de .vij. en fisent baaillier.
Nes l'empereres n'ot pas le cors entier,
Car B. s'i ala acointier :
Parmi la cuisse li fist le branc glacier,
5435 Si q'il le fist a terre trebuchier.

CCXLIII

Mout fu li rois dolans et abosmez,
Et Gautelès en est em piés levez :
« Drois empereres, » dist il, « grant tort aveis.
« Je sui vos niés, faillir ne me deveiz. »
5440 Et dist li rois : « Fel gloz, lai moi ester,
« Qe, par celui qi en crois fu penez,
« Chascuns en iert en fin deseritez. »
Dist Gautelès : « Qant vos me desfiez,
« D'or en avant de mon cors vos gardez. »
5445 As ostex est tantost .j. mès alez,
A vois escrie : « Franc chevalier, montez ;
« Nos signor sont ens el palais meslez! »
Qant cil l'oïrent es les vos tos montez ;
En petit d'eure furent .M. adoubez ;
5450 Estes les vos vers le palais tornez.

CCXLIV

Grans fu la cors en la sale voltie ;
G. parole a la chiere hardie :

5438-39. *Ces paroles de Gautier n'ont ici aucun sens. Il faut qu'il y ait quelque lacune ou que le texte soit profondément altéré.* — 5452 G. = Guerris ; *cf. v.* 5462.

« Drois empereres, drois est c'on le vos die,
« Iceste guere mut par vostre folie :
5455 « Raoul donnastes autrui terre em baillie ;
« Vos li jurastes devant la baronie
« Ne li fauriez tant con fussiés en vie:
« Asez set on qex fu la garantie :
« Soz Origni fu mors lez l'abeïe ;
5460 « Mais, par celui qui tout li mondes prie, v°
« Encor n'en est vostre grans os banie. »
Et dist li rois : « Fel viex, Dex te maldie !
« Comment q'il praigne, d'Aras n'arez vos mie :
« Dedens .j. mois en iert l'onnors saisie.
5465 « Se vos i truis, par Dieu le fil Marie,
« A la grant porte, tex en est l'establie,
« La vos pendrai voiant ma baronnie. »
Oit le G., maintenant le desfie :
« Or vos gardés de m'espée forbie !
5470 « B. frere, or ai mestier d'aïe. »
Et dist B. a la chiere hardie :
« Ne vos faurai ja jor de compaignie. »
E vous la cort a grant mal departie.

CCXLV

Li sors G. avala les degrez.
5475 Au perron trueve .M. chevalier[s] armez,
Et B. c'est en haut escriez :
« Franc chevalier, de bien faire pensez;
« Nos escuiers tout maintenant armez,
« Isnelement ceste vile roubez ;
5480 « Trestout soit vostre ce qe vos conqer[r]ez. »
Et cil respondent : « Si con vos commandez. »
Crient le fu, ci fu lues alumez,
Et en Paris par les rues boutez

5478 Nos, *corr.* Vos ? — 5482 B Toschent le feu, si est tost alumez. — 5483 = B.

[* Jusqu'au palais dont vos oï avez ;
5485 * Dès le Grant Pont ou avalent les nez
* Jusqu'au Petit qui tant est renommez]
N'i a le jor de toz avoirs remez
Dont .j. vilains poïst estre encombrez.

CCXLVI

La cité arde[n]t par molt grant desmesure.
5490 Vait s'en G. et B. a droiture,
Et Gautelès tout soef l'ambleüre.   *f. 90*
De sejorner en la vile n'ont cure.
A Pierefons sont venu a droiture,
Et chevalchiere[n]t toute la nuit oscure.
5495 A S. Quentin s'en vont grant aleüre.
Toute la gens del païs s'aseüre
Por la grant gu[e]re dont il sont en ardure.
Et li rois tient a grant desconfiture
Q'en la cité li ont fait tel laidure.
5500 Par maltalant le cors s. Pierre en jure,
Ja nes gara chastiax ne fermeüre,
Ne parentez ne nule noureture
Qe toz nes mete a grant desconfiture.

CCXLVII

A S. Quentin vinrent en Vermendois.
5505 « Sire G., » dist Be[r]niers li courtois,
« G. mes sires s'en ira en Artois,
« Et vos irez a Cambrai demanois.

5484-6 *Ces trois vers sont tirés de B; il y a dans A :* Dès le palais dont vos oï avez | De ci au pont ou arivent les nez. *L'espace compris entre le Palais et le pont où abordent les nefs, c'est-à-dire le Grand-Pont, serait à peu près nul. La leçon de B indique que l'incendie occupait toute la largeur de la Cité, entre les deux ponts.*

« Je sui encor de mes plaies destrois
« Et vos meïsmes ne serez sains des mois.
5510 « Je sai molt bien qe molt nos heit li rois :
« Fera nos guere, c'il puet, en Vermendois ;
« Sor nos venra a mervillous effrois ;
« Et vos mandez toz sox qe vos porrois,
« G. les siens, li preus et li cortois;
5515 « Et je sui ci molt près de Loenois,
« Assez souvent les metrai en effrois.
« Ja nes garra ne bare ne defois
« Souvent n'en çaingne mon bon branc vienois. »
A ces paroles sont departi manois.
5520 Li sors G. s'en ala en Artois,
Dame A. en Cambrisis ses drois.

CCXLVIII

Droit a Aras s'en va li sors G.,
Et Gautelês repaire en Cambrezis
Et A. s'aiole o le cler vis ;
5525 Mande[n]t lor homes et lor millors amis;
Tout autresi a fait li sors G.,
Car de la guere est B. touz fis.
Li rois en jure Dieu qi en † fu mis
Q'il nel lairoit por tout l'or de Senlis
5530 Qe del bastart ne soit vengement pris
Qi son bon borc li [a] ars et espris,
Et a roubée la cité de Paris,
Et si grant honte li fisent el païs,
B., Gautiers, d'Aras li sors G.;
5535 S'il n'a la terre dedens les .xv. dis,
Et Vermendois n'a a force conquis,
Il ne se prise vaillant .ij. parizis.
Ces escrivains en a a raison mis:

5528 *A en la* †. — 5538 *B Ses chapelains.*

« Faites mes chartres teles con je devis.
5540 « Mander volrai trestoz les miens amis,
« Et mes barons et sox qe j'ai norris,
« Qe de ma honte soit tos vengement pris.
« Nes garira chastiax ne roulleïs
« Qe nes en traie, forment en sui hatis. »
5545 Et cil responde[n]t : « Tout a vostre devis. »

CCXLIX

Gautiers, G., B. li cortois,
A S. Quentin vinre[n]t en Vermendois.
La segornerent grant partie del mois,
Car de lor plaies erent encor destrois.
5550 Avec oux ont .ij. bons mires cortois.
Qant gari sont, si s'entorne[n]t manois ; *f. 91*
Li sors G. s'en ala en Artois ;
O lui enmaine B. li cortois.
Dame A. en Cambrisis ces drois
5555 La est alée ; Gautier enmaine ò soi.

5539-40 = B. — 5541 B Et tos mes hommes. — 5542 = B. Ce vers est le dernier que rapporte Fauchet. — 5549 erent, A eurent ou enrent.

CCL

VA s'en Gautier[s] droit a Cambrai la riche,
Li sors G. a Aras la garnie.
B. enmaine, n'en i vieut laissier mi[e],
Car de R. est li acorde prise
5560 Par .j. saint abe qi la pais i a mise.
Li sors G. a une bele fille :
Il n'ot si bele desq'as pors de Lutice.
Qant ot novele de la chevalerie
Et de B. q'ele ne haoit mie
5565 Qi venus est, Damerdieu en mercie.
Lors a vestu .j. peliçon d'ermine,
Et par deseur .j. ver bliaut de siie.
Vairs ot les ex, ce samble toz jors rie.
Par ces espaules ot jetée sa crine
5570 Qe ele avoit bele et blonde et trecie.
De sa chanbre ist tot ensi la meschine.
La est venue ou fu la baronnie,
Et vit B. en .j. bliaut de sie ;
Vint a son pere, ce li a pris a dire :
5575 « Bien vegniés, sire, vos et vo compangnie.
— Ma bele fille, et Dex vos beneïe ! »

5561 a *est ajouté en interligne, mieux vaudrait* ot. — 5570 *Ms.* treciee.

Lors l'acola, si l'a .iij. foiz baisie.
Dist la pucele : « Qi est cis vassax, sire,
« Qe je voi la ? nel me seler vos mie.
5580 — C'est B., bele, onques mais nel veïstes,
« Qi avra faites tantes chevaleries.
« A maint des nos a tolues les vies. »
Dist la pucele : « Or me dites, biax sire,
« Par cui conduit est donc en ceste vile ?
5585 — Fille, » fait il, « nel vos celerai mie,
« Car de R. est li acorde prise
« Par .j. saint abe qi la pais i a mise.
— Dex, » fait la bele, « glorious peres, sire,
« Vos en ren je et graces et merite. »
5590 Puis dist en bas, c'on ne l'entendi mie :
« Lie la dame qe isil aroit prise,
« Car molt a los de grant chevalerie !
« Qi le tenroit tot nu soz sa cortine.
« Miex li valroit qe nule rien qi vive. »

CCLI

5595 La damoise[le] a regardé B.
Qi plus est joins qe faus ne esprevier.
Chauces de paile qi molt font a proisier,
Et ot vestu .j. bon ermine chier ;
Camosez fu del bon hauberc doublier
5600 Q'il ot porté en maint estour plegnier.
El l'aime tant ne s'en set consellier.
« Dex ! » fait la dame, « qi tout as a jugier,
« Buer seroit née qi a tel chevalier
« Seroit amie et espouse a mollier.
5605 « Qi le poroit acoler et baisier,

5578 vassax, *ms.* valsax. — 5581 avra, *corr.* a ja ? — 5596 *Il manque probablement un vers entre celui-ci et le suivant.* — 5605 poroit, *A* loroit. — 5604 a, *corr.* et, *ou encore* S. a. espousée a m.

« Miex li valroit qe boivre ne mengier ! »
Puist dist en bas, c'ele puet esploitier,
Qe le tenra encor ains l'anuitier.
Tant l'argüa l'amor del chevalier,
5610 Qe en la place ne pot plus atargier,
Mais a son pere a demandé congié.
Plus tos qe pot en ces chambres s'en vient.
Lors les fist bien conreer et joinchier,
Et bien portendre de bons pailes deliés.
5615 Son chanbrelenc apela Manecier :
« Amis, biax frere, Dex garise ton chief !
« .I. poi de chose te volroie acointier
« Qi te poroit encore avoir mestier ;
« Mais coiement te covient esploitier
5620 « Se tu a moi viex avoir recovrier.
« Qant tu veras qe tans et lius en iert,
« Sus el palais m'en iras a B.;
« Di li par moi salus et amistié,
« Et q'en mes chambres ce vaigne esbanoier
5625 « Et as eschès et as tables joier :
« Je te donrai .xx. livres de deniers. »
Dist li mesaiges : « Je irai volentiers. »
De la pucele se depart Maneciers :
De son afaire ne se vost atargier ;
5630 Ançois volra, ce il puet, esploitier,
Sans demorer et sans point delaier,
Comment sa dame parlera a B.
Plus tos qe pot vint el palais plaingnier
La ou estoient li vaillant chevalier ;
5635 Ne targa gaires qant il prisent congié.
Et li mesajes est venus a B.;
Cortoisement, n'ot en lui q'ensaignier,
Par devant lui se prist a genollier,
Ens en l'orelle li prist a conseillier :

5606 valroit, *A* volroit.

5640 « Damoisiax sire, molt te doiz avoir chier,
« Qant or te mande la fille au sor guerier   v°
« (N'a plus gentil de si a Monpeslier)
« Qe en ces chambres veneiz esbanoier,
« Et as eschès et as tables joier.
5645 « Ma damoisele vos volra acointier,
« Fille G., au millor chevalier
« C'on saiche mie en France ne sou[s] ciel.
« Par moi vos mande saluz et amistié.
« Or tos, biaus sire, por Dieu, ne vos targiés. »
5650 Et dist B. : « Par mon chief, volentiers ;
« De nul mesaige ne fuse je si liés.
« Preu i aras qant l'amor i porqiers :
« Je te donrai .j. bon corant destrier,
« Et beles armes et escu de quartier.
5655 « Por cest mesaige te ferai chevalier
« Ançois qe past .j. tot seul mois entier. »
Dist li mesaiges : « Bien vos doi mercier. »
Ensi parolent entre lui et B.;
Vont en la chanbre sans point de delaier.
5660 La sist la bele qi tant fist a proisier.
Qant ele vit venir le chevalier,
Lors ne plaint pas ne l'argent ne l'or mier
Q'ele ot donné au cortois mesaigier.
Contre ox se lieve, n'ot en li q'ensaignier,
5665 Si com il viene[n]t, cort l'un l'autre baisier.
Ci s'entracolent nus n'en doit mervillier,
Car ele est bele et il bons chevalier[s].
Por sa bonté l'avoit ele si chier,
Car, qant ces pere repairoit del mostier
5670 Et se venoit le soir après mengier,
Trestout parolent de la bonté Bernier.   f. 93
La l'enama la pucele au vis fier.
Qant or le tient molt en a le cuer lié.
Sor .j. brun paile li .j. lez l'autre siet,
5675 Et li mesaiges se traist .j. poi arier,

Et cil commence[n]t belement a plaidier
De riches diz, de toutes amistiés ;
Il n'ont or cure d'autres blés gaaignier.
La damoisele a parlé tout premier :

CCLII

5680 « Sire B., » dist la fille G.,
« Mandé vos ai, n'en doi estre plus vis,
« Ens en ma chambre, frans chevalier eslis.
« Vos m'avez mort .j. mien germain cousin,
« R. ot nom : molt par fu de franc lin.
5685 « Renier mon frere oceïstes o si.
« Pais en est faite, la Damerdieu merci ;
« Iceste acorde otroi je endroit mi,
« Se vos a moi la faites autreci.
— Oïl, ma dame, » B. respondi,
5690 « Car je devai[n]g vostre hom et vos amis,
« Et vostre cers achatés et conquis.
« .C. chevalier feront ce autreci :
« Vos et vo pere vos serviront toz diz
« A beles armes, a bons destriers de pris.
5695 — En non Dieu, sire, ains estes mes amis.
« Pren moi a feme, frans chevalier eslis :
« Si demorra nostre guere a toz dis .
« Soz ciel n'a home miex de vos soit servis.
« Veés mon cors com est amanevis :
5700 « Mamele dure, blanc le col, cler le vis ;
« Et car me baise, frans chevalier gentis ;
« Si fai de moi trestot a ton devis. »
Dist B. : « Bele, por amor Dieu, merci.
« Vos savez bien qe je sui de bas lin,
5705 « Et sui bastars, le cuer en ai mari,
« Car ne plot Dieu, qi onques ne menti,

5685 ou osi, *pour* aussi ? *Voy. tirade* CXXIX.

« Qe quens Ybers, mes peres, d'Origni,
« Fust espouzés a ma mere gentill.
« Puis q'ensi est, si m'en estuet soufrir.
5710 « De vos a prendre n'est pas drois enver mi :
« Trop est haus hom li riches sors G.,
« D'avoir sa fille n'iert ja par moi requis.
« Mais de la pais ren je a Dieu merci,
« Car ne volroie por tot l'or qe Dex fist,
5715 « Si m'aït Dex, qe jamais me haïst.

CCLIII

— Sire B., » dist la gentils pucele,
« Or voi je bien qe vilains provez estes.
« Se me refuzes, tos t'en venroit grans perte,
« Car mort m'avez .j. mien cousin oneste,
5720 « R. ot nom : tu li trenchas la teste.
« .I. de mes freres oceïs a l'espée.
« Si m'aït Dex, tos revenroit la guere,
« Car d'ome mort molt sovent renovele.
« Se m'as a feme, frans chevalier oneste,
5725 « En tel maniere i puet bien la pais estre,
« Et remanra a tos jors mais la guere.
« Sous ciel n'a dame qi miex de moi vos serve. »
Et dist B. : « Mal dites, damoisele. »

CCLIV

Dist B. : « Dame, n'estes mie senée.
5730 « Ne sui pas fix de mollier espousée,
« Ains sui bastars, n'i a mestier celée.   *f. 94*
« Mais gentils feme neporcant fu ma mere,
« Et gentils hom est quens Y. mes pere.

5721 a l'espée, *corr.* adecertes?

«Il prist la dame en la soie contrée,
5735 «Mais ne plot Dieu q'i l'eüst espousée.
«Toute sa terre neqedent m'a donnée :
«De Ribemont iert ma feme doée ;
«Mais ja por ce nen iert tex ma pensée
«Qe vos por moi soiés jor demandée :
5740 «S'on vos i donne ne serez refusée,
«Ains en serez a grant goie menée
«Et vos prendrai a mollier espousée.»
Dist la pucele : «Vostre merci, biau frere ;
«D'or en avant sui je vostre donée,
5745 «Car je me doing a vos sans demorée.
«Riens qe je saiche ne vos iert mais celée.»
A icest mot l'a B. acolée,
Et ele lui, grant goie ont demenée.
L'un baise l'autre par bone destinée,
5750 Car par aus fu la grant guere finée
Desc'a .j. jor qe fu renouvelée,
Qe Gautelès la reprist a l'espée.
«Sire B.,» dist la dame senée,
«Se je vos aim n'en doi estre blasmée,
5755 «Car de vos ert si grans la renoumée,
«Qant mes pere ert en sa sale pavée,
«Trestuit disoie[n]t, a maisnie privée,
«Cui vos feriés de la lance plenée
«Ne remanoit en la cele dorée.
5760 «De vos avoir estoie entalentée :
«Miex vossisse estre ou arce ou desmenbrée   v°
«D'autre de vos fuse ja mariée.»
B. l'oï, si l'en a merciée,
Et a cest mot baisie et acolée ;
5765 Puis c'en depart, a Dieu l'a commandée ;
Maint soupir font a cele desevrée.

5734 *Cf. tirades LXXXI-LXXXIII.* — 5739, por, *corr.* par ?

CCLV

« Je m'en vois, bele, » dist B. li cortois ;
« Por Dieu vos proi qi fu mis en la crois,
« Se cis plais est, faites le mi savoir. »
5770 A son ostel, el borc, s'en vint tot droit.
La bele mo[n]te el palais maginois,
Devant son pere est venue tot droit.
Li Sors la baise : si l'asiet joste soi.
« Molt vos aim, bele, » dist G. li cortois.
5775 — En non Dieu, sire, ce me lairés veoir.
« Il est costume a maint riche borgois
« Son effant aime endementiers q'il croit ;
« En petitece li aplene le poil,
« Et qant est grans nel regarde en .j. mois.
5780 « Mari vos qier don[t] je eüse .j. oir :
« Après vo mort vo terre mai[n]tendroit.
— Dex ! » dist G., « glorieus peres rois,
« Con par est fox li hom qi feme croit !
« Car des auquans le puet on bien veoir :
5785 « Encor n'a gaires q'en refusa tex trois,
« Li pire avoit .v. chastiax a tenoir.

CCLVI

— Biau sire peres, tout ce laissiés ester,
« Car nus de çox ne me venoit a gré.
« Mari vos qier por mon cors deporter ;
5790 « Or est li termes et venus et passés,
« Ne m'en puis mais soufrir ne endurer.
« Ne dites pas ne l'aie demandé,
« Car je ne sai q'il m'est a encontrer.

5769 mi, *ms.* mien. — 5793 q'il, *corr.* s'il ?

— Diex! » dist G., « qi en crois fu penés,
5795 « Qi oï mais pucele ensi parler!
« Ja n'est ce chose qe on puise trover,
« Ne a marchié ne a foire achater.
« Soit qi vos pregne, je sui près de donner;
« Qe, par celui qi se laissa pener,
5800 « S'or vos rovoit .j. chaitis d'outre mer,
« Si l'ariés vos, puis qe vos le volés.
— En non Dieu, sire, or avez vos parlé.
« C'il vos plaist, sire, B. me donez,
« Q'en cest païs n'a millor baicheler,
5805 « Ne plus hardi por ces armes porter.
« Se je en ment, par Dieu, bien le savés,
« Q'en maint estor l'aveiz veü prover.
— Dex! » dist G., « t'en soies aourez!
« C'or remanra la grant guere mortez
5810 « Dont tant franc homme orent les chiés colpé[s].
« Or revenront li preudomme as ostés
« Q'en autre terre en sont chaitif clamé.
— En non Dieu, sire, tot ce ai ge pensé.
« Mandez B. el borc a son ostel. »
5815 Par .j. mesaige ont B. mandé,
Et il i vint a tos .c. baichelers;
Tos li plus povres ot ermin engoulé.
Tout ensi vint en[s] el palais listé.
G. le vit, li preus et li osez;
5820 A une table sont andui acosté.
Li quens G. l'a premiers aparlé.
« B., » fait il, « je vos ai ci mandé.
— Sire, » fait il, « si vos plaist, si direz.
— Ves ci ma fille, » dist G. li menbrez :
5825 « Pren la a feme, je la te vuel donner.
— .C. merci[s], sire, » se dist B. li berz.
« Qe, par l'apostre c'on qiert en Noiron pré,
« Ce ele estoit une feme jael,
« Si la prendroie, puis qe vos le volez;

5830 « Mais, c'il vos plaist, .j. respit me donnez
« Tant qe j'en aie a ma dame parlé.
« C'ele l'otroie, dont puet li plais ester.
— Sire, » fait ele, « por noient en parlez :
« Je vos aim plus qe nul home charnel. »
5835 G. l'entent, s'en a .j. ris jeté.
Après a dit, oiant tot le barné :
« De par cesti n'iert [cis] mais refusé[s]. »
Sor une table font les sains aporter :
Ilueques font les sairemens jurer,
5840 B. del prendre et G. del donner.

CCLVII

Vait s'en B. qant s'amie a jurée.
Troi fois la baise, a Dieu l'a commandée.
A S. Quentin a fait la retornée.
Vint a son pere, l'uevre li a mostrée
5845 De l'aventure qe Dex li a donnée,
Si faitement con s'amie a jurée.
« Dex ! » dist Y., « roïne couronnée,
« Or est la guere, s'il vos plaist, amendée
« Dont mains frans hom ot la teste colpée. »
5850 Vint a son fil, dist li sans demorée :   *f. 96*
« Toute ma terre te soit abandonnée.
« De Ribemont iert ta feme doée. »
Et dist B. : « Vostre merci, biau pere ;
« Ja la chalenge Loeys l'emperere
5855 « Qi dist et jure ja n'en avrai denrée
« Por tant ne sui de mollier esposée.
« Mais, par la foi qe doi l'arme men pere,
« A itel gent est ma force doublée
« Ja par nul home n'en quit perdre denrée
5860 « Dedens le mois ne me soit restorée.

5857 men pere, *corr.* ma mere?

CCLVIII

— Biax fix B., « ce dist li viex Y.,
« Hardis soiés et chevalier engrès.
« Tant con je fui meschins et jovencel.
« Soi je molt bien maintenir mon cenbel,
5865 « Et de ma lance a droit porter le fer.
« Mais, par la main dont je taing le coutel,
« Se Loeïs ne vos lait mon recet,
« En petit d'eure li movrai tel cenbel
« Dont je ferai maint orfenin nouvel ;
5870 « Et ce l'ataing a pui ne a vaucel,
« Tel li donrai sur l'escu lionnel
« Qe contremont torneront li mustel. »
E vos atant venu .j. damoisel,
Espie fu, afublé d'un mantel.

CCLIX

5875 Ez une espie qi vint de France douce
Qe envoia dans Y. de Peronne.
Qant il le voit maintenant l'araisone :
« Ou est li rois? nel me celer tu onques.
— Sire, a Soissons le laissai ier a nonne.
5880 « Sor nos venra; richement s'en atorne. »
Y. l'entent, onques plus ne sejorne,
Ains a mandé por sa gent sans esoine,
Por ciax de Ham, de Roie et de Perone;
.III. mile furent as haubers et as broignes.
5885 Et dist B. : « Por Gautier car mandomes
« Q'il a nos vaigne et ci amaint ces homes,
« Sox de Cambrai, molt i a de preudommes.
« S'avons mestier, si nos en aiderômes. »

5872 *Cf. v. 4653.*

Et dist Y. : « Par mon chief, non feronmes :
5890 « Par nos cors seus ferons ceste besoingne.
« G. i voist qant nos en revenromes. »

CCLX

Ibers entent li rois est a Soissons,
Ces homes mande tant que .iij.M. sunt,
A roides lances, a vermaus confanons.
5895 Lors chevalchierent droitement a Soisons ;
Lor agait mete[n]t dedens .j. val parfunt ;
La proie aco[i]llent et aval et amont.
Aval el borc en lieve la tençons ;
Fors c'en issirent chevalier et jeldon ;
5900 Troi .M. furent a vermax confanons
Qi les enmainen[n]t le chemin contremont.
Ainc ne finerent tant qe a l'agait sont.
Fors d'une lande lor sailli B.,
En son sa lance ot fermé .j. penon :
5905 « S. Quentin ! » crie, « ferés avant, baron ! »
La gent le roi a mis en tel randon,
N'i ont fait joste ne cenbel a bandon.
Desq'a la la porte les maine[n]t a bandon.
Li abatu furent tuit Berneçon,   *f. 97*
5910 .C. chevalier qi molt furent baron.
.I. mès s'en torne broichant a esperon
Qi l'a conté au roi de Monloon.

CCLXI

Qant li rois ot qe tuit sont desconfit,
Au mès demande : « Est i li sors G.,
5915 « Ne Gautelès ces niés de Cambrisis ?
— Nennil voir, sire, mais Y. li floris,

5889 non, *ms.* si. — 5890 seus, *ms.* seul.

« Et B., cil nos ont desconfit. »
Li rois l'entent, por poi n'enraige vis :
« Poigniés après, por Dieu ! » dist Loeys.
5920 Et il si font, les escus as cols mis.
Devant les autres li manciax Giboïns
Qi tient la terre R. de Cambrisis
Et de la guere la commensaille fist.
Es vos B. poignant tout .j. laris ;
5925 Le Mancel voit : ne li fu pas eschis,
Ançois li donne grant colp sor l'escu bis.
Desoz la boucle li a frait et mal mis ;
Parmi le cors son roit espieu li mist ;
Tant con tint l'anste l'abati mort sovin.
5930 A vois c'escrie : « Cis est alez a fin,
« Vengiés en est R. de Canbrisis ! »

CCLXII

A la bataille vint Loeys li rois ;
Bien fu armés sor .j. destrier norois.
A sa vois clere c'est escrié .iij. mos :
5935 « Ou iés, fel viex, Y. de putes lois ?
« Cuivers traïtres, parjurés iés ver moi. »
Es vos Y. apoignant le chamois,
Cele part vint ou a veü le roi.
Il li escrie : « Sire, vos mentés voir.
5940 « De traïson bien desdis en serois ;
« Mais tu feïz, certes, qe malvais rois.
« En ton palais ou ere alez por toi,
« Comme li hom qi sa terre en tenoit,
« La me faucis : je faurai ci a toi.
5945 « B. mes fix fu la preus et cortois :
« Sa bone espée ot le jor avuec soi.
« .VII. des millors nos i laissames frois ;

5922 tient, *corr.* tint?

« Fors en issimes par le nostre pooir.
« Mais, par celui qi haut siet et loins voit,
5950 « N'i arés mais ne homaige ne lois.
« Gardés vos bien, qe ja le comperrois. »
L'uns fu vers l'autre angoisseus et destrois,
D'aus empirier et ocire tous frois.
Mais au joster failli del tout li rois,
5955 Car il ot tort, siens ne fu pas li drois,
Y. le fiert de l'espié vienois :
Onques nel tint ne estriers ne conrois,
Jus a la terre l'abati el chamois,
Mais au rescoure sont venu li François.
5960 La gent Y. reviene[n]t demanois;
La ot estor fort et dur et espois.
Le roi remonte[n]t si home et ci François.

CCLXIII

Grans fu la noise et li estor pesans;
Fiere[n]t de lances et d'espées trenchans ;
5965 Chiéent li mort et versent li sanglant.
N'alisiés mie plaine lance de grant
Ne trovissiés chevalier mort gisant.
E vos B. par la bataille errant.
Ou voit son pere, ce li dist gentement :   f. 98
5970 « En non Dieu, sire, nos alons folement.
« Don n'est no[s] sire li rois ou France apent,
« Qe je voi ci en ci mortel torment ?
« En aucun tans raruns acordement,
« Se il li plaist et Jhesu le consent.
5975 « Se m'en creés ja iert laissiés atant;
« C'il nos assaillent, bien soions deffendant.
— Fix, » dist li peres, « preus estes et vaillans ;
« Li vostre sens va le mien sormontant. »

5971 Don n', ms Den.

La proie acoillent et deriere et devant ;
5980 Vers S. Quentin retorneront atant.
Li empereres ne vost pas sivre tant,
Car sa gent voit lassée et recreant,
Mais a Soisons retorna mai[n]tenant.

CCLXIV

5985 Berniers retorne qi grant escheq a fait :
.VII.xx. enmaine de chevaliers menbrés,
Ne [de] la proie ne seit ne clers ne lais.
Droit a Aras en est venus .j. mès,
Au sor G. a conté demanois
Trestout ausi comme B. l'a fait.
5990 Grans fu la goie qe s'amie en a fait :
« Amis, » dist ele, « verrai vos je jamais ?
« Diex ! c'or ne sui esmerillons ou gais !
« Ja ne feïsse desq'a vos c'un eslais. »

CCLXV

La damoisele apele .j. mesaigier ;
5995 Courtoisement le prist a araisnier :
« Amis, biaux frere, or de l'aparillier :
« A S. Quentin m'en irés a B.,
« Et se li dites molt me doi mervillier
« Qant de ces noces a si longes targié.
6000 « Li sor G. a molt le talent fier,
« Tos me donroit .j. autre chevalier.
« Se je le per, n'arai mais le cuer lié. »
Dist li mesaiges : « Je irai volentiers. »
Adonc monta sor .j. corant destrier.
6005 A S. Quentin est venus a Bernier :

5986 *La rime est fausse, corr.* cortois ? *Cf. la rime du v.* 5988.

Il le trova avec les chevalier[s].
B. le voit, onques ne fu ci liés ;
Cortoisement le prist a araisnier :
« Qe fait ma mie ? Gardez nel me noier.
6010 — Sire, el vos mande, par Dieu le droiturier,
« Qe de vos noces poez mout atargier.
« Li sors G. a molt le talant fier,
« Tos li donroit .j. autre chevalier.
« C'ele vos pert, n'ara mais son cuer lié. »
6015 Et dist B. : « Je ne poi, par mon chief,
« Car sor le roi qi France a a baillier
« Avons esté a Soissons ostoier.
« Mais, ce Dieu plaist qi tot a a jugier,
« Je la prendrai diemanche au mostier. »
6020 Et dist li mès, ou il n'ot q'ensaignier :
« Dont l'irai je a ma dame noncier. »
Et dist B. : « Je vos en vuel proier. »
Li mès s'en torne ou il n'ot q'ensaignier,
A Aras vint tout le chemin plaignier,
6025 Trova sa dame ; conta li de B.,
Qe diemanche la prendra au moustier
La dame l'oit, le mès cort enbracier ;
Ci l'enmena sus el palais plegnier,
Le sor G. i truevent au vis fier,   *f. 99*
6030 Iceste chose li prene[n]t a nuncier.
Oit le G., n'i ot q'esleecier.
Lors a mandé maint vaillant chevalier
Qi de lui tienent tuit viegnent sans targier.
Après manderent cel de Canbrai Gautier.
6035 Et B. fait son oire aparillier,
Car il volra movoir a l'esclarier.
Ains q'il retort ara tel encombrier,
Molt sera près de la teste tranchier,
Car Loeys qi France a a baillier

6006 les, *corr.* ses ?

6040 Par .j. mesaige les a fait espier.
La ou li rois se seoit au mengier
Atant es vos venu le pautonnier :
Ou voit le roi ce li prent a huchier :
« Drois empereres, trop poez atargier :
6045 « B. prendra diemanche mollier. »
Li rois l'entent, cel prent a araisnier :
« Amis, biax frere, se tu m'en pues aidier
« Qe je de lui me peüsse vengier,
« Je te donra[i] .c. l. de deniers. »
6050 Et dist li mès : « Bien vos en quit aidier;
« Mais faites tos, sans plus de l'atargier,
« Des chevalier[s] .iij. m. aparillier,
« Et ges menrai sans plus de l'atargier,
« Et vos meïsme ne demorés arier. »
6055 Et dist li rois : « Bien le doi otroier,
« Car molt m'a fait li glous grant encombrier. »
Li rois c'escrie : « Or de l'aparillier ! »
Les napes traie[n]t sergant et despencier;
Es chevals monte[n]t li nobile guerier,   v°
6060 Et cil les maine, qui Dex doinst encombrier!
Or vos redoi aconter de B. :
Le samedi, au point de l'esclarier,
A fait sa gent errer et chevauchier.
Tant ont erré li vailant chevalier,
6065 Q'a Aras vinre[n]t .j. poi ains l'anuitier.
Grans fu la goie sus el palais plegnier;
Assés i ot a boivre et a mengier.
As mès conter ne me vuel travillier,
Mais l'andemain sont venu au mostier;
6070 La espousa B. sa moullier.
Après la mese sont venu del mostier,
Tuit sont monté et devant et derier;
A S. Quentin s'en volront repairier,
Car la quidoient faire lor grant mengier;
6075 Mais or porra par loisir refroidier.

Ce cil n'en pense qi se laisa drecier
En sainte crois por son peule avoier,
Par tans aront .j. mortel encombrier
Et Gautelès et Y. et B.,
6080 Car Loeys, qi France a a baillier,
Ens en .j. bruel, dedens .j. val plaingnier,
A fait ces homes coiement enbuschier.
Troi mile furent li vaillant chevalier;
Tuit sont armé, chascuns sor son destrier.

CCLXVI

6085 Berniers chevalche et la fille G.
Et Gautelès et Y. li floris.
.I. jougler chante, onques millor ne vi.
Dist Gautelès : « Bon chanteour a ci.
— Voir, » dist B., « onques millor ne vi *f. 100*
6090 « Dès icele eure qe de mere nasqui.
« Je li donrai mon destrier arrabi,
« Et mon mantel et qanqe j'ai vesti.
— Et je mon mul, » dist Y. li floris :
« Chantés, biax frere ! » Et cil c'est esbaudis :
6095 De la chançon a bien le chant forni ;
Tuit li baron l'ont volentiers oï ;
Mais d'une chose furent mal escharni
Qe de lor armes estoient desgarni.
Endementiers qe cil lor chantoit ci,
6100 Li agais saut, qe plus n'i atendi.
Sox desconfirent : tuit furent mal bailli.
Pris fu Y. et Gautiers autresi,
Et mains des autres et la fille G.
B. le voit : a poi del sens n'isi :
6105 .I. esquier a devant lui choisi ;
Par les enarmes a .j. escu saisi,
Des poins li tout .j. roit espieu forbi,
Puis s'en torna broichant : s'ataint celi

Qi cel agait et cel plait li bastı;
6110 Desoz la boucle en l'escu le feri
Si durement q'a la terre chaï;
Le quer li a dedens le cors parti.
Atant s'en torne B. li hardi;
En haut c'escrie, si qe bien l'ont oï:
6115 « Mar la baillastes m'amie, Loeys!
« *Si la ravrai, par Dieu qi ne menti;*
« *Ja n'i garront trestuit li vostre ami.* »
Loeys l'ot, sa gent crie a haut cri:
« Or tos après! por Dieu qi ne menti,
6120 « C'il nos eschape trop sommes mal bailli. »
Deus .M. en poignent qi le roi ont oï,
As blans haubers, as bons espiex forbis;
Mais B. ot bon destrier arabi,
En poi de terme les a esloi[n]giés si
6125 C'onques ne sorent de qel part il verti.
A Aras vint, iluec trova G.;
Ne desist mot por l'onnor qe Dex fist.

CCLXVII

Gueris c'escrie, qant a veü B.:
« Q'avés vos, frere? nel me devez noier.
6130 — En non Dieu, sire, perdue ai ma mollier,
« Y. mon pere et le conte Gautier.
« Li rois l'enmainne qi France a a baillier. »
G. l'entent, le sens quide changier:
« Ha! bele fille, » ce dist G. li fier,
6135 « Li rois me heit, si ne m'aime pas bien. »
Lors a tel duel le sens quida changier.
Pleurent i dames, sergant et chevalier.

6116-7 *Ici et aux vers* 6145-7, *une partie du texte est enlevée par une déchirure.*

CCLXVIII

« A ! » fait B., « bele suer, douce amie,
« Li rois me heit, por voir ne m'aime mie;
6140 « Por moie amor vos fera estoutie.
« Mais, par la foi qe doi sainte Marie,
« Se il por moi vos faisoit estoutie,
« France en seroit molt malement baillie,
« Maint chastiax ars, mainte riche abeïe.
6145 « Por vostre amor ne remanra *en vie*
« Hom qe il ait, se l'at*aing a la fie*. »
G. li dist : « Laiss*iés ceste folie*,
« Li sorparlers ne vos aide mie : *f. 101*
« Mandons no gent et nostre baronnie,
6150 « S'alons en France a bataille rengie. »
Et dist B. : « Ce ne refus je mie. »

CCLXIX

Or le lairons de B. le cortois
Et de G. le preudome d'Artois ;
Si vos dirai comment en va li rois.
6155 Droit a Paris s'en vint et ces harnois ;
L'escheq depart a ces barons cortois,
Et les prisons met en chartre manois.
La damoisele a fait mander li rois,
Et ele vint vestue d'un orfrois.
6160 La bele pleure, molt est ces quers destrois :
« Ne plorés, bele, » ce li a dit li rois.
« Je vos donrai anqui mari cortois.
« Venez avant, Erchenbaut de Pontois,
« De ceste dame recevés les otrois. »
6165 Dist la pucele : « Merci, biax sire rois.
« N'a encor gaires qe B. li cortois

« M'a espousée : les aniax ai es dois.

CCLXX

— Gentix pucele, » dist li rois Loeys,
« Vos estes fille au riche sor G.,
6170 « Et estes feme B. le hardi
« Qe je plus has qe home qi soit vis,
« Qe par lui sont mi home desconfit ;
« S'a de mes homes ne sai .c. ou .vij. xx,
« Se Dex m'aït, dedens sa chartre mis!
6175 « Agaitié l'ai tant qe l'ai desconfit.
« Se je peüse, certes, qe il fust pris,
« Nel garesissent tuit cil de cest païs
« Ne fust pendus ou detrais a roncis. »
Dist la pucele : « Icil li soi[t] aidis
6180 « Qi por nos fu en la sainte crois mis ! »
Après parla li fors rois Loeys :
« Venés avant, Erchenbaut de Ponti :
« Prenés la dame, car je la vos otri. »
Dist la pucele : « Biax sire rois, merci.
6185 « N'a encor gaires que B. li hardis
« M'espousée, par verté le vos di ;
« Mais une chose voirement i failli
« Q'ains ne geümes en .j. lit moi et li.
« Jugiés en droit, li clerq de cest païs,
6190 « Qe la loi Deu aveis a maintenir.
« Lairés vos dont crestienté honir ? »
Trestuit se taissent li grant et li petit,
Car molt redoute[n]t le fort roi Loeys,
Fors .j. frans hom qi molt fu de franc lin,
6195 Cousin germain B. le hardi ;
S'out de ses homes en la cort plus de .xx.,
Hom fu le roi et ces terres en tint.
« Drois empereres, » dist Do, « par s. Denis,
« Sos ciel n'a home, s'en concell ne se mist

CCLXXI

  « Drois empereres, » dist Do, « je sui vostre hom,
  « Si ne volroie vostre confusion.
  « Iceste est fille a G. le baron ;
  « Tel chevalier en terre ne seit hom ;
6205 « Et ci est feme au marchis Berneçon ;
  « Plus seit de guere qe ne fist Salemon,
  « Et bien savez con faites gens ce sont :   *f. 102*
  « Ja ne verrés l'entrée de moison
  « Qe ci verrez G. et B. ;
6210 « Sor vos venront as bons destriers gascons;
  « Lors revenra nostre confusions. »

CCLXXII

  Qant li rois l'ot si faitement parler,
  Il entent bien de rien ne vieut fauser ;
  A la roïne fait la dame garder.
6215 La damoisele, qi tant fait a loer,
  Par .j. matin c'estoit prise a lever ;
  A la fenestre est venue au jor cler ;
  Voit sor ces haubres ces oisellons chanter,
  Et parmi Saine ces poissonssiaus noer,
6220 Et par ces prés ces flors renoveler ;
  Ces pastoriax oit lor flajox sonner
  Qi par matin vont lors bestes garder,
  Et oit d'amors en tant mains lius parler.
  Lors commencha grant duel a demener ;
6225 Ront et dessire son frès ermine cler
  Qe a la tere le fait jus avaler :
  « Goules de martre, ne vos vuel plus porter,

6211 Lors, *ms.* Sor.

« Qant j'ai perdu le millor baicheler
« C'on poïst mie en cest ciecle trover.
6230 « E! B., sire, con faisiés a loer!
« Cortois et saiges et large por donner.
« Poi ont ensamble nos amistié[s] duré.
« Dex le me rende qi se laissa pener
« En sainte crois por son peule sauver! »

CCLXXIII

6235 La damoisele fait grant duel por B. :
« Ahi! » fait ele, « nobiles chevaliers,
« Poi ont ensamble duré nos amistiés.
« Or deüsiens acoler et baisier,
« Li uns por l'autre de ci au jor vellier. »
6240 Pasmée chiet voiant maint chevalier.
Plus de .xiiij. la corent redrecier
Qi tout ce vont a Loeïs noncier :
« Drois empereres, par le cors s. Richier,
« Ceste pucele ci s'ocist por B. »
6245 Et dist li rois : « Par Dieu le droiturier,
« Ja sa losenge ne li ara mestier
« Qe ne la face livrer mes esquiers ;
« Par les fosez l'enmenront tout a pié,
« Et si en facent tout canque bon lor iert. »
6250 En haut escrie : « Ou sont mi escuier? »
Plus de .xl. en sont saillis en piés
Des licheors qui en furent molt liés.
Voit le la dame, si cuida marvoier.
Pasmée chiet par desor le plainchier.
6255 A une table se huerta de son chief
Si que le sanc en convint jus glacier ;
Sainglant en ot son hermine delgiet

6250. *D'ici à la fin du livre, l'écriture est de la même main qui a écrit le premier feuillet.* — 6256 *Ms.* jus g. en c.

Et son mentel a fin or entailliet.
Et la roïne fors d'unne chambre vient :
6260 A haute vois commença a huchier :
« Por quoi le fais, malvais rois losaingier?
« Ne place a Dieu qi tot a a bailler
« Que cest an past ne soies marvoiés,
« Et si te vaigne issi grant destorbier,   *f. 103*
6265 « Tuit ti ami i aient a vaingier. »
Li rois s'en rit entre ces chevalliers.
Et la roïne ne s'i vaut atargier,
Dedens sa chanbre mainne la dame arier.
Si resgarda la plaie de son chief :
6270 Tante i fait mestre a .j. maistre Guarnier,
Qui la garit, que n'i ot enconbrier.
Or vos vuel ci de la dame laissier,
Si vos dirai del bon vassal Bernier
Qui de s'amie ne se set concillier.

CCLXXIV

6275 A Saint Quentin fu li prex Berneçon
Triste[s] et mornes, et tint le chief enbronc,
Tout pour s'amie a la clere façon
Que Loeys tenoit en sa proison.
Devant lui garde, s'a choisit .j. garçon
6280 Qui fu noris chiés Guerri le baron.
Bernier le voit, si l'a mis a raison :
« Amis, » dit il, « oiés que vous diron :
« Droit a Paris m'en irois au perron
« Si coiement que nel saiche nus hon.
6285 « En tapignaige monteras el donjon ;
« Ce vois m'amie, conte li ta raison ;
« Parole a li coiement a larron,
« Et si li dis que nous [la] saluon.

6269 chief, *ms.* chier. — 6270 i, *ms.*, il.

— Sire, » dist il, « a Dieu beneïçon ! »
6290 Atant depart sans nulle arestison.

CCLXXV

Li mès s'an torne, ne s'i vaut atargier ;
De Sain Quentin se part sens delaier,
Puis est entrés en son chemin plaingnier.
De ces jornées ne vous sai plus plaidier :
6295 Tant a tenut le chemin droiturier
Qu'a Paris vint .j. soir a l'anuitier.
En la cité c'est alés herbigier
Dusqu'au matin que il fu esclairié,
Que li vallès ce rest aparilliés.
6300 Si est montés el grant palais plaingnier ;
A la fenestre voit la dame apuier.
Elle le voit, cel recognut molt bien :
« Dont viens, amis, par le cors saint Richier ?
— Dame, » dist il, « de Sain Quentin le sié ;
6305 « Salut vous mande li vos amis Bernier. »

CCLXXVI

Dist la pucelle : « Dont venés vous, amis ?
— Dame, » dist il, « je vains de Sain Quentin.
« Salus vous mande B. li hardis
« Qui por vous est et dolens et marris.
6310 — Dex ! » dist la dame, « par la toie mercit,
« Le porrai jou antre mes bras tenir ?
— Oïl, ma dame, » li vallès respondi.
Et dist la dame : « Amis, bien avés dit.
« Mais or me dis, garde n'i ait mentit,
6315 « Ce me porrai de rien fier a ti.
— Oïl, ma dame, » li vallès respondi ;

6303 Richier, *ms.* Richiel. — 6311 jou, *ms.* ja.

« Por autre chose ne sui je venus ci
« Fors por oïr vo bon et vo plaisir. »
Et dist la dame : « Se soit par bon destin.
6320 « Or m'en irois ariere a Sain Quentin,
« Si me dirois B. le hardi
« Que li rois a et juret et plevit
« Qu'il me donra malgret moi a mari :   *f. 104*
« Doner me vuelt Herchanbaut de Pontif.
6325 « Li parlemens en sera mescredi
« Sor Sain Cloot, en .j. bel pret florit,
« Lés .j. bruellet qui est biax et foillis.
« Se tant poit faire B. et Gr.
« Que il se fussent en sel bruellet quatis,
6330 « Et avuec iax de chevalliers .iij. mil,
« I me ravroient, par vertet le vos di. »
Li vallès l'oit, de joie tresailli :
« Dame, » dist il, « por Dieu qui ne menti,
« Icest afaire li sera bien jehit. »
6335 Dist la pucele : « Alés donc tost, amis ;
« Je vous comment au roi de paradis.
— Et je vous, dame, » li vallés respondi.
A icel mot s'an est d'illuec partis.
De Paris ist par .j. jeudi matin ;
6340 Ains ne figna desci qu'a Sain Quentin ;
B. trova corresous et marrit.

CCLXXVII

A Saint Quentin en vint li messaigier ;
El palais monte, si a trovet Bernier.
Il voit le mès, cel prent a araisnier :
6345 « Amis, » dist il, « com avés esplotiet ?

6323 *Ms.* maris. — 6326 *Ici, et vv. 6353, 6370, 6385, 6408, 6416-7, etc., il y aurait p.-ê. lieu de corriger* Soz ; *cf. v.* 7328. — 6329 en sel, *il y a plutôt* ens el. — 6331 *Ms.* vertel le.

« Veïstes vous m'amie au cors ligier?
— Oïl, biax sire, celer ne le vous quier.
« Elle vous mande salus et amistiés.
« Ensorquetot, je nel vous quier noier,
6350 « Li rois li vuelt doner .j. chevallier :
« C'est H., et dist qu'il est Pohier.
« Et mescredi, si con j'oi tesmoingnier,
« Sor Sain Cloot la la doit fiancier,
« Et la li doit Loeys ostroier.
6355 « .I. bois i a, qui c'i seroit muciés,
« Et avuec lui .iij. mille chevallier,
« Il la ravroit, ja trestornet n'an iert. »
B. l'entent, onques ne fu si liés.
« Amis, » dist il, « molt te dois avoir chier ;
6360 « Se je vis longues, vous avrois m'amistié. »
Puis escria : « Armés vous, chevallier!
— Sire, » dist il, « trop poés atargier.
« Mandés Gr. que il vous vaingne aidier.
« Si m'aïst Diex, il en est bon mestier. »
6365 Et dist B. : « Bien fait a ostroier. »
Il le manda, et il vint sens targier ;
Si amena o lui mil chevallier[s].

CCLXXVIII

Berneçons a le sor Gr. mandet,
Et il i vint a tot mil d'adobés ;
6370 Sor Sain Quentin descendirent es prés.
B. le voit, si est encontré alés ;
De ces biax iex conmença a plorer.
« B., » dist il, « por le cors saint Omer,
« Este[s] vous feme por grant duel demener?

6351 *Ms.* illest. — 6364 *Ms.* illen. — 6369 il i vint, *ms.* illiut *avec un signe d'abréviation. Les trois jambages qui précèdent le* t *peuvent être lus* ui *aussi bien que* iu.

6375 « Ja nuns frans hons ne se doit demanter
« Tant com il puisse ces garnemens porter.
— Par ma foit, sire, » ce dist Br. li ber,
« Je ai tel duel j'an cuide forcener
« Por vostre fille o le viaire cler.
6380 « Li rois li vuelt .j. chevallier doner :
« C'est Herchanbaus, si l'ai oït conter.   f. 105
« Sor Saint Cloot li parlemens en iert.
« Illuec li doit Loeys creanter.
« Or m'a m'amie, vostre fille, mandet
6385 « Sor Saint Cloot, a .j. brullet ramet,
« S'i estïens .iij. M. d'adobés
« Je la ravroie sans plus de l'arester. »
Et dist Gr. : « Jhesus de majesté,
« Pere prospice, qui a ce esgardet ?
6390 « Se estïens .vij. M. d'adobés,
« Si seriens nous par .vij. fois desrobés. »
Et dist B. : « Par sainte Trinité,
« Sire Gr., molt me desconfortés.
« Vo couardise ne poés plus celer,
6395 « Et je irai atot [mes] adobés. »
Et dist Gr. : « Tant en avés parlet,
« S'or en devoie estre tos decopés,
« Si ferai je la vostre volenté.
« Or verra l'en qui sera alosés,
6400 « Qui miex ferra de l'espée del lés. »
Et dist B. : « Or avés bien parlet. »
Passa avant, as piés l'en est alés.
Atant monterent, n'i sont plus demorés.
Trois milliers furent as vers hiaumes gemmés ;
6405 Envers Paris prennent a cheminer,
Et jor et nuit pencent d'esperonner,
Tant que il vinrent ens el brullet ramet,
Sor Saint Cloot, dont vous oït avés.

6386 *Ms.* e. a .iij.M.

Illuec se sont celle nuit ostelés.

CCLXXIX

6410 Li baron sont enbuchiés en Rovrois.
Belle est li herbe et molt biax li gravois.
Au matinet c'est levés nostre rois ;
Vait oïr messe au mostier Sainte Crois.
Quant or fu dite, si monte el palefroi,
6415 Et la pucele fait monter devant soi.
Sor Saint Cloot s'en vait li rois tot droit.

CCLXXX

Sor Saint Cloot s'en est li rois venus.
Dieu ! tant i ot de contes et de dus !
Mais n'i avoient ne lance ne escut.
6420 Et B. est fors del bruellet issus,
.I. rainsel mist par devant son escut
Que ne reluise li ors et [li] asurs,
Et voit s'amie qui enmi le pré fu.
Ou voit Gr., si li a amentu :
6425 « Je vois m'amie qui vostre fille fu. »
Atant desregne son auferrant crenut ;
Li sor Gr. si l'avoit detenut.

CCLXXXI

« Frans chevalliers, » ce dist li sor Gr.,
« Ne vous chaut mie fors del bruellet issir :
6430 « Or les laissons issir fors de la cit ;
« Adont prendrons des borjois de la cit
« Qui nos donront et le vair et le gris,

6415 vait, *ms.* est.—6418 ot, *ms.* oit.—6419 *ms.* escus.—6430 *Corr.* fors de Paris ?— 6432 nos, *il y a plutôt* uos ; donront, *ms.* dont.

« Les belles armes et les chevax de pris,
« L'or et l'argent dont il sont asasis,
6435 « Dont louerons les saudoiers de pris. »
Estroitement font les chevax tenir
Que il ne puissent reginber ne hennir.
Et li rois fu enmi le pret florit,
Sor la vert herbe fait geter .i. tapis ;
6440 Sus c'est assis nostre rois Loeys,   *f. 106*
Dejouste lui la fille au sor Gr. ;
Li chevallier et li clerc del païs
De l'autre part ont le sierge porpris
Por la parole escouter et oïr.
6445 En piés ce dresse li rois de Saint Denis :
« Singnor, » dist il, « entendés anvers mi ;
« Je vous dirai comme Ybers m'a baillit.
« Il tint l'onor de moi de Sain Quentin ;
« Sans mon congiet l'a donée a son fil :
6450 « Doit dont bastars nulle honor maintenir ?
« Je ne dis mie, et si n'en quier mentir,
« Que il ne soit et vaillans et hardis.
« Et ceste dame est fille au sor Gr. :
« Doner la vuel a .j. de mes norris.
6455 « Par celle foit que je dois saint Denis,
« N'a arcevesque an trestot mon païs,
« Ne nul evesque, ne abbet beneït,
« Se il me[l] vuelt desfendre et contredir,
« Que ne li face tos les menbres tolir ! »
6460 Adont se taisent li grans et li petis.
Li rois parole con ja porrés oïr :
« Venés avant, H. de Pontif,
« Prenés la dame, que je la vous ostri. »
Et sil respont : « Sire, vostre mercit. »
6465 Passa avant, par la main la saisit.
Il fit que fox quant il s'en entremist.

6450 *Cf. v. 5402*. — 6454 vuel, *ms.* vuec. — 6462 *Ms.* Pontis.

Voit le la dame, si a get[é] .j. crit,
De la foret le puet on bien oïr.
Bernier l'entent, si l'a dit a Gr. :
6470 « Sire, on la done, par le cors saint Denis ;
« Se plus i sui, Diex me puist maleïr !
— Alés a Dieu, » Gr. li respondi.
« Je vois dont, sire, par Dieu qui ne menti. »
Adont c'eslaissent sens plus de contredit,
6475 B. devant, qui volentiers le fit ;
A haute vois a escrier c'es[t] pris :
« Biax sire rois, par Dieu qui ne menti,
« Si m'aïst Diex, vees ci le sor Gr.
« Qui vient as noces H. de Pontif,
6480 « Et je meïsmes vous i vaurai servir
« D'un tel servise le cuer avrés marrit.
— Alés avant, » ce dist li sor Gr. ;
« Si m'aïst Diex, mar en ira .j. vis,
« Ne clerc ne prestre ne abbet beneïs,
6485 « Que il ne soient detrainchiés et ocis. »
Des trous des lances vont les moingnes ferir.
La veïssiés .j. fier abateïs.
Il n'a el monde paien ne sarrasin,
C'il les veïst, cui peitié n'en presist.
6490 En fuie torne li fors rois Loeys,
En sa conpaingne Herchanbaut de Pontif.
En .j. batel se sont en Sainne mis ;
Ain[s] n'aresterent desci dusqu'a Paris.
Et la pucele, fille le sor Gr.,
6495 Si se seoit encor sor .j. tapis ;
Bernier [co]gnust a l'ensaingne qu'il tint.
Elle parla con ja porrés oïr :
« Baisiés moi, sire, por Dieu qui ne menti ; f. 107
« Plus le desir que riens que Diex fesist. »
6500 Et dist B. : « J'an ai molt grant desir

6471 i, ms. il. — 6480 i, ms. il. — 6500 Ms. an nai.

« Mais de baisier n'est il mie or loisir.
« Quant je serai arier a Saint Quentin,
« La vos vaurai manoier et tenir. »
A ces paroles es vous le sor Gr. :
6505 A haute vois a escrier c'es[t] pris :
« A cel concel soient li maffés vis !
« Tenés l'enchaut, frans chevalliers de pris. »
Et dist B. : « Tout a vostre plaisir. »
Après iax poignent les bons destriers de pris,
6510 En lor conpaingne .iij.M. poigneïs.
Au retorner que B. lor fit
.III.c. des lors ont retenus et pris,
Et la roïne et Loherel son fil ;
Et la pucelle, fille le sor Gr.,
6515 Firent monter sor .j. mulet de pris.
Sonnent lor cors, si sont el retor mis.
Ains n'aresterent desci qu'a Sain Quentin.
B. en jure celi qui le mont fit
N'an isteront tant com il soi[en]t vis,
6520 Se ne li rent li rois trestous ses pris,
Ybert son pere et Gautier le jantil,
Et les .L. qu'an la chartre sont mis.
Li enpereres fu dolens et marris
Por la roïne que enmainne Gr. :
6525 « Drois enpereres, » dist Dos de Saint Denis,
« Bone piece a quel vous avoie dit ;
« Se l'eüst prise H. de Pontif,
« Nel deffendit trestous l'or que Diex fit
« Que il ne fust detrainchiés et ocis.
6530 « S'a mon concel vous en voliés tenir,
« Mandés B., frans rois poesteïs ;
« Si [li] rendés sa terre et son païs.
« De toutes pars soient rendus li pris.
« Acordés vous, si soiés bon ami.

6518 mont, *ms.* monde. — 6525 *Ms.* Doos.

6535 « Tant est preudons, bien en serois servis.
— Diex! » dist li rois, « con gent concel a ci!
« Qui a ces mos nous en fera tenir,
« Je li donrai .j. mui de mon or fin.
— Et je irai, » dist Dos de Saint Denis. »
6540 Et dist li rois : « De Dieu .v. c. mercis[s].
Dès or s'en vait, que plus n'i atendi ;
Il est montés el bon destrier de pris,
Ains ne figna desci qu'a Sain Quentin.
Il descendi desos l'onbre d'un pin,
6545 Les degrés monte del palais marbrerin.
B. le voit, c'est ancontre saillis :
« Cousins, » dist il, « bien puissiés vous venir.
« Que fait li rois, conment se contient il?
— Par ma foit, sire, molt l'ai laissiet marri.
6550 « Li rois vous mande, je sui qui le vous dis,
« Acordés vous et soiés bon ami. »
Et dist B. : « De Dieu vostre mercit ;
« Je an ferai trestout vostre plaisir. »
Gr. apelle, en riant si li dit :
6555 « Oiés que mande li rois de Saint Denis :
« Acordons nous et soiens bon ami. »
Et dist Gr. : « Par ma foit, je l'ostri. »
A ces mos montent li chevallier de pris,
Et avuec iax mil chevallier de pris.   *f. 108*
6560 De Sain Quentin se sont tuit departis ;
Atant s'an vont, a la voie sont mis.
Tant ont erret les plains et les larris
Qu'il sont venus a la cort a Paris.
Le roi trouverent et morne et pencif.
6565 Il descendirent desos l'onbre d'un pin ;
Puis sont montés el palais singnori.
Li rois les voit, c'est encontre saillis ;

6542 *Ms.* lllest. — 6558 li chevallier de pris, *corr.* li bon vassal jantil ? — 6564 *Ms.* pencis.

Assés les a acolés et joïs.
B. baisa et puis le sor Gr.,
6570 Faite est la pais, la Damredieu mercit,
Entre B. et le roi Loeys.
Li rois li rent sa terre et son païs,
Et de .ij. pars furent rendus li pris ;
Puis s'en departent baus et joians et fis.
6575 A Sain Quentin est B. revertis,
Et a Arras ala li sor Gr.,
O lui Gautiers qui molt fu ces amis,
Et puis d'illuec ala en Cambresis
Veoir s'antain Aalais au cler vis.
6580 A Ribuemont est Ybers revertis,
Qui a grant joie fu cel jor recoillis.

CCLXXXII

A Ribuemont fu Ybers li cortois,
Et B. a Sain Quentin ses drois,
Avuec sa femme qui molt l'anma en foi.
6585 Puis fu ainsis .j. an et .xv. mois.
.I. jor apelle Savari le cortois,
Perron le preus et Henri d'Aminois :
« Baron, » dist il, « por Dieu concilliés moi.
« Pichiés ai fais dont je grant paor oi : v°
6590 « Maint home ai mort dont je sui en esfroi ;
« Raoul ocis ; certes, ce poise moi.
« Dusqu'a Sa[i]nt Gile vuel aler demanois ;
« Proierai li que plaidis soit por moi
« Vers Damredieu qui sires est et rois. »
6595 Et dist la dame : « Je irai avuec toi. »
Et dist B. : « Non ferés, par ma foi. »
Et dist la dame : « Or as dit grant boffoi :
« Ja, ce Dieu [m'aït], n'irés .j. jor sans moi. »

6583 *Ms.* cest drois ? *cf. vv.* 5521 *et* 5554. — 6597 as dit, *ms.* ois.

Et dist B. : « A vostre plaisir soit. »
6600 Il apresta son oire et son harnois,
.XX. chevalliers anmena avuec soi
Et .x. serjans por faire le conroi ;
Puis s'acheminent bellement, sans deloi,
Et chevauchierent .xv. jors sans deloi.
6605 Dusqu'a Saint Gile en sont venus tot droit,
Et descendirent .j. samedi au soir.
La jantil dame ot le jor eüt froit ;
Prist li ces max ainsis con Dieu plaisoit :
Celle nuit ot .j. bel enfant cortois
6610 Qui puis ot terre et honor a tenoir,
Et l'andemain fut l'anfes beneois.

CCLXXXIII

En l'andemain, que li jors parut cler,
Ont fait l'anfant baptisier et lever.
Le non saint Gile li ont fait deviser
6615 Por ce qu'il fu dedens la ville nés ;
D'or en avant iert Juliiens nommés.
Endemantiers que vous m'oés conter
Li rois Corsuble a fait paiens mander,
Et l'amassors de Cordes autretel ; *f. 109*
6620 Chascuns avoit .xxx. m. d'adobés.
Droit vers Saint Gile se sont acheminés.
La ville assaillent environ et en lés.
B. le voit, le sanc cuide desver ;
Il a son hoste maintenant apellet :
6625 « Hoste, » dist il, « garnemens m'aportés,
« Car je fui ja chevallier adobés.

6600 *Ms.* Illa presta. — 6602-3 *Ces deux vers sont intervertis dans le ms.* — 6604 *Corr.* el chamois? — 6611 *Ms.* Ellandemain. — 6615 *Lacune après ce vers? Cf. v.* 8127. — 6618 Paiens, *ms.* p.; *de même vv.* 6638, 6646, 6715. — 6624 *Ms.* Illa.

— Voir, » dist li hostes, « jantix estes et bers;
« Armes avrés a vostre volenté. »
Armes aportent a molt grande planté,
6630 Et B. s'en est errant armés,
Et avuec lui cil chevallier menbrés;
.XXII. furent que B. ot menés.
Es chevax montent, les escus acolés,
Les lances prennent as confanons fermés;
6635 Parmi la porte s'en issirent es prés.
Li frans B. ne c'est asseürés :
Brandit la hanste au conphanon fermet,
Fiert .j. paien sor son escut listé,
Desos la boucle li a frait et troet
6640 Et le hauberc desrout et dessaffret;
Parmi le cors li fait l'espiet passer;
Tant con tint [l'anste] l'abat mort cravanté;
L'arme de lui enporterent maffet.
Et B. ne c'est asseürés :
6645 Il trait l'espée au poing d'or noïlet,
Entre paiens c'est ferus et meslés,
A plus de .xxx. en a les chiés copés :
« Saint Gile! » escrie; « baron, or i, ferés! »
Et il si firent de bone volenté.
6650 La fust l'estor et li chaples mortés.
Cil de Saint Gile se fussent reculés
Ne fust B., li vassaus adurés,
Qui les retint au bon branc aceret.
N'ancontre Turc qui a lui puist durer.
6655 Paien le voient, molt sont espoentés;
Dist l'uns a l'autre : « Ce li autre sont tel,
« Par Mahomet, n'an poons eschaper.
« C'il nous eschape, nous sonmes malmenet. »
.XXX[X]. en sont vers lui abandonés,
6660 Et le ferirent des espiés noïlés;

6654 *Ms.* Turs.

Son bon escut li ont fait estroer.
Ce ne fust Diex et sa sainte bonté,
Ja nous eüssent B. mort ruet :
Ou vuelle ou non a terre l'ont porté.
6665 Cui chaut de ce? la force pait le pret.
B. ont pris li paien desfaés;
Au roi Corsuble l'ont tantost presenté.
Quant Savaris l'an a veüt mener,
Lors a tel duel le sens cuide desver.
6670 Il et li siens sont en la ville antrés.
Et li paiens, cui Diex puist mal doner,
Sain Gile asallent environ et en lés.
A force sont dedens la ville entrés ;
Ardent la ville, si on le borc raubet.
6675 Savaris prist la dame au cors mollet,
Si l'enporta devant le maistre autel ;
Mais Juliien n'i a il pas porté.
Paiens le prirent qui joie en ont menet.
Sonent lors cors, si se sont retornés.
6680 Li rois Corsubles en a B. menet,   *f. 110*
Et .j. paiens fist Juliien porter.
Tout droit a Cordes prirent a retorner.
Diex ! quel damaige quant les estuet sevrer !

CCLXXXIV

Li rois Corsubles le cuens Bernier en guie,
6685 Et Savaris li prex et li nobiles,
Et l'amassor Juliien le nobile,
Tout droit vers Corde, la fort cité garnie ;
Et la contesse remest dedens Saint Gile.
Tant i demeure qu'elle fit sa gesine ;

6669 sens, *ms.* sanc. — 6678 en ont, *ms.* ennont. — 6684 cuens, *ms.* cue *avec un signe d'abréviation sur l'*e. — 6685 *Ce vers est hors de sa place : on pourrait le faire passer entre les vers* 6687 *et* 6688. — 6689 i, *ms.* il.

6690 Lors se demante et tint la teste encline :
« E Diex ! » dist elle, « dame sainte Marie,
« Ne mon singnor ne mon fil n'ai je mie.
« Que fera ore ceste lasse chaitive ?
« Hahi ! B., de ta chevallerie
6695 « Ne vis je nul en trestoute ma vie.
« Or vous ont pris celle gent païnie !
— Taisiés vous, dame, » Savaris li escrie.
« Cil le vous rende qui vint de mort a vie !
« Ralons nous ent vers France la garnie.
6700 Elle respont : « Je l'ostrois, biax dous sire. »
Monter la fist sor .j. mul de Surie,
Et puis monta sa riche baronnie ;
De la ville issent, qu'il ne s'atargent mie.
Tant ont erret et tant lor voie tinrent,
6705 Qu'a Ribuemont an .xv. jors revinrent.
Encontre vont trestuit cil de la ville.
A Savarit ont conmenciet a dire :
« Biax sire chiers, ou est B. no sire ?
— Singnor, » fait il, « certes il n'i est mie :
6710 « Devant Saint Gile l'ont pris gens païnie. »
Quant cil l'entendent, n'i a cel qui en rie ;
Grans fu li duels a Ribuemont la ville.

CCLXXXV

Grans fu li duels et mervillox li cris,
Et la novelle en vait par le païs
6715 Del franc Bernier que paien orent pris
Devant Saint Gile, au grant abateïs.
.I. mès en vait au roi de Saint Denis
Qui tout l'afaire li ot contet et dit,
Et plus ancore que il n'avoit oït :
6720 « Sire, » fait il, « or saichiés vous de fi,
« Mors est B., li genre au sor Gr.
— Est ce dont voirs ? » dist li rois Loeys.

« Oïl, biax sire, » li messaiges a dit.
« Venus en est .j. siens niers Savaris
6725 « Et autres gens qu'il mena avuec li.
« Devant Saint Gile le prirent Sarrasin. »
Herchanbaus l'oit, molt joians en devint;
Ou voit le roi, si l'a a raison mis :
« Sire enpereres, por l'amor Dieu mercit.
6730 « Vous me donastes la fille au sor Gr.,
« Mais B., sire, la me toli.
« Je sui tes hons fianciés et plevis :
« Ne te faurai tant con je soie vis.
« Je vous donrai .xx. destriers arrabis,
6735 « Et .xx. haubers, et .xx. hiaumes brunis,
« Et .xx. espées, et .xx. escus votis. »
Et dist li rois : « Vous l'arés, biax amis. »
A ces paroles manda le sor Gr.;
Et il i vint, .xx. chevalliers o li.

CCLXXXVI

6740 Li rois manda Gr. le franc baron,
Et il i vint a coite d'esperon, *f. 111*
Et avuec lui .xx. vaillans conpaingnons.
A Paris vinrent sans nulle arestison.
Trestuit descendent ensanble li baron.
6745 Gr. monta ens el maistre donjon.
Li rois le voit, si l'a mis a raison :
« Gr., » dist il, « bien resanblés baron.
« Mors est Br., onques ne fu tex hons :
« Tel chevallier n'avoit en tot le mont ;
6750 « Devant Saint Gile fu pris, ce me dit on.
« Illuec l'ocirrent li encrieme felon.
« Venus en sont Savaris et Hugon,
« Et avuec iax maint autre conpaingnon
« Qui avuec lui murent de cet roion,
6755 « Et la contesse a la clere façon ;

« Se il vous plait, et car la marions :
« A H. de Pontif la donon ;
« Plus hautement doner ne la poons ;
« Et bien saichois que il est jantix hons :
6760 « Il tient Pontif et la terre environ ;
« .IIII. cités a en commendison.
« De nostre part bon gré vous en savrons. »
Gr. l'entent, si baissa le menton.
Tant fu dolens por l'amor B.
6765 D'une liuée ne dit ne o ne non.
Tanrement pleure des biax iex de son front,
Des larmes moille son hermin peliçon ;
Puis dist en haut, que l'oient maint baron :
« Hahi ! B., tant mar fu ta façon !
6770 « De ta proesse ne fu onques nus hon.
« Or vous ont mors paien et Esclavon ;
« Cis ait vostre arme qui vint a paission ! »
Puis dist au roi sens point d'arestison :
« Biax sire chiers, vostre plaisir feron. »
6775 Congiet a pris, si descent del donjon,
Et avuec lui trestuit ci conpaingnon.
Montent es celles des destriers arragons,
De Paris issent a coite d'esperon.
Tant ont erret li nobile baron,
6780 Que sont venus tout droit a Ribuemont.
Sos l'olivier descendent au perron,
Par les degrés monterent el donjon,
Gr. devant o le florit gregnon ;
Trueve sa fille et o li maint baron.
6785 Il la salue par molt belle raison ;
Il li baisa la bouche et le menton :
« Ma belle fille, » dist Gr., « que feron ?
« Mors est B., onques ne fu tex hon.

6759 *Ms.* illest. — 6764 *Corr.* p. la mort ? — 6765 o, *ms.* os. — 6766 *Ms.* fronc. — 6776 ci, *ms.* cil.

« Tel chevallier n'avoit en tot le mont.
6790 « Or revendrois en la moie maison,
« Quant de B. novelles n'atendons
« Se il est mort ou menés en prison. »
Et dist la dame : « Vostre plaisir ferons. »
Atant monterent sans plus d'arestison,
6795 La dame montent sor .j. mul arragon.
Dont se partirent trestuit de Ribuemont,
Et chevauchierent bellement, a bandon.

CCLXXXVII

Guerris [chevauche] con chevalliers adroit,
O lui sa fille sor .j. mul espaingnois,
6800 Et avuec lui .xx. chevaliers cortois ;
Jusqu'a Paris en sont venus tot droit. *f. 112*
Il descendirent, n'i ot plus de deloi.
Le roi demande dans G. li cortois,
Et ont li dit : « Sus el palais, au dois. »
6805 Li sor Gr. en vint a lui tot droit ;
Cel salua en amor et en foit :
« Biax sire rois, par la foi que vous dois ;
« Veés ci ma fille qui or vous vient veoir. »
Et dist li rois : « Molt grant [gré] i avrois.
6810 « Bien vaingniés, dame, » ce li a dit li rois.
« Diex vous saut, sire, » dist la dame au chief blois.
Li rois apelle H. le cortois :
« Venés avant, biax amis, » dist li rois.
« Prenés la dame, que je la vous ostrois.
6815 — Sire, » dist il, « grant mercis en aiois :
« Cel mariaige los je bien endroit moi. »
Oit le la dame ; cuidiés que ne l'an poit ?
« Hahi ! » dist elle, « pere de pute loi,
« Con m'as traïe et mise en grant beloi !

6792 *Ms.* illest. — 6816 *Ms.* endrois.

6820 « Quant me donés marit, ce poise moi.
« Mais de mon cors jamais joie n'avrois. »
Adont s'escrie en haut, a clere vois :
« E! B. sire, frans chevalliers adrois,
« Li rois Corsubles vous tient an ces destrois,
6825 « Mais je ne sai se jamais revenrois.
« Cis vous ramaint qui fu mis en la crois !
« Ce mariaige conparroit qui que soit.
— Taisiés vous, dame, » ce li a dit li rois.

CCLXXXVIII

Li rois de France fu drois en son estant,
6830 Tint .j. baston qu'il aloit pasmoiant.
Voit Herchanbaut, si li dit en oiant :
« Prenés la dame, que je la vous comment.
— Sire, » fait il, « .v.c. mercis vous rens. »
Passa avant et par la main la prent ;
6835 Onques n'i ot plus de delaiement.
A .j. mostier l'anmainnent erranment ;
La l'espousa H. li vaillans.
La messe chante li esvesques Morans.
Quant or fu dite, si s'entorne atant ;
6840 Es chevax montent arrabis et courans,
La dame montent sor .j. mulet anblant ;
De Paris issent sens nul delaiement,
Vers Pontif vont bellement chevauchant ;
A Aubeville sont venus liement.
6845 Il descendirent el plus haut mandement ;
El palais mainnent la dame au cors vaillant ;
La fist ces noces molt efforciement.

CCLXXXIX

En Aubeville, le bon borc signori,
La fit ces noces H. li floris.
6850 Es vous .j. mie par la ville qui vint ;
Molt hautement a escrier c'es[t] pris :
« Avroit il ja dame que Dieu feïst,
« Qui eüst ja goute ne palacin?
« En molt poi d'eure l'an avroie garit! »
6855 La dame l'oit, a li le fait venir ;
D'a lui parler avoit molt grant desir.
Quant or le voit, si a dit son plaisir :
« Dont iers tu, mies ? garde n'i ait mentit.
— Dame, » dist il, « de cel autre païs ;
6860 « Et si pors ci tel racine avuec mi,
« Diex ne fist dame, tant eüst son marit, *f. 113*
« C'elle voloit, que jamais li fesit. »
La gentil dame molt joians en devint.
« Amis biax frere, por Dieu qui ne menti,
6865 « Vanras la tu ? faire car me le dis.
— Oïl, ma dame, par Dieu qui ne menti,
« Mais que .iij. fois la peserai d'or fin. »
Et dist la dame : « Par ma foit, je l'ostri. »

CCXC

La vaillans dame achata la racine.
6870 Quant il fu eure, vont couchier a delivre.
La frainche dame si ne s'oublia mie :
Elle prent l'erbe, en sa bouche l'a mise.
Et H. coucha avuec s'amie ;

6852 que, *ms.* qui. — 6865 faire, *corr.* frere ? — 6868 *Ce vers est copié deux fois dans le ms.*

Il l'a asés acolée et baisie,
6875 Mais d'autre chose ne li pot faire mie.

CCXCI

Herchanbaus jut et s'amie dalés.
Il la baisa et acola assés,
Mais d'autre chose ne la pot il grever.
Ainc ne se sot en cel point demener
6880 Que de la dame eüst ces volentés.
Au matinet c'est H. levés ;
Il c'est vestus et chauciés et parés ;
Son seneschal a premier ancontré :
Sore li cort ausis com .j. desvés,
6885 Mervillox cop li a del poing doné
Con de celui qui a tort ert irés,
Car de sa feme n'ot pas ses volentés ;
Et tuit li autre sont en fuie tornés.

CCXCII

Molt fu dolens H. li Pohiers,
6890 Et courreciés por sa frainche mollier
Por ce qu'a li ne se pot donoier.
Ici alluec vous vaurons d'iax laissier :
Quant lex sera, bien savrons repairier ;
Si chanterons del josteor B.
6895 Rois Aucibiers manda ces chevalliers
Tant qu'il en ot avuec lui .xx. M ;
Le roi Corsuble en sa cité assiet.
Sus en l'angarde monta cis Aucibier ;
Tant par estoit orguillox chevalliers,
6900 Nus n'i aloit qu'il n'en portast le chief.
Voit le Corsubles, molt en fu aïriés ;

6996 *Ms.* illen.

Il an apelle Sarrasins et païens :
« Singnor, » fait il, « savés moi concillier ?
« En celle engarde vois ester .j. paien :
6905 « Si nous a mort .iij. de nos chevalliers ;
« N'i a .j. seul qui en soit repairiés.
— Par Mahomet ! » ce dist li chartrerie[r]s,
« En ta prison avons .j. crestiien,
« Devant Saint Gile li vis molt bien aidier :
6910 « A .xxx. Turs li vis coper les chiés.
« C'il ne t'aïde, je ne sai qu'il an iert. »
Et dist li rois : « Car le m'amenissiés. »
Et cil respont : « Biax sire, volentier. »
Fors de la chartre ot amenet B. ;
6915 Li rois le voit, cel prent a araisnier :
« Crestiiens, frere, molt iers grans et plaingniers,
« Molt iers fornis, bien sanbles chevalliers,
« Et je si ai d'aïde grant mestier.   f. 114
« An celle engarde vois ester .j. paien :
6920 « Il nous a mors .iij. de nos chevalliers ;
« Il les a tous ocis et detrainchiés.
« Mais je vous dis, ce vos i conbatiés
« Par hardement, et vous si l'ociiés,
« En vo païs tous cuites en iriés,
6925 « A tous jors mais mes amis en seriés.
« Si te donrai tos chergiés .xx. sosmiers
« De dras de soie, de fin or, de deniers. »
B. l'entent, onques ne fu si liés.
Il li respont : « Je irai volentier,
6930 « Car miex vuel estre ocis et detrainchiés,
« Qu'an vostre chartre jamais me jetissiés.
« Mais tot avant me donés a maingier. »
Li rois respont : « Bien fait a ostroier. »
Tout maintenant l'en fit assés baillier,

6902 Ms. Illan. — 6910 Cf. v. 6647. — 6911 Ms. illan. — 6922 i, ms. il. — 6927 Ms. de or fin.

6935 Et cil manja qui en avoit mestier.
Quant ot maingiet, si se cort haubrigier.
Il vest l'auberc, lasce l'elme d'acier,
Et saint l'espée au poing d'or entaillié.
On li amaine .j. bon courant destrier,
6940 Et il i monte par son doret estrief.
A son col pent .j. escut de quartier,
Et en son poing .j. roi[t] trainchant espiet,
A .v. clos d'or le conphanon lasciet.
Parmi la porte s'an ist tos eslaissiés.
6945 Diex! con l'esgardent li paien adversier !   v°
Dist l'uns a l'autre : « Ci a bel chevallier.
« De Mahomet soit li siens cors saingnés! »

CCXCIII

Parmi la porte s'an est B. alés.
Richement fu fervestus et armés ;
6950 Pas avant autre est ou tertre montés.
Et Aucibiers s'an est garde donés ;
Adont se pence qu'il vient a li jouster,
Dont a sa gent hautement apellet :
« Veés vos .j. qui me vient conreés,
6955 « Qui si me vient molt richement armés ?
« Se il m'ocit, arier vous en alés
« En celle [terre] de quoi chascuns est nés.
« En cet païs avriés mal demorer. »
Et cil respondent : « A vostre volenté. »
6960 Lors c'et li turs vers B. galopés.
Quant il vint près, si c'est haut escriés :
« Qui iers tu, va! garde [nel] me celer?
« Iers tu messaiges qui viens a moi parler? »
Et dist B. : « Ains vains a vous joster. »

6938 poing, corr. pom? Ms. entaillier. — 6940 Ms. illi. —.
6955 si, ms. sis. — 6961 Ms. haus.

6965 Li paiens l'oit, plus fu fiers d'un maffé.
Ne vaurent plus plaidier ne deviser :
Tant con chevax lor porent randoner
Se vont ferir, sens plus de demorer.
Les escus font et percier et troer
6970 Et lors haubers desronpre et faucer,
Et de lor lances firent les trous voler.
Au tour françois prirent a retorner ;
Ja se vauront au chasploier mesler.
Grans fu li turs et molt fist a douter ;
6975 En païnime n'an avoit il son per,   f. 115
Diex gart Bernier de mort et d'afoler !
C'ert grans mervelle s'envers lui puet durer.

CCXCIV

Li baron vinrent andoi au chaplement.
Li paiens fu de molt fier maltale[n]t ;
6980 En toute Espaingne n'an avoit nul si grant.
B. feri sor son escut devant ;
En .ij. moitiés li esquartele et fent.
Desos B. consivi l'auferrant ;
Ju qu'an diroie? mort l'abat maintenant.
6985 B. trebuche d'autre part mai[n]tenant ;
Pasmer l'estut de l'angoisse qu'il sent.
.I. hons alast de terre .j. grant arpent
Ains qu'il parlast ne latin ne roumens ;
Et li paiens cuide certainnement
6990 Que il l'ait mort et mis a finement.
De pasmisons revint B. li frans ;
En piés se dresse, Dieu apelle souvant :
« Gloriex Diex ! » dist il en sospirant,
« Tante bataille a[i] faite en mon vivant,
6995 « Ains vers [nul] home ne trouvai si pesant.

6977 ert, *ms.* est. — 6982 *Ms.* moitiet. — 6994 *Ms.* Tantes.

« Verités est, se sevent mainte gent,
« Tant vait li hons la soie mort querant
« Que il la trueve quant vient en aucun tans.
« N'est nul si fors qu'i[l] ne soit ausi grans.

CCXCV

7000 « Sire Diex pere, » dist B. li jantis,
« Ains mais par home ne fui je si aquis.
« Aucun pichié m'a ici entrepris.
« Trop fis que fox quant je Raoul ocis :
« Nourrit m'avoit et chevallier me fit.
7005 « Sainte Marie, que ce est que j'ai dit !
« Il art ma mere el mostier d'Orignis,
« Mes oncles vaut lor grant terre tolir,
« Mon pere vaut escillier et honnir ;
« Ju qu'an poi mais ce je R. ocis ?
7010 « Dieu moie corpe, se de riens i mespris. »
Andemantiers qu'il se gaimentoit si,
Li sarrasins sor le col li revint.
A l'aprochier que li paiens li fit,
Ces bons destriers trebucha et chaï,
7015 Et li paien enmi le pret jalit ;
Plus tost que pot en estant resaillit :
Vint vers B. et Berniers contre li ;
Grans cops se donent sor les hiaumes brunis
Que il les ont enbarrés et croissis,
7020 Et chascuns fu dedans le cors blemis.
Del sanc del cors furent auques aquis.

CCXCVI

Li dui baron furent fors et menbrés ;

6995 tans, *ms.* tant — 7000 *Après ce vers, le ms. répète à peu près le v.* 6995 : Ains mais par home ne trovai si pesant. — 7006 *Ms.* lllart. — 7010 i, *ms.* il. — 7011 si, *ms.* sis.

Molt par se furent a chasploier grevés.
Li cuens B. a le turc apresset :
7025 A .ij. poins l'a parmi l'iaume coubré,
Par droite force li a del chief ostet,
Et en après a le branc enteset :
A .j. seul cop li a le chief copet.
Prist le destrier que il ot amenet,
7030 Et puis le chief que il li ot copet ;
A la grant queue del cheval l'a noet.
Arier retorne en la bone cité.
Mil Sarrasins en sont encontre alés.
Bernier menerent Corsuble l'amiret.   *f. 116*
7035 Le chief del tur li a il presentet,
Et il l'an a bonement merciet :
« Amis, » dist il, « servit m'avés a gret. »

CCXCVII

Et dist Corsuble : « Crestiiens, biax amis,
« Par Mahomet, a gret m'avés servit.
7040 « Se or voloies demorer avuec mi,
« Tout mon roiaume te partirai par mi. »
Et dist B. : « Ne porroit avenir ;
« Mais ce me faites que vous m'avés promis. »
Et dist Corsubles : « Je ferai ton plaisir. »
7045 Son seneschal apella, si li dit :
« Va, se li doné chergiés .xx. murs d'or fin,
« Et .xx. destrier[s] courans et arrabis,
« Et fais monter dusqu'a mil Sarrasins. »
Et cil respont : « Tout a vostre plaisir. »
7050 Les paiens fait armer et fervestir.
Li seneschax estoit de bien apris ;
B. anma por ce que preut le vit :
Plus li dona que ces sires ne dit.

7029 *Ms.* illot. — 7047 courans, *ms.* courant.

Del roi Corsuble c'est B. departis;
7055 Si le convoie li seneschax jantis,
Et avuec lui mil armés Sarrasin.
Jusqu'a Saint Gile n'i ot nul terme mis,
Tant que il virent la terre et le païs.
« Hé! Diex aïde! » dist B. li jantis :
7060 « Ancui verrai ma mollier et mon fil
« Que a Saint Gile laissai quant je fuis pris. »
Les Sarrasins apella, si lor dit :
« Tournés vous ent ariere a vo païs. »
Et B. droit a Saint Gile s'en vint,   v°
7065 Et li paiens retornerent ainsis.
A son hostel maintenant descendi,
Et ces bons hostes molt grant joie li fist.
B. l'apele con ja porrés oïr :
« Dites, biax hostes, por Dieu de paradis,
7070 « Ou est ma feme et Juliiens mes fis ? »
Li hostes l'oit, pleure des iex del vis.
« Sire, » dist il, « vous i avés faillit.
« La vostre feme enmena Savaris
« A Ribuemont, icel vostre païs,
7075 « Et vostre fil menerent Sarrasin
« Droit en Espaingne, a Cordes la fort cit.
— Sainte Marie! » dist B. li jantis,
« N'istrai de painne tant con je soie vis. »
Onques cel jor ne manja ne dormi :
7080 Au main se lieve, s'ala la messe oïr.

CCXCVIII

Si con B. issi fors del mostier,
Trés devant lui trova .ij. chevalliers;
Nus sont et povres, n'ont fil de drap antier.
B. les voit, ces prent a araisnier :

7070 *Le ms. ajoute* et *après* Juliiens.

7085 « Dont estes vos, singnor ? nel me noier. »
Et cil respondent : « De Sain Quentin le sié.
« Il a .j. an aconplit et antier
« Que a Saint Gile venimes Dieu proier,
« Et avuec nous .j. nobile princier
7090 « Qu'an sa contrée apelloit on B. ;
« Et paiens vinrent ce païs escillier,
« La fors le prinrent li felon losaingiers
« Et nous avuec, par Dieu le droiturier.
« Si sonmes povres que n'avonmes denier. *f. 117*
7095 « En no contrée volonmes repairier. »
Et dist B. : « Ne vous chaut d'esmaier,
« Car Diex est grans, si vous puet bien aidier. »
A son hostel les enmena B. ;
Assés lor done a boire et a maingier.
7100 Tout maintenant lor fait robe taillier,
Chemise et braies et chauces por chaucier.
Quant les ot fait molt bien aparillier,
Li .j. des .ij. le prist a ravisier
A .j. plaie qui desos l'uel li siet ;
7105 Bien recognust c'est son singnor B. ;
Tot maintenant li vait le piet baisier.
Son conpaingnon en prist a araisnier :
« Veés ci, conpains, le cortois chevallier,
« B. le conte qui tant nous avoit chier. »
7110 Quant cis l'entent si le cort enbracier,
Grant joie mainne sus el palais plaingnier ;
Mais B. ne pot nus leescier
Por son enfant que li Turs ont bailliet.
A l'andemain se mist au repairrier ;
7115 A son bon hoste ot doné bon loier.
De ces jornées ne vous sai acointier,
Qu'an .xv. jors est revenus arier.

7087 *Ms.* Illa. — 7104 *Cf. v.* 7485. — 7115 *Ms.* doner.

CCXCIX

    Berniers chevauche con chevallier de pris.
    De ces jornées ne sai conte tenir ;
7120 En sa contrée revint en .xv. dis.
    Avant anvoie .j. messaige qui dit
    Qu'il revenoit sains et saus et garis.
    Encontre vont li grans borjois de pris.
    Tuit le baisierent, nes li enfans petis.
7125 Encontre vient li siens niers Savaris ;
    B. l'apelle con ja porrois oïr :
    « Savaris niers, se Diex et fois t'aïst,
    « Ou est ma feme, la belle Biautris ?
    « Molt [me] mervel quant ne me vient veïr.
7130 — Oncles, » dist il, « par Dieu de paradis,
    « Quant de Saint Gile revenimes ici,
    « An ceste terre nous vint li sor Gr. ;
    « De ces losainges tant a ma dame dit
    « Qu'il la monta sor .j. mul arrabis ;
7135 « Mener la dust a Arras la fort cit :
    « Si la mena droitement a Paris
    « Et la livra au roi de Saint Denis ;
    « Et il la done H. de Pontif,
    « Et li lichierres l'espousa, si la prist. »
7140 B. l'entent, tous li sens li fremist.
    « Diex ! » dist li cuens, « par la toie mercit,
    « Ne truis mais home ne me vuelle traïr.
    « Ma[l] m'a baillit li riches sor Gr. :
    « Encor li iert molt richement meri.

7138 *Corr.* Cil la dona?

CCC

7145 « Hé ! Diex aïde ! » dist li vassax B.,
  « Conment ravrai ma cortoise mollier ?   *f. 118*
  « A li irai en guise de paumier ;
  « N'ira o moi serjant ne escuier,
  « Ne monterai sor mul ne sor destrier
7150 « Tant que savrai se jamais m'avra chier.
  « Je vous en prois, Savaris biax dous niers,
  « Faites des miens .iij.m. aparillier,
  « Et après moi en Pontif chevauchier,
  « Qui m'aideront se je en ai mestier. »
7155 Et B. ne s'i est atargiés :
  Airement fist broier en .j. mortier
  Et autres herbes qui molt font a prisier,
  Si en a oins ses janbes et ces piés,
  Et son viaire et son col par derier.
7160 Vest une wite traïnant dusqu'es piés ;
  Chapel de fautre ot li bers en son chief.
  Et Savaris le prist a convoier
  Dusqu'au matin que il fu esclairiés.
  Au departir vait son oncle baisier :
7165 « Oncle, » dist il, « ne vous chaut d'esmaier :
  « Sos ciel n'a home qui vous puist entiercier.
  « Ne sanblés pas le josteor B.,
  « Tro bien sanblés truans et pautonnier. »
  Atant departent, si laissent le plaidier.
7170 A Sain Quentin vint Savaris arier,
  Et B. conmence a esploitier
  Droit vers Pontif le grant chemin plaingnier.
  .I. diemainge s'an vint a Saint Richiel ;   *v°*
  Trova sa feme qui venoit del mostier,

7160 Vest, *ms.* West ; *ms.* traïnans.

7175 En sa conpaingne .iiij.c. chevallier.
Cortoisement la salua B. :
« Cil vous saut, dame, qui tot puet justicier. »
Elle respont : « Et Diex te saut, paumier.
« De quel part viens ? nel me devés noier.
7180 — Droit de Saint Gile dont je sui repairiés. »
La dame l'oit, pleure des iex del chief :
« Pelerin, frere, Diex te gart d'anconbrier ! »
Lors li ramenbre de son marit premier.
« Oïstes onques parler d'un chevallier
7185 « Qu'an sa contrée apelloit [on] B. ?
— De il meïsmes, a celer ne vous quier
« [Que] une fois a avueç moi maingiet,
« Et une fois et levet et couchiet.
« Li rois Corsubles l'ot en prison lanciet ;
7190 « Si l'a tenut .j. an trestot antier
« Trosqu'a .j. jor que vous sai devisier,
« Que lors li vint .j. fors rois Aucibier.
« B. ala contre lui chasploier,
« Si le conquist a l'espée d'acier.
7195 « Li rois Corsubles li a donet congiet,
« Mais je ne sai par vertet afichier
« S'a Sain Quentin s'an est venus arier.
— Diex » dist la dame, « qui tot as a jugier,
« Se une nuit tenoie mais B.,   *f. 119*
7200 « N'avroie mais ne mal ne enconbrier.
— Dame, » dit il, « vos dites grant pichié ;
« Vous avés ci .j. molt bon chevallier
« Qu'assés vaut miex c'onques ne fist B. »
Et dist la dame : « Vous dites grant pichié ;
7205 « Ne l'ameroie por les menbres trainchier. »

7186 De il, *leçon douteuse. La première lettre paraît bien être un d, mais la seconde est endommagée.*—7196 *Ms.* vertel.—7203 Qu'assés, *ms.* Qui uasles, *lecture adoptée par le premier éditeur, mais qui ne convient ni au sens ni à la mesure. D'ailleurs la troisième lettre du second mot est surchargée et semble corrigée en une double* s.

CCCI

Dist B. : « Dame, puis que ne l'amés mie,
« Molt me mervel quant onques le presiste[s]. »
Et dist la dame : « Certes, je fui traïe.
« Quant mes sire ot sa grant guere fenie,
7210 « Sa voie enprist, s'alames a Saint Gile.
« Le premier jor qu'an la ville venimes,
« Me delivrai d'un bel anfant nobile :
« S'est Juliiens dont li cors Dieu garise !
« Se Diex n'an pence, li fix sainte Marie,
7215 « Nel verrai mais an trestote ma vie.
« Moi le tolirent cele gent païnie ;
« Et Savaris a la chiere hardie
« M'en amena en France la garnie.
« Dont vint mes peres a la barbe florie,
7220 « Si me livra au roi de Saint Denise
« Qui me dona H., cel traïte.

CCCII

« Le premier jor que je fui mariée,
« Si vint .j. mie an iceste contrée.
« Une tele herbe me dona a celée
7225 « Ne la donroie por l'or d'une contrée.
« Quant je la tains en ma boche angolée,
« Dont n'ai ge garde que soie violée. »

CCCIII

Dist B. : « Dame, foi que vous me devés,
« Quelle est li herbe que vous itant amés ? »

7213 dont, corr. cui ou que ? — 7223 Ms. ilceste.

7230 Et dist la dame : « Paumiers, ja nel savrés :
« Morte seroie se H. le set. »
Et dist B. : « Ja mar en doterés ;
« Ne li diroie por estre desmenbrés ;
« Mais por ice le vous ai demandet
7235 « Que de mecines cui je savoir assés. »
Et dist la dame : « Paumier, donques l'orrés.
« Quant vient le soir que dois couchier aler,
« Dedens ma bouche la mès trestot souef.
« Ja H. n'avra puis volenté
7240 « De celle chose dont vous oït avés.
« .I. an tot plain l'ai je ainsis menet. »
B. l'entent, s'a de cuer sospiret ;
Puis dist en bas, qu'il ne fu escoutés :
« Pere de gloire, tu soies aourés,
7245 « Quant de ma feme ne sui pas vergondés ! »

CCCIV

Or ot B. sa feme bien enquis[e].
A ces paroles .vj. chevallier i vinrent ;
La dame prennent au chier mantel d'ermine,
Sus el palais l'anmenerent et guient.   *f. 120*
7250 Il prenent [l'eve] et au maingier s'asirent.
Devant B. aporterent .j. cine.
La jantil dame le semont et atise :
« Maingiés, paumier, li cors Dieu vous garise ! »
Il li respont : « Ja nel vous convient dire ;
7255 « Je maingerai, que mes cuers le desire. »
H. l'oit, si conmensa a rire ;
Puis l'apella, si li a pris a dire :
« Pelerin frere, ce Diex te beneïe,
« Puis que tu dis que tu viens de Saint Gile,
7260 « A Monpellier, celle ville garnie,

7247 i, *ms.* il.

« Oïstes ains parler de la mecine
« Qui aidast home de ceste fusensiele? »
Et dist B. : « Sire, porquoi le dites? »
Dist H. : « Nel te celerai mie :
7265 « Plus a d'un an que ceste dame ai prise;
« Ains puis a li n'os charnel conpaingnie.
« Ne sai quel gent nous firent conpaingnie. »
B. l'entent, Damredieu en mercie,
Et respondi par sens et par boidie :
7270 « H. sire, nel vous celerai mie,
« Ancor sai ge tel[e] fontaine vive,
« Qu'il nen a home an cet terriien siecle,
« C'il c'i baignoit .j. fois a delivre,
« Et avuec lui sa mollier et s'amie, v⁰
7275 « An .ij. mes iex i mestrai a delivre
« Qu'an celle nuit feroient fil ou fille. »
Dist H. : « Pelerins biax dous sire,
« M'i menrés vos a la fontaine vive?
— Oïl, biax sire, et la dame meïsme. »
7280 La dame l'oit, par poi n'enraige d'ire.
Tout maintenant a haute vois s'escrie :
« Pelerin frere, li cors Dieu te maudie!
« Mal soit de l'eure que venis en la ville. »

CCCV

Dist H. : « Pelerin, or entens :
7285 « De la fontainne conment sés tu dont tant? »
Dist B. : « Sire, jel sai a esciant,
« Qu'il nan a home an cest siecle vivant,
« S'an la fontainne se baingnoit tot avant

7262 *Le dernier mot est corrompu.* — 7267 conpaingnie *est évidemment fautif; corr.* sorcerie? — 7272 terrien siecle, *leçon très douteuse, ms.* terriiencle, *les lettres* er *et* n *sont abrégées.* — 7275, 7290 i, *ms.* il.

« Et avuec lui sa mollier au cors gent,
7290 « An[i]j. mes iex i mestrai a garant
« Qu'an celle nui[t] feroient .j. anfant. »
Dist H. : « Mainne m'i eranment. »
Et dist B. : « Tot a vostre conment.
« O vous ira vo moillier au cors gent. »
7295 La dame l'oit, par poi n'ist de son sens.

CCCVI

La jantil dame ot molt le cuer irié :
Devant li prist .j. baston de pomier,
Parmi la teste en vaut ferir B.,
Quant H. li vait des poings saichier :   *f. 121*
7300 « Dame, » dist il, « vous faites grant pichié ;
« Ja savés vous nous l'avons herbigiet ;
« N'i avra mal dont le puisse aidier. »

CCCVII

La jantil dame fu dolente et mate ;
Tot maintenant s'an issi de la sale ;
7305 Tout maintenant en sa chanbre repaire.
Elle a l'us clos et fermet a la barre.
Dont ce demante comme pucelle gaste :
« Hé! B., sire, frans chevalliers mirables,
« Cis H. est trop fel et trop saige.
7310 « C'il gist a moi, que ferai je dont, lasse !
« Il nel lairoit por nulle rien qu'il saige. »
Par la fenestre jus des murs s'an avale,
Par le vergier aqueulli son voiaige.
Fors de la ville [vait] a .j. prioraige.

7302 *Cf. v. 7394.* — 7306 *Ms.* ferment.

CCCVIII

7315 Fors de la ville avoit .j. maison,
　　　Moingnes i ot de grant religion ;
　　　La vint la dame acourant de randon.
　　　Si apella le bon abbet Symon.
　　　« Biax sire abbes, entandés ma raison.
7320 « Cis H. mes sire est molt felon :
　　　« Bastue m'a de fust ou de baston,
　　　« Or me menace de plus grant mesprison ;
　　　« Si vains a vos por avoir garison. »
　　　Dist l'abbes : « Dame, vous parlés en pardon.
7325 « H. est de male estration :
　　　« Se je faisoie envers lui desraison,
　　　« Ne me garroit trestot l'or de cel mont
　　　« Ne me copast le chief soz le menton. »
　　　La prioresse entendi la raison,
7330 Dist a l'abbet : « Baissiés vostre raison :
　　　« Mes cousin est li vaillans B.,
　　　« Et c'est sa feme, que de fit le set on.
　　　« Et nous avons tel celier en parfont,
　　　« Estre i porra dusqu'a l'Ascention ;
7335 « Ne l'i savra nulle gent se nous non. »
　　　Et dist l'abbet : « Vostre voloir ferons.
　　　« Se je savoie B. el pret Noiron,
　　　« Je li manroie en sa maistre maison. »

CCCIX

　　　Molt par fu saige ceste nonnain de l'ordre ;
7340 Dist a l'abet : « Par Dieu et par nostre orde,
　　　« Iceste dame sera molt bien reposte. »

7330 *Ms.* al babet. — 7328 soz, *ms.* sor. — 7334 i, *ms.* il.

Et H. se porquiert et esforce
Comme celui qui cuide faire noce ;
Dist au paumier : « Jhesus t'aist en sa gloire !
7345 « Porterons nous avuec nous nulle chose,
« Ne pain, ne vin, ne nulle crostre grosse ? »
Et dist B. : « Par saint Pierre l'apostre,
« Puis que li hons a la dame repose,
« Molt volentiers mainjue bone chose. »

CCCX

7350 Dist B. : « Sire, faites venir la dame, *f. 122*
« Si parlerons et moi et li ensanble. »
Et H. apella Julianne :
« Va tost, » dist il, « si apelle ta dame.
— Sire, » fait elle, « par tos les sains d'Otrante,
7355 « Il n'an a point el lit ne an la chanbre ;
« Mais ces mentiax et ces robes i pendent. »
H. l'oit, par poi qu'il ne forsanne ;
Vint a la chanbre, l'us brisa, puis i antre,
Et quiert sa feme el lit et an la chanbre.
7360 Quant ne la trueve, par poi qu'il ne forsanne.

CCCXI

Herchanbaus quiert sa feme o le cors gent.
Quant ne la trueve, molt ot le cuer dolent.
Il an apelle chevalliers et serjans :
« Singnor, » fait il, « entendés mon sanblant.
7365 « Dès hui matin vint cis pasmiers saiens ;
« Tant a parlet et arier et avant,
« Fuïe en est ma mollier au cors gent.
« Mais, par celui a cui li mons apent,

7356 i, *ms.* il. — 7363 *Ms.* Illan.

« C'il ne la fait revenir en presant,
7370 « Je le pendrai conme laron avant. »

CCCXII

En H. nan ot que correcier;
Tot maintenant a fait panre B.;
A .x. serjans le fait la nuit gaitier;
Et avuec lui i ot .j. chevallier :
7375 Bien recognust le marchis au vis fier;
Vers lui se trait, cel prent a araisnier :
« B., » dist il, « celer n'i a mestier;
« Li vostre peres me fit grant destorbier.
« Fors de ma terre me fit a tort chacier;
7380 « Ains puis n'i ose venir ne repairier.
« Ce que m'a fait conparrois vous molt chier :
« Je l'irai ja a H. noncier
« Que vous venés son païs espiier,
« Si en volés mener vostre mollier. »
7385 B. l'entent, n'i ot que correcier;
Anvers celui prent a humiliier :
« Se li miens pere vous fist nul destorbier,
« Je sui li fix qui[l] ferai adrecier.
« Je vous creante vos terres a baillier,
7390 « Et vos croistrai vos terres et vos fier[s]. »
Et cis respont : « Vous l'estuet fiancier. »
Il le fiance, qu'il ne l'ose laissier :
« Sire, » dist il, « ne vous chaut d'esmaier;
« N'i avrés mal dont vous puisse aidier. »
7395 A ces paroles laissierent le plaidier.
Au matinet, quant vint a l'esclairier,
Dont se leva H. li Pohiers.
Ses baron[s] mande qui de lui tienent fié.
Vint i li abbes, cui Diex gart d'anconbrier, *f. 123*

7371 Ms. nannot. — 7379 tort, ms. trot. — 7399 i, ms. il.

7400 Qui fist la dame en son dortoir mucier,
La prioresse o le coraige fier ;
Et H. conmença a plaidier :
« Entendés moi, mi home droiturier.
« Dès hui matin vint saiens cis pasmiers :
7405 « Tant m'a parlet et avant et arier
« Que de saiens s'en fuï ma mollier.
« Mais, par l'apostre c'om a Rome requier,
« C'il ne prent garde que[l] face repairier,
« Jel penderai sens plus de delaier. »
7410 Et dist li abbes : « Se sanbleroit pichiés. »

CCCXIII

« Sire H., » dist li abes jantis,
« Laissiés m'a lui parler .j. seul petit. »
Dist H. : « Tot a vostre plaisir. »
La prioresse et li abbes jantis
7415 Traient B. dalés .j. mur faitis ;
Et dist li abbes : « Pelerin biax amis,
« De la fontainne porqu'[av]és vous ce dit ?
« Tot ton afaire nous pues bien rejehir :
« N'i avras mal dont te puisse gairir ;
7420 « De quanque dies ja n'an estera[s] pis. »
Et dist B. : « Ne vous en quier mentir
« De celle dame dont vous parlés ici,
« Je la cuidoie de la ville partir ;
« Si la randisse a B. son ami
7425 « Qui est la fors, dedens cel bois foillit,
« Et avuec lui maint chevallier hardi. »
La prioresse la parole entendi ;
Grant joie avoit por B. son ami :
« Amis, » dist elle, « or avés vous bien dit ;

7400-1 *Intervertir ces deux vers ?* — 7408 que[l], *correction douteuse, ms.* qui, *en abrégé.* — 7420 *Ms.* jannan. — 7424 *Ms.* Silla.

7430 « Ja n'avrés mal dont vous puisse garir. »
Dont en apelle H. le florit :
« Sire, » dist elle, « laissiés cel pelerin ;
« Bien vous fera de quanqu'il vous promist :
« Molt est bons maistres, par foit le vous affi.
7435 « Et je ferai la dame revenir,
« Qu'an no dortoir, por voir, dès hier se mist. »
Dist H. : « Dame, je vous en pri. »

CCCXIV

La prioresse revint a son mostier,
Trova la dame a l'autel saint Michiel
7440 Ou elle pleure et fait .j. duel plaingnier :
« Dame, » dist elle, « cel duel convient laissier ;
« Je vous dirai novelle de B. :
« La defors est, ou bois vous fait gaitier ; *f. 124*
« Avuec lui sont .iij.m. chevalliers.
7445 « Il vous avoit anvoiet cel paumier
« Por vo convinne savoir et encerchier,
« Car il vous vuelt ravoir a son couchier. »
La dame l'oit, Dieu prist a merciier.
Tout maintenant s'en issi del mostier ;
7450 S'an est venue a H. le fier,
Et quant il voit la dame repairier,
Tot maintenant la prist a araisnier :
« Dont venés, dame, por Dieu le droiturier ?
— En non Dieu, sire, je vains de cel mostier
7455 « Ou je alai a Damredieu proier,
« Que moi et vous puissiens si esploitier
« Que angenrer puissiens .j. heritier. »
H. l'oit, plus en ot le cuer fier.
« En moie foit, » dist il, « sire pasmier,
7460 « Forment me poisse quant vous fis correcier.

7458 *Ms.* ennot; fier, *corr.* lié?

« Jel vous ferai richement adrecier
« Se vous poés mon afaire esploitier.
« Mais or me dis por Dieu le droiturier,
« Manrai o moi serjant ne chevallier?
7465 — Nanni, biax sire, » se li dist sa mollier,
« Fors moi et vous et cel cortois paumier. »
Onque H. nel vaut por ce laissier : v°
Dusqu'a .ij.c. fait armer chevallier[s] ;
En la foret les a fait anvoier.
7470 Por ce le fait qu'il doute le paumier,
Et ces convinnes malvoisement li siet.
« Sire H., » ce li dist sa mollier,
« A la fontainne alons sans delaier.
— Dame, » dist il, « trop nous poés coitier ;
7475 « Si grant talent n'an aviiés pas hier. »
H. monte sor .j. courant destrier,
La jantil dame sor .j. palefroi chier ;
Au pelerin an a fait .j. baillier.
Vers la foret prennent a chevauchier ;
7480 Dedens s'an entrent par .j. petit sentier,
Et la maisnie H. le Pohier
Furent alés .j. autre chemin viés.
La gentil dame a resgardet B. :
Tot maintenant le prist a entiercier
7485 Par .j. plaie qui desos l'uel li siet ;
Bien recognust c'est son marit premier.
Petit s'an faut nel corut enbracier,
Mais elle n'ose por H. le fier.

CCCXV

La gentil dame a B. cogneüt,
7490 Par .j. petit que baisier nel courut ;
Por H. son coraige a tenut. f. 125

7485 Cf. v. 7104. — 7487 aut, ms. vaut.

Tant ont alet parmi le gaut foillut,
D'une fontainne trova B. le rut ;
Tout contremont a le ruissel seüt.
7495 Desos .j. arbre ont tapis estandus,
Et .j. coute qui bien porpointe fu.

CCCXVI

Quant li lis fu atornés richement,
« H. sire, » dist B. li vaillans,
« A ceste dame vuel parler seulement :
7500 « Si enquerrai son cuer et son talent. »
Dist H. : « Faites vostre tale[n]t. »
Antre B. et la dame vailla[n]t
A .j. part vienent a parlement.
Dist B. : « Dame, entendés mon sanblant.
7505 « Le premier sire que eüstes avant
« Eschaspés est des paiens mescreans ;
« Tant me proia qu'il m'anvoia avant
« Por la besoingne faire plus sostiment. »
Et dist la dame : « Drois est, par saint Vincent :
7510 « Bien vous cognois, saichiés v[e]raiement.
« B. biax sire, celer n'i vaut noiant ;
« Or vous baisasse, saichiés v[e]raiement ;
« Por H. n'an os faire noiant
« Qui de nos .ij. se prent garde sova[n]t.
7515 « Bien sai sans vous n'an venisse avan.
« Nous avons ci chevax fors et courans :
« Prenés cel noir et je panrai cel blanc ;
« Vers Sain Quentin nous en alons fuiant. »
Et dist B. : « Vous parlés por noiant :
7520 « En la fontainne se baingnera avant.

7495 *Ms.* t. a estandus. — 7501 Dist, *ms.* Dites. — 7502 *Ms.* vaillas. — 7503 vienent, *ms.* trenent *ou* crenent; *il y aurait p.-é. lieu de corriger* tienent .j. p. — 7519 dist, *ms.* d⁹.

« Il le convient faire plus sostiment :
« En la fontainne tous nus sera avant,
« Tantdis irons nostre preut porchasant. »
Quanqu'il parloient issi faitierement,
7525 Dist H. : « Que demorés vous tant?
« Pelerin frere, ci a lonc parlement. »

CCCXVII

Et H. en apella Bernier :
« Pelerin frere, trop poés delaier.
— Sire, » dist il, « ne vous chaut d'esmaier,
7530 « Car vostre preut vous vuel je porchacier.
« Il vous convient premerains despoillier,
« En la fontainne antrerés tos premiers. »
Il se despoille, que dras n'i vaut laissier.
Dedens s'en entre, car bien cuide esplotier.
7535 Dist B. : « Sire, par .ix. fois vous plungiés. »
Et il si fist de gré et volentier.
La gentil dame en apella B. :
« Prenés, biax sire, ceste espée d'acier ;
« Tout maintenant la teste li trainchiés.
7540 — Non ferai, dame, par les iex de mon chief; *f. 126*
« Quar tos jors mais me seroit reprochiés;
« Hons desnués n'iert ja par moi touchiés.
« Mais montés tost sor cel palefroi chier,
« Je monterai sor cel courant destrier. »
7545 La dame monte, B. li tint l'estrier,
Et il meïsmes monta sans delaier,
Et H. entent a lui baingnier.
Li cuens B. conmensa a huchier :
« Sire H., or pencés del baingnier,
7550 « Et B. enmanra sa mollier. »
H. l'oit, n'i ot que correcier :
« En moie foit, » dist il, « sire B.,
« De si saige home ne se puet on gaitier.

RAOUL DE CAMBRAI

« Je me cuidai a la dame couchier,
7555 « Dedens cel lit avuec li solacier ;
« Et li villains le dist el reprovier :
« Belle parole fait ⟨a⟩ fol eslecier. »
Et dist la dame : « Vassal, por Dieu del ciel,
« D'une autre femme vous estuet porchacier :
7560 « Diex m'a rendue a mon marit premier. »
Atant s'an tornent et la dame et B.
Au piet d'un mont, dalés .j. val plaignier,
La ancontrerent Savari et Garnier
Qui el païs venoient a B.,
7565 En lor conpaingne .iij.M. chevalliers ;
B. aidassent, c'il en eüst mestier.
Il le coururent acoler et baisier.
Dist Savaris : « Com avés esploitié ?
— Biax niers, molt bien, la mercit Dieu del ciel !
7570 « Dedens .j. aigue ai le gloton laissiet.
« Ains ne le vaus adeser ne touchier. »
Dist Savaris : « Car le m'ensaingnissiés !
« Je l'irai ja la teste reongnier,
« Quant de ma dame vous osa vergoingnier. »

CCCXVIII

7575 Dist B. : « Biax niers, nel dire mie,
« C'onques a li n'ot charnel conpaingnie,
« La mercit Dieu qui tout a en baillie. »
Dist Savaris : « Tant sui je plus liés, sire. »
A ces paroles ont lor voie aqueullie ;
7580 Vers Sain Quentin chevauchent a delivre ;
An une nuit et en .ij. jors i vinrent.
Je ne cont pas la joie que lor firent
Cil del païs quant ensanble les virent.

7566 *Ms.* illen. — 7568 com avés, *ms.* 9mavés. — 7575 dire, *ms.* dite. — 7581 i, *ms.* il.

CCCXIX

Berniers apelle son neveut Savari :
7585 « Fai tost mander mes chevalliers de pris,
« Et si me mande d'Arras le sor Gr.
« Qu'i vaingne as noces sa fille Biautris,
« Car ramenée l'a B. de Pontif. »
Dist Savaris : « Sire, a vostre plaisir. »
7590 Gr. manda a Arras, sens mentir,
Mais n'i vaut mie a cele fois venir.
Et Berneçons molt belle feste fit ;
De la grant joie qu'il ot se resbaudit.
La gentil dame l'apella, si li dit :
7595 « Bernier biau frere, por Dieu de Paradis,
« Savés novelles de Juliien mon fil ?
— Nannil voir, dame, » B. respondi,
« Fors tant itant con vous porrois oïr :
« Dedens Saint Gile li miens oste me dit
7600 « Que en Espaingne, a Cordes la fort cit,
« La l'enmenerent paien et Sarrasin. »
La dame l'oit, pleure des iex del vis,
Et le regrete con ja porrois oïr :
« Juliiens fix, trop vous perdi petit ;
7605 « Malvaisement avés esté norris.
« Diex nostres sires, par la soie mercit,
« Me doint de vous encor novelle oïr !
— Ensanble sonmes, bien le poés veïr :
« Diex nous donra encor novelle oïr. »
7610 Et dist la dame : « Sire, voir avés dit. »
Icelle nuit on[t] ensanble dormit.

7593 *Ms.* illot. — 7598 *Corr.* F. seul i ? — 7607 *Ms.* Me d. encor de v. encor n. o. — 7609 *Le second hémistiche paraît n'être que la répétition fautive de celui du v. 7607. Il y a p.-é. une lacune avant ce vers ou avant le précédent.*

D. n. d. espoir un autre fil

Li frans B. .j. fil engenuït ;
Elle le porte et ces mois et ces dis.
Quant vint au terme que li enfes nasqui,
7615 Au baptisier l'apellerent Henri.
La gentil dame le fist molt bien norir,
Et quant il ot .vij. ans et .j. demi,
De behorder et d'armes s'antremist.
Ausi biax fu de .vij. ans li meschin
7620 Com .j. autre enfes est amandés en .xx.
B. le voit, molt joians en devint.
A sa mollier le monstra, si li dit :
« Esgardés, dame, por Dieu de Paradis,
« Con Henriès est biax et eschevis. »
7625 Et dist la dame : « Sire, voir avés dit.
— Or ne lairoie por tot l'or que Diex fit
« Que je ne voise a icestui païs
« Ou Juliien porterent Sarrasin ;
« Si aprendrai se il est mors ou vis. »
7630 La dame l'oit, tos li sans li fremist.

CCCXX

« En non Dieu, dame, » dist B. li vaillans,
« Je ne lairoie por nulle rien vivant
« Ne voise querre Juliien mon enfant.
« N'ira o moi chevallier ne serjant,
7635 « Fors Savari mon neveut, le vaillant. »
Et dist la dame : « Mercit, por Dieu le gra[n]t !
« Ja li miens cors ne seroit sens torment.
« Ce pers le pere et j'ai perdut l'enfent,
« Ce iert mervelle ce li cuers ne me fant. »

7614 *Ce vers est écrit deux fois dans le ms.* — 7617 *Ms.* illot.
— 7624 *Après ce vers, le ms. donne celui-ci :* Or ne lairoie por tot
l'or que Diex fit, *qui se retrouve plus bas à sa vraie place.* —
7629 *Ms.* illest.

7640 Dist B. : « Dame, plorer n'i vaut noiant;
« Conment qu'il praingne, n'i demorrai noiant. »
En celle nuit le laissierent atant.
Au matinet, a l'aube aparissant,
Ont oït messe li chevallier vaillant.
7645 Après la messe li chevallier vaillant
Congiet demandent a la dame vailla[n]t :
Et la contesse li a dit en plorant :
« Biax sire chiers, a celui vous conment
« Qui fist le monde par son conmendement.
7650 — Dame, » dist il, « Diex vous gart de torment! »
Atant departent sens plus de parleme[n]t.
Vait s'an B. et Savaris li frans.
Dès or mais faut la chançon en avant,
Porcive l'en que ci en droit vous chant.

CCCXXI

7655 B. chevauche et Savari li bers ;
A grans jornées issirent del regné,
France trespassent et Brie par dalés ;
Par endroit Sens sont en Borgoingne entrés.
De lors jornées ne vous sa[i] aconter.
7660 Dusqu'a Saint Gile ne se sont arestés ;
Chiés le borjoi sont venus a l'ostel
Ou il avoient autre fois conversé.
Et l'andemain sont li baron montet ;   v°
Par la Prouvance sont en Gascoingne antret.
7665 Le païs truevent escilliet et gastet,
Car l'amassor de Corde i ot estet.
Li baron vinrent a la maistre cité :

7645 *Le second hémistiche est probablement fautif.* — 7654 *Le premier mot est d'une lecture douteuse et n'offre guère de sens. P.-ê.* Poi cure l'en? *On pourrait aussi proposer comme correction:* Porcivir l'ai. — 7657 *Ms.* daler. — 7662 *Ms.* illavoient. — 7667 *La maître cité de Corsuble n'était probablement pas en Gas-*

Parmi la porte sont en la ville e[n]trés ;
En son palais ont Corsuble trovet.
7670 B. descent, si l'a bien saluet :
« Cil vous saut, sire, en cui creance avés ! »
Et dist Corsubles : « Cil te croisse bonté
« Qui fait negier et plovoir et vanter :
« Ce fait Mahons et Mahomès no Dex. »
7675 Et dist B. : « Sire, or m'entendés.
« De vostre guerre avons oït parler.
« S'or nous voliés reten[i]r et doner
« Dont peüssiens barnaige demener,
« Aideriens [vous] vostre guerre a mener, »
7680 Et dist Corsubles : « Or dites vous que ber.
« Se preudome estes, je vous donrai assés. »
Li seneschax a B. resgardet ;
Bien le cognut, s'a Corsuble escriet :
« Par Mahon, sire, molt t'est bien ancontrés !
7685 « Tel saudoier t'a Mahomès donet
« Il n'a millor en la crestiienté.
« D'une autre painne vous a il delivré
« Quant il ocit Aucibier l'amiret. » *f. 129*
Corsubles l'oit, s'a B. acolé :
7690 « Crestiiens frere, porquoi t'iers tu celet ?
« Tous mes tresors vous iert abandonés. »
Endementiers qu'il ont ainsis parlet,
Es vous .j. Tur qui ot non Bodoés,
D'un roit espiet par les costés navrés.
7695 A sa vois clere s'est li Turs escriés :
« Corsubles [sire], tous iers deshiretés :
« L'amassors est en ton païs entrés,
« Ou .xxx.m. des gens de son regnet.

---

cogne. A moins de corriger Gascoingne *en* Espaigne, *on doit supposer que le copiste a passé un vers où deux où était contée l'arrivée en Espagne des deux barons.* — 7674, 7685, 7705, *etc.* Mahomés, Mahomet, *ms.* Mah'. — 7688 *Ms.* illocit. — 7692 Ms. illont.

« .I. a o lui chevallier amenet,
7700 « Chevalliers est de novel adobés.
« Vers lui ne dure ne chastel ne cité ;
« N'i puet durer nus hons de mere né.
« Pris a par force et le païs gasté. »
Et dist Corsubles : « Di[s] me tu verité ?
7705 — Oïl voir, sire, par Mahomet mon Dé :
« C'estiiés ore sor celle tor montés,
« Par devers Cordes vausissiés resgarder,
« Ja verriés tot le païs puepet. »
Corsubles l'oit, s'a les degrés montés :
7710 Par la fenestre de la tor a gardet,
Voit le païs des paiens anconbré :
Li forier courent por les villes rober ;
Des maisons arces voit les grans fex lever.
Il s'an devale, s'a sa gent escriet :
7715 « Or tost as portes, singnor, si le[s] fermés !
« Je vous conment que trestuit vous armés. »
Et il si firent quant il l'ot conmandet.
B. s'arma et Savaris li bers.
Ainsois le vespre, que solax soit consés
7720 Or[r]a B. de Juliien parler,
Le sien chier fil por quoi c'est tant penés,
Et cors a cors porra a lui joster.
Li amassors fait sa gent arester,
Juliien fait devant lui apeller ;
7725 Ces nons li fu chaingiés et remués :
Corsabrés fu des Sarrasins només.
Dist l'amassor : « Biax amis Corsabrés,
« Je vous conment m'oriflanbe a porter,
« Toute ma gent conduire et chaeler. »
7730 Et cil respont : « Je ferai vostre gret.

7699 *Corr.* .I. bacheler a o lui, *ou* SIa o lui un bacheler menet ? — 7703 Pris *n'a pas de régime, à moins que* par force *ait été substitué à un nom de lieu (*Carsaude ? *cf. v.* 7813*); p.-ê. aussi y a-t-il une lacune entre les deux hémistiches ?* — 7708 Puepet, *corr.* peufré ?

« Se je truis home qui de mere soit nés,
« Se nel vous rens mort et enprisoné,
« Faus soiés vous se vous ne m'afolés. »
Dist l'amassor : « Biax amis, bien ferés ;
7735 « A Mahomet soiés vous conmendés,
« Que il vous puisse et garir et sauver. »

CCCXXII

En Juliien ot molt bon chevallier,   *f. 130*
En païnime n'an avoit .j. plus fier ;
Et prist .xx.м. de tos le[s] miex prisiés,
7740 Vers la cité prennent a chevauchier.
Quant B. les an vit aprochier,
Le roi Corsuble en prist a araisnier :
« Faites vos gens entor les murs raingier ;
« Avuec moi vaingnent cil bacheler ligier
7745 « A cui il vuellent les terres chaslaingier.
« Ains qu'il se puissent devant les murs logier,
« Ceste venue conparront il molt chier. »
Et dist Corsubles : « Molt vous en vuel proier. »
Lors fait sa gent et serrer et raingier.
7750 Fors s'en issirent dusqu'a .xxx. millier ;
B. les guie et Savaris li fiers.
Juliiens vint poignant sor .j. destrier,
Et fu armés d'auberc et d'yaume chier,
De bone espée et de hiaume d'acier,
7755 Et porte droite la hanste de pomier ;
Sa covreture fu d'un paile molt chier ;
A grant mervelle porsailloit son destrier ;
Bien resanbloit le sien pere B.
B. le voit, prist soi a mervillier ;
7760 Dedens son cuer le conmence a prisier.

7732 *Ms.* enprisonés. — 7753 *Ms.* armers. *Il est probable que* yaume, *qui se retrouve au v. suivant, est fautif; corr.* escu?

Il an appelle Savari le guerier : v°
« Biax niers, » dist il, « vees con bel chevallier !
« C'il est si bon com il monstre le fier,
« Il n'a si bon soz la chape del ciel.
7765 « Pleüst a Dieu, le pere droiturier,
« Conquis l'eüsse a l'espée d'acier,
« Si qu'il ne fust navrés ne enpiriés ;
« Si se laissast lever et baptisier !
« Plus l'ameroie que nulle rien del ciel.
7770 « Or ne lairoie por nule rien del ciel
« Que ne me voise anvers lui essaier. »
Le destrier broiche des esperons d'or mier ;
Et Juliiens c'est vers lui adreciés ;
Grans cops se donent es escus verniciés :
7775 Desos les bocles le[s] ont frais et perciés.
Fors haubers orent, ne[s] porent desmaillier,
Mais de lors lances font les escus percier.
Si ont les brans isnelement saichiés :
Li fix au pere conmence a chasploier.

CCCXXIII

7780 Li baron furent coraijous et hardi ;
Bien ce requierent as brans d'acier forbi.
Et B. a Juliien envaï ;
Desor son elme .j. grant cop le feri :
L'iaume li a enbarret et croissi ;
7785 Devers senestre l'espée descendi,
.C. maille[s] trainche de l'auberc qu'ot tresli ; *f.131*
Desor la hainche a la char consivi ;
Grans .iiij. doies li traincha et fendi.
Quant Juliiens l'espée en char senti,

7761 *Ms.* Illan. — 7763 *Ms.* illest. *La fin du vers paraît corrompue; corr.* se monstre fier ? — 7764 soz, *ms.* sor.— 7769-70 del ciel, *corr.* soz ciel ? — 7773 *Ms.* adrecier.

7790 Trait soi ariere, car le cop li gainchit.
De maltalent trestranbla et fremit ;
Li sens dou cors li est montés el vis.
Il tint l'espée, B. en feri,
Son bon escut li traincha et fendi,
7795 Sor le cheval li cops li descendi :
Le col li trainche, et Bernesons chaï.
Plus qu'il pot tost en estant resaillis,
Vint vers B. et B. contre li ;
Grans cops se donent sor les escus votis,
7800 Que il les ont et fendus et croissis,
Et chascuns d'iax fu ens el cors blemis.
Bien se deüssent estre charnés ami :
Li .j. est peres et li autres est fis.

CCCXXIV

Bien se conbatent li .ij. vassal vaillans,
7805 Et les .ij. os s'asanble[n]t maintenant.
Savaris done Bernier .j. auferra[nt],
Et Juliien remonterent sa gent.
Il tint l'espée, vait ferir Boïdant,
Toute la teste an .ij. moitiés li fent,
7810 Mort le trebuche en la presse plus grant.
Par celui cop ot puis painne plus grant,
Car il ert frere Corsuble l'amirant,
Rois de Carsaude, ou molt ot hardement.

CCCXXV

L'uns ocit l'autre a l'espée forbie.
7815 B. i fiert a l'espée forbie,

7797 *Corr.* P. tost qu'il p.? — 7797-7801 *Cf. vv.* 7016-20. — 7806 Savaris, *ms.* Juliiens. — 7809 *Ms.* moitiet. — 7812 *Ms.* illert. — 7814 *Il y a bien des manières de corriger le second hémistiche. P.-ê.* qu'il ne l'espargne mie ? — 7815 i, *ms.* il.

Et Savaris lés lui, par aatie,
Fiert Cadoer sor l'iau[m]e de Pavie ;
Desci qu'es dens le porfent et esmie :
Mort le trebuche ; a haute vois c'escrie :
7820 « Malvaises gens, nostre Diex vous maudie !
« Iceste terre n'avrois jor de vo vie.
« Li rois Corsubles l'avra tote sa vie. »
Juliens l'oit, vers lui point par aatie ;
Grant cop li done, qu'il ne l'espargne mie ;
7825 Jus del destrier le trebuche et guie,
Puis le saisit par l'iaume de Pavie ;
Et Savaris a haute vois s'escrie :
« Oncles B., or ai mestier d'aïe :
« Secorés moi, por Dieu le fil Marie ! »
7830 Celle parole n'a pas B. oïe.
Juliien[s] prent Savari, si le lie,
Car de sa gent ot la force et l'aïe ;
Batant l'enmainnent ; li cors Dieu les maudie !
.I. sarrasins le prist B. a dire :
7835 « Vostre conpains est livrés a martire ;   *f. 132*
« Paien l'enmainnent, s'en feront lor justice. »
B. l'entent, tos li sens li fremie.
Il tint l'espée a .ij. poins enpoingnie ;
Cui il ataint molt est corte sa vie.
7840 Desront la presse de la gent païnie ;
Savari trueve, maintenant le deslie ;
Bailliet li a .j. destrier d'Orquanie.

CCCXXVI

Savari a rescous li cuens B. ;
Il fiert et fraint de l'espée d'acier.

7823 *Vers trop long qui aura été maladroitement corrigé pour mettre une rime en place d'une assonance ; corr.* a delivre ? — 7835 est, *corr.* ert ? — 7839 *Ms.* illataint. — 7844 fraint, *ms.* fraue.

7845 Juliien voit d'autre part chasploier;
Droit celle part se prent a adrecier :
Desor son elme li vait .j. cop paier,
Si qu'il li fist enbarer et percier.
Fors fu la maille del blanc hauberc doblier :
7850 Le branc convint contreval a glacier;
.C. mailles trainche del blanc hauberc doblier,
La char li trainche par desos le braier
Que le charnal en fist jus abaissier;
Desci qu'a terre convint le branc glacier.
7855 B. feri de l'espée d'acier;
De sa grant force i mist au branc haucier :
Grans fu li cops quant vint au deschargier;
L'iaume li fist enbarer et percier;   v°
Par devers destre courut li brans d'acier.
7860 A cestui cop l'eüst il damaigiet,
Mien esciant, d'un des bras raonniet,
Mais ces bons brans brisa an .ij. moitié[s],
Et ces chevax est o lui trebuchiés,
Car par le cors ert en .ij. lex plaiés.
7865 Molt fierement l'a apresset B. :
Par droite force li a l'iaume esraigiet,   v. 7311
Et Juliiens l'a a l'auberc saichiet;
Ancontre terre a B. saichiet,
Par .j. petit ne l'a jus trebuchiet;
7870 Mais li cuens c'est par effort redreciés,
Sor Juliien conmence a chasploier.
Il n'ot nis arme de quoi se puist aidier;
Tint son escut qui a or fu tailliés :
En son visaige .j. si grant cop l'an fier
7875 Que li escus brisa an .ij. moitié[s];
Mais ne li vaut la monte d'un denier,
Que par sa force le prist li cuens B. ;

7856 i, ms. il.— 7867-8 saichiet *est fautif dans l'un de ces deux vers.*

A sa maisnie l'a livret et chergiet ;
Batant l'enmainnent desos .j. olivier,
7880 Et le rendirent lor singnor droiturier.
A haute vois conmencent a huchier :
« Par Mahon, sire, vees ci le chevallier
« Qui a ton frere ocis et detrainchiet,
« Roi Boïdant qui tant vous avoit chier. »
7885 Corsubles l'oit, n'i ot que correcier ;
A sa vois clere conmença a huchier :
« Faites le tost en ma chartre gitier. »
Et il si firent quant en ont le congiet.
.I. grant cherchant li ont au col lanciet.
7890 Li enfes pleure, ne se set concillier.
Or vous redois aconter de Bernier,
Qui se conbat el grant estor plaingnier.
Sor ciax de Cordes torna li enconbriers :
Plus de .vij.M. en firent trebuchier,
7895 .III.M. des autres malement enpirier
Qui en bataille n'avront jamais mestier ;
Li autre fuient, le chanp convint laissier.

CCCXXVII

Quant paien saurent que Juliiens fu pris,
En fuie tornent molt forment entrepris.
7900 A l'amassor l'a .j. Sarrasins dit :
« Par Mahomet, vous estes mal baillis :
« Mors sont [li] vostre, matés et desconfis,
« Et Corsabrés dedens la chartre mis.
« Il en i a .j. grant qui est fornis,
7905 « Que nulle riens ne dure contre li. »
L'amassor l'oit, sor .j. cheval saillit,
L'escut au col, si a .j. espiet pris.
Es vous B. et sa route qui vint ;

7888 *Ms.* ennont. — 7904 *Ms.* Illennia.

Trés devant lui vait .j. paien férir ;
7910 Dusqu'es arçons le trainchа et fendi
Et le cheval a il trainchiet par mi.
Quant l'amassors a le conte choisit
Et voit le cop qu'au Sarrasin feri,
De la paor fu forment esbahis ;
7915 Por tot l'or Dieu B. n'atendist :
Plus tost qu'il pot en la fuie c'est mis,
Et B. l'anchauce par aïr.
Quant ne le pot consivir ne ferir,
Il et sa gent se sont el retor mis,
7920 S'ont lor eschac par le champ recoilli :
Mil et .vij.c. chevalliers i ont pris.
En la cité s'en entre[n]t par loisir,
S'ont lor gaaing devant le roi parti,
Et les prisons dedens la chartre mis.
7925 Li rois Corsubles B. a raison mist :
« Crestiiens frere, molt iers prex et gentis ;
« Molt par as bien acuité mon païs.
« Se tu ne fusses, par Mahon le postif,
« Je fusse mors, honnis et mal baillis,
7930 « Et mi paien refussent mal baillis
« Et tous mes regnes escilliés et hon[n]is :
« Par seul ton cors en sui je garandis.
« Se or voloies demorer avuec mi,
« Tot mon roiaume te partira[i] par mi.
7935 « Cités avras et chastiax a tenir ;
« Ja n'ieres povres tant con tu soies vis. »
Et dist B. : « Por autre chose vins.
« Quant a Saint Gile fui de vostre gent pris
« Et Sarrasin m'orent loiet et pris
7940 « Et a vos m'orent presentet et tramis,
« Et vous m'eüstes en vostre prison mis,
« Dedens la ville avoie .j. petit fil :

7921 i, *ms.* il. — 7928 *Ms.* postis. — 7934 Tot, *ms.* Ton.

« N'ot que tier jor que de mere nasqui.
« Ça vins a vous por novelle[s] oïr,
7945 « Se me savés a dire qu'il devint :
« Se vos l'avés, ne le me celés mi.
— Nanni, biau frere, par mon dieu Apolin,
« Ne sai ou est ne, certes, qu'il devint. »
B. l'entent, pleure des iex del vis,
7950 Puis en apelle son neveut Savari :
« Biax niers, » dist il, « or vait de mal en pis :
« Se nel trovons, nous sonmes mal baillis. »
Dist Savaris : « Je ne vous quier mentir :
« Les prisons faites de la chartre issir,
7955 « Car je an vuel la justice veïr. »
Et dist Corsubles : « Tot a vostre plaisir.
« .I. an i a, a grant mal nasquit il,
« Qui Boïdant mon frere m'a ocis.
« Foi que je dois Mahom et Apolin,
7960 « Je le ferai de male mort morir :
« Trestout l'or Dieu ne le porroit garir. »

CCCXXVIII

Li rois Corsubles apella Salatré,
Celui qui a de la chartre les clés :
« Les prisoniers devant moi amenés. »
7965 Et cis respont : « A vostre volenté. »
Adont les a de la chartre jetés ;
Devant Corsuble furent tuit amenet.
Lors a Corsubles Juliien apellet :
« Vassal, » dist il, « trop par fustes osés. »
7970 Dist Juliiens : « Je l'ocis tot de gret,
« Car, c'il peüst, il m'eüst afolet.

7953 *La réponse de Savari se rapporte si peu à ce qui précède, qu'on est porté à supposer une lacune après ce vers ?* — 7957 *Ms.* annia. — 7969 *Lacune après ce vers ?*

« Et si m'eüst ocis, c'est verité.
« Plus chier ai je que l'aie decopé
« Que il m'eüst ocis ne afolet.
7975 « Se il est mors, il n'est pas seus tués. »
Et dist li rois : « Mar l'osastes pencer ; *f. 135*
« Jel vous ferai molt bien guerredoner. »
Lors apella son prevost Ysoret :
« Fai me .j. forche sor cel tertre lever.
7980 « Ce pautonnier maintenant me pendés. »
Et cil respont : « Tot a vo volenté. »
Savaris a Juliien resgardet ;
Son pere sanble miex qu'ome qui soit nés
De cors, de vis, et de bouche et de nés.
7985 B. son oncle l'a Savaris monstré :
« Esgardés, sire, por sainte charité,
« Con cis paiens est grans et figurés. »
Et dist B. : « Biax niers, voir dit avés.
« C'il vesquist auques il fesist mal assés.
7990 — Miex vous resanble que home qui soit nés,
« De cors, de vis, et de boche et de nés. »
B. l'entent, si l'an a resgardet :
Dedens son cuer l'a forment enamet.
Derier lui garde, voit .j. viellart plorer,
7995 Ces cheviax ronpre et ces dras dessirer.
Et B. li prist a demander :
« Por quoi fais duel plus que cil autre per ? »
Et il respont : « Bien le vous sai conter.
« J'ai ce jone home et norrit et gardé,
8000 « Que ja verrai devant moi afoler. »
Et dist B. : « Or me dis verité ;
« Se tu en mens, tes jors est ajornés ;
« Se voir en dis, tu seras respassés.
« Est ce tes fis, as le tu engenret ?
8005 — Nannil voir, sire, par sainte charité.

7975 *Ms.* illest.

« Quant nous corumes sor la crestiienté,
« Dusqu'a Saint Gile gastames le regnet.
« La le presimes trestot enmaillolet.
« Tant le vis bel qu'il m'en prist grant pités ;
8010 « Ainc ne le vos ocirre n'afoler :
« Nourir l'ai fait et tenir en chierté.
« N'a que .iij. mois que il fu adobés ;
« Puis a .j. roi en bataille maté.
« Onques n'an vot tenir les herités,
8015 « Ains m'a donée trestote l'erité.
« Por ce sui je dolens et esgarés
« Quant je le vois mener a tel vité. »
Quant B. oit de son fil la vertet,
Lors a tel joie c'onques mais nan ot tel,
8020 Mais por paiens ne l'a pas demonstré.
Le roi Corsuble a B. apellet :
« Sire, » fait il, « or oiés mon pencer.
« Servit vous ai a mon branc aceret;
« Or vuel .j. don que vous le me donés. »
8025 Et dist Corsubles : « De bone volenté :
« Ne quer[r]ois chose qui ja vous soit vée,
« Donjons ne marches, cités ne fermetés. »
Et dist B. : « Aillor ai mon pencer.
« Je vous demant cel viellart rasoté,
8030 « Et se jone home que vous pendre devés. »
Li rois l'entent, si a le chief crolet.
Il li respont : « Tel don m'as demandet,
« [Se] je seüsse ton cuer et ton pencer,
« Nel te donasse por .j. roiauté.
8035 « Seul por itant que le don t'ai donet,
« S'il avoit mort demi mon parentet,
« Cel te donroie de bone volenté. »
Et dist B. : « .V.c. mercis et grés. »

8018 *Ms.* vil la vertel.— 8019 *Ms.* nannot. — 8033 *Ms.* pencel.—
8036 *Ms.* illavoit... parentel.

A cet mot est vers Juliien alés ;
8040 Il li demande : « Amis, dont estes nés ? »
Et cis respont : « De Cordes la cité.
« Son fil m'apelle cis viellars rasotés,
« Mais sis con pere je ne le puis amer ;
« Et si m'a l'an maintes fois reprovet
8045 « Que je estoie des crestiiens nés. »
B. l'entent, parfont a sospiret ;
Puis dist en bas, qu'il ne fu escoutés :
« Par Dieu, biau fix, on vous dit verité. »   v°
A icet mot li fist les fers oster,
8050 Puis l'an rapelle con ja oïr porrés :
« Sarrasin frere, ne me soit pas celet :
« Voroies estre baptisiés et levés ?
« Voroies tu renoier le tien dé,
« Mahom et Apolin, Tervagant et Jupé,
8055 « Croire en Jhesu qui en crois fu pennés,
« Qui vint en terre por le pueple sauver ?
« Se tu le vuels servir et honorer,
« Je te ferai garir et respasser. »
Dist Juliiens : « Je cuit vous me gabés.
8060 « Ce dites vous por moi espoenter.
« Et neporquant j'en dirai verité :
« Si m'aïst Diex, je ne desire el. »
B. respont : « Certes, fix, vous l'avés :
« An sains fons fustes baptisiés et levés,
8065 « Au baptisier Juliiens apellés.
« C'estes mes fix, de ma char engenrés. »
Juliie[n]s l'oit, c'est en haut escriés :
« Hé ! Diex aïde ! quant mon pere ai trovet

8043 con, *ms. 9me.* — 8045 *Vers trop court ; corr. en* crestienté ? — 8054 *Vers alexandrin qu'il ne paraît pas facile de raccourcir. P.-é. est-il interpolé, d'autant plus qu'il y a au v. précédent le* tien dé, *au sing.* — 8062 *Il manque probablement ici un vers contenant le mot* baptême (Fors qu'en baptesme soie regenerés ?), *sans quoi le* vous l'avés *du vers suivant ne se rapporterait à rien.*

« Que mais ne vis dès l'eure que fuis nés ! »
8070 Il s'entrabrassent par molt grans amistés ;
Anbedex pleurent de joie et de pité.   *f. 137*
Le roi Corsuble a B. apellé :
« Sire, » fait il, « molt m'est bien an[con]tré ;
« Ce [que] queroie ai ici recovret :
8075 « Ce est mes fix, si voir con Diex fu nés. »
Et dist li rois : « Bien esploitiet avés.
« Molt par m'a fait correciet et iré ;
« Or li soit tous li meffais pardonés. »
Dist B. : « Sire, envers moi entendés :
8080 « En mon païs sui forment desirés ;
« Par vo congiet m'en vorai ge raler. »
Et dist li rois : « A vostre volenté. »
Li rois li fist de son avoir doner,
D'or et d'argent bien .c. sosmiers trosés,
8085 Chevax de garde li a .xxx. donés,
Et convoier atot mil Turs armés,
Et il meïsmes le convoia assés.
Au departir le prist a apeller :
« Crestiiens frere, molt iers jantix et ber.
8090 « Tu et tes fis vous poés bien vanter
« Li millors estes de la crestiienté
« Por grant fais d'arme soffrir et endurer.
« Puis qu'avuec moi ne volés demorer,   *v°*
« Je vos conment a Mahon nostre dé. »
8095 — Et je vous, sire, » ce dist B. li bers.
Vers Sain Gile [est] B. acheminés.
De ces jornées ne vous sai aconter.
Saint Gile virent, quant [.viij.] jors ot passés,
Le grant mostier et les murs crestelés.
8100 Les Sarrasins a B. apellés :
« Tornés vous ent, je sui a sauveté. »

8073 an[con]tré, *cf. v. 7684.* — 8085 *Lacune après ce vers?* — 8086 *Ms.* armer. — 8095 avuec, *ms.* auuel. — 8101 a sauveté, *ms.* asaucees.

Et il si firent quant il l'ot conmandet,
Et B. est lui quart si demorés,
Lui et son fil et Savarit le ber
8105 Et le viellart qu'il ot desprisonnet.
Parmi la porte sont en la ville entrés;
Chiés le borjois sont venus a l'osté
Ou il avoient autrefois sejornet.
Celui soir ont a grant joie passet.

CCCXXIX

8110 Celui soir sont richement herbigiés.
Li jantix hostes les a molt aa[isiés],
Et au matin alerent au mostier
Le viellart home lever et baptisier;
Au baptisier l'apellent Aingelier. *f. 138*
8115 .I. jantix hons qu'ot Sain Gile a baillier
Il an apelle Juliien et B. :
« Dont estes vous, por Dieu le droiturier? »
Et il respondent : « De Sain Quentin le sié. »
Et il respont : « Dont vous ai je plus chier,
8120 « Tot por l'amor d'un vaillant chevallier,
« Il a .xv. ans aconplis et antiers,
« Qu'an ces païs vint saint Gile prier,
« Et avuec lui sa cortoise mollier
« Grosse et ensainte, fu preste d'acouchier.
8125 « Chiés .j. borjois se furent herbigiés.
« La ot enfant; g'i fui au baptisier;
« Mon non li fis et mestre et ostroier.
« Puis vint au pere .j. mortel enconbrier.
« Paiens me vinrent mon païs escillier,
8130 « Jusqu'a mes portes paleter et lancier.
« Il s'an issi armés sor son destrier

8104 ber, *ms.* fier. — 8105 *Ms.* illot. — 8108 *Ms.* illavoient. — 8116 *Ms.* Illan. — 8121 *Ms.* Illa.

« Et avuec lui ne sai quans chevalliers.
« La fors le prirent li cuvers losaingier,
« Qu'ainc ne li pos secore ne aidier;
8135 « Et son enfant, par Dieu le droiturier,
« En anmenerent li paien losaingier,
« De quoi la mere en fit .j. duel plaingnier. v°
« A Sain Quentin s'en retorna arier;
« Mais je ne sai conment ont esploitiet.
8140 « Si en oïsse novelles volentiers.

CCCXXX

— En non Dieu, sire, » dist B. li jantix,
« Ice sui je dont vos parlés ici,
« Saichiés de voir cis vallès est mes fis.
« Vous le tenistes en sains fons beneïs;
8145 « Puis a estet en Espaingne norris.
« Si l'an amainne, la Damredieu mercit,
« Chevalliers est, par vertet le vos dis;
« Il n'a millor en .LX. païs. »
Li cuens l'entent, entre ces bras le prist
8150 Et li baisa et la bouche et le vis.
B. apelle con ja porrois oïr :
« Vous estes cuens et je cuens autresis;
« Je n'ai nus oirs a ma terre tenir :
« Je vous reqüier, donés moi vostre fil;
8155 « Après ma mort sera siens cis païs. »
Et dist B. : « Tot a vostre plaisir,
« Par tel covant con ja porrois oïr :
« Je le menrai ainçois a Sain Quentin,
« Veoir sa mere, que pieça ne le vit. »
8160 Et dist li cuens : « Tot a vostre plaisir; f. 139
« Mais que la foit aie au departir. »

8140 *Ms.* en noïsse. — 8145-6 *Ces deux vers sont intervertis dans le ms.* — 8147 *Ms.* vertel.

Et B. la fiance en fit.
A ces paroles sont d'illueques partis.
B. se painne durement del venir.
8165 De ses jornées ne sai conte tenir;
En .xv. jors revint en son païs.
Avant envoie .j. messaige qui dit
Qu'il revenoit sains et saus et garis.

CCCXXXI

Li messaigiers a sa voie aqueullie.
8170 A Sain Quentin s'an est venus a prime;
Trova la dame en la sale perine
Ou elle pleure et tient la teste encline.
Li messaigiers li conmensa a dire :
« Cis Damrediex qui fu nés de la virge,
8175 « Cil vous saut, dame, et ait prise en baillie,
« De par B. a la chiere hardie
« Qui ci revient d'Espaingne la garnie;
« O lui amainne son fil de conpaingnie :
« C'est Juliien que pieça ne veïstes. »
8180 La dame l'oit, molt en fu esjoïe.
Elle desfuble son mantel d'Aumarie,
Au messaigier le done en baillie.
La dame ert saige et s'ert de sens garnie;
Elle an apelle son chanbrelain Elie :
8185 « Garde tost soit ceste ville joinchie,
« Et portendue de soie d'Aumarie. »
Et cis respont : « Dame, a vo conmendie. »
La dame entra en sa chanbre votie :
Molt richement c'est vestue et garnie,
8190 Et Henriès ces fis devant la guie.
La jantil dame fu molt de sens garnie;
Descendue est del mulet de Surie;

8184 Elle an, *ms.* Illan. — 8185 ville, *corr.* sale.

Et de ce fist B. cortoisie
Que descendi del destrier d'Orquennie,
8195 Sa feme acole, si l'a .iij. fois baissie,
Et elle lui, car molt fu esjoïe.
« Sire, » dist elle, « Jhesus li fix Marie,
« Soit de vos garde et ait en sa baillie. »
Il li respont : « Et Diex vous beneïe ! »

CCCXXXII

8200 Quant la dame ot son enfant acolé,
Son fil enbrace qui molt ot de bonté.
Baisiet li a et la bouche et le nés.
« Biax fix, » dist elle, « bien soiés vous trovés ;
« Bien soit dou pere qui vous a engenret. » *f 140*
8205 Henriès a B. apellet :
« Sire, » dist il, « mon frere me monstrés. »
Et dist B. : « Vees le la, en non Dé !
« Que vostre mere a en ces bras coubré. »
Quant il le voit, si est a lui alés.
8210 Il s'antracolent par molt grant amisté.
Voit le la dame, s'a de pitié ploré :
« Anfant, » dist elle, « molt vous devés amer,
« Et vostre pere servir et honorer ;
« Le roi de France a vo pooir garder,
8215 « Car contre cel ne puet nus hons aler,
« Et c'il i va a mal li doit torner,
« Et la corone essaucier et lever.
« S'ainsis le faites con vous m'oés conter,
« Sos ciel n'a home qui vous puisse grever. »
8220 A icel mot monta B. li ber,
Et fist la dame et ces .ij. fis monter.
A Sain Quentin vinrent sens demorer.
Au grant mostier s'an est B. alés,

8194 Que, *ms.* Qui.— 8210 *Ms.* amistés.— 8215 cel, *ms.* celle.—
8216 i, *ms.* il.

.I. paile offri desor le maistre autel.
8225 Juliiens a as ymaige[s] ouret;
Puis en monterent sus el palais listé.
Grans fu la joie, se saichiés de verté :
Harpent Bretons et viellent jougler.

CCCXXXIII

Grans fu la joie sus el palais amont;
8230 Parmi la ville baus et caroles font.
Le sor Gr., a Arras, le dit on.
Il a .ij. fix, si gentis ne fu hons.
Gr. l'oï, si fu tex ces respons
Qu'il ne lairoit por tot l'or de Soissons
8235 Qu'i n'aut veoir B. et ces barons.
Lors est montés, o lui mains conpaingnons;
A Saint Quentin en vait a esperons;
Tant a alet que a la ville sont.
Il descendirent el plus maistre donjon;
8240 Dusqu'au palais n'i font arestison.
B. trova et o lui maint baron.
Li sors Gr. s'escria a hau[t] ton :
« Cis Damrediex qui vint a paission
« Il saut et gart le marchis B.
8245 « Par tel couvant qu'i me face pardon
« Ce que li fis vers lui la mesprison.
« C'il me pardone, j'an devanrai ces hon. »
B. l'entent, si fu tés ces respons :
« Sire Gr., si ot grant desraison,
8250 « Quant Sarrasin me tinrent en prison,
« Quant vos donastes ma femme a .j. gloton, *f.141*
« Par cel apostre c'on quiert el Pret Noiron,
« Ja n'an querrai concel se a moi non.

8227 *Ms.* verté ou vertel. — 8232 *Ms.* Illa. — 8236 *Ms.* maint. — 8253 *Lacune après ce vers? Le sens se suit mal.*

« Seul por itant que bien vous fas pardon :
8255 « D'or an avant loiaument le vos don.
— Grans mercis, sire, » li sor Gr. respont;
« Laissons le mal et au bien nous tenons :
« D'or en avant charnel amis serons. »
Et dist B. : « Vous dites que preudons. »
8260 Par pais faisant se baisent li baron,
Mais molt i ot malvaise acordison
Del sor Gr. encontre B.,
Car puis l'ocit, si con dit la chançon.

CCCXXXIV

Grans fu la joie sus el palais votis,
8265 Quant acordés ce fu li sor Gr.
B. apele Juliien et Henri;
A lui s'en vienent molt richement vestis.
Gr. les voit grans et gros et fornis;
Dist a B. : « Sont ce vostre dui fil ? »
8270 Il li respont : « En moie foi, oïl :
« Chevalliers est cis a cel mentel gris,
« Et li autre est bacheler et meschins. »
Et dist Gr. : « C'il vous vient a plaisir,
« Je le ferai chevallier le matin,
8275 « Et li donrai grans honors a tenir;
« Après ma mort sera siens me[s] païs. »
Et dist B. : « Sire, a vostre plaisir. »
Andemantiers qu'il parole[n]t ainsis,
Es vos la dame qui de la chanbre issi.
8280 Quant voit son pere, tos li sens li fremist;
Dedens son ventre li cuers li tressailli.
« Bien vaingniés, fille, » ce dist li sors Gr.
Mal soit del mot que elle respondit !
Ains anbruncha et sa chiere et son vis.

8256 *Ms.* Grant. — 8280 *Ms.* sa mere.

8285 Au chief de terme or oiés qu'elle dit :
« Par ma foit, pere, malvais servise a ci.
« Quant me donastes H. de Pontif,
« Bien saviés vous que j'avoie marit. »
Dist B. : « Dame, or le laissiés ainsi,
8290 « Que acordés sonmes et moi et li. »
Elle respont : « Tot a vostre plaisir,
« Mais j'ai paor que ne me face pis. »
A icet mot le convient a soffrir.
Henriet firent baingnier et revestir.
8295 Au matinet, quant vint a l'esclarcir,
Vont oïr messe li chevallier jantil,
Et s'i mena B. son jone fil.
Gr. l'arma et chevallier le fit ; *f. 142*
Puis retornerent el palais signori.
8300 Grans fu la joie, ce saichiés vous de fi.
.VIII. jors tous plains sejornerent ainsis ;
Et quant ce vint a la cort departir,
Gr. apelle B. le hardi :
« Sire, » dist il, « entendés anvers mi :
8305 « Je vuel aler saint Jaque requerir.
« La voie i dois, ce saichiés vos de fi. »
Et dist B. : « Or entendés a mi,
« Que .v. ans a que la voie i promis. »
Dist Gr. : « Frere, alons [i] moi et ti. »
8310 Et dist B. : « Par ma foit, je l'ostri.
« Noumés le jor que nous movrons de ci. »
.VIII. Pasque i ont le terme mis,
Puis s'en revait li Sors en son païs.
B. remest et o lui si dui fil,
8315 Et sa mollier qui molt par fu gentil.

8293 *Corr.* convint? — 8294 revestir, *ms.* nestoier. — 8303 *Ms.* apellent. — 8306-8 i, *ms.* il. — 8312 *Le premier éditeur introduit après* entre *.viij. et* Pasque, *mais il faudrait* .viij. jors *après,* ce *qui fausserait le vers. P.-ê.* .viij. *doit-il être interprété* uiteve (octave).

Elle l'apelle con ja porrois oïr :
« B. biax frere, grant chose avés enpris.
« Molt est mes peres fel et maltalentis,
« Et s'a .j. poi de traïson an li.
8320 « Se riens li dites que ne soit a plaisir,
« Sans deffier vous avra tot ocis.
— Mal dites, dame, » B. li respondi ;
« Il nel feroit por l'onor de Paris.
— Sire, » dist elle, « por l'amor Dieu mercit,
8325 « Que toute voie vos gardés bien de li ! »
A icet mot le laissierent ainsis.
Tant trespassa et des jors et des dis,
Li termes vint que il i orent mis.
Dont se revint Gr. a Sain Quentin,
8330 Et avuec li .ij. chevaliers de pris :
L'uns fu Antiaumes, li autre Ernaïs.
B. mena Garnier et Savari.
Au mostier vont, si ont escherpe pris :
Il s'an repairent quant li servise est dis.
8335 Au departir baisa B. ses fis,
Et puis baisa sa mollier signori,
Et elle lui, plorant des iex del vis.
Et puis li dist : « Cil vous puisse garir
« Qui en la crois daingna por nous morir !
8340 « Il vous deffende de mort et de perir ! »
Dont l'a baisie B. li gentis,
Par tel couvant c'onques puis ne le vit
Dusqu'il fu mors et en la bierre mis,
Con vous porrois en la chanson oïr.

CCCXXXV

8345 Berniers chevauche avuec le sor Gr. ;
France trespassent et entrent en Berri,

8327 jors, *corr.* mois ? — 8328 *Ms.* illi. — 8335 *Ms.* baissa. — 8343 *Ms.* Des qu'il.

Droit vers Poitiers aqueullent lor chemin. *f. 143*
Dusques a Blaives sejornent molt petit ;
La nuit sejornent desci dusqu'au matin,
8350 Puis si en vinrent droit a Bordiax la cit ;
Parmi la Lande aqueullent lor chemin.
De lors jornées ne sai conte tenir ;
Tant chevauchierent et par nuis et par dis,
Par le bel tans et par le lait ausit,
8355 Que a Saint Jaque vinrent a .j. mardi.
Au mostier vont quant ostel orent pris :
Le soir vellerent, chascuns .j. sierge espris.
Au matinet vont le servise oïr ;
Del mostier issent quant li servise est dit.
8360 A lor ostel mainjuent .j. petit,
Et puis monterent sor les chevax de pris
Et se penerent molt forment del venir.
En .xxx. jors revinrent a Paris ;
N'i truevent pas le fort roi Loeys :
8365 A Loon est avueques ses amis.
Icelle nuit jurent a Saint Denis,
L'autre a Conpiengne, .j. chastel signori,
Et l'andemain a Loon, ce m'est vis.
Le roi troverent qui grant joie lor fit.
8370 D'anqui s'an tornent tot droit vers Sain Quentin.
Si com il vinrent es prés sos Origni,
En celle place ou Raous fu ocis, *v°*
Li cuens B. fist .j. pesant sospir.
Li sor Gr. molt bien garde s'en prist ;
8375 Il li demande por quoi sospira il ?
« Ne vous chaut, sire, » B. li respondi,
« Que maintenant me tient il au cuer si.
— Jel vuel savoir, » ce dist li sor Gr.

3349 Puis, *ms.* D°. — 8353 nuis, *ms.* nuit. — 8354 tans, *ms.* tant. — 8357 *Ms.* vuellerent. — 8358 *Ms.* martinet. — 8362 *Ms.* pannerent. — 8378 vuel, *ms.* vuec.

« Jel vous dirai, » B. li respondi.
8380 « Ce poise moi quant il vous plait ainsis.
« Il me remenbre de Raoul le marchis
« Qui desor lui avoit te[l] orguel pris,
« Qu'a .iiij. contes vaut lor terre tollir.
« Vees ci le leu tot droit ou je l'ocis. »
8385 Gr. l'entent, par poi n'anraige vis,
Mais a sa chiere point de sanblant n'an fit,
Et neporquant a B. respondi :
« Par Dieu, vassal, n'estes pas bien apris,
« Qui me remenbres la mort de mes amis ! »
8390 Adont ancontrent païsans del païs :
De la contesse lor ont novelle dit,
Et si lor dient n'est pas a Sain Quentin,
Ains est a Ancre, .v. jors a aconplis.

CCCXXXVI

« Singnor baron, » dient li païsant,
8395 « Icelle dame qui tant a le cors gent,
« Fille est Gr., fenme B. le franc.
« Elle est a Ancre, o li si dui anfant. » *f. 144*
Li baron l'oient, si s'an tornent atant.
A Sain Quentin sont a prime sonnant;
8400 .I. poi mangierent, puis monterent atant.
Tout droit vers Ancre se vont il chevauchant.
Li sor Gr. sospire molt souvant;
De la parole ot molt le cuer dolent,
A bien petit que li cuers ne li fant.

CCCXXXVII

8405 Guerri ot duel, ce saichiés vous de fi,

8381 *Ms.* Raooil. — 8383 .iiij. contes, *cf. v. 846.* — 8391 dit, *corr.* quis? — 8397 si, *ms.* sil. — 8401 *Vers écrit deux fois dans le ms.;*

Por la parole qu'ot de B. oït,
Qui li mentoit la mort de ces amis.
Trosqu'a .j. iaue chevauchierent ainsis;
Lors chevax boivent qui en ont grant desir.
8410 Li duels ne pot fors del viellart issir,
Max esperis dedens son cors se mist :
Il a sa main a son estrivier mis,
Tout bellement son estrier despendi,
Parmi le chief B. en feri ;
8415 Le tés li brise et la char li ronpi ;
Enmi la place la cervelle en chaï.
Li cuens Berniers dedens l'aigue chaï.
Fors l'en geterent Garniers et Savaris.
Li sor Gr. a la fuie s'es[t] mis,
8420 Et avuec lui Antiaume et Ernaïs
Qui molt forment l'ont blasmet et laidit ;
Et Savaris et Garniers li hardis
Antre lors bras ont le conte saisi,
Qui li demande[nt] : « En porrés vous garir? »
8425 Et dist B. : « Si m'aïst Diex, nannil.
« Vees ma cervelle sor mon giron chaïr.
« Gr. traïtres, Diex te puist maleïr!
« Bien le me dit ta fille Biautris,
« Qu'an traïson m'aroies tost ocis,
8430 « Et que de toi me gardasse tos dis.
« Bien se pençoit qu'estoit a avenir,
« Qu'an traïson m'avroies tost ocis.
« Diex nostre pere qui pardon fit Longis

la première fois il est exponctué, et le second hémistiche est en sont venus erant.— 8409 Ms. ennont.— 8412 Ms. Illa.— 8420 Ms. Antiaumes.— 8424 Qui, corr. Si ? — 8430 tos, ms. tot.— 8433 Le second hémistiche est probablement fautif; il faudrait quelque chose comme qui par sa grant merci. Ce vers est suivi du v. 8435 qui reparaît ensuite de nouveau à sa vraie place, l'ordre des vers étant celui-ci : Diex nostre pere... | Par tel raison... | La soie mort... | Par tel raison... | Li doi je...

« La soie mort pardona a Longis ;
8435 « Par tel raison, si con moi est avis,
« Li doi je bien pardoner autresis.
« Ge li pardoins : Diex ait de moi mercit ! »
A icet mot apella Savari:
De ses pichiés a lui confès ce fit,
8440 Car d'autre prestre n'avoit il pas loisir.
.III. fuelles d'erbe maintenant li ronpi,
Si le resut por *corpus Domini.*
Ses .ij. mains jointe[s] anvers le ciel tendi, *f. 145*
Bati sa corpe et Dieu pria mercit :
8445 Li oel li torble[n]t, la color li noircit,
Li cors s'estent et l'arme s'en issi.
Diex la resoive en son saint paradis!
Et puis le prirent Garniers et Savaris,
Si le leverent sor .j. mul arrabi :
8450 Droit envers Ancre ont lor voie aqueulli.
La contesse ert el palais singnori,
Et avuec li estoient ci .ij. fis.
La jantil dame a apeller les prist :
« Chevaliers estes, la Damredieu mercit.
8455 « Il a .ij. mois passés et aconplis,
« B. ala saint Jaque requerir ;
« Or est li termes que il doit revenir. »
Dient il : « Dame, or avés vous bien dit. »
Andemantiers qu'il parloient ainsis,
8460 La dame garde tot .j. ferret chemin,
Et voit Garnier et le preut Savari ;
B. aportent qui a tort fu ocis.
La jantil dame le monstre a ces fis :
« Je vois, » dist elle, « .ij. chevalliers venir
8465 « Molt sanblent estre correciés et marris,
« Lor chev[i]ax traire et lor pasmes ferir.

8452 ci, *ms.* cil.— 8457 *Ms.* termes l que.— 8465 *Ms.* sanblent l estre. *Il manque probablement un vers entre celui-ci et le suivant.*

« Molt redous, lasse ! le mien pere Gr. v°
« Quant vint ersoir, que prime m'endormi,
« Sonjai .j. songe dont forment m'esbahis,
8470 « Que je veoie mon singnor revenir ;
« Gr. mes peres l'ot forment envaït,
« Que devant moi a terre l'abati :
« Fors de son cors les .ij. ..... li toli
« Et moi meïsme le senestre tol[i],
8475 « Puis vis ces sales et ces palais chaïr ;
« De la paor maintenant m'esperi.
— Ce est biens, dame, » ses fis li respondi.
Andemantiers qu'il parloient ainsis,
Atant es vous Garnier et Savari.
8480 Lés la ville ot .j. prioré petit
Que B.-Bierre apellent ou païs.
La ont li moingne B. recoilli :
Le cors li levent de froide iaue et de vin,
Puis l'ont cousut en grant toile de lin.
8485 Tot maintenant l'ont en la bierre mis,
Et par desus .j. molt biau paile bis.
Et la contesse i vient tot a anvi,
Et .j. messaige droit ancontre li vint :
« Dame, » fait il, « par Dieu qui tot bien fit,
8490 « Revenus est Garniers et Savaris, *f. 146*
« Et si aportent .j. chevallier ocis. »
La dame l'oit, tos li mua li vis :
« Lasse ! » dist elle, « mes songe est averis ;
« Bien sai de voir c'est B. mes amis ! »

CCCXXXVIII

8495 La jantil dame fu formant effraée ;
Sa robe a escorcie et levée ;

8473 Mot oublié dans le ms.; p.-é. oils ? — 8481 ou, p.-é. on, ms. o avec barre supérieure. — 8487 i, ms. il; vient, corr. vint ?

A[u] prioré s'an est molt tost alée.
Savari voit, si li fait escriée :
« Ou est mes sires dont je sui esposée ? »
8500 Dist Savaris « N'i a mestiers celée :
« Vees le ci, dame, en la bierre parée.
« Mort l'a Gr. d'Arras, li vostre peres. »
La dame l'oit, par poi n'est forcenée.
Vint a la bierre, la cortine a levée,
8505 Ront le suaire, s'a la plaie esgardée :
« Frere, » dist elle, « ci a male colée !
« Ha ! Gr. fel, viellars barbe meslée,
« S'or ne m'eüsse[s] de ta char engenrée
« Grant maliçon t'eüsse ja donée.
8510 « De tel signor m'as hui cel jor sevrée,
« Par qui j'estoie servie et honorée.
« Ha ! B. frere, frans hons, chiere menbrée,
« La vostre alainne ert si beneürée
« Con c'elle fust tote enbaucemée. »
8515 A icet mot chiet a terre pasmée,
Et Juliien l'an a sus relevée.
Molt bellement l'en a araisonnée :
« Dame, » dist il, « ne soiés effraée,
« Car, par celui qui fist ciel et rousée,
8520 « Ja ne verrois la quinsainne passée,
« La soie mors sera chier conparée ! »

CCCXXXIX

Grans fu li duels por l'amor de B. ;
Pleurent i dames, serjant et chevallier.
Ci .ij. fils sont nobile chevallier :
8525 Il n'est nus hons qui les puist esleescier.

8498 Ms. Savaris. — 8511 qui, ms. quoi. — 8513 beneürée, ms. benreürée. — 8523 i, ms. il. — 8524 Ci, ms. Cil. — 8525 On pourrait corriger quis p., ou leescier (v. 7112), mais cf. v. 7557, eslecier.

Singnor, voirs est, mentir ne vous an quier,
N'est si grans duels ne convaingne laissier.
Icelui soir ont le conte velliet.
Entor la bierre i ot maint chevallier.
8530 Au matinet, quant vint a l'esclarier,
Chantent la messe et font le Dieu mestier :
Le cors enterrent el cloistre del mostier,
Puis vont a Ancre sus el palais plaingnier,
Et au tier jor a Sain Quentin le sié.
8535 Li .ij. anfans ne s'i sont atargiés :
Parmi lor terres mandent maint chevallier,
Et d'autre part orent maint saudoier
Et maint serjant et maint aubalestrier.
An .viij. jors plains, ce saichiés, sans targier,
8540 Que d'uns que d'autres orent .xxx. milliers.
Et la contesse s'en prist a mervillier, *f. 147*
Ses .ij. anfans en prist a araisnier :
« Singnor, » dist elle, « ou devés chevauchier ?
— Droit vers Arras, » dist Juliie[n]s li fiers,
8545 « La mort mon pere vers le vostre vaingier. »
La dame l'oit, n'i ot que correcier :
« Hé Diex ! » dist elle, « ne me sai concillier.
« Mi enfant vuellent mon pere vergoingnier :
« C'il les puet panre n'en son pooir baillier
8550 « Il les fera tous les menbres trainchier!
Dist Juliiens : « Dame, or le saichiés,
« Se il m'ocit, je l'an quit le pichié. »
Lors fit sa gent d'errer aparillier,
Tot le harnois mener et charroier;
8555 Et sont montés serjans et escuier.
La gentil dame ala ses fis baisier,
Et ci lor proie, por Dieu le droiturier,
Que c'il prenoient en chanp le sor guerrier,
« Ne l'ociés, ne faites detrainchier :

8557 ci, *ms.* cil. — 8558 guerrier, *ms.* Gr. (*Gueri*).

8560 « An vo prison le faites [lors] lancier;
« N'an isse mais a nul jor desos ciel. »
Il l'ostrierent quanqu'elle lor requiert.
Lors s'en tornerent et pencent d'esploitier.
De lor journées ne vous sai plus plaidier :
8565 Dusqu'a[n] Artois n'i vaurent atargier.
Mestent le feu, les villes font brisier, v°
Prennent les proies et font en l'ost chacier.
En fuie tornent cis villains charruier.
A[u] sor Gr. l'est on alés noncier
8570 Dedens Arras en son palais plaingnier :
« En non Dieu, sire, or vait a l'enpirier,
« Car sor vos vient .j. os molt grant et fier.
« Si les conduient .ij. bacheler ligiers :
« Vos proies prennent, vos villes font brisier. »
8575 Gr. l'entent, n'i ot que correcier :
« Bien sai qui sont, par Dieu le droiturier.
« Andoi sont fil au bon vassal B.
« Que je ocis au fer de mon estrier;
« La mort lor pere vienent vers moi vaingier.
8580 « Or ne lairoie por l'or de Monpellier
« Que ne lor voise ma terre chaslaingier! »
Qui lor[s] veïst le mal viellart drecier,
Les dans estraindre et la teste haucier!
En nulle terre n'avoit home plus fier.
8585 Parmi Arras a fait .j. ban huchier
Que trestuit cil qu'arme puisse[nt] baillier
Que il s'adobent por lor singnor aidier;
Et il si firent, ne l'oserent laissier.
Font claure portes, les wichès verollier.
8590 Devers Canbrai lor est venus Gautier, f. 148
Cel jor meïsme, bien le vous os noncier;
Li sor Gr. l'avoit mandet l'autrier.
A .iij.m. homes li est venus aidier.
Il descendi au grant palais plaingnier;
8595 Gr. le vait acoler et baisier :

« Biax niers, » dist il, « vos m'avrés [grant] mestier.
« Car sor moi vient .j. os mervelle fier.
« Si les conduient li .ij. anfans B.,
« Que je ocis par mon grant destorbier. »
8600 Dist Gaut. : « Sire, certes ce fu pichiés.
« Por vostre fille le deüssiés laissier
« Que li donastes a per et a mollier.
« Les .ij. enfans deüssiés avoir chier ;
« N'est pas mervelle se il vos en meschiet.
8605 — Ne puet autre estre, » ce dist Gr. li fiers.
« Contre iax vaurai mon païs chaslaingier. »
A ces paroles oient les gens noisier,
Car cil de l'ost orent tant esploitié
Que as grans portes feroient li premier.
8610 Li .ij. anfans firent les gens raingier.
Tost sont armés serjans et chevallier ;
Sor les chevax furent ja li archier.
A la fenestre del grant palais plaingnier
S'an vait Gr. et avuec lui Gautier,
8615 Et voient l'ost de la ville aprochier.
Gr. escrie : « Trop me sui atargiés
« Quant ne lor vois ma terre chaslai[n]gier,
« Ains qu'il se puissent devant les murs logier.
« Ceste venue conpar[r]ont il molt chier. »
8620 Gr. escrie : « Armés vous, chevallier,
« Et .j. et autre, serjans et escuier ! »
Adont s'armerent, qu'il ne l'osent laissier.
A plain s'en issent et furent .xx. millier ;
Gr. les guie devant el chief premier.
8625 N'i ot plait pris ne parlement nonciet ;
D'anbe .ij. pars s'an vienent eslaissiés.
A l'assanbler ot mains escus perciés,
Et mains haubers desrous et desmailliés.

8612 Sor les chevax *est-il corrompu?* les archers étaient à pied. *Corr.* creniax? — 8627-8 *Ms.* maint.

Après les hanstes traient les brans d'acier.
8630 Estes les vous tornés au chasploier.

CCCXL

Grans fu la noise, la bataille est fornie;
D'anbe.ij. pars fierent par aatie.
Li sor Gr. tint l'espée forbie;
Maint hiaume a frait, mainte teste percie.
8635 Cui il ataint molt est corte sa vie.
Et Gautelès ces grans cops i anplie,
Et Juliiens de l'autre part gramie
Et Henriès a la chiere hardie.
Les gens Gr. sont tornés a sotie.   *f 149*
8640 Gr. le voit, tous li sens li fremie :
Contre iax fera, c'il puet, .j. anvaïe.

CCCXLI

Quant Gr. voit Juliien et Henri
Desor ces hiaumes si durement ferir,
Tel duel en ot le sanc cuide marrir.
8645 C'il voit son leu ces vaura envaïr.
La ou il torne fait tos les rens fremir.
Gaut. ses niers i fiert par grant aïr.
En la grant presse encontra Savari ;
Fiert le sor l'iaume, le cercle a fait partir.
8650 Fors fu la maille del blanc hauberc tresli,
Mais que del cop l'a il si estordit
Qu'a ces ij. mains le convient a tenir.
Gaut. li cort, par l'iaume l'a saisit,
Par droite forse li a ostet anqui ;

8634 *Ms.* frais maintes testes.— 8635 *Ms.* illataint.— 8641 puet, *ms.* puel. — 8644 *Ms.* ennot. — 8647 i, *ms.* il. — 8652 convient, *corr.* convint?

8655 Hauce le branc, cel fiert par tel aïr
Dusque es dans li fait l'acier sentir ;
Estort son cop, si le convint morir.
L'arme s'en torne : Diex l'ait en paradis !

CCCXLII

Gautiers ot mort Savari le vaillant,
8660 Il s'an torna ; s'escrie hautement :
« Ou sont alés li .ij. B. enfant ?
« Je lor ai mort .j. lor prochain parent,   v°
« Et d'iax meïsme ferai je autretant. »
Juliiens l'oit, celle part vint poignant ;
8665 Puis li a dit : « Vassal, se Diex m'ament,
« Se l'avés mort il m'en poise forment.
— Or le vaingiés, » dist Gautiers erranment,
« Tant con je sui devant vous en presant.
— Si ferai je, se Diex le me consent. »
8670 Lors s'entre[s]laissent et vienent fierement.
Grans cops se donent sor les escus devant ;
Desos les bocles les vont tos porfendant.
Fors haubers orent, que maille n'en desment.
Lors lances brisent, li trous volent au vant.
8675 Juliien trait le branc d'acier trainchant
Et fiert Gautier sor son elme luisant :
L'elme li trainche et la coiffe ancement ;
Dusqu'a l'arçon li fait coler le branc ;
Le cheval trainche san point d'arestement.
8680 Dusqu'a la terre a fait coler le branc.
« Sain Quentin ! » crie, « baron, ferés avant ! »
Vo[it] le Gr., molt ot le cuer dolent :
Il prist .j. cor, sel sona durement,
Son retrait sonne, si s'an torne fuiant ;
8685 En la cité s'en est tornés atant.   *f. 150*

8665 ament, *ms.* anent.

CCCXLIII

Quant voit Gr. Gaut. est mors getés,
C'il fu dolens, ne l'estuet demander.
Les portes fait et tenir et serrer,
Puis si s'en est droit a[s] creniax montés,
8690 Et a gardet tot contreval le pret ;
Voit Juliien, cel prent a apeller :
« Biax niers, » dist il, « mercit por l'amor Dé !
« Aies mercit de ce[l] las parjuret.
« J'ocis ton pere, se est la verité,
8695 « En traïson, ne puet estre celet :
« Or te requier, por Dieu de majesté,
« Qu'aies de moi et mercit et pité. »
Juliiens l'oit, si c'est haus escriés :
« Par Dieu, viellart, por noiant en parlés :
8700 « Jamais vers moi ne serés acordés. »
Ces barons a hautement escriés :
« Or tost, baron, por Dieu, si asallés ! »
Et il si firent de bone volenté.
Adont i ont mainte pierre jeté,
8705 Mais ne lor vaut .j. denier moneet,
Car n'i forfirent vaillant .j. oef pelet ;
Maint en i ot el fosset cravanté.

CCCXLIV

Grans fu l'assaut, par vertet le vous di.
Bien se deffent d'Arras li sor Gr. ;
8710 Ruent il pierres et mains caillox faitis ;
Ens el fosset assez en abati.

8688 tenir, *corr.* terrer? — 8694 *Ms.* pere ne se. — 8696 *Ms.* majestés. — 8697 *Ms.* pités. — 8708 *Ms.* vertel. — 8710 *Ms.* maint.

Et Juliiens si s'escrie a hau[t] cri :
« Laissiés l'assaut, por le cors saint Felis ! »
Et li nuis vint, c'on n'i pot plus veïr.
8715 Quant il fu nuis, par verté le vous di,
Li sor Gr. de la cité issi
Sor son cheval, si ala en escil,
Mais on ne set certes que il devint.
Hermites fu, ainsis con j'ai oït.
8720 Et Henriès ot Arras la for[t] cit,
Et si fu sires de Artois, je vous dis ;
Et Juliiens rala a Sain Quentin :
Puis fu il cuens de Sain Gile autresis.
D'or an avant faut la chançon ici.
8725 Beneois soit cis qui la vous a dit,
Et vous ausis qui l'avés ci oït !

Explicit.

8712 *Ms.* cris. — 8714 i, *ms.* il.

HISTOIRE
DE
RAOUL DE CAMBRAI

D'après le ms. de la chanson de Girbert de Metz
Bibl. nat. fr. 1622

. . . . *f. 306 b*

.XVII. ans iceste païs dura
Jusqu'a .j. jor que mout mal ajorna,
Que Doz li Gris vers Cambrai s'en torna;
Herbert de Roie aveques li mena,
5 O lui Hymbert son fil que mout ama,

3 *Doon le Gris, fils et successeur d'Isoré, comte de Boulogne (f. 260 d). — 4. Ms.* Herbert de Rue. *La leçon* Roie *est indiquée non-seulement par le vers 410, mais aussi par les paroles du trouvère, lorsqu'il parle pour la première fois du fils de Herbert :* .I. chevalier choisi de joevle aé, | Ses parens iert et de Roie fut nez, | Niés Almauri qui maintint l'erité, | Fils fu Herbert qui tant ot de fierté : | Cil jovles hons fu Hymbert apelé *(f. 303 d). D'ailleurs le seigneur de Rue figure dans la chanson de* Girbert de Metz *sous le nom de* Guimart : Guimart, | cil qui de Rue estoit sire clamé *(f. 295 d).*

Et Berneysonz avoc aus chevaucha,
Qui envers elz se bien non ne pensa.

II En Cambrai s'est Doz li Gris herbergiez
Ovec Renier, qui formant an fut liez.
10 Cele nuit furent servit et aaisié.
.I. fil avoit Reniers mout anvoisié :
Raolz ot non, mout fu d'armes proisiez ;
Berneyson vit qui mout fut bien tailliez,
Grant damoisel et gent et alignié.
15 Hymbert pria Raouz par amistié
Qu'a escuier li fust Berniers baillié :
De lui seroit amez et avanciez,
Terre et honor li donroit de ses fiez.
Otroiez fut ; ce fu duel et pechié,
20 Quar puis en fut mains frans hons correcié.
Que vos diroie ? Quant jor fu esclairié
S'en parti Doz et s'en est repairiez ;
De Renier fut grant piece convoiez.

III Dolz s'en repaire ; Reniers le convoia,
25 Et son bernage et son fil qu'il ama.
An pou de tans après ce devia
Li quens Rainier que maint princes plora : *f. 306 c*
Quens fu Raolz, la terre governa ;
A lui servir Berniers s'abandonna :
30 Tant le servi que armes li donna.
Preuz fut Berniers et mout bien se prova,
En force crut et toz jors amenda,
Plus prous de lui ne fu au tens de la.
Li quens Hued., qui son mal porchaça,
35 Fut a Betune ; son chastel enforça

9 *Renier, comte de Cambrai, était fils et successeur de Huon.* —
13 *Ici et ailleurs* Ber. ; *nous transcrivons* Bernier *ou* Berneyson,
selon les exigences de la mesure. — 34 Hued., *ici et ailleurs lire*
Huedonz, *cf.* Doonz, *vv. 68, 190.* Eudes de Flandre, *fils et successeur du comte Baudouin, était cousin germain de Fromondin*
(*f. 261 b*).

Et les bertesches que Gerins li gasta.
Endemantiers que cele oevre esploita,
De Mauvoisin adonc li remembra
Et de la bufe qu'a Paris li donna ;
40 Lors tressali et la color mua,
Por .j. petit que toz vis n'enraja.
Par mautalant en sa chanbre en entra,
Dedanz .j. lit sor son braz s'acouta,
Et puis après en estant se leva.
45 .I. clerc apele en cui mout se fia,
Briez fist escrire et ses amis manda.
Tant en i vint que merveilles sanbla.
Li quens les voit, grant joie en demena,
Puis lor a dit : « Souvendroit il vos ja
50 « De l'acordance que feïmes pieça
« Au roi Girbert qui si mal nos mena,
« Quant Mauvoisin ce grant cop me donna,
« Devant le roi, dont la dent me brisa ?
« S'amis fuissiez, vangiez fusse pieça,
55 « A tot le mains de celz qui sont desa.
« Jamès mon cuer a aisse ne sera
« De ci a tant que vangiez en sera. »   f. 306 d

IV   Quant le barnage ait Huedon entendu,
      N'i ot celui qui n'en soit esperdu.
60   Rancelins ait tot premiers respondu :
      « Oncles, » fait il, « par Deu le roi Jhesu,
      « Ne deüssiez tant avoir atendu.
      « Desus Cambrai soit vostre ost esmeü,
      « A Raoul soit vostre corroz vandu :
65   « S'ert de Cambrai le chastel abatu ;
      « Et se R. iert a sa fin venu,

---

36 *Gérin*, roi de Cologne, l'un des deux fils de Begon de Belin. — 38 *Mauvoisin*, comte de Saint-Gilles, était fils de Doon le Veneur et neveu du vilain Hervis ; il appartenait au lignage des Lorrains. — 51 *Girbert*, roi de Gascogne, fils de Garin le Loherain, duc de Metz. — 59 *Ms.* que. — 60 *Rancelin*, l'un des trois fils de Guillaume de Monclin (f. 260 c et 261 d).

« Bien seroit chier icelui cop vandu. »
Et dist Doonz : « Cist consous iert creü.
« Demain a l'aube, quant jors iert aparu,
70 « Nos esmovrons tuit et jovle et chanu. »
Un valleton ot leans enbatu,
Qui en son cuer ot trestot retenu ;
De leanz part, que n'est aperceü :
Tant a de nuit et de jor acoru,
75 Sor .j. roncin chaceor malostru,
Qu'a Cambrai est au parron descendu.
R. demande, tantost mostrez li fu.
Voit le li gars, ne se tint mies mü,
A soi l'apele desoz .j. arc volu ;
80 Cil li conta tot ce que ot veü.
Et dist R. : « Bien seront receü,
« Mès que ne soie sorpris ne deceü.
« Droit a Paris soit ton chamin tenu,
« Et di au roi que tost soit porveü
85 « De moi aidier, que besoin est venu. »
Li mès s'en torne, que n'i est arestu.

V   De Cambrai ist li cortois messagier,   f. 307 a
    Anvers Paris panse del chevauchier.
    Et Raoulz panse de soi apareillier :
90 Ses barbacaignes a bien fait atirier,
    Entor lui sont mandé li chevalier
    Et li sergent et li arbalestrier.
    Ains que fust nonne furent bien .iij. millier,
    Sans celz dedans qui sont preu et legier.
95 .VII.M. furent et plus, au mien cuidier,
    Tuit apresté de lor seignor aidier.
    R. les vit, ses prant a araisnier :
    « Signor, » dist il, « por Deu le droiturier,
    « Ci vient sor moi .j. lignage mout fier
100 « Qui n'ainment Deu ne ne m'ont gaires chier,
    « Ne sairement ne prisent .j. denier.
    « Por Deu vous pri, qui tot ait a jugier,
    « De mon annui et del vostre vangier. »
    Et cil respondent : « Bien sachiez, sans cuidier,

105 « Ne vous faudrons jusqu'as manbres tranchier.
— Vostre merci, » ce dist li filz Renier.
A icel mot ez vous venir Bernier.
Mout fut dolans quant vit R. irier;
Devant lui vint, sel prant a araisnier :
110 « Sire, » dist il, « que vos vaut correcier?
« Laissiez les oz venir et chevauchier.
« Il a ceians maint bacheler legier
« Qui mout s'iront volontiers essaier.
« Mes sires estes, ne vos doi renoier,
115 « Ne vos faudrai por la teste tranchier.
« Tant que porrai monter sor mon destrier,
« N'avroiz sans moi annui ne anconbrier. *f. 307 b*
« Se grant outraige ne me faites premier,
« Mon corps metrai por le vostre avancier. »
120 R. l'antant, si le cort anbracier
Et maintenant en la bouche baisier.
Et li mès oirre qui ne se volt targier;
Jusqu'a Paris ne fine de brochier.
Quant descendi dedesoz l'olivier,
125 Son cheval vit lez lui mort trebuchier.
Il passa outre, ne s'i volt delaier,
Si est monté el grant palès plenier.
Le roi trova seant a son mangier
Et delez lui sa cortoise moillier.
130 Delez elz sist Ysangrins le Paumier,
Qui la contée d'Anjo ot a justicier :
Sil ot .ij. filz, Wivien et Gaifier,
Chevalier furent, mout firent a prisier;
De par lor mere furent neveu Renier,
135 Coisin R., duremant l'orent chier.
Li mès le voit, Deu prist a mercier,
Puis salua le roi trestot premier,
Et puis si prist hautemant a huchier :
« Gentiz rois, sires, pansez del chevauchier,
140 « Que de vos ait li quens R. mestier.

128 *Le roi Pépin, fils et successeur de Charles Martel.* — 131 Corr. a baillier, *ou* Qu'ot la c. d'A. a j. — 134 lor, *ms.* sa. — 136 es, *ms.* li.

« Qui Cambrai ait de vos a justicier.
« Li quens Hued. et Doon le guerrier
« Et Rancelins et le lignage fier
« L'ont a Cambrai fait a force asegier. »
145 Li rois l'entent, si s'en prist a irier;
Del mengier saut, si commance a huchier :
« Or tost as armes, tuit cil qui m'avront chier ! *f. 307 c*
« Que, par celui qui tot ait a jugier,
« Se les traîtres puis a mes poins baillier,
150 « Tot l'or de mont ne lor ara mestier
« Que ne les face ocire et detranchier. »

VI   Quant li baron ont entendu le roi,
En piez saillirent chascun en droit de soi;
As hostelz vont aprester lor conroi.
155 Messagier courent, ça .j., ça .ij., ça troi.
Au duc Sanson s'an torna Godefroi,
A Gironvile Theriet de l'Ausnoi,
Et a Saint Gille Guillaume de Cabloi,
Et a Gerart vait Guiot Malefoi,
160 Droit a Coloigne Anthiaume de Gavroi,
Au roi Gerin qui mainne grant nobloi.
Chascuns de ceus si semont endroit soi
Lor chevalier[s], qu'il vienent a Cambroi.
165 A Paris vindrent trestuit a grant effroi.

VII   A Paris sont tuit li ost aüné,
Mais l'amperere n'i ont (il) mie trové :
Lui et li sien s'en estoient torné,
Et Ysengrins est avec lui alé
Et si dui fil qui mout erent sené.
170 An lor compaigne furent .x.m. armé.
Jusc'a Cambrai ne se sont aresté;
Voient le siege, environ et en lé,
Qui estoit tot environ la cité,
Et ceus dedens orent a elz josté.
175 Mout s'i fu bien Berneison[s] esprové;
Maint ruste cop i ot le jor donné,
Maint chevalier et ocis et navré,   *f. 307 d*
Et maint destrier perdu et conquesté,

Dont son lignage fu duremant iré,
180 Si li en sot R. merveillox gré ;
Mais, puis après, fut mout chier comparé,
Si com il iert ci avant aconté.

VIII Li quens Doon, et Hued. le marchis,
Et le lignage qui mout iert posteïs,
185 Orent Cambrai de totes pars asis.
S'an peüst estre a celz dedans le pis,
Quant au secors li vint li rois Pepins,
Et li quens Dreu, Ysangrinz li gentis,
Et ses .ij. filz et lor autres amis.
190 Quant les choisit et vit Doonz li Gris,
De voir sachiez mout fut mautalantis.
Contre le roi s'en vont toz ademis,
Les lances roides et les escuz saissis.
Si en eüssent les gens le roi le pis,
195 Ne fust R. et Berniers li gentis
Qui de ferir furent volonteïs.
Maint cop i ont et receü et pris,
Et maint escu estroé et maumis ;
Et Ysengrins s'en est mout antremis
200 Et si dui fil qui erent de grant pris ;
Cil furent bien au roi Pepin aidis.

IX Devant Cambrai fut le tornoiement
Fort commancié et feru aspremant,
Mès mout estoient cil de Flandres grant gent.
205 Ne les poïst li rois soffrir granmant,
Quant Girbers vint et si fil fieremant,
Et Mauvoisin et H[ernaus] ausimant,   f. 308 a
Sanson le duc et si autre parant,
Et le barnage ou grant proesce a tant.
210 D'autre part vint Gerins hastivement,
Et celz dou Liege et si autre parant.
En la bataille, par grant esforcemant,
Se sont feru mout afréemant.

187 li, *corr.* lor *ou* i. — 207 *Hernaut le Poitevin, frère du roi Gérin.*

La veïst l'on maint riche garnement,
215 Contre l'acier faussent legieremant,
Et maint vassal trabuchier mort senglant
Dont Dex ait l'arme par son digne commant

x Grant fu l'estor et dure la mellée,
Quant Loheranc vindrent a l'asanblée.
220 Mout fieremant i a sa bone espée
Li berz Berniers duremant esprovée.
Voit le R., duremant li agrée,
Randre l'an cuide richement sa soldée.
Trestot le jor combatent a jornée
225 De ci au soir que la lune est levée,
Que cil des loges font as trez retornée.
Et li rois antre en la cité loée,
O lui Girbers et de lor gent privée ;
.C. en i laisse des siens goule baée,
230 Et Doonz fist d'autre part dessevrée.
Li rois descent soz l'olive ramée,
Puis est montez en la sale pavée ;
La ont entr'elz grant joie demenée.
Au roi se clainme R. de sa contrée :
235 « Niés, » dist li rois, « par ma barbe mellée,
« Ja n'i perdrois une pomme parrée :
« Perronne et Roie i avez conquestée, *f. 308 b*
« Neele et Hans vos en iert aquitée :
« Je la vos doing ; ja n'en perdroiz danrée
240 « Tant conme puisse çaindre au costé espée. »
R. l'entent, si l'en fist anclinée.
Ce fut folor et male destinée,
Quar, ains que fust la quinzaine passée,
An ot R. l'arme del cors sevrée :
245 Berniers l'ocist, c'est veritez prouée,
Soz Orreignei, an mileu de la prée.

xi En Cambrai fut l'amperere au vis fier,
Li rois Girbers et Gerins le guerrier

---

215 faussent, *corr.* fausser?

Et le lignage qui moult fist a proisier.
250 Après souper se sont alé couchier
Et se dormirent de ci a l'esclairier.
As armes courent sergent et chevalier,
Et si s'en issent l'estor recommancier;
La veïssiez et ferir et lancier,
255 Maint fort escu estroer et percier,
Et maint hauberc desronpre et desmaillier,
Maint vaillant home morir et trebuchier,
Les uns foïr et les autres chacier,
Et les fuians guanchir et repairier,
260 En trestornant ferir del branc d'acier;
Maint vaillant home parmi le cors plaier,
Et des chevax trebuchier en l'erbier.
Telz i versa qui ne pot redrecier.
La gent Doon, Flanmanc et Hannuier,
265 Ne porent plus soffrir l'estor plenier;
En ganchissant s'en retornent arrier.
Et Loheranc conmancent a chacier,   *f. 308 c*
Qui mout se font mautraire et anpirier.
De ci a tant que il dut anuitier
270 Dura l'enchaus qui mout fut grant et fier.
A Lenz repaire Hued. et si guerrier,
Et Doz li Gris ou n'ot que correcier,
Et lor lignage qu'il ne voldrent laissier.
Le soir i ot duel et grant et plenier,
275 [Et] mainte temple i veïst l'en sachier.
Et l'amperere s'en retorna arrier
Dedans Cambrai ou se fist aaissier.
Qui la vout prandre mout i pot gaaignier.
Trez et acubes font li Roial chargier :
280 Telz povres iert, mentir ne vos en quier,
Qui onques puis n'ot d'aïde mestier.
Icele nuit se font bien aaisier
Jusqu'au demain que il dut esclairier.
R. monta, o lui .c. chevalier;
285 Vers Oreignei a pris a chevauchier,

280 *Ms.* Telz iert povres.

Avec lui fut le filz Hymbert, Berniers,
Qui mout l'ama de cuer verai antier;
Mais puis li fut la mort vandue chier.

XII Raolz fut fier, hardiz et combatant,
290 Perronne volt avoir d'estoremant,
Hans et Neele et Roie la devant,
Car l'ampereres li donna par son gant.
Cele part vint li quens R. preant;
.C. chevaliers, hardiz et combatant,
295 Sont avoc lui qui tuit font son talant.
Le païs vont avant elz destruant.
Tant sont corru, et arriere et avant,   *f. 308 d*
Qu'an Oreignei vindrent le feu boutant.
Une abaïe i ot riche et vaillant;
300 Nonnains i ot, de lignage mout grant,
Qui Deu servoient de cuer et doucemant.
En l'abaïe vont li forrier courant,
Le feu i boutent et la vont embrasant.
Laianz avoit une dame avenant,
305 Mere Bernier, que Hymbert ama tant.
Quant Berniers vit l'abaïe esprenant,
A R. vint por Deu merci criant :
Que il soffrist sa mere aüst garant
Que ne fust arse, que pechiez seroit grant.
310 R. respont, par mout fier mautalant,
Qu'il ne lairoit por lui .j. soul niant.
Dist Berniers : « Sire, vos faites voz talant,
« Mais mal anploi que vos vois bel servant,
« Et malvais sui, par Deu le roiamant,
315 « Quant devant moi voi ma mere morant,
« Bien an doi estre tenus a recreant ! »
R. l'oï, se li vait annuiant,
De sa main destre le feri maintenant

---

305 *Ms*. Ber⁵. — *Le trouvère a fait allusion plus haut (f. 303 d)
à la naissance illégitime de Bernier dans les vers suivants :* « Cil
jovles hons fu Hymbert apelé, | D'une pucele ot .j. fil engendré |
Qui puis fut plains de grant nobilité. | Cil anfes fut Berneison apelé,
Par lui fut puis tot le païs troublé.

Anmi le vis, que toz en fu senglant.
320 « Dex, » dist Berniers, « biax pere roiaumant,
« Mauvès servise ai fait a mon vivant.
« Or me doint Dex, par son digne conmant,
« Tant de santé et que je vive tant
324 « Que de cest cop vos ailliez repentant.

XIII « Sire R., » ce dist li prous Bernier,
« Mout duremant me doit ore annuier
« Que vos avés ma mere arse el mostier   f. 309 a
« Ou s'estoit mise por Damedeu proier,
« Et moi avés les dens faites seignier ;
330 « De mon servise me randez mau loier.
« Por vos aloie mon pere guerroier
« Et mon lignage que devroie avoir chier.
« Vostre servisse me convient a laissier :
« A mes amis m'an retorrai arrier. »
335 R. l'entent, n'i ot que correcier.
Del duel qu'il ot conmance a larmoier ;
Puis dist : « Amis, ne vos devés irier :
« Correciez iere ; or si vos voil proier
« Que pardonnez me soit cist destorbier.
340 « Je vos voldrai jurer et fiancier
« Que d'Oreignei referai le mostier. »
Dist Berneisons : « Tot ce n'i a mestier.
« Par celui Deu qui tot ait a jugier,
« N'en ferai rien tant que je voie arrier
345 « Le sanc que vis jus de mon chief raier
« Tout soul par lui arieres repairier. »
Lors a brandi la hanste de pommier,
R. cuida parmi le cors percier,
Mais au devant se mist .j. chevalier ;
350 Il fist que fox, mielz li venist laissier :
Berniers le fiert, que nel vout esparnier,
Parmi le cors li fist l'espié glacier,
Devant R. le fist mort trabuchier,

330 Cf. Raoul de Cambrai, vv. 1645, 1705, 1737. — 342 Ms. Berᵗ. — 344-6 Cf. R. de C., vv. 1750-2.

Puis li a dit maintenant sans noissier :
355 « Je vos deffi. » Lor broche le destrier ;
Vers Lenz s'en va, quant que pot eslaissier,
Sus le destrier qui fut fort et coursier.   *f. 309 b*
Li quens R. nel vout pas enchaucier ;
Le cors fist panre del vaillant chevalier ;
360 Droit a Cambrai s'en prist a repairier,
A pié descent desoz .j. ollivier.
Li ampereres, por lui esbanoier,
Fut apoiez as estres del sollier,
O lui Girbers et Gerins le guerrier,
365 Li quens H[ernaus] et Mauvoisins le fier,
Et le lignage qui mout fist a proisier.
Virent R. descendu en l'erbier,
Le cors lez lui sor l'escu de quartier.
Girbers le voit, n'ot an lui qu'aïrier ;
370 Isnelemant avale le planchier,
Vint a R., sel prant à araisnier :
« Dites, coisins, nel me devez noier,
« Qui est cil cors, est il de chevalier ? »
Dist R. : « Sire, c'est un miens soldoier
375 « Que devant moi m'a hui ocis Bernier,
« Celui qui ier vos servi au mangier.
— Dex ! » dit Girbers, « biax pere droiturier,
« A sa nature doit toute rien repairier. »
Lors fist le cors R. apareillier,
380 Et enterrer et mout bien messoier.

XIII   El palès fut li rois cui France apent,
O lui Girbert et Gerin le vaillant
Et le riche lignage qui mout estoit poissant.
R. se clainme au roi premieremant

378 *Vers alexandrin. C'est un proverbe qui aura été conservé sous la forme originale* : Omne genus ad suam naturam revertitur (*Marcolphus, dans Gartner*, Proverbialia dicteria, 1575, *fol. Y 3 v°*; *Kemble*, Anglo-Saxon dialogues of Salomon and Saturn, p. 52 n° 20*). Cf. Marcabrun* (L'autrier jost una sebissa) : .... tota creatura | Revertis a sa natura. — 381, 408, cui, *ms.* qui. — 383 *Suppr.* riche.

385	De Berneison qui si estoutemant
	A mort son home ; s'en a le cuer dolant.
	Et dist li rois : « Ouvret a follemant. » *f. 309 c*
	Que vos feroie ici lonc parlemant ?
	Armer s'an vont trestuit conmunalmant ;
390	Vers Lenz s'en vont atorné noblemant.
	D'elz vos lairons, Damedex les amant !
	De Berneison vos conterai briement,
	Qui a Lenz vait correciez et dolant ;
	De son sanc ot le visage senglant.
395	Voit le li peres, s'en ot le cuer dolant,
	Si li a dit assez cortoisemant :
	« Dont viens tu, filz, nel me celer niant ;
	« Iez de Raoul partis par mautalant ? »
	Et dist Berniers : « Oïl veraiemant.
400	« En Oreignei, el mostier Saint Vincent,
	« A ma mere arse, la bele Helissant,
	« Et avec li de nonnains plus de .c. ;
	« Por ce que je oi itant de hardemant
	« Que de ma mere li priai doucemant,
405	« De sa manicle mout fellonessemant
	« Anmi le vis me feri duremant ;
	« Senglant en sont encor mi garnemant.
	« Plus i a, sire : li rois cui France apant
	« Li a donnée devant moi en presant
410	« Perronne et Roie por vos mettre au niant,
	« Hans et Neele et tot le chasemant. »
	Et dist Hymbert : « Il ira autremant. »
	En tant com ierent ensi an parlemant,
	Es vos .j. mès qui devant elz descent,
415	Qui lor a dit, oiant toz, hautemant,
	Que li rois vient a grant esforcemant.
	Quant cil l'oïrent, ne furent mie lent : *f. 309 d*
	As armes courent trestuit conmunalmant ;
	De Lenz issirent ansi espessemant
420	Conme la pluie quant la chace li vans.
	Es prez soz Lenz s'arestent fieremant.

398 *Ms.* Raoulz. — 413 En tant, *ms.* Entrant. — 414 Es, *ms.* Et.

XIV   Es prez soz Lenz s'est Doönz arestez,
      Et Doz li Gris et li grans parantez,
      Et Berneysonz qui ot le cuer iré
425   Anvers R. de Cambrai la cité.
      Mout se sont bien rangié et devisé.
      Et l'ampereres et le riche barné
      Ont d'autre part lor grant ost asanblé :
      La veïst l'en maint gentil home armé
430   Sor les chevax corrans et abrivez.
      Alemant ont le premier ost guié :
      Si les conduist Thyorin le sené,
      O lui Hermant son frere le puisné ;
      Cil furent fils a Horri l'alosé
435   Qui Alemaigne tint quite en herité.
      Avec elz sont .c. chevalier armé ;
      N'i ot celui n'eüst helme gemé,
      L'espée çainte et l'escu acolé,
439   Et fort destrier, auferrant sejorné.

XV   Après l'eschiele que font li Alemant,
      S'en vont armer Hanris et Guinemant :
      Cil furent filz a Gerart le vaillant,
      Celui de Liege que Gerins ama tant.
      Ovec elz sont .c. chevalier poissant ;
445   N'i ot celui n'eüst helme luisant,
      Et boen espié et espée tranchant,
      Hauberc doublier et bon destrier corrant.   *f. 310 a*
      L'uns delez l'autre vont serré chevalchant.

XVI   La tierce eschiele firent li fil Guerré :
450   C'est Enjorren et Harvi l'alosé.
      Avec elz furent .c. chevalier armé,

422 *Il faut sans doute lire* Huedonz *au lieu de* Doönz, *puisque ce personnage est nommé* Doz li Gris *au vers suivant.* — 424 *Ms.* Bers. — 434 *Orri l'Allemand était fils d'une des sœurs, la troisième, du duc Garin de Metz.* — 442 *Gérart de Liège, fils de la quatrième sœur du duc Garin.*— 450 *Ms.* Enlorten. *La bonne leçon est indiquée dans ces deux vers du f. 264 c* : Les fix Guerré a fait venir avant : | Hervi le preu et son frere Enjorrant.

Mout richement garni et apresté ;
N'i ot celui n'eüst helme fermé,
L'espée çainte au senestre costé.
455 De Lenz issirent, que n'i sont demoré,
Vers Frans chevauchent correcié et iré,
De lor annui vangier atalanté ;
Mais maintes fois a esté reprové
Que qui son duel cuide avoir afiné
460 Icelui a plus tost renouvelé.

XVII La quarte eschiele fist par son bon eür
R. li prous, qui d'armes fut seür,
Et Baucelin qui cuer ot sain et dur.
Avec elz fut li preus Gui de Namur ;
465 .C. chevaliers sor les destriers, sans mur.
Fut li plus povres a helme a or tot pur.

XVIII La quinte eschiele fist de Biaugeu Guichart ;
.C. chevaliers ot chascuns a sa part.
Tant chevauchierent le travers d'un essart
470 Vers les Flamans qui ne sont pas couart,
Mais de combatre et felon et gaignart.

XIX La siste eschiele fist li prous Mauvoisin,
Raymon son fil et li prouz Morandin.
.C. chevaliers, qui tuit sont de lor lin,
475 Ont avec elz qu'il ainment de cuer fin ;
Le duc Sanson et son frere Gerin.
Verz Lenz chevauchent serré tot le chemin. *f. 310 b*

XX En la setiesme eschiele fu Hernaut,
Li prous, li sages, qui tant puet et tant vaut.
480 Qui au besoing a son ami ne faut,
Et ses .ij. filz qui mout sont lié et baut :
Plus sont hardi, com il vont a l'asaut,
Que après l'anne n'est hostors ne grifaut.

458-60 *Cf. Le Roux de Lincy*, livre des proverbes français, II, 421. — 463 Baucelin, frère cadet de Renier, le père de Raoul de Cambrai (*ff.* 264 *b*, 267 *a*, 270 *a*, etc.). — 475 Gerin, *ms.* Gerart.

Se il ancontrent qui bataille lor baut,
485 Je ne cuit mies que sans ferir s'en aut.

XXI En la huitiesme eschiele par desa
Fu li frans rois Gerins qui les guia
Et ses .ij. filz que duremant ama.
IIII.c. homes li rois o lui mena;
490 Toz li plus povres palefroit corant a,
Verz Lenz chevauchent, chascuns s'en aprocha
Serréement, nuns ne se desrea.

XXII En la nuefvisme eschiele fut Girbert,
Li nobles rois qui tant estoit apert,
495 Et ses .ij. filz dont chascuns l'ainme et sert.
.CCCC. homes, chascuns destrier covert,
Le vont sivant a helme rouge ou vert.
S'a l'estor vienent, foi que doi saint Lanbert,
499 Maint gentil vantre sera par elz overt.

XXIII La diesme eschiele conduist li rois de France,
O .ij.M. homes, toz de sa connoissance;
Vers Lenz s'en vont plain d'ire et de pesance.
Se les Flamans ancontrent, sans doutance,
505 A lor pooir en panront la venjance.

XXIV Li rois de France ot sa gent establie
Et devisée sa riche baronnie.
Vers Lenz chevauchent, tot plain de felonnie, *f. 310 c*
Et Thionet les conduist et les guie,
Lui et Hermant ou duremant se fie,
510 Que par elz n'aient annui ne vilonnie.
N'esparnient pas celz de l'autre partie,
Que d'elz doit estre a toz jors mes haïe,
Quar fait lor ont outrage et vilenie :
515 Sei vangeront se Dex lor donne vie.

XXV Or a li rois de France devisée

498 saint, *ms.* s⁵.

Toute sa gent et mout bien ordenée.
Et Doz li Gris ra la soie atornée.
Droon d'Amiens la premiere a livrée :
.C. chevaliers, n'i a cel n'ait espée.
520 Cil en movront encui telle mellée,
Dont mainte larme et dolor iert menée.

XXVI En la seconde eschiele fut Richars,
Cil d'Aubeville qui fut prous et gaillarz,
Et de Biauvez Guion et Lienarz :
525 .C. chevaliers enmainnent en lor part.
La tierce guie de Peronne Gerart,
Et de Baupaumes fu o lui Ricoart :
.C. chevaliers ot a lor estendart;
529 N'i ot celui ne fust fel et gaingnart.

XXVII En la cinquisme eschiele fut Guion,
Cil de Saint Just qui mout fut sages hon;
Aveques lui estoit de Hans Huedon.
N'i a celui n'ait destrier arragon,
Et bone espée et escu au lyon,
535 Dont a clox sont fermé li confanon.

XXVIII Li quens Guillaumes, li sires de Monclin,
Qui frere fut au felon Rancelin,   *f. 310 d*
Conduist et guie par delez .j. sapin
La siste eschiele sans noise et sans hustin.
540 .C. chevaliers le sivent le chamin.
Manasant vont Raoul dou Canbroisin,
Le roi Girbert et Hernaut et Gerin;
Mout duremant menacent Mauvoisin.

XXIX En la setiesme eschiele des Flamans
545 Fut Rancelins, qui sires iert de Lans.
.CCCC. homes, toz devisez par ranz,
Le vont sivant a hauberz jazeranz;
Serré s'an vont, correciez et dolanz.

531 Saint, *ms.* s^t.

xxx En cele eschiele huitiesme des marchis
550 Fut de Boloigne li quens Doonz li Gris.
.C. chevaliers sor les destriers de pris.
Le vont sivant, chascun [s]on escu pris,
Des Loherans laidir volonteïs;
555 Au chamin sont après les autres mis.

xxxi La nuefme eschiele conduist le conte Huedon,
Celui de Flandres qui fut de grant renon.
.M. chevaliers, qui moult ierent prodon,
Le vont sivant a coite d'esperon ;
Serré s'en vont, com nobile baron,
560 Vers Loherans qu'il n'ainment se pou non.

xxxii D'ame.ij. pars sont les oz deviséez
Et par eschieles gentemant ordonéez.
A l'asanbler oïssiez grans criées,
Et homes mors et seles enversées.
565 Hermant s'eslaisse par antre .ij. arrées,
Envers Droon d'Amiens lance levée,
Et cil vers lui qui mainne grant posnée. *f. 311 a*
Ferir se vont, sor les targes roéez,
Que parmi outre les ont frete et fausséez.
570 De cel cop ot Hermant dure soldée
Que mort l'abat D[r]oonz anmi la prée.
Thyorins ot ceste joste esgardée,
Qui de duel ait mainte lerme plorée.

xxxiii Quant Thyorin ait veü trebuchier
575 Hermant son frere que il tant avoit chier,
Sachiez de voir n'i ot que correcier.
Envers D[r]oon eslaisse le destrier :
Tel cop li donne de l'espée d'acier
[Que] mort l'a fait a terre trebuchier.
580 Pus li a dit .ij. moz en reprovier :
« Outre ! traïtres, Dex te doinst anconbrier ! »
A ice mot sont Flamant sans targier

566 *Ms.* levéez. — 572 ot, *ms.* avoit.

Venu au chaple et avant et arrier.
La poïst on veoir estor plenier,
585 Et piez et poins a la terre anvoier.
Herbert i fiert a loi de chevalier,
Ymbert son fil n'en vout nul esparnier,
Et Berneysonz s'i sot mout bien aidier.
Voit le Raoulz, n'i ot que correcier.
590 Cortoisement le prist a araisnier :
« Berneysonz frere, por Deu le droiturier,
« Se vos volez anvers moi rapaier,
« Ceste bataille ferai bien traire arrier. »
Dist Berneysonz : « Nel voil pas otroier :
595 « Ma mere arsistes an Oreignei mostier
« Et moi feïstes la teste pesoier ;
« D'or en avant pansez de vos gaitier. » *f. 311 b*
A icest mot eslaisse le destrier ;
Envers Raoul conmansa a brochier,
600 Grans cox se sont donné li chevalier,
Que les escuz font maumetre et percier.
Ja s'enpirassent, ce croi, au mien cuidier,
Quant de .ij. pars sont venu sans targier
Lor bon ami qui lor viennent aidier ;
605 Tot pelle melle vont l'estor enforcier.

XXXIV Grant sont li oz quant furent asanblé.
Parmi l'estor es vos Gerart monté :
Huedon de Hans a devant lui trové,
Parmi le hiaume li a tel cop donné
610 Que parmi outre l'a fandu et copé.
Mort l'abati, s'a Gerart ancontré,
Cel de Poitiers ou tant ot de fierté :
Par terre l'a maintenant cravanté.
Doonz le Gris a tot ce regardé :
615 De Flandres a conte Huedon apelé,
Le duel li a et son annui mostré.
Quant l'ot li quens, s'a le destrier hurté,
Envers Gerart a son escu torné.

588, 591 et 594 *Ms.* Ber^s. — 607 es, *ms.* et.

Ja li eüst son paiement donné,
620 Quant Baucelins est par devant tornez,
Oncles Raoul qui tant ot poesté.
Huedonz le fiert, qui ne l'a point amé,
Jusques es denz l'a fandu et copé.
624 Voit le Raoulz, mout ot le cuer anflé.

xxxv Quant Baucelins fu a terre chaü,
Mout par en a Raoulz grant duel aü.
Vers Huedon point, ne l'a mesconneü ; *f. 311 c*
Parmi le hiaume le fiert del branc molu
Que jusqu'es danz a l'acier enbatu.
630 Del boen cheval l'a a terre abatu.
Es vos Girbert et Gerin le manbru,
Et Mauvoisin qui mout ot de vertu,
Sor Flamans ont maint pesant cop feru.
Ja se fuissient au movoir esmeü,
635 Quant Berneysonz est a elz acorru ;
Raoul ancontre par cui adoubez fu,
El cors li a son espié enbatu.
Mort l'abati de l'auferrant crenu,
Pus s'escria, que bien fu entendu :
640 « Mort est Raoulz, qui tant outrageus fu,
« Qui arst ma mere et moi ot puis feru ! »
Grant duel en font si ami et si dru ;
Maintenant l'ont levé sor son escu,
Droit a Cambrai l'enportent irascu,
645 O lui Hermant et Baucelin son dru.
Li rois Girbers en a tel duel aü
Que par .j. pou que n'est del sens issu.

xxxvi Grans fu l'estor et merveillox et fors.
Des Loherans fut grans li desconfors,
650 Por les trois princes qui sont ocis et mors,
Dont se ferirent el tornoi sans resors :
De celz de Flandres ont maint ocis et mors.

631 Es, *ms.* et.

XXXVII Par la bataille vont Loheranc poignant;
Li rois Girbers tint l'espée tranchant,
655 Et Mauvoisins qui mout l'amoit formant.
De lor ami sont duremant dolant.
A tant ez vos l'ampereor poissant,   *f. 311 d*
Raoul ancontre que l'en aloit portant,
De duel et d'ire vait formant sospirant,
660 Puis s'escria a sa vois hautemant :
« Poigniez après, franc chevalier vaillant !
« Se mon nevou Raoul, c'amoie tant,
« N'est hui vangiez, par Deu le roiamant,
« N'avrai mais joie en trestot mon vivant. »
665 A tant s'en vont vers le tornoi poignant;
La conmensa .j. estor moult pesant.

XXXVIII Quant l'ampereres fut venus en l'estor,
Granz fu li criz environ et entor.
Li rois de France, qui mout ot grant tristor,
670 Des esperons broche le misoldor;
Guillaume ancontre de Monclin le signor :
Tel cop li donne le nostre ampereor
Que mort l'abat ans el pré a dolor,
Puis li a dit : « Orgueillox traïtor,
675 « Mout m'a[s] irié, toi et tui ancessor,
« De mon nevou qui mors est a dolor. »
Puis dist en haut, que l'oïrent entor :
« Ferez, baron, por Deu le criator !
« Hui sont antré Flamanc en pesme jor. »
680 Quant Girbers ait choisi l'ampereor,
Selon son duel li prist joie et baudor.

XXXIX Quant l'ampereres de France le roion
Ot mort Guillaume de Monclin le baron,
Mout par fut grans le duel et la tenson.
685 Es vos Hymbert, le pere Ber[n]eison,
Hanri del Liege abat mort el sablon.
Voit le son frere Guinemant le baron,   *f. 312 a*

685 Es, *ms.* Et.

Par pou ne chiet jus de son arragon,
Puis point le bai, baise le confanon,
690 Fiert Amauri par grant aïroison,
Cel qui de Roie tint le maistre donjon;
Mort l'abati del destrier el sablon.
Flamanc le voient, irié sont del baron.

XL Quant Berneisonz vit son oncle morir,
695 Del cuer del vantre a geté .j. sospir,
Le destrier broche par merveillox aïr
Vers Guinemant, qu'il le cuida ferir;
Mès de cest cop le fist Ymberz ganchir
Que sor son col vit l'espée tenir.
700 Cele part fait le bon destrier salir,
Que paor ait n'i puisse a tans venir.

XLI Berneysons vit son pere anmi lo pré,
Que rois Girbers a malemant mené.
Cele part vient le branc nu entesé
705 Et fiert Girbert .j. cop desmesuré
Parmi lo chief, que tot l'ait estoné.
Li cox descent desor l'escu bouclé,
An .ij. moitiez l'a fendu et copé,
Au bon cheval ait lo chief tronsonné,
710 Girbert abat anvers anmi lo pré.
Quant Mauvoisins ait le cop esgardé,
Cele part point lo destrier abrivé;
Prant une lance que gesir vit el pré,
Et fiert Bernier sor son escu listé;
715 Desor la boucle li a frait et froé.
Fort fu l'auberc, n'en ait maille fausé,
Mais del grant cop l'ait a terre versé   *f. 312 b*
Joste Girbert et Ymbert lo manbré.
Quant Doz li Gris a tot sou esgardé,
720 Mout l'en pesa, sachiés de vérité;
Por lo secourre ait lo cheval hurté.
Mais Mauvoisins li a tel cop donné
Parmi lo hiaume, que tot l'ait estonné;
Tot estordi l'abat anmi lo pré,

	Puis ait s'enseigne hautement escrié.
725	Puis ait s'enseigne hautement escrié.
	Quant li anfant ont la vois escouté,
	Cele part vienent sor les destriers armé :
	La ot estor et fier chaple mené,
	Mais li anfant ont Girbert remonté.
730	Bien se defant Berniers au branc letré :
	Qui qu'il ataint tot a son tans finé ;
	Hymbers ses peres i a maint cop donné,
	Mais lor deffandres ne valt .j. oef pellé :
	Tout .iij. fuissient ocis et desmanbré,
735	Ne fust li rois de France lo raigné,
	Qui la sorvint par fine verité.
	Li troi baron li ont lor brans donné,
	Et lor autre home sont an fue torné :
	Li Loheranc an ont mout decopé.
740	.IIII. grans liues ait li anchaus duré,
	Li Loheranc sont arriers retorné.

XLII	La bataille ont li Loheranc vaincue.
	Li rois de France n'i a fait atendue,
	Girbert apelle cui proesce salue,
745	Et puis Gerin a la chiere manbrue :
	« Signor, fait il, por la Virge absolue
	« Mors est Raoulz, sachiez formant m'annue. *f. 312 c*
	« Berniers li a l'arme dou cors tolue ;
	« Nos l'avons pris ; mais c'iert descovenue
750	« Se l'ocions, puis que l'avons en mue.
	« Je ferai pais, se il ne vos anue ;
	« A roi Girbert, cui proesce salue,
	« Devanront home sans point de retenue. »
	Girbers l'entent, duremant li annue ;
755	Mais, por l'amor le roi qui l'en argue,
	La pais creante sans l'acorde volue.
	A icest mot n'i ot plus d'atandue :
	Feautez ait des barons receüe.
	Sil li jurerent, mais mal li i ont tenue,
760	Si com orrez se il ne vos anue.

756 sans, *leçon douteuse, la dernière lettre est effacée.*

XLIII La pais est faite, ansi com vos oez,
       Et l'andemain, quant il fut ajornez,
       Li rois de France ne s'est aseürez :
       Droit vers Paris fut ses chamins tornez,
765   O lui si home de cui il fut amez.
       Gerins li rois vers Coloigne est alez ;
       Siens iert li regnes, sire en estoit clamez.
       D'autre part s'est Hernaus achaminez
       Vers Gironvile dont il estoit chasez ;
770   O lui s'an est li rois Girbers alez,
       Et li anfant qui mout orent biautez,
       Et Berneysonz et Hymberz li barbez,
       Et Doz li Gris li cuvers parjurez.
       De lor jornées ne me sus amanbrez,
775   Mais tant esrerent, les frains abandonnez,
       De Gironvile voient les fermetez.
       An la vile antrent li baron naturez,    f. 312 d
       Vers le palais se sont achaminez,
       Dame Ludie troverent au degrez ;
780   Grant joie mainne, ses a tous acolez,
       Quant elle sot qu'il ierent acordez,
       Car Berniers iert de son lignage nez,
       Et Doz li Gris et Ymberz li barbez.
       A icest mot sont el palais montez.
       . . . .

772 *Ms.* Bers⁸. — 779 Ludie, femme d'Hernaut le Poitevin, appartenait au lignage des Lorrains par son père le vieux Fromond.

VOCABULAIRE[1]

Aasier 1103, 1354, aaisier 1939, G. 282, aaissier G. 277, aaisiés 8111, G. 10, *mettre à l'aise, soigner;* estre aaisiés de... 4719, *avoir la commodité, l'usage.*

aatie *part. fém. pris subst. du v. suiv.,* par — 2358, 7616, 7623, 8632, *à l'envi, à qui mieux mieux.*

aatir 4265-7, 4597, *provoquer, exciter;* — *bataille,* 4303, *défier en bataille;* aatis 368, aati 677, 885, *excité.*

abateïs 6487, 6716, *abatis, carnage.*

abe, *faisant fonction de cas régime* 5560, 5587, *abbé.*

abosmez 5436, *affligé.*

abrivé 4420, abrievé 1552, 4444, *rapide, épithète de destrier.*

acerin 101, *d'acier.*

acerois 2147, *d'acier.*

achaté, cers — 5691, *serf acheté, esclave.*

aclaroier 2570, *s'éclaircir, en parlant des rangs d'une armée.*

aclinée 3651, *concédée, soumise, en parlant d'une terre.*

acoillir, *part. passé* acolli 1154, aqueulli 7313; — la proie 3854, 5897, 5979,

---

1. Les renvois précédés de la lettre G. se rapportent au fragment de *Girbert de Metz* (pp. 297 et suiv.), les autres à *Raoul de Cambrai.* Le lecteur ne doit pas perdre de vue que le ms. de ce dernier poème est de deux mains différentes. la première a écrit les vers 58 à 6259; la seconde a écrit les 57 premiers vers et la fin du poème. A chacune de ces deux mains correspondent des particularités notables de graphie, — NB, NP, sont classés avec MB, MP, et Q avec QU.

faire du butin; — *son voiaige* 7313, *se mettre en route.*

acointance 2816, *action de s'accointer, de s'aborder.*

acointier 3839, 5645, *faire connaissance avec quelqu'un;* *réfl.* 5433, *même sens;* 5617, 7116, *faire connaître une chose à quelqu'un;* 387 *faire connaître quelqu'un à autrui, le mettre en rapport avec autrui.*

aconduire 941, *prendre sous sa sauvegarde.*

aconseü 4461, 5020, *atteint.*

aconter 6061, 7659, 8097, *informer; dans les deux derniers ex., ce mot est employé exactement dans la même locution que* acointier *au v.* 7116.

acorde 2553, 5559, 5586, 5687, *accord, transaction qui met fin à une guerre.*

acouveté, *couvert.*

acuiter 7927, *délivrer.*

acubes (= aucubes) G. 279, *sorte de tente.*

acumenier, *réfl.* 2428, *prendre la communion.*

ademis 2522, G. 192, *qui est penché en avant, comme pour le galop, épithète de* destrier; jor — 4260, *jour fixé?*

adens 5265, 5290, *couché la face contre terre.*

adeser 4434, *toucher.*

adober, adouber 460, 519, 578, 4107, *armer chevalier.*

adrecier 7388, 7461, *redresser [un tort], réparer, réfl.* 7773, 7846, *se diriger vers;* adrecié 4670-4, 4703, *dirigé vers.*

adurez 602, *endurci, vaillant.*

aé, a trestoz mes aez 5166, *en toute ma vie.*

aesmé 4796, *estimé, évalué.*

afaitié 3998, *bien élevé, de bonnes manières.*

afichier, *réfl.* 2402, 2431, *déclarer avec insistance, se vanter d'avance.*

afiner G. 459, *conduire à fin, terminer.*

afoler 5034, 7733, 7974, *blesser grièvement, tuer.* 6975,

afronté, *suj. pl.* 1580, *tués d'un coup sur le front.*

afublée 3660, *vêtue d'un vêtement qui s'attache avec une agrafe.*

agait 3834, 3852, 3881, 5896, *aguet, embuscade.*

agaitier 6175, *guetter, dresser des embûches.*

agreveiz 5156, *malade, en mauvais état.*

ahi 6236, hahi 6218, *exclamation de douleur.*

aïde 6918, *aide;* Diex aïde 7059, 7145, *exclamation.*

aidier 7302, *ind. pr. sing. 3e p.* aïde 4715; *impér.* ai-

diés 4712; *subj. pr.* aïst 7127; *aider.*
aidis 6179, *qui aide.*
aigue 106, 110, 358, 473-8, 4038, *eau.*
ains, *pour* ainc 7266, 7380, 7571, *oncques.*
aïr, par — 7917, 8647, *G.* 696, *avec violence.*
aïrée, par — 2972, *avec violence.*
aïréemant *G.* 213, *avec violence.*
airement 7166, *matière noire qui, broyée et détrempée, fournissait l'encre.*
aïrier, *réfl.* 4015, *s'irriter*; *pris substantivement* 1437, *colère.*
aïroison, par grant — *G.* 690, *comme* aïrée.
ais 2575, *ais dont était formé le bouclier.*
aise, avoir — 4624, *avoir facilité, occasion.*
aisement 2792, *même sens que le précédent.*
ait *G.* 140-1, *forme lorraine de* habet.
aitre 1353, *espace, enclos environnant le moutier.*
ajorner 3002, *G.* 2, 762, *paraître, en parlant du jour.*
alenée 4801, a molt grant — 4801, *à très haute voix.*
alie 1882, 2356, *alise, fruit de l'alisier, employé comme terme de comparaison.*
alier 2103, *alisier.*
alignié *G.* 14, *droit, élancé.*

alluec, ici — 6892, *ici-même.*
alosés 4980, *qui a* los, *c.-à-d.* renommée.
amandés, *voy.* amendé.
amanevi 675, *disposé à, prêt à;* 5699, *dispos, propre au service.*
amassor 6619, 6686, 7666, 7900, 7906, *titre d'un chef sarrazin. Sur les diverses étymologies proposées pour ce mot, on peut voir Gachet, Gloss. du Chevalier au Cygne, sous* aumaçour.
ambedeus 616, ambe .ij. 2399, ambes .ij. 2478, 2659, *tous les deux.*
ambleüre 5491, *allure du cheval qui va l'amble.*
anbruncha, *voy.* enbronchier.
amendé, amandé 7620, *grandi, enforcé, en parlant d'un enfant.*
amendise 1770-8, 2294, *amende, réparation.*
amentevoir, amentu 6424, *rappeler.*
amenuisier 2130, 3371, *diminuer, amoindrir.*
amorois 769, *épithète ethnique?*
anpirier, *voy.* empirier.
anplier 8636, *employer.*
an, entrer en mal — 3764, *loc. fréquente, cf.* Fergus, *éd. Martin, note sur* 24, 26.
ancesserie, par droite — 3658, *par descendance régulière, par héritage.*

anchaucier, *voy*. enchaucier.
ancontré, *construit impersonnellement avec* être 7684, 8073 (*ms.* antré), *arrivé, advenu.*
andementiers 8478, *tandis que.*
andui 61, 551-5, 967, 2581, 2814-8, *tous deux.*
angarde, *voy*. engarde.
angevin 477, *denier angevin, employé comme terme de comparaison pour désigner un objet de peu de valeur.*
anne G. 483, *canard.*
anqui 5288, 6162, 8654, *présentement;* 8370, *là.*
anste 2499, 2510, 3075, 3285, 3891, *le bois de la lance.*
antain 3306, 6579, *cas rég. d'*ante, *tante.*
anti 927, *épith. de* palais, *antique.*
anuitier, l' — 1233, 5608, *la tombée de la nuit;* ainz q'il soit anuitié 1466.
anvaïe 8641, *attaque.*
anvoisié G. 11, *aimable, de bonne humeur.*
apaier, *réfl.* 4006, *s'accorder, faire la paix avec un ennemi.*
aparler 5821, *adresser la parole à quelqu'un.*
apartenans 2335, *personnes attenantes, dépendantes, mais la leçon est douteuse; voir la note.*
apel, *action de s'adresser à quelqu'un, abord; par suite,* faire vilain — 4654, *maltraiter.*
apeler 1160, 4691, *interpeller.*
apert G. 494, *qui est manifestement distingué.*
aplaner, aplene 5778, *lisser* [*les cheveux*], *caresser.*
apoindre, apoignant 4377, 5937, *éperonner, chevaucher à force d'éperons.*
apresser 7865, *serrer de près, accabler.*
aqueulli, *voy*. acoillir.
aquis 5198, 7001, 7021, *épuisé, accablé.*
aqitance, en — 4149, *à titre gratuit.*
araisnier 1536, 3052, 3548, G. 97, *part. passé* araisniés, araisnié, 3047, 3996, *adresser la parole à qqun; haranguer.*
archoier, *p.* 79, *note du v.* 2337, 3083, archoiant 4417, *plier sous le poids du cavalier, en parlant d'un cheval.*
arcin 1494, *incendie.*
ardoir, *n. et act.*, 1226, 1506; *ind. pr.* art 1492, ardent 1490-1; *prét.* ar[s]t 1525, 1539, 4003, arcis 3138, arcistes 2311; *part. passé* ars 1449, 2015, arce 1646, arces 1574, 2017; *brûler.*
ardure 5497, *ardeur, feu, (au sens moral.*
aresner 162, *attacher* [*un cheval*] *par les rênes.*
arestison 6773, *arrêt, retard.*

argüer, argüa 5609, argüe G. 755, presser.

arondel 4662, jeune hirondelle.

arrées G. 565, parties de terre labourée.

asambler 5041, se mesurer avec son adversaire.

asasi 6434, pourvu en abondance.

asener (pour acener) 3750, faire signe de venir; Diez, Etym. Wœrt. I, cenno.

asseürer, aseürer 708, 4121, garantir; ne s'est asseürez 4934, 6636, 6644, ne s'est pas retardé, n'a point attendu.

astele 1766, éclat, morceau d'un objet brisé.

ataindre, ataignans 3925; dans cet ex. le part. prés. est employé au sens du part. passé; voy. Tobler, Zeitschrift f. rom. Philologie, I, 19.

atargier 5610, 5629, 6011, atargant 2758, tarder.

aterrée 3300, abatis, carnage.

atisier 7252, exciter, encourager.

aubres 1299, haubres 2618, arbres

auferrant, auferant 690, 3091, 3111, 3310, destrier — 3817, 3932, etc., cheval de prix; voy. Gachet, Gloss. du Chevalier au Cygne; Bœhmer, Romanische Studien, I, 258.

auquant 2, li — 48, 700, 3244, 3721, quelques-uns.

auques 7989, quelque peu.

aus, voy. ex.

avancier 2601, porter en avant; réfl. 2810, se porter en avant, ou p.-ê. se faire honneur de.

averir, prét. averi (ms. averti) 3516, part. averis 8493, se vérifier.

avillié, part. 2233, avili, abaissé.

avoc, voy. avuec.

avoé 4930, témoin, garant.

avoier 6077, ind. prés. avoie 2070, part. avoiés 4672, mettre dans la bonne voie.

avoir 1402, biens meubles.

avoir, ind. pr. s. 3ᵉ p. ait G. 60, 140-1; prét. s. 1ᶜ p. oi 1340; fut. avrai 932, 3680, 4289, averai 3625, avera 4270, ara 1773, averons 881, avroiz G. 117, avront 920; subj. imp. aüst G. 308.

avuec, constant dans R. de C., avoc G. 295, avec G. 286, avec, ordinairement construit avec un pronom, — moi 7187, 7744, 7933, — lui 1288, 7274, 7289, 7374, G. 286, — li 8330, — nous 7089, 7345, ou absolument 7093; avuec le sor Gr. 8345.

awan, pour ouan, 1206, cette année, présentement.

ax, voy. ex.

Baaillier, faire — 5431, *faire bailler, étendre quelqu'un mort*, bouche baée.

bachelerie 1875, *état de bacheler.*

baicheler 316, *jeune homme libre qui n'est pas encore chevalier.*

baillier *quelqu'un* 1417, G. 149, *le tenir à sa discrétion;* — *une arme* 1346, *la manier, en faire usage;* — *ses armes* 1550, 2583, 2820, *porter ses armes, faire acte de chevalier;* — *droit* 1742, 4018, *accepter le droit, la compensation offerte par la partie adverse;* — *guerre* 1742, *conduire, soutenir une guerre;* — *une terre* 1675, 7389, 8115, *la gouverner à titre de seigneur, comme ci-après* baillir; *une chose à quelqu'un* 7478, *la lui donner.*

baillir — *une terre* 330, estre mal *ou* malement bailli 887, 1524, 1617, 7143, 7901, *être mal traité.*

baissier 2550, *baiser.*

balance, en — 803, *en péril.*

balois 721, 738, *denier de Bâle, employé comme terme de comparaison pour désigner un objet de faible valeur.*

bandon, a — 400, 927, 930, 1047, *pleinement, sans réserve;* 954, 3963, *sans arrêt, d'une façon continue.*

banir 405, *convoquer par ban.*

baptestire 1569, *baptême.*

barbacaignes G. 90, *barbacanes, fortifications extérieures destinées à protéger les entrées.*

bare, *voy.* barre.

barnaige 3, 149, 1008, *famille seigneuriale;* 138, 896, *état de baron.*

barnez, barné 387, 590, 5836, *assemblée de barons.*

barre 4193, bare 5517, *barre, retranchement.*

bauçant 2783, *cheval tacheté de balzanes; voy.* Bœhmer, Romanische Studien, I, 260.

baudor 1, *joie, allégresse.*

bauliant 511, *pendant, balayant.*

baus, *plein d'ardeur,* — et joians 6574, — et fier 5237.

behorder 7618, *s'exercer au behourt, à la joute.*

belais 2446, *comparat. neutre de* bel, *formé sur* *bellatius.

beloi 6819, metre en — *traiter injustement.*

bertesches G. 36, *bretêche, terme qui désigne différentes œuvres de fortification, et qui, ici, n'est pas déterminé.*

bezant 683, besant 914, *employé comme terme de comparaison pour désigner un objet de peu de valeur.*

blastengier 1639, 2568, 3999, 4005, 5131, *diffamer*.
blazon 2508, 2959, 3971, *sorte de bouclier*.
blemis 7020, 7801, *meurtri*.
blois 6811, *blond*.
boele 1015, 4634, bouele 1199, 1765, *entrailles*.
boidie 7269, *ruse*.
bondie, sonner la — 2371, *sonner la charge*.
boquerant 46, bouquerant 503, bougerant 346, *toile plus fine que ce qu'est notre bougran; Du Cange*, boquerannus.
bordel 3867, *petite ferme, masure*.
boucle de l'écu 508, 2535, 4063.
bouele, *voy*. boele.
boufois 716, 2470, *arrogance*.
bougerant, bouquerant, *voy*. boquerant.
brai 2775, *boue*.
braier 1860, 2588, 4518, 7852, *caleçon, haut de chausses*.
brant 3895, 3915, *épée*.
bricon 3987, 4528, 4875, *homme léger, écervelé*.
broichier 1401, 1431, 2548 4612, brochier G. 599, broiche 2532, 3091, 3175, 3968, broche 4378, broche[n]t 4023, *éperonner*.
broigne 2976, 5884, *cuirasse formée de cuir revêtu de lamelles de fer*.
bruellet 2546, 3852, brullet 6385, 6407, *petit bois*.

bruïr 332, *part. passé* bruie 1899, *brûler*.
bu 390, 2862, 3319, 4384, 4643, *le tronc du corps*.
buer 336, 814, 5603, *heureusement*.
bufe G. 39, *soufflet*.
burni 1989, burnie 4309, *bruni; épithète de* elme *et de* lance.

Camosé 1548, 5599, *froissé, meurtri*.
car 2527, *particule invocative: plût à Dieu que...*
ce, *pour si, adv.*, 4380.
ce, se 8030, *pour* cest *ou* cel.
celée 5731, 8900, *dissimulation*.
cenbel 5864, 5907, cenbiaus 3880, *lutte, bataille*.
cers 5691, *serf*.
chaceor, G. 75, *épith. de* roncin, *cheval de chasse*.
chael 4659, *chien*.
chaele 1759, *exclamation d'encouragement, de* quid velles *selon M. Suchier, Zeitschr. f. rom. Phil. I, 428.*
chaeler 1196, 1768, 2418, 3482, 7729, *diriger, conduire en bataille*.
chaitif, *suj. pl*. 1573, chatis 1222, *malheureux, p.-ê. captif au v.* 1222.
chalenge 745, *revendication*.
chalengier 1129, 1833; *ind. prés. 1ᵉ p.* chaleng 654, chalenge 290; *3ᵉ p*. cha-

lenge 5854 ; *part. prés.* chalengant 516, 918 ; *revendiquer.*

chamois 3398, 5937, 5958, *chaume, terrain où il n'y a que du chaume.*

chans 4089, *champ de bataille, ici, par extension, combat.*

chantel, de — 4648, *de côté.*

chaoir 3527, *ind. pr. s. 3ᵉ p.* chiet 1517, 3694; *prét. s. 3ᵉ p.* chaï 2731, 3111, 3342, 3896, cheï 4469; *fut. s. 3ᵉ p.* chara 2388; *cond. s. 3ᵉ p.* charoit 1765 ; *part. passé* cheü 3317, 3893, 4733, 4743; *cheoir, fig. décheoir.*

chaple 2529, 2571, 3890, 4457, 4483, G. 583, *combat, m. à m. l'action de* chaploier, *de frapper.*

chaploier 2713, chasploier 7779, 7845, *frapper.*

chapuisier 1923, *tailler, couper avec un couteau.*

charbonier 1489, *amas de bois embrasé, réduit en charbon.*

charchier 3573, 3588, 4535, *charger.*

charnal 4519, 7853, *morceau de chair.*

charuier 3401, charruier 8568, roncin — 3401, *cheval de labour;* vilain — 8568, *laboureur.*

chasé 1553, 4094, G. 769, *qui est pourvu d'une concession viagère sur la terre de son seigneur.*

chastoier 4827, 5078, *corriger, reprendre.*

chatis 1222, *voy.* chaitif.

chergiés 7046, *chargés.*

chevalier 1588, *pièce du jeu d'échecs.*

chierté 71, 383, *affection, amour.*

choisit 7912, *vu.*

cine 7251, *cygne.*

cinele 1184, 4689, *cenelle, fruit de l'aubépine.*

cit 2808, 3966, 7076, *cité.*

claré 388, *vin épicé.*

clavel 2768, 4650, *sorte de pèlerine de mailles qui était fixée au haubert; voy. la chanson de la Crois. albig., éd. de la Soc. de l'Hist. de France,* II, 229.

coife 474, 3673, 4050, 4088, 4464, 4689, *coiffe fixée au haubert, et par-dessus laquelle on mettait le heaume.*

cointe 3740, *habile, malin.*

coite, a — d'esperon 2965, 6741, 6778, G. 558, *en piquant des deux.*

coitier 7474, *hâter, presser.*

cols 2592, *coup.*

combe 488, *combe, vallée étroite et profonde.*

comendison, en — 6761, *en commande, sorte de tenure.*

commensaille 5923, *commencement.*

compagnie 1910, *amitié.*

complai 2781, *mot dont nous ne connaissons pas d'autre*

ex., *et qui semble analogue à* compieng, *marais.*
concillier, *réfl.* 6274, *prendre un parti, se décider.*
conduit 5584, *sauf-conduit, sauvegarde.*
confanon 588, 932, *gonfanon, lance pourvue d'une banderole.*
conreer un ronci 664, — *des personnes, entretenir, héberger et nourrir;* 5613, *préparer, mettre en ordre des chambres.*
conroi 5957, G. 154, *l'armure en général;* cunreidz *traduit* arma bellica *dans* II Rois 1, 27; 6602, *le service en général, ou plus particulièrement la préparation des mets.*
consellier 5699, *parler en secret.*
consentir 3322, 4886, *part. passé* consenti 978, consentu, 3322, 4381, *accorder une faveur, tolérer.*
consés 7719, *pour* esconsés, *couché, en parlant du soleil.*
consevir, *ind. prét. s. 3⁰ p.,* consivi 6983; *subj. imp. s. 1⁰ p.* conseüse 3127, *atteindre.*
consous G. 68, *conseil.*
contenant 502 (*p.-ê. corrompu*), 506, *tenue, contenance.*
contraire 2637, *contrariété, désappointement;* 4603, *raillerie;* par — 1019, 4691,

par raillerie, ironiquement.
contralion 3977, *synonyme de* contraire, contralioison, *esprit de contradiction.*
contraloier 1463, 3025, 4016, 4998, *contrarier quelqu'un, lui dire un* contraire.
contredir (*en rime*) 6458.
contremont 5872, *en haut, en montant.*
contrepois, faire le — 2467, *contrebalancer, opposer à une force une force supérieure.*
contreval 2942, *en bas, en descendant, en suivant un plan incliné.*
convinne 7446, 7471, *intention.*
convoier 4758, *accompagner, escorter.*
copulaige 4398, *mot peut-être corrompu (on n'en connaît pas d'autre ex.) qui paraît désigner une convention honteuse.*
corpe, moie — 7010, *mea culpa, formule de confession.*
corre 2503, coure 2761; *ind. pr.pl. 3⁰ p.* qeurent 1404, 1534, 1722; *courir.*
corsains 1268, 1278, *reliques.*
corsaus 1330, 1338, *qui a cours public, qui passe de main en main.*
cortoier 1117, *fréquenter les cours.*
coubrer 7025, *saisir.*
coure *voy.* corre.
cousin 475, *synon. de* neveu.

coute 7496, coutes peintes 1286, courte pointe.
covreture 1488, toiture; 7756, housse de cheval.
çox 5788, ceux.
cravanter 6642, 8707, G, 613, craventer 2696, 4049, 4092, 4112, 4462, abattre, faire tomber.
creans 2331, part. prés. de croire, employé au sens du part. passé.
creanter 4035, 4412, 6383, 7389, G. 756, promettre, avec garantie.
creindre, crient 509, cremus 4364, craindre.
crenu 3881, quernu 4378, épith. de cheval ou de destrier ; 1959, employé substantivement pour désigner un cheval.
crestelés 8099, crenelé.
creutes 1236, voûtes, parties voûtées d'un édifice.
crois, se mettre en — 1139, 5265, 5290, se mettre à plat-ventre les bras étendus. Voy. Du Cange-Henschel, II, 677c.
croissir, neutre 3472, se briser; act. 7019, 7784, faire craquer, briser.
croler le chief 8031, hocher la tête.
cruauté 1566, parole impie.
cuer 20, quer 534, cœur.
cuidier, ind. pr. s. 1e p. quit 5859, 6050; sans — G.

104, sans réfléchir, sans balancer.
cuites 6924, quitte.
cuivers 3309, 3978, 4221, 5169, épithète injurieuse.

Dahait 2440, 3309, mal — malheur, exclamation.
dalez 1280, 1503, auprès.
damagier 4525, 4712, endommagé, blessé.
danrée, voy. denrée.
defois 5517, défense.
delaier 5631, G. 126, tarder.
delgié 1718, delgiet 6257, délicat, fin ; épithète d'hermine.
deliés, pailes — 5614, le même que le précédent.
delivre, a — 7273, 7275, 7580, librement, sans obstacle.
deloi (en rime) 6603-4, délai.
demaine 1551, propre, personnel.
demanois 715, 2140, 2409, sur le champ, présentement.
demanter, réfl. 6375, 6690, 7307, se lamenter.
denrée 5855, danrée G. 239, la valeur d'un denier.
derver (desver 6623) le sens 1171, 3577, 4072, 6623, perdre le sens.
desconfiture 5498, dommage, perte.
desdire 948, 5940, contredire, donner un démenti.
desestriver 4078, faire sortir de l'étrier.

desévrée 1811, 5766, *séparation*.

desevrer, desoivrent 4560; *impér.* desevrés 5118, *séparer*.

desfaés 6666, *sans foi, infidèles*.

desfaire 1025, *supplicier*.

desloigier 2095, *décamper*.

desmesurance 1791, *excès, défaut de mesure,* 2809.

desnués 7542, *dépouillé de ses vêtements*.

despané 3284, 4076, 4433, 4978, *déchiré*.

desparler, *réfl.* 308, *se dédire*.

despencier 4852, *maîtres d'hôtel*.

desraisnier 1116, *soutenir, faire valoir (son droit) par la parole ou par les armes*.

desraison 924, 7326, *acte contraire à la raison ou aux convenances*.

desreer, *réfl.* G. 492, *sortir du rang, marcher en désordre; part.* desreez 498, 613, 1270, *emporté, hors du sens*.

desrengier, desrengent 2380, desregne 6426; *réfl.* 2380, *sortir du rang pour l'attaque; act.* 6426, *faire sortir du rang [son cheval]*.

desrout 3991, 6640, *rompu*.

dessafret 6640, *dont le safre a été enlevé. Le safre paraît être une couleur jaune produite par un oxyde de bismuth; voy. dans le supplément du dictionnaire de Littré, le Dict. étym. des mots d'origine orientale, sous* SAFRE.

dessartir 3473, *mettre en pièces*.

destordre 3336, 3421, 3969, *détordre, dérouler [la banderole du confanon]*.

destrois 5508, 5549, 5952, *pressé par la maladie ou par un vif désir*.

destrois, *plur.* 6824, *prison étroite*.

desver, *voy.* derver.

detraire, *part.* detrais 6178, *équarteler*.

detrier 3732, *différer, remettre*.

devenres, li grans — 1571, *le vendredi saint*.

devier 3567, G. 26, *mourir*.

devin 763, *théologien*.

devinaille 1072, *ce qu'on a deviné, pronostic*.

devis 5187, *décision*.

devisier 7191 (rime), deviser, 6614 (rime), *ind. pr. s.* 1ᵉ *p.* devis 1686, 4735, *assigner, déterminer*.

devision 4863, *décision*.

diablie 1913, *miracle d'origine diabolique*.

diex, dieux, *voy.* dues.

doaire 153, *douaire*.

doies 7788, *largeurs de doigt*.

dois 710, 2144, 5394, 6804, *grande table*.

don n' ou donn' (ms. den) 5971, *particule interrogative et régulière qu'on a*

voulu tirer à tort de num-
nam (Romania, VII, 364) :
c'est donc ne.
donjon 772, 959, 8239.
donoier, *réfl.* 6891, *se livrer
aux privautés de l'amour.*
doublentin 474, *[haubert]
double.*
drois 5521, 5554, 6583, *pos-
session directe.*
droit, en — 4602, *en ce
qui touche, en ce qui con-
cerne.*
druerie 3676, *amitié particu-
lière.*
drus 3894, dru G. 645, *ami
particulier.*
dues 4561, duel 139. 3715, G.
642, diex 566, 3652, dieus
3885, *deuil, douleur.*

Effraer, *part.* effraée 8495,
*troubler, mettre dans un
état d'agitation.*
effrois, *voy.* esfrois.
eis 1991, 2514, eiz 2598, 3907,
4457; ei 2542, 3767; es
2572; e 2672, 2684, *cons-
truit avec* vos, *lat.* ecce,
voici.
el 8062, *autre chose.*
elme 483, 581, 3622, 7847,
8676, erme 472, helme G.
437, 445, — agu 2859, —
brun 1706, — gemé 4084,
— vergié 1726, — vert
1545, 4494; *heaume.*
elmin, *voy.* ermin.
elz, *voy.* ex.
enbarer 4494, 7848, 7858,
enbarr— 7019, 7784, *bos-
seler [un heaume] à coups
d'épée.*
enbarnir 402, *grossir, deve-
nir un homme (un baron).*
emblamir, *part.* emblamis
2532, *devenir blême.[de co-
lère].*
enbroier, *réfl.* 4231, *s'enfon-
cer, se précipiter.*
enbronchier 1698, 4842, 4999,
anbruncha 8284, *pencher,
baisser [la tête]; réfl.* 174,
709.
enbrun 634 *(rime en* on) 956
(id.), baissé, bas.
enbuschier 6082, *embusquer,
mettre en embuscade;* en-
buschiez 4027, 4237, 4667,
*penché en avant, qui a la
tête baissée, semble avoir
été mis au lieu d'*enbron-
chiez.
enpaindre, *prét.* enpainst
4243, *toucher, atteindre.*
empirier 1396, G. 602, anpi-
rier G. 268, *endommager,
blesser, dévaster; neutre,*
1496, *empirer.*
enarmes 6106, *anneaux de
cuir par lesquels passait
le bras qui tenait le bou-
clier.*
encerchier 7446, *chercher,
s'informer.*
enchaucier G. 358, enchauce
7917, *poursuivre.*
enchaus 2366, G. 270, *pour-
suite, charge de cavalerie*
encontre 5220, *au devant.*

VOCABULAIRE 333

encoraigiés 4208, *plein de cœur, de hardiesse.*
encraissier 1104, *engraisser.*
encrieme 2513, 6751, *épithète de* felon.
encroer 3432, 4289, *pendre.*
endementiers que 5777, 6099, endémantiers que 6617, G. 37, *tandis que.*
enfoïr, enfuent 4764, enfoïrent 3720, *enfouir, enterrer.*
enforcier G. 35, *fortifier.*
enfreci que 4514, *jusque.*
engarde 6904, 6919, angarde 6898, angardes 1281, *lieu élevé, propre à servir de poste d'observation, d'avant-poste; au plur.* 1281, *avant-postes.*
engenuïr, *prét. s. 3ᵉ p.* engenuï 992, engenuït 7612, *engendrer.*
engoulé 1554, 5817, *bordé de goules; voy. ce mot.*
engraignier 2703, 3532, *grandir, s'accroître.*
engrès 5862, *dur, énergique.*
emmaillolet 8008, *emmailloté.*
enquerre 7246, 7500, *interroger, soumettre à un interrogatoire.*
enraigier, *voy.* esragier.
ensorquetot 6349, *par dessus tout.*
entendre, *prét. s. 3ᵉ p.* entendié *(rime)* 3626.
enterin 105, 484, *entier, parfait.*
enteser 7027, *ajuster*

entiercier 7166, 7484, *reconnaître, identifier quelqu'un; voy.* Diez, Etym. Wœrt. II², *et* G. Paris, S. Alexis, p. 180.
entrevenir, *réfl.* 4413, *venir l'un contre l'autre.*
envaïe 2366, anvaïe 8641, *attaque.*
envier 868, *sommer de faire une chose.*
envis 4581, *malgré soi, à contre-cœur.*
envoslesper 46, *envelopper.*
eranment, *voy.* erranment.
erbier 2730, 5072, G. 367, *terre couverte d'herbe.*
erbois 2468, *terre couverte d'herbe.*
erme, *voy.* elme.
ermin 712, 2314, 5817, elmin 1554, *vêtement de dessus en fourrure d'hermine; adj.* 1597, *qui est fait d'hermine.*
ermine 1718, 6225, hermine 6257, *même sens que le précédent.* — de paile 3806.
erragier, erraigier, *voy.* esragier.
erranment 6836, eranment 7292, *sur le champ, présentement.*
errer, oirre G. 122, *aller, voyager.*
es, en — le jor, 2397, *ce jour même.*
esaucier, *voy.* essaucier.
esbanoier, *réfl.* 4623, 5624, 5643, *s'amuser.*

esboeler 5041, *arracher les boyaux, éventrer.*

escarimant 345, *épith. de paile; pris substantivement* 504.

eschac 7920, escheq 4103, 5985, 6156, *butin.*

eschacier 2929, *qui a une jambe de bois.*

escharnis, escharni 856, 4590, 6097, *moqué, dupé.*

escheviz 625, eschevis 81, 7624, eschevie 1887, *bien taillé, de taille élancée.*

eschis 2527, 4251, 4253, 5925, *qui évite une personne; toujours employé dans une proposition négative, excepté au v. 4253.*

esclarier 8530, *pris substantivement, le lever du jour.*

esclairier, *réfl.* 1028, *s'éclaircir, fig. reprendre confiance;* 2641, *se venger.* 1753

esclous 2378, *traces des pas; voy. Diez, Etym. Wœrt. II c.*

escondire, *réfl.* 2849 *se défendre, se justifier; au passif,* 605, *recevoir une excuse au lieu de la chose demandée.*

escons 4166, *part. passé d'escondre, caché, couché, en parlant du soleil.*

escorcier 8496, *raccourcir [une robe] en retroussant.*

escremie 546, *escrime.*

escremir 2855, *faire de l'escrime.*

escrever 3637, *crever, s'ouvrir.*

escriée 8498, *cri, appel à haute voix.*

escrois 2474, *fracas.*

esforcier 4206, 4213, 4238, *se renforcer, s'augmenter, en parlant du bruit.*

esfors 3935, *effort, au sens de renfort, soutien,* a — 2380, *en faisant effort.*

esfrois 711, 2455, 2476, efrois 5512, 5516, G. 165, *émotion, tumulte.*

esgrener 4493, *s'ébrêcher.*

eslais 512, 589, 5993, *un bond, un temps de galop;* a — 2572, *au galop;* de plain — 4319, *d'un saut.*

eslaissier G. 1598, *mettre [un cheval] au galop;* eslaissiés, toz — 4024, 4214, 4666, 6944, *lancé au galop.*

esleescier 2732, esleecier 2926, 6031, eslecier 7557, *se réjouir, entrer en joie.*

esliture 490, *élite, premier choix.*

eslongier 3033, *s'éloigner de.*

esmaier 872, 2387, 4374, 4713, 4723, 7096, n'i ot que — 2594, 2830, 4744, *effrayer, ou s'effrayer, rendre ou devenir impuissant par suite de la terreur.*

esmarie 3665, *éperdue.*

esmer 1168, *estimer, évaluer.*

esmerillons 6992, *émerillon.*

esmier 7818, *mettre en pièces.*

esoine, *voy.* essoine.

espaingnois 6799, *espagnol*

espandre, *neutre* 1484, *se répandre*.

espanie 3661, *épanouie.*

esperdre, *réfl.* 863, *devenir éperdu, se déconcerter.*

esperir, *réfl.* 3520, *s'éveiller, se trouver surexcité.*

espessier 3123, *ind. pr. s. 3e p.* espoisse 2775, *se troubler, en parlant de la vue*, 3123; *devenir gluant, comme de la poix*, 2775.

espié 1713, 4061, *épieu.*

espiex 619, espieu 509, 510, 587, 3526, *le même que le précédent; sur la relation de ces deux formes, voy.* Zeitschr. f. rom. Phil. I, 430.

esplois, a — 2473 *(rime), en hâte.*

esploitier 5607, 5619, 5630, *agir en vue d'un objet déterminé, s'ingénier.*

espois 5961, *épais, serré.*

espoisse, *voy.* espessier.

esragier 3993, erragier 3028, 3554, 4003, 4218, erraigiés 4664, enraige 3591, *enrager, sortir du sens.*

esraigier (*pour* esrachier) 7866, *arracher.*

essaucier 4538, *élever, agrandir. Au v.* 4530, *le sens est plutôt venger; p.-ê. le mot est-il fautif.*

essera, esseront, *voy.* estre.

essilier 1702, 1835, 3172, 3740, 3814, 4219, 4778, *détruire, exterminer*.

essoine 791, esoine 5882, *excuse légale.*

essorber 1025, *aveugler (supplice).*

establie 5466, *établissement, décision judiciaire.*

estampois 723, *monnaie d'Etampes.*

estanchier 2782, 3398, *s'abattre, en parlant d'un cheval.*

estanchier 1603, *étancher [la soif]*, 5127, *étancher, arrêter le sang qui coule d'une plaie.*

estandart, faire l' — 2046, *faire de sa propre bannière la bannière principale de l'armée, l'étendard qui sert de signe de ralliement.*

estelée 1813, *étoilée, marquée de taches blanches, en parlant de la croupe d'un cheval.*

estencele, metre en — 1011, *incendier.*

ester, *ind. prés. s. 3e p.* estait 946, *impers., aller favorablement;* en estant 4895, *debout.*

estoier 4991, *mettre dans l'étui, dans le fourreau.*

estoner 2593, *étourdir par un coup porté avec violence.*

estordre 3888, 4472, *échapper;* — son coup, *ramener l'épée en arrière, après avoir frappé.*

estoremant, d' — G. 290; *si le mot n'est pas corrompu,*

il doit signifier : à *titre de dotation*; *voy*. Du Cange, staurare, *et cf. l'anc. fr.* estorance, *dot*.

estorer, qui le mont estora 164, 168, *qui créa le monde*.

estourmir 5274, 5279, *agiter, faire trembler*.

estoutie 2349, *audace, témérité*.

estrais 2445, *sorti, originaire*.

estration 7325, *extraction, lignage*.

estre, *ind. pr. s.* 2ᵉ *p.* iés 2224 *(rime)* 2796, iers 6858, 6916-70; *pl.* 1ᵉ *p.* somes 998, sons 887; *imp. s.* 1ᵉ *p.* ere 5942, iere G. 338; *3*ᵉ *p.* iert G. 66; estoit 377; *pl.* 1ᵉ *p.* estiens 6386, 6390; 2ᵉ *p.* estiiés 7706; *3*ᵉ *p.* ierent G. 413; estoient 6098; *fut. s.* 1ᵉ *p.* iere 2369, esserai 4220; *3*ᵉ *p.* iert 556-7, 1011, G. 68-9; essera 2463, 4018, escera 1077, 3897, 4159; *pl.* 2ᵉ *p.* serois *(rime)* 5940; *3*ᵉ *p.* ierent 696, esseront 1235; *être*.

estrecier 3122, *se rétrécir, se contracter*.

estrivier 8412, *courroie qui soutient l'étrier*.

estriviere 5048, 5053, *courroie en général*.

estroer 4450, 6661, G. 255, *trouer, percer*.

estuet 4522, 6683, estut 538, 547, *il faut, il fallut*.

ex, *voy*. oil.

ex 64, ox 4026, 5664, oux 940, 5550, ous 2946; ax 995; aus 5750, G. 6; elz G. 130, *eux*.

Façon 392, 962, 6277, 6755, 6769, *face, visage*.

faillir, *prét. s.* 2ᵉ *p.* faucis, *fut. s.* 1ᵉ *p.* faurai 340, 5944; *subj. pr. s.* 1ᵉ *p.* faille 318; *faillir, manquer à sa parole*.

faire 1020, 1243; *ind. pr. s.* 1ᵉ *p.* fas 122; 2 *p.* fais 1003; *prét. s.* 2ᵉ *p.* feïs 893, 2797, 3563, feïz 2802, fesis 3139; *3*ᵉ *p.* fist 110; *plur.* 1ᵉ *p.* feïmes G. 50; *3*ᵉ *p.* fisent 57, 575, 2100, 2813, 3543, fissent 3542, firent 41; *subj. imp. s.* 1ᵉ *p.* fesise 1767; *3*ᵉ *p.* feïst 2825; fesit 6862; *employé comme auxiliaire, servant à renforcer l'idée exprimée par un verbe à l'infinitif*, 1748, 2100, 3119, 4493, 4495, 4510, 4511, 4835, 5070, 5071; le *faire* 6862, *s'acquitter d'un acte spécial*.

fais 2571, *faix, fardeau*.

faitierement, issi — 7524, *de cette façon*.

faitis 7415, *fait, fabriqué, artificiel*.

faude 1955, *lieu clos servant de poste d'observation, guérite*.

faudestuef 829, 3547, *fauteuil, trône*.

faus 5596, *faucon.*
fautre 7161, *feutre.*
fauvelet 1543, *fauve.*
fauvoier 5423, *tromper, à la façon d'un renard.*
favele 1191, *bavardage.*
felonese, *fém. de* felòn, 3677.
feois 2151, 3389 *fidèle (subst.), vassal.*
fermeté 4099, 8027, *ville fermée, fortifiée,* fermetez G. 776, *fortifications.*
fermillon 1310, fremillon 2960, 3972, *fait de mailles, épithète de* auberc.
ferré, *chemin —* 3772.
fervestir 7050, *part. passé* fervestu 4376, *vêtir de fer.*
feü 1964, *feu, décédé.*
fi, de — 983, 1620, 6720, fit 4869, 5024, *certainement.*
fiancier 1472, *promettre en engageant sa parole.*
fichier le feu 1482, *mettre le feu.*
fieaige 895, *affieffement.*
fierour 7, *fierté.*
fis. 6574, *assurés, pleins de confiance.*
fissele, froumage en — 1187, *fromage en un petit panier, comme actuellement les fromages à la crême. Cf.* formages en fasselle, *Huon de Mery,* Tournoiement, *éd. Tarbé, p. 35.*
flairier 1494, *être étendu la face contre terre; p.-ê. faut-il lire* aflairier (*qui serait alors une ancienne forme d'*affleurer) *et non* a flairier. *Brûler conviendrait bien pour le sens et l'étymologie (lat.* flagrare) *mais il n'y a pas d'ex. de* flairier *ni du provençal* flairar, *en ce sens. Tout au plus pourrait-on citer un passage de la* Prison amoureuse *de Froissart, v. 1745 (éd. Scheler, I, 270), où* flairier *paraît signifier éclairer.*
flajox 6221, *flûtes de pâtres.*
floris 564, 638, 641, *qui a la barbe blanche, épith. ordinaire de Guerri;* barbe florie 1866; poil flori 28.
foillie, selve — 2365, *forêt feuillue.*
folie, large — 1872, 1876, 2348; de — plaidiés 4706, *vous parlez follement.*
force 6665, *force, grandes cisailles à tondre les prés.*
forier, *voy.* forrier.
forjugier 1110, forgugier 926, *exclure [d'un droit] par jugement.*
forni 969, 6917, *fourni, fort, bien bâti.*
forrier G. 302, forier 7712, *fourrageurs.*
fors 5247, *hors;* fors que 4749, *excepté, hormis.*
forsanner 7357, 7360, *sortir du sens, perdre la raison.*
forteresce[s] des murs 1441, *constructions en bois édi-*

22

fiées sur les murs et servant à la défense.
frainc 1152, 4073, 4448, *frein.*
frapaille 1071, fraipaille 1064, *gens de rien;* Scheler, note sur le v. 5402 des Enfances Ogier. Voir sur les mots formés avec le suffixe -aille la note de M. Fœrster sur le v. 2089 de Richart le bel.
frarin, n'ot pas le cuer — 52, 96, 759, *n'eut pas le cœur bas.*
fremier, tous li sens (= sanc) li fremie 7837, 8640, *tout le sang lui cause des fourmillements, effet d'une vive émotion.*
fremillon, *voy.* fermillon.
friçon 2968, 3964, *anxiété.*
frois, ermin — 712 *fourrure garnie d'orfrois?*
[f]roncie 1880 (note), *ridée.*
froter 3102 (leçon douteuse, voir la var.), *frotter.*
fuere 1358, *fourrage.*
fuere 2821, 4428, 4991, *fourreau.*
fuison 782, 3982, *foison, abondance.*
fusensiele 7262 (?).

Gaaingnier 1395, gaaignier 5678, *faire la récolte*
gaber 1564, 2501, 2759, 8059, *moquer, tourner en dérision.*
gai 5031, 5992, *geai;* 5031, *oiseau de bois servant de but pour le tir à l'arc.*
gaige 154, *gage.*
gaignart 2051, G. 471, *épith. défavorable; ce mot se rattacherait à* gaignon, *gaingnon chien de garde, selon M. Scheler, note sur le v. 3529 de* Bueves de Commarchis.
gaimenter, *réfl.* 7011, *se lamenter.*
gaingnon 333, *gros chien de garde.*
gaite 1955, 1969, 1977, 2930, *guette, sentinelle.*
gaitier 7443, *guetter, épier;* 7553, *réfl. se garder, se défendre.*
gant 649, 684, 711, 907, *gant, symbole de la concession d'un fief.*
garais 2578, *guéret.*
garçonnele, gent — 1183, *gent composée de garçons, méprisable.*
garde, avoir — 4749, *avoir à se garder, à se défier.*
garir, *fut. pl. 3ᵉ p.* garont 2734; *subj. imp. pl. 3ᵉ p.* garesissent, *garantir, sauver.*
garnement *pl. suj.,* garnemens *pl. rég.* 126, 335, 403, 596, 3759, 4579, 6625, garnement *sing. rég.* 3708, *armure de chevalier.*
garnie, *épith. de* France 6699, d'Aras 5557, de sale 5261, *riche.*

gars G. 78, garçon 395, 1313, *garçon, enfant du sexe masculin;* 3987, 3994, *terme de mépris. Au v.* 1054, *on peut admettre l'un ou l'autre sens.*
garsoniere 1331, *fille publique, qui se livre aux garçons.*
gaste, *pucelle* — 7307, *fille violée.*
gasté 4497, *gâteau.*
gaut 7492, *forêt.*
gavelos 2379, *javelots.*
gehir 336, 669, 1148, 2293, jehir 4291, 6334, *part. prés.* jehissant 4901, *part. passé* gehi 2185, *déclarer. Diez, Etym. Wœrt. I, rattache, probablement à tort, ce mot à l'ital.* gecchire *et au prov.* gequir.
genoillons, a — 627, *à genoux.*
geron 3983, *côté.*
geronnée 505, *divisée en pans, terme conservé en blason.*
gesir 333, 2983, 3302, 5233, 5243; *prét. pl. 1ᵉ p.* geümes 6288; *3ᵉ p.* giurent 1255, 5132; *fut. pl. 3ᵉ p.* giront 112; *être couché.*
giu 91, 548, 1590, *jeu.*
glacier 7854, faire — 2825, 4512, 5093, 5434, *couler, descendre, en parlant d'un coup d'épée;* 5247, *glisser* [hors du lit]; 6256, *couler, en parlant d'un liquide.*
gloz 4727, glous 4499, gloton 7570, glouton 1052, 1263, *terme d'injure.*
gogleour, *voy.* jougleres.
goie 517, 2069, 2114, 2987, 3004, 3038, 3113, 6066, *joie.*
goïr 92, 528, joïr 6568, *faire joie à quelqu'un, le bien traiter;* 4782, *célébrer une fête;* lié et goiant 2391, 3112.
gonnele 1757, 4688, *robe, tunique.*
goue, *voy.* joier.
goule baée 2983, 3302, *la bouche béante.*
goules 6227, *fourrures disposées en bordure.*
goupillier 5430, *fuir, comme le goupil.*
graaillier 1542, 2120, graaillier 2019, *brûler.*
graile 5099, *sorte de clairon.*
grain 598, 4986, *triste.*
graindres 2740, 3245, *plus grand.*
grant, *fém.* grande 1912, 6629.
gravois 6411, *gravier.*
grenon 638, 641, 2026, 4172, gregnon 6783, *moustache.*
grifaut G. 483, *gerfaut, oiseau de proie.*
gué 1394, *paraît signifier plutôt un herbage, p.-ê. un terrain bas, qu'un gué proprement dit;* 1954, *fossé rempli d'eau.*
guenchir 2538, 3007, 3447,

4239, guanchir G. 259, se détourner; 4581, détourner, éviter.

guerpir 2898, ind. prés. s. 2ᵉ p. guerpis 2652; prét. s. 2ᵉ p. guerpesiz 1876, guerpesis 3590; 3ᵉ p. guerpi 2666, 2711; part. passé guerpi 2818, abandonner, lâcher.

guier 611, 6684, guider, conduire.

Hachie, a — 5276, dans les tourments.

hahi, voy. ahi.

haïr, ind. pr. s. 1ᵉ p. has 6171; 3ᵉ p. heit 1276, 6135.

hanste 3969, 4061, 4208, 7751, — de pomier 2910, 3821, 7755, le bois de la lance.

hasteriax 4022, haterel 4841, la nuque.

hastiz 1228, hastis 4844, hatis 815, 3873, 5144, qui se hâte, qui désire ardemment.

hatié 3028, joyeux.

hatis, voy. hastiz.

haubergier refl. 1428, haubrigier 6936, part. passé 4026, 4236, se revêtir du haubert.

haubres 6218, arbres.

haucier 3612, 3628, lever.

herbergier 2100, herbigier, 6297, 7301, 8110, héberger.

heudure 487, garde d'une épée.

heut 3178, même sens que le précédent.

hiaume 3707, 4027, 7018, 7754, 8634, 8643, G. 609, iaume 7784, 7858, 8649, yaume 7753, heaume; cf. elme.

honors, voy. onnors.

huchier 1087, 1411, 1724, 1924, 2175, 2604, 3050-4, 3134, 5141, 6043. 7548, appeler à haute voix.

hueses 1534, bottes.

huier 2178, huer.

huis 1500.

hustin 97, 536, 995, débat bruyant, querelle.

I 3422, il.

iere, iers, ies, iert, voy. estre.

il, neutre, 8009.

iluec 3296, ilueques 3890, là en ce lieu.

iraîs 2574, paraît formé avec le suffixe atius, et avoir le sens de irasqu ou irié. Le mot est connu d'ailleurs; voy. par ex. les Lapidaires français de Pannier, p. 251, v. 458.

irasqu 1449, en colère, dépité.

irer, part. irez, irés, 548, 598, 3745, 6886, être dépité.

iretier 70, 1510, héritier.

irier, part. iriez, iriés 1462, 1696, 2836, 2932, 3618, 3630, 4986, 7296, G. 108, le même que irer.

iteles 498, telles.

Jael 5828, [femme] publique. Voy. Romania, II, 237.

jalir 2316, *faire jaillir, lancer*, 4573, 7015, *jaillir, sauter*.

jaserois 2136, (*rime*) *le même que le suivant.*

jazerant 3706, 4041, 4050, [*haubert*] *maillé d'œuvre orientale*, *voy*. *Diez, Etym. Wœrt.*, II c.

jehir, *voy*. gehir.

jehui 4111, *aujourd'hui*.

jeldon 5399, *troupes de pied*.

jogleor, *voy*. jougleres.

joier 5625, 5644, goue 1585, *jouer*.

joinchier 5613, *joncher* [*une chambre, en y étendant des herbes*]; joinchie 2984 [*plaine*] *jonchée* [*de morts*].

joins 5596, *vif, alerte*; Scheler, *note sur le v.* 2724 *des Enfances Ogier*.

joïr, *voy*. goïr.

joste 4418, *joûte, lutte*.

josteor 6894, *joûteur, combattant*.

jougler 6087, 8228, *jongleur*, *cf*. *le prov*. joglar.

jougleres 2443, jogleor 4, gogleour 4144, *jongleur*.

jovenes, jovene 125, 1448, 2515, 2689, 4393, 4408, 4974, jovle G. 70, *jeune*.

juïs 5203, 5342, *le jugement de l'âme après la mort*.

juïse 5322, *le jugement dernier*.

Laidengier 1337, 4964, *injurier*.

laidir 2186, 3513, *même sens que le précédent*.

laidure 5499, *insulte, injure*.

laire, *pl. suj.* 1026 (*rime*), *larrons*.

laissier 1224, laisier 1040; *ind. pr. s.* 1ᵉ *p.* lais 1284, 2ᵉ *p.* laisse[s] 4746, laises 5231, lais 1305; 3ᵉ *p.* lait 948, 2503, 2761, 4646, 5867; *fut. s.* 1ᵉ *p.* lairai 998, larai 3623; *pl.* 2ᵉ *p.* lairés 1162; *impér. s.* laisse 991, 3143, 5272, lai 5270; *subj. pr. s.* 1ᵉ *p.* lais 12; 3ᵉ *p.* laist 1540, *condit. s.* 1ᵉ *p.* lairoie 317, 1164, laroie 1061; *laisser*.

lanier 1100, 4607, laniere 5059, *lâche; terme de fauconnerie qui désigne primitivement une espèce de faucon*.

laris 4252, 5924, larris 6562, *terrain en friche; voy*. *Du Cange*.

leescier 7112, *réjouir, égayer*.

legerie 4294, *fautes, péchés*.

leiz 2365, 2546, *lez, auprès*.

les, *pour* lor, 8550.

lever en fons 380, *tenir sur les fonts baptismaux*.

lex, *suj. sing. et rég. pl.* 6893, 7864, *rég. s.* liu 5418, *lieu*.

lez, a l'espée del — 291, *avec l'épée qu'on porte au côté*.

li, *art. fém. suj.* 5559, 6411.

lichierres 7139, licheors 6252, *homme de bas étage*.

lin 54, 5704, *lignage, origine.*
lionnel 5871, *[écu] sur lequel est peint un lion.*
listé, escu — 4074, 6638, palais — 5289, 5818.
liuée 6765, louée 2414, *l'espace d'une lieue.*
livroison 1357, *livraison, prestation en nature; Du Cange.*
loiges 2101, *abris de feuillage.*
loigier 1643, *loyer, salaire.*
loigier *réfl.* 2049, 2058, *camper (sous des loges, ou abris en feuillage).*
loigier, loiga 1979, *(var.* crosla*), mouvoir [le loquet d'une porte].*
lois 5950, *amendes dues au seigneur.*
loissor 4125, *loisir.*
longues 5054, longes 5999, *longtemps.*
lorain 1007, *rênes.*
los 2345, 2523, 5592, *renommée gloire.*
losange 6246, losainges 7133, *cajoleries.*
losengier, losengiere 1328, losaingier 6261, 7092, 8133, 8136, *enjoleur; ce mot est souvent employé sans propriété comme épithète défavorable.*
losengier 5409, *cajoler. Il ne serait pas impossible, dans cet exemple, de faire de* losengier *un substantif.*
louée, *voy.* liuée.

lues 2656, 4579, 5305, *sur le champ, aussitôt.*

Maaillere 1330, maailliere 1338, *[femme] qui se livre pour une maille.*
maffet, maffé, *voy.* malfé.
maginois 5771, *épith. de palais.*
mainne, *voy.* mener.
maire 1029, *maire.*
maire 2634, *pour* major, *le cas suj. pour le cas rég.*
mais 850, *plus jamais*; mais qe 2285, *pourvu que.*
maisel 2765, *boucherie, massacre.*
maisnil 1223, *maison des champs.*
maissele 4699, *mâchoire.*
maistres 6270, 7434, *médecin,*
maistriere 1339, *maîtresse, concubine.*
mal, *exclamation* 310, *malheur sur, maudit soit!*
maldit 1134, *malédiction.*
malfé 888, maffet 6643, maffé 6965, *mauvais esprit, diable, au propre et au fig. Voy.* Romania, V, 366.
manbru G. 631, 745, *le même que* membré, *renommé, vaillant.*
manantie 1881, *biens, possessions.*
manoier 1344, 2707, 3736, *manier [une arme], en faire usage;* 6503, *peloter.*
manois 5519, 5551, *aussitôt, sur-le-champ*

VOCABULAIRE 343

manrai, manroie, *voy.* mener.
mans 2929, *manchot.*
mar 1322, 2082, 2094, 2501-2, 2512, 4382, 4923, 5158, *pour le malheur de celui de qui on parle.*
marberin 760, marbrerin 6545, *de marbre, épith. de palais.*
marchis 373, 552, 830, *marquis, terme employé sans précision, à peu près comme synonyme de comte.*
marement 4472, *malheur, sujet d'affliction.*
maris 3593, 3596, *affligé,* avoir le cuer — 861, 980, 1136, 1521, 1530, 3608.
marois 2141, *marais.*
marrir le sens 3465, 8644, *perdre le sens.*
marvoier 6253, 6263.
mas 1371, mat 4900, mate 7303; *abattu, vaincu* 4900; *abattu, affligé* 7303; *le sens, et p.-ê. la leçon, est douteux au v.* 1371.
matez, maté 1589, 4366, 4985, 5167, 7902, *rendu mat, abattu.*
mehaignier 4678 *(voir la note),* meheniés 4673, *blesser, estropier.*
menbrés 7022, *renommés, vaillants.*
mendiz 5192, *mendiant.*
mener, *fut. s. 1º p.* manrai 7464; *condit. s. 1º p.* manroie 7338.
mentiax 7356, *manteaux.*

menu, hauberc — 2622, *haubert à menues mailles.*
menuier 5099, *qualificatif de* graile, *au son aigu?*
merir 22, 973, 982, 7144, *récompenser.*
mervelles 62, 621, *merveilles* G. 47, *merveilleusement.*
mès 155, 162, *messager.*
mès 4831, *mets, plat.*
meschins, meschin, 99, 471, 5863, 7619 *jeune homme.*
mescroire, *fut.* mesqerrez 4354, 5158, *ne pas croire.*
mesentendre 2236, *ne pas faire attention, se tromper.*
meserrer, *réfl.* 838, *faire fausse route, être déçu.*
mesestance 1789, *chose qui va mal.*
meslée, barbe — 3228, *barbe grise.*
mesoïr 2290, *ne pas écouter.*
mesprison 4865, 7322, mesproison 957, 4870, *inconvenance, insulte.*
messoier G. 380, *dire la messe, faire le service funèbre. Du Cange,* MESSIARE.
mestier 79, *le Dieu* — 1302, 8531, *le service divin.*
mi *pour* mie, *en rime* 7946.
mie, *voy.* mire.
mier, or — 2585, 2822, 2919, 3540, 3805, *or pur.*
mieudres 496; mieudre *employé comme régime* 4496, *meilleur.*
milsoldor 4127, [*destrier*] *de prix (valant mille sous).*

mirables 7308, *admirable.*
mire 2544, 2714, 4759, 4776, 5127, 5550, mie 6850, *médecin.*
moie 7552, *mienne.*
mois, des — 5509, *de longtemps.* Sur cette loc. voy. Romanische Studien, III, 575.
mollet 6675, *moulé, fait au moule.*
molu, espieu — 26, 28; or— 4642.
montance 3397, *montant, valeur.*
monter, act. 6841, 7134, *faire monter.*
mordrir 4742, *tuer dans les conditions du meurtre.*
morir, *ind. pr. s. 1ᵉ p.* muir 4305; *3ᵉ p.* muert 774; *subj. pr. s. 1ᵉ p.* muire; *mourir.*
mort novelle 708, 990, 1006, 3419, *mort à bref terme.*
mucier 7400, *cacher.*
mur G. 465, murs 7046, *mulet.*
mus 2337, *muet.*
musart 2052, *sot, aisé à amuser.*
mustel 4653, *les jambes,* voy. Scheler, sur le v. 4031 des Enfances Ogier.

Naje, a—4391, *en naviguant en bateau.*
nannil 8005, nanni 7465, 7947, *non, adv. de négation.*
nazel 4086, — d'or fin 483, *partie du heaume qui protégeait le nez.*
ne, *conjonction* 8549, *et.*
neïs 5049, nes 800, 5432, nis 7872, *même, dans une proposition négative.*
neporcant 852, 5732, neporqant 2201, 2224, *toutefois, néanmoins.*
neqedent 398, 4931, 5736, *même sens que le précédent.*
nes, *voy.* neïs.
niés 305, 341, niers 6724, *neveu.*
nis, *voy.* neïs.
no, *voy.* nostres.
nobilité 4081, *puissance, force.*
noier 3795, 4002, *nier.*
noïlet 6645, 6660, *niellé.*
noise 536, 995, 4206, *tumulte, querelle.*
nomeni dame, *interj.*, 1567, *au nom du Seigneur.* Cf. Renart, éd. Martin, I, 268, v. 199.
noncier 4409, nuncier 5116, *annoncer.*
norir, *prét. pl. 1ᵉ p.* norresimes 1874; *2ᵉ p.* nouresis 3640; *part. passé,* nourri 526, 6454, *homme élevé à la cour de son seigneur.*
norois 724, 2138, 2464, *de Norwège, épith. de destrier.*
nostres, *poss. conjoint masc. sing. suj.* 2377; nostre *rég.* 103; nos *masc. sing. suj.* 2231; no *rég.* 2130; no.

fém. 67, 2004; — nos *poss. absolu masc. sing. suj.* 2375 : *plur. rég.* 2198.

noureture 5502, *éducation donnée par le seigneur et lien de vassalité créé par cette éducation.*

nourri 526, *homme élevé par son seigneur.*

nuisir 4893; nuissans 2324, *paraît pris au sens du part. passé, mais le passage est douteux; voir aux Add. et corr.*

nuncier, *voy.* noncier.

Ocire, *prét. s. 2*^{e}*p.* oceïs 2801 ; *3*^{e} *p.* ocit 11, *tuer.*

oi, *voy.* avoir.

oiance, en — 795, *en présence de témoins.*

oil.

oïr 26, 323; *ind. pr. s. 1*^{e} *p.* oi 1163 ; *3*^{e} *p.* oit 113, 709, 711, 1086, 1107, *prét. s. 3*^{e} *p.* oï 2490, 2902; *fut. pl. 2*^{e} *p.* orrois 18, orrez 518, 539 ; *subj. imp. s. 3*^{e} *p.* oïst 2480; *pl. 2*^{e} *p.* oïssiez 2477; *ouïr;* en oiant 911, 4028, 4053, *en présence de témoins.*

oire 2291, 6035, 6600, *voyage.*

oirre, *voy.* errer.

olis 827, *oliviers.*

oneste 5719, 5724, *de bonne naissance.*

onnor 107, 516, 1895, 918, honors 841, onour 6, *terre, possession, au sens le plus général.*

oquison 3185, *cause, motif.*

orendroit 5196, *présentement.*

orfrois 6159, *étoffe brochée d'or.*

oriere 3384, *bordure, lisière [d'un bois].*

ormier, *voy.* mier.

os, *voy.* oser.

orrez, orrois, *voy.* oïr.

os 2382, 2398, 2417, *plur. d'ost, armée.*

oser, *ind. pr. s. 1*^{e} *p.* os 7513, ose 7380.

osi (?) *note du v.* 5685, *aussi.*

ostoier 6017, *aller en ost, faire la guerre.*

otrier, *ind. pr. s. 1*^{e} *p.* otri *(rime)* 883, otroi 930, *octroyer, accorder.*

ourer 543, *prier.*

ous, oux, ox, *voy.* ex.

Paier *un coup* 4523, 4840.

paile 1473, paille 2145, — de Pavie 3660, — de quartier 3806, — vert 3518, *servant de couverture à une bière* 3569.

païnime 7738, *le pays des païens.*

paisson 1398, *perches qui supportent un* tref.

palacin 6853, *paralysie.*

palazin 104, palasin 1599, 1602, conte — 1699; *comte du palais.*

paleter 8130, *escarmoucher. Voy. Scheler, gloss. de*

Froissart, et le vocab. de la chanson de la croisade albigeoise sous palotejar.

paliz 1433, 1439, palis 1390, 1438, *palissade, défense placée sur le bord extérieur du fossé.*

palu 2775, *marécage.*

panre 8549, *ind. pr. s. 1ᵉ p.* praing 1662; *prét. pl. 3ᵉ p.* prisent 2095-6; *subj. imp. s. 1ᵒ p.* presise 3687; *prendre.*

paraige 2446, 4397, *classe, ordinairement élevée, de la société, dont les membres sont de conditton égale, pares.*

pardon, en — 1059, 7324, *vainement.*

pardoner 2123, *faire remise [d'une amende].*

paroir, *ind. pr. s. 3ᵉ p.* paroit 4694.

pas, del —1367, *aussitôt, sans tarder.*

pastorel, tenir por 4657, *tenir pour un berger, pour un sot, sans défense;* voy. *les ex. cités par Littré à l'historique de* berger, *et* Rom. de la Violette, *v.* 1554.

paumier 7445, pasmier 7365, 7404, 7459, *pèlerin, proprement celui qui vient de Jérusalem;* voy. *la définition des* palmieri *que donne* Dante, Vita nuova, § XLI.

paumoier 2724, 5085, pas-moiant 6830, *tenir à pleine main.*

pautonier 1111, pautonnier 1400, 7080, *vagabond.* Diez, Etym. Wœrt. II ᶜ.

paviois 2137, *de Pavie;* épith. d'elme.

peçoier 2272, 3139, 3534, 3626, 4020, pesoier 1291, 1425, *briser en morceaux, mettre en pièces.*

peitié 6489, pités 8009, 8071, *pitié.*

pel, *rég. sing.* 1442, pex *rég. pl.* 618, *pieu.*

pelle melle G. 605, *pêle-mêle.*

pendant 3933, 4036, *versant, pente.*

pendre, *neutre* 5276, *être pendu.*

peneant 4057, penaant 693, *penitents.*

penon 2039, 5904, *banderole fixée au bout de la lance.*

penoncel 2769, 4647, 4651, *dimin. du précédent.*

perdre, *ind. pr. s. 2ᵉ p.* per 2369, 3690, 6002; *fut. s. 2ᵉ p.* perderas 1377; *pl. 2ᵉ p.* perdrois 738.

pesance 802, *douleur, affliction.*

pesans 10, 497, *douloureux, affligeant.*

pesme 3984, *mauvaise.*

pesoier, voy. peçoier.

petitece 5778, *enfance, jeune âge.*

peufré *(ms.* puepet) 7708, *pillé, ravagé.*

peule 2063, 6077, 6234, *peuple*.
pex, *voy*. pel.
pité, *voy*. peitié.
piument 571, 574, 1601, *piment, boisson épicée*.
piz 4019, pis 3625, *poitrine*.
plaidier 2553, 4528, 4706, 4762, 5148, 5391, 5412, 7169, 8564, *parler, discuter*.
plaignier, plaingnier, *voy*. plenier.
plains 6562, *plaines*.
plais, plait 17, 370, 2395, 3433, *procès, débat;* 903, *accord* 154, *frais de justice (?)*
plaissié 3623, *lieu fortifié de palissades*.
planée 2910, plenée 5758, *planée, épith. de* lance.
plenier 4831, plegnier 3538, 5600, 6028, plaignier 1477, 2546, 4507, 4765, plaignierè 1174, plaingnier 1388, 5384, 5633, 6081, plagnier 1392, 4815; *grand, vaste, épith. de* borc 1398, bruellet 2546, colp 4507, duel 4765, escu 3538, mès 4831, ost 1174, palais 4815, 5584, 5633, 6028, val 6081.
plevir 842, 4578, *ind. pr. s.* 1e *p*. plevis 5189, *part. passé* plevi 867, 3252, plevit 6322; *promettre, s'engager;* hons fianciés et plevis 6732.
ploier le gaige 5408, *plier le gant que l'on présentait en offrant de faire droit; voy. sur cette forme symbolique* Girart de Roussillon, *traduction P. Meyer, p. 64, n. 3.*
poesté 171, *puissance, par* — — 4427, *de vive force*.
poesteïs 809, *puissant*.
poi, por — 949, 1226, por .j. — 899, *pour peu, peu s'en faut que*.
poigneïs 2528, *bataille, mêlée*.
poingneor 8, (suj. mais en rime) 4132, *combattant*.
pois, sor mon — 931, *malgré moi*.
poitrax 4346, *pièce d'armure qui garantissait le poitrail du cheval; voy.* Chanson de la croisade albigeoise, II, 212, *note* 5, 324, note 3, *et les add. et corr., p.* 526-7.
pons 3177, *poing*.
pons 487, pom 3178, *le pommeau de l'épée*.
pooir 3826, *ind. pr. s.*, 2e *p*. pues 2258, 3125; 3e *p*. puet 3008; *pl*. 2e *p*. poez 3011; *prét. s.* 1e *p*. poi 2274, 3062, 3559; 3e *p*. pot, *subj. imp. s.* 3e *p*. poïst 4952; *pouvoir*.
poon 1588, *pion, la plus faible pièce du jeu d'échecs*.
porchacier, *réfl.* 7559, *se pourvoir*.
pormener, pormaine 3405, pormena 3406, *promener*.

porparler 3003, *délibérer, décider.*
porprin 53, *de pourpre.*
porqerre 5652, *rechercher, poursuivre;* réfl. 7342, *se préoccuper d'une chose, se donner du mal pour un objet déterminé.*
porsaillir 7757, *sauter.*
postif 7928, *puissant.*
pox 2314, poux 2429 *brins, proprement, poils [d'herbe].*
praaige 4396, *pré.*
praing, *voy.* panre.
preer 1672, *enlever comme une proie, ravir.*
presaignier 78, *oindre des saintes huiles.*
preu 1475, 1520, 4000, 5652, preut 7523, 7530, *profit, avantage.*
prier 8122, proier 1360, 1480, 1681, 7088, 7455, ind. pr. s. 1º p. pri 866 (*rime*), 991 (*rime*), proi 632, prois 7151; 3º p. proie 886, *prier.*
princier 7089, *haut baron.*
pri[n]sautier 2127, *primesautier, dont le premier mouvement est de se mettre en avant.*
prioraige 7314, *prieuré.*
prisier 7157, 7760, G. 133, proisier 1364, 1638, 5597, 5660, G. 249; *part. passé* prisiés 7739, proisiez G. 12; *ind. pr. s.* 1º *p.* pris 1516, 2805, 3188, 4472; *priser, estimer.*

prois 719 (*rime*), *près.*
proisier, *voy.* prisier.
proison 6278, *prison.*
prospice 6389, *propice.*
proverbes, 6665, 7557, G. 378, 459-60.
puier 5218, *monter.*
put, de — aire 2638, *de mauvaise extraction, par extension, déloyal;* de pute loi 6818, de putes lois 5935, *de mauvaise foi.*

Quatir, *part. passé* quatis 6329, *caché.*
que *répété* : Que trestuit cil... Que il s'adobent 8586-7; que d'uns que d'autres 8540, *tant des uns que des autres.*
quer, *voy.* cuer.
quernu, *voy.* crenu.
qes = qui les 4488.
qui (= cui) 798, 1361, 2381, 6060, *à qui.*
quintaine 601, 606, 614, 623, *mannequin armé et placé sur pivot contre lequel les chevaliers s'exerçaient à diriger leurs coups.*
quit, *voy.* cuidier.
qite 2524, *quitte, à l'abri de toute revendication.*
qitée 4120, *condition d'une terre tenue à titre quitte.*

Raemans, raemant 339, 1266, 2483, 3696, 3939, *rédempteur; épith. de* Dieu.
rai 5019, *jet [de sang].*

raier 1500, 1730, 1844, G. 345, rahier 4521, raians 4548, *jaillir, en parlant de la flamme ou du sang;* 4836, *arroser.*

ranprosner 3571, *adresser des reproches.*

randon, de — 3968, 3973, 7317, *en hâte;* mettre a — 5906, *mettre en fuite.*

randonner 2494, *aller à toute vitesse.*

raonniet, *voy.* reongnier.

rasotés 8029, 8042, *en enfance.*

ravisier 7103, *reconnaître.*

reboter 4428, *remettre [l'épée au fourreau].*

recelée 3277, *embuscade.*

recevoir, *ind. pr. s. 1ᵉ p.* reçoif 1705; *prét. s. 3ᵉ p.* reciut 2042, 2502.

recoillir 6581 requellis 5200, *accueillir, recevoir.*

recort 3428, de recorder, *enquête ayant pour objet de constater une convention ou un point de jurisprudence.* ja n'i avra — équivaut à dire que l'engagement qui vient d'être pris ne sera pas contesté.

recovrier 69, 3128, 4524-7, 5620, recouvrier 2602, *réparation, remède.*

recreant, recreant 692, 2787, 3922, *qui se recroit, qui revient sur son affirmation, qui s'avoue vaincu.*

recreüs, recreü 2778, 3905, 4490, 4645, *recru, épuisé de fatigue.*

reginber 6437, *regimber.*

regreter 3167, *plaindre, pleurer [un mort].*

rehaitier, *réfl.* 1926, *se réjouir.*

rejehir 7418, *avouer, confesser.*

religion 7316, *ordre religieux.*

remanoir 3842-5, *part. passé intensif* remeise 1889, *extensif* remasu, 1444, 1459, 2630, 4641, remasue 1212; *ind. pr. s. 1ᵉ p.* remaint 903, 5049; *prét. s. 3ᵉ p.* remeist 520, 1227, 2991, 5174, remest 39, 6688; *fut. s. 3ᵉ p.* remanra 1292; *subj. pr. s. 3ᵉ p.* remaigne 4600, *imp. s. 3ᵉ p.* remansist 6200; *rester.*

reongnier 7573, reoingnier 2922, rooignier 1416; *part. passé* reoigniés 4022, rooigniés 3043, raonniet 7361, *rogner.*

repondre, *part. passé* reposte 7341, *cacher.*

reprover 8044, *reprocher.*

reprovier 2326, 2927, 4747 reprouvier 2785, *reproche.*

requellis, *voy.* recoillir.

reqerre 2375; *part. passé* requis 4728, 4975; *ind. pr. pl. 3ᵉ p.* reqierent 4492; *subj. pr. s. 3ᵉ p.* reqiere 5047, *attaquer.*

resaichier 3121, *retirer.*

resbaudir, resbaudissant 2401, resbaudit 7593, *se ranimer, s'enhardir, reprendre courage.*

rescoure 2968, 5959, *part. passé* rescous 7843, *prét. pl. 3° p.* rescousent 2986, *venir à la rescousse, secourir.*

resoignier, *redouter* 2592, 2834, resoingnier 5088, *part. passé* resoigniés 3997.

resorti 2182, 2299, *terme d'injure qui paraît signifier lâche.*

respasser 8058, respassés 8003, respasé 3783, *sauver, guérir.*

respit 3289, *répit.*

respitier 76, *remettre à plus tard.*

restorer 3827, *substituer;* 4108, *remplacer dignement;* 2996, *venger.*

retor, maistre — 4129, *quartier-général, lieu de ralliement.*

retracion 630, *reproche.*

retraçon 3328, *même sens.*

retrait sonner son — 951, 4100, 8684, *sonner la retraite.*

reveler 1008, 1202, 4686, *s'élever [contre qqun], se révolter.*

reverser 3227, *retourner, examiner;* Scheler, note sur le v. 2986 de Berte aus grans piés.

revertir 533, 2257, 5278, *retourner, revenir.*

revischus 3906, *ressuscité, revenu à la vie.*

revisder, revisdés 3763, *visiter.*

revois 2472, 3395, *convaincu de lâcheté; sur ce mot, qui vient de* revictus, *voy.* Diez, Kritischer Anhang zum Etym. Wœrt. *p.* 25, *cf.* Scheler, note sur le v. 770 de Berte aus grans piés.

richese 1690, *puissance, force.*

roc 1587, *l'éléphant, aux échecs.*

roée, targe — 1804, *targe ornée de dessins en forme de roue ou de dessins placés en bordure; voy. le vocabul. de Daurel et Beton, sous* rodat.

roellier, roelle 3578, *rouler [les yeux].*

roie 1587, *ligne [des cases d'un jeu d'échecs].*

roit 4628, *roide.*

roncie 1880, *forme douteuse; voy. la note.*

roncis 3855, 5190, 6178, roncin 1603, *cheval de charge.*

rooignier, *voy.* reongnier.

rougoier, rougoiant 4045, *rougir.*

roulleïs 5543, *sorte de fortification.*

route 7908, *troupe.*

rover 310, *demander.*

ruer, *part. passé* ruet 6663, jeter bas.
ruiste 4429, 4480, rùste *G.* 176, *fort.*
rut 7493, *ru, ruisseau.*

Sachier, saichier 7299, *part. passé* saichié 3625, saichiés 4019, 7778, saichiet 7867-8, *fut.* saicheront 2043, *tirer, arracher.*
safrez 607 [*hauberts*] *enduits d'un vernis doré; voy.* Girart de Roussillon, *rtad. P. Meyer, p.* 164, *note* 3.
saiens 7365, 7404, *céans.*
saige 7553, *habile, rusé.*
saignier, *réfl.* 73, 1564, *se signer, faire le signe de la croix.*
sain 1250, *seings, cloches.*
sairement 860, *serment.*
saisissement 184, *saisine.*
salus 4380, 4473, salu 1458, *employé par antiphrase.*
sanc 8644, *faute du ms. pour* sens, *cf.* 3465.
sarci, confanon — 1994, coife sarcie 3673.
saudoier 8537, *soudoyer, soldat qui loue ses services.*
savoir, *ind. prét. s.* 1e *p.* soi 5864; *3e p.* sout 815.
sax, *voy.* sox.
se, *voy.* ce.
secorance 2813, *secours, protection.*
sejor 1940, 3787, 4357, *repos.*
selve 2365, *forêt.*

semonre 405, *avertir, convoquer;* 2750, *encourager* [*un cheval*].
senestrier 4513, *gauche.*
sengles 2679, *sangles.*
sens 6292, *sans.*
seoir, *ind. prés. pl. 3e p.* sient 4816; *imp. s. 3e p.* seoit 2144; *pl. 2e p.* seiés 3670, *être assis.*
serchier, *pour* cerchier 2566, *parcourir.*
seure, *voy.* sore.
sevrer 3574, sevré 390; *fut,* severa 4488.
sez 3154, *assez.*
sie 5263, 5573, siie 5567, soie (*rime*) 2067, *soie.*
sié, *ville principale, dénomination appliquée à Paris,* 3624, *et à Saint-Quentin* 6304, 7086.
sierge 6443, *siège.*
siglaton 1800, *étoffe de soie.*
signori, palais — 884, cors — 964, *distingué.*
simple 142, *candide.*
sivre 5981, *part. passé* seü 2872, seüt 7494; *ind. pr. pl. 3e p.* sivent 2378.
soi, *voy.* savoir.
soie, *voy.* sie.
soie 1446, *sienne.*
soignantaige 2253, *concubinage.*
solacier 7555, *s'amuser.*
soldoiere 1322 [*femme*] *qui vend ses faveurs.*
solempnité 1571.

son, en — 5904, *au sommet.*
sons, *voy.* estre.
sordois 713, 2463, *comparat. neutre* (sordidius) *employé au sens du positif, honteux, humiliant.*
sore 4476, seure 3884, 5244, sor, *sur,* sor *pour* soz, *voy.* la note du v. 6326.
sorhaucier 1127, *élever, manifester.*
sorporter 514, *supporter.*
sostiment 7508, *subtilement, habilement.*
sotie, torner a —, 8639, *être déconfit.*
souduiant, *voy.* sousduiant.
soufraitouse 1682, *dépourvue, manquant.*
souplie 1895, *meurtrie?*
souploier 1252, *s'incliner, prendre une attitude respectueuse.*
sousduiant 2701, 3917, 4899, 5369, souduiant 691, 707, 2333, 2759, 3924, *trompeur, faux.*
souspois, en — 739, 2148, *en hésitation, en doute.*
sout, *voy.* savoir.
souviner 4116, *étendre à terre, renverser sur le dos.*
sovin 5929, *étendu, renversé à terre.*
sox 4163, 5513, 5541, 5887, sax 4171, *ceux.*

T *pour* tu, 5157.
tables 361, 5625, *sorte de trictrac.*

tai 5026, *boue, fange.*
taie 5238, *grand'tante.*
taing, *voy.* tenir.
tante 6270, *tente, appareil chirurgical.*
tapignaige, en — 6285, *en secret.*
targier, *prét.* targa 5635, *tarder.*
temple G. 275, *tempe, par extension cheveux.*
tencier 957, 5417, *disputer, se quereller.*
tenir 335 (*rime*), tenoir 3834 (*rime*), 5786 (*rime*); *ind. pr. s. 1ᵉ p.* taing 668, 743, 1100, 2025, taign 2664, 3988; *tenir;* tenant 580, 2697, 4545, 4909, *qui tient bien, solide.*
tenser 671, *protéger.*
terdre, *part. passé* tert 5303, *essuyer.*
terrier 1932, *terrain.*
ti 997, 6315 (*rime*), *toi.*
toie 941, 6310, 7141, *tienne.*
tolir 2954, 4572, *part. prés.* tolant 2670; *part. passé extensif* tolu 2863; *ind. pr. s. 1ᵉ p.* toil 4384; *3ᵉ p.* tout 668; *prét. s. 3ᵉ p.* toli 136; *subj. pr. s. 1ᵉ p.* toille 4643, *3ᵉ p.* toille 2941; *cond. pr. s. 1ᵉ p.* tolroie 688; *enlever.*
tor, au — françois 4234, 4455, *terme qui désigne un certain mouvement du cavalier, parfois de l'homme à*

pied, voy. Richart le bel, note sur le v. 849, et le gloss. d'Aiol; cf. en un sens peut-être différent, Romania, II, 319, v. 175; au — senestre 3147, *en tournant à gauche, manœuvre de cavalier;* faire son — 620, 3103.

tornois, 728, *denier de Tours, employé comme terme de comparaison, ainsi que* angevin, balois, estampois, parisis.

tos 2191, 2208, 2212, 2227, *tôt*.

touchier le fu 1453, 1467, *mettre le feu;* voy., pour d'autres ex., Zeitschr. f. roman. Philologie, I, 106.

tozel 4652, *jeune garçon*.

traïn 57, *délai*.

traïner 2679, *traîner*.

traire, ind. pr. s. 1e p. trai 5032, *tirer [de l'arc]*.

traïte 7221 *(cas rég.), traître*.

traveschant 3268 ?

travillier 3190, *avoir de la peine, souffrir*.

trebuchier, *transitif* 2353, 2978, 3994, 4217, 4691, 7863; *intransitif* 1420, 1434, 1488, 2600, 4499, 4519, 7869, G. 125; *faire tomber; tomber*.

treslis 2843, *[haubert] formé de mailles, entrelacées en forme de treillis*.

trespasser 1265, 3290, *transgresser, rompre [un ordre, une trêve]*.

trespensé 3758, *préoccupé, pensif*.

tressuer 2662, *suer, par suite de l'émotion*.

trez, tré, *sing.* 1271, 1234; *rég. pl.*, trez 1407, treiz 2235; *sorte de tente*.

tristre 4539, triste 44.

trives, *toujours au pl.* 880; *répit;* 1353, 3199, 3205, 3222, 3226, 3258, 3263, 3290, *trêve;* prendre — 3205, porter— 3258, *observer une trêve;* rendre — 3258, *dénoncer une trêve*.

tronçonner 4425, tronsonner G. 709, *mettre en tronçons, briser*.

troton 3361, *trot*.

trous 6486, *le talon de la lance*.

Va 141, 1662, *exclamation*.

vaingne, vains, voy. venir.

vaintre, part. passé venchu 2777. ind. prés. 2e p. vains 2486; *vaincre*.

valoir, part. pr. vaillant 2805 valisant 1452, 2489; *fut.* s. 3e p. valra 2386; *subj. imp.* s. 3e p. valist 721; *condit.* s. 3e p. valroit 323; *valoir* : vaillant *pris adjectivement* 36, 923.

vasalment 2847, *bravement, comme un vassal*.

vasselaige 145 (?), 4032, *acte de courage, exploit*.

vaucel 2556, 2770, *vallon.*
veer 127, 572, 1167, 1583, *interdire, défendre.*
veïr, *voy.* veoir.
velée 1010, [nonne] *voilée.*
velée 3634, *voile, pièce d'étoffe couvrant une bière.*
venchu, *voy.* vaintre.
venir, *ind. pr. s. 1ᵉ p.* vains 6307, 7454; *prét. s. 1ᵉ p.* ving 3701; *subj. pr. s. 2ᵒ p.* vaignes 2159, *3ᵉ p.* vaigne 5624, 6264; *imp. s. 3ᵉ p.* venist 389; *venir;* 389, *impers., convenir.*
ventaille 3642, *capuchon de mailles tenant au haubert qui protégeait la face.*
veoir 3839 *(rime),* veïr 406 *(rime),* 1365-9, 2258 *(rime),* 7129 *(rime); ind. pr. s. 1ᵉ p.* voi 350; *prét. s. 1ᵉ p.* vi 890, vis 24; *impér. pl.* vés 3250; *subj. imp. pl. 2ᵒ p.* veïssiés 2979; *voir;* voiant 3254, *visible.*
ver 1502, *vers.*
verniciés 4228, 7774, [écus] *vernis.*
verniz *de l'écu* 4649. M. Scheler (Enfances Ogier, *note sur 1780) pense que c'est un émail.*
verollier 8589, *verrouiller.*
vés, *voy.* veoir.
vesques 84, *évêque.*
vesqui, *voy.* vivre.
vestir, *part. passé,* vesti 889, 1988; *ind. pr. s. 3ᵉ p.* vest 2227, 7160, veist 2136; *prét. s. 3ᵉ p.* vesti 23 ; *vêtir;* 23, *donner l'investiture.*
viaire 133, p.-ê. 142, *la restitution* vi[s]aige *étant fort douteuse,* 1017, 7159, *visage.*
viautre 333, *lévrier.*
viax 646, 684, *tout de suite. Diez,* Etym. Wœrt., II c.
vienois, branc — 2471, *lame de Vienne.*
villes 8566, *fermes.*
vilté 391, vité 8017, *état de ce qui est vil.*
ving, *voy.* venir.
vis 5681, vil 2258; vil liu, 5418, *est synonyme de* longaigne.
vis 30, 115, 364, 1030, *visage.*
vis 1024, 1226, 2075, 5918, *vivant.*
viutrer, *réfl.* 3407, 4347.
vivre 354, *ind. prét. s. 3ᵉ p.* vesqui 28.
voisdie 1871, 4296, *ruse.*
voloir, *ind. pr. s. 1ᵉ p.* vuel 123-4, 570, 1242, 2165; *2ᵒ p.* viex 1129, 1131, 4622, vieus 5077; *3ᵉ p.* vieut 891, 960, 2002, 2898, 3958, 6213, vuelt 7447; *prét. s. 1ᵉ p.* vox 1862, vos 1113, 2160, *3ᵉ p.* vost 138, 309, 858, 1122, 1159; *pl. 3ᵉ p.* vossent 1253, 1436, 4577, vosent 1110-1, 1402, vorent 5393; *fut.* volrai 1239-40, volrons 2118, volrez 1161, volront 315; *imp. s. 1ᵉ p.* vossisse 1890,

vosisse 1009; *3ᵉ p.* volsist 310, vossist 3581 ; *pl. 2ᵉ p.* vossissiez 4731 ; vausissiés 7007; *3ᵉ p.* volsisent 5123; *cond. s. 1ᵉ p.* volroie 1563; *vouloir, souvent employé comme auxiliaire.*

voltis 5213, *voûté.*

volu, arc — G. 79, *voûte.*

vostre, *poss. conjoint masc. sing. suj.* 718, G. 634 ; *rég.* 1144; *pl.* 481 ; *rég.* 2267 ; *précédé de l'art.* 2262 ; vos *masc. sing. suj.* 305; vo *masc. sing. rég.* 2261 ; *masc. pl. suj.* 2290 ; vo *poss. conj. fém.* 352.

Wichès 8589, *guichets, petites portes.*

wite 7160, *vêtement long. Voy. Du Cange sous* viarium.

TABLE DES NOMS [1]

Aalais (dame), mère de Raoul de Cambrai, 14, 30, 52 et *passim*; sœur du roi Louis, 1121, 3561, 4768, 5204, 5216, 5385; dite « aïeule » de Gautier, 5524, et « tante » du même, 6579. — Sur Aalais, voir l'*Introd.*, pp. xx-xxi. Un cartulaire de l'église de Cambrai, écrit au xiii siècle (ms. 10968 du fonds latin), nous fournit cette mention d'Aalais que nous n'avons pas utilisée dans l'introduction : « Alaidis comitissa dedit nobis dimidiam partem de Bairi et alteram dimidiam ad custodiam ecclesie nostre » (f° 120 v°).

Abevile en Ponti, Aubeville, 2184, 6844, 6848; héritage de Heluis, fiancée de Raoul, 3657; fief de Richart, G. 523. Abbeville (dép. de la Somme).

Acelin, baron cambrésien, 49.

Acre, 3427, Saint-Jean d'Acre.

Aingelier, 8114.

Ais, 775; Aiz la Chapelle, 735. Aix-la-Chapelle.

Alemans, 725 (distincts des Tiois); G. 431, 440. Les habitants de l'ancienne *Alamannia*.

Aliame de Namur, 4365; Aliaume, neveu de Bernier, 4401, 4439, 4559, 4564, 4586, 4592, 4601, 4616, 4629, 4633, 4636, 4648, 4656, 4660, 4663, 4669, 4680, 4686; tué par Guerri le Sor, 4692, 4697, 4706, 4725, 4732, 4764.

Amant (saint), 681, 703, 3262, 4029, 5370, 5380. Saint Amand, évêque de Maastricht au milieu du vii siècle, reçut la sépulture au *monasterium Elnonense* (diocèse de Tournai) qui, depuis, quitta ce nom pour prendre celui du saint prélat; c'est aujourd'hui Saint-Amand-aux-Eaux (Nord).

Amauri, otage donné par le roi, 769.

---

1. Les renvois précédés de la lettre G se rapportent au fragment de *Girbert de Metz*, pp. 297 et suiv.

Amauri, chevalier cambrésien, 3521.
Amauri le Breton, tué par Ybert de Ribemont, 3352.
Amauri de Roie, G. 690.
Amiens, fief de Dreu, G. 518, 566.
Aminois (Henri d'), 6587, L'Amiénois.
Anceïs, otage donné par le roi, 752.
Ancre, 8133, maintenant Albert, cant. de Péronne.
Angevin (l') 754 ; voyez Joifroi.
Angou, 863, Anjo (conteé d'), fief d'Ysangrin le Paumier, G. 131. Voyez Joifroi l'Angevin.
Anthiaume de Gavroi, G. 160.
Antiaume, chevalier, compagnon de Guerri, 8331, 8420.
Antiaume, parent de Bernier, tué par Gautier de Cambrai, 4209.
Apolin, divinité sarrazine, 7947, 7959, 8054.
Aqilance (l'or d'), expr. prov. 1784, 4152.
Aragon (destrier d'), 3344.
Aras, 368, 2083, 2534, 3201, 3726, 3769, 4785, 5329, 5463, 5522, 5534, 5557, 5987, 6065, 6126 ; Arras, 3218, 6576, 7135, 7586, 7590, 8231, 8502, 8544, 8570, 8585, 8709, 8720. — Henriet de S.-Quentin en devient seigneur, 8720. Voyez Guerri d'Arras.
Arcedeclin (Saint), 479. Nom qu'on donnait au moyen-âge au marié des Noces de Cana.
Aroaise, 1064, 1185, 1218, Arouaise (les barons d'), 1021, 1040, 1048, 1165. L'Arrouaise, région forestière située sur les confins du Cambrésis, du Vermandois et de l'Artois ; son nom est resté joint à ceux des communes de Gouy et de Vaux-en-Arrouaise (Nord), comme à celui du Mesnil-en-Arrouaise (Somme). Nous avons montré plus haut (introd., p. XVI) les liens réels qui unissaient le héros de notre poème à cette région.
Arras, voyez Aras.
Artois, 740, 1165, 2143, 3257, 5552, 6154, 8565 ; Henriet de S.-Quentin en devient seigneur après la fuite de Guerri le Sor, 8721. Voyez Pierre d'Artois.
Artois, ethnique, désignant les habitants de l'Artois, 2458.
Aucibier, roi sarrazin, 6895, 6898 ; tué par Bernier, 6951, 7192, 7688. — Le nom de ce prince peut avoir été emprunté à la chanson d'*Aliscans* où figure le roi païen Haucebier.
Auçois (Gerins d'), 785. — L'Auxois (pron. *Aussois*), pays bourguignon qui devait son nom (*pagus Alesensis*) à l'antique ville d'Alise-Sainte-Reine (Côte-d'Or).
Augustin (saint) ; reliques, 762.
Aumarie, mantel d' — 8181, soie d' — 8186. *Almeria*, ville maritime d'Espagne, au royaume de Grenade.
Avalois (l'), l'un des royaux, tué par Bernier, 2465. — Le nom Avalois désigne dans les *Lorrains* les habitants d'une région avoisinant le Rhin et c'est pourquoi on a traduit ce nom

par « les habitants des Pays-Bas ou pays d'*aval* » ; mais cette explication ne paraît rien moins qu'assurée. Aussi, sans prétendre résoudre la question, rappellerons-nous qu'une portion de l'ancien diocèse de Cologne, située sur la rive droite du Rhin et dont le lieu le plus important était Siegburg, portait aux ixe et xe siècles le nom de « pays d'Aval » ou *Avalgaw* (sur ce pays, voyez Böttger, *Diöcesan-und Gau-Grenzen Norddeutschlands*, 41-47). Toutefois, comme il s'agit ici d'un sujet du roi Louis, ce nom ne désigne peut-être pas un Avalois de la région rhénane, mais simplement un habitant du *pagus* dont Avallon (Yonne) était le chef-lieu, c'est-à-dire un habitant du *pagus* ou *comitatus Avalensis* (ailleurs *Avalisus*), formé, à l'époque franque, d'un démembrement de la cité d'Autun.

Avalon (l'or d'|, expr. prov. 1061, la cit d' —, expr. prov. 3966. Cette cité d'Avalon, renommée par ses richesses, n'est autre que la ville enchantée que nos vieux poètes donnent pour dernière demeure au roi Arthur ; il en est question plus d'une fois après le xiie siècle dans les chansons du cycle de Charlemagne, notamment dans une continuation d'*Ogier le Danois* et dans la *Bataille de Loquifer* (Voyez l'*Histoire littéraire de la France*, XXII, 536).

Baiviere ; voyez Baviere.

Barselone, 790, Barcelone (Espagne).

Baucelin de Cambrai, frère de Renier, *G.* 463, 620, 645. L'un des fils de Huon de Cambrai, neveu de Garin le Lorrain.

Baucent, destrier de Raoul, 1776.

Baudas (l'onnor de), expr. prov., 1380, pailes de —, 1383. Bagdad (Asie).

Baupaumes (Ricoart de), *G.* 527. Bapaume (Pas-de-Calais, arr. d'Arras).

Baviere, 1671, les saints de —, 1325, branc de —, 5046.

Berart qui tenait Caorsin, otage donné par le roi, 758. Cf. Bernart le Flori, 1860.

Berart de Senliz, 3203.

Beraut (le plaid de), express. prov., 3433.

Beraut (sire), gentix hom, 609-10, 613.

Berengier, otage donné par le roi, 770.

Bernart de Retest, 2044 ; tué par Guerri, 2973-2978. Ce personnage appartient à l'histoire (voyez p. xxxii de l'Introd.), toutefois, il ne fut pas tué dans le combat où périt Raoul, puisqu'on le trouve encore vivant sous la date de 945.

Bernart le Flori, otage donné par le roi, 865. Cf. « Berart qui tenait Caorsin », 758.

Bernier, fils d'Ybert de Ribemont, écuyer de Raoul, 400 ; quitte son seigneur après l'incendie d'Origny, 1811 ; tue Raoul, 3149 ; termine sa querelle avec Gautier de Cambrai par une alliance contre le roi, 5472 ; fiancé à la fille de Guerri le Sor, 5389 ; il l'épouse, 6584 ; tué par son beau-père, 8415. G. 15 et passim. Berneçon, 11, 393, 1307, 1655, 2021, 2033, 2086, etc.; le marchis Berneçon, 6205; Berneyson, G. 6, 13. Sur ce personnage, voyez l'Introduction, pp. xxix-xxx.

Bernier-Bierre, prieuré voisin d'Ancre, 8481. Ce prieuré est, comme la seconde partie du poème de *Raoul*, une création du continuateur de la chanson primitive. Le seul prieuré qui existât sur le territoire d'Ancre était le prieuré de Saint-Gervais et Saint-Protais, dont l'église était le siège de la paroisse d'Ancre; ancienne dépendance de l'abbaye de Saint-Riquier, cet établissement fut en 1138 soumis par l'évêque d'Amiens au prieuré parisien de Saint-Martin-des-Champs (Darsy, *Les bénéfices du diocèse d'Amiens*, II, 142).

Berri, 8346, province de France.

Bertolai, parent de Bernier, 2762; tué par Raoul, 2770, neveu d'Ernaut de Doai, 2788.

Bertolai de Loon, premier auteur de la chanson de *Raoul*, 2444. Cf. l'Introduction, p. xxxv.

Betanie où Jésus ressuscita Lazare, 5268. Béthanie, à peu de distance au nord-est de Jérusalem.

Betune, château du comte de Flandre, G. 35. Béthune (Pas-de-Calais).

Biaugeu (Guichart de), G. 467. Beaujeu (Rhône), dont plusieurs anciens seigneurs portèrent le nom de Guichart. Guichart IV était contemporain de Philippe-Auguste.

Biautris, fille de Guerri, 5561 et ss. passim; épouse Bernier, 6070. Le nom de Biautris (Béatrix) figure seulement aux vers 7128, 7587, 8428.

Biauvais, 55, Biavais, 58 Beauvais (Oise).

Biauvais (l'évêque de), 16, 2452; Guion frère de Joifroi de Lavardin, 56. Escus de —, 2575; Guion et Lienart de —, G. 524.

Biauvoisin, pays, 756; le *pagus* ou *comitatus* dont Beauvais (Oise) était le chef-lieu.

Blaives, 8348. Blaie (Gironde), en latin *Blavia*.

Bodoés, turc, 7693.

Boïdant, roi de Carsaude, frère de Corsuble, tué par Julien, 7808-7813, 7884, 7958. Dans *Aspremont*, Boïdant est le nom de l'un des douze rois sarrazins soumis à Agolant. On trouve aussi dans Godefroi de Bouillon (édit. Reiffenberg, v. 9565) un roi païen appelé « Bocidant ».

Boloigne, G. 550; Doon le Gris, comte de —, voyez Doon. Boulogne (Pas-de-Calais).

Borbone (Wedon de), 788 Bourbonne - les - Bains (Haute-Marne).

Bordiax la cit, 8350. Bordeaux (Gironde).

Borgoigne, 789; Borgoingne, 7658. La seconde mention nous montre la Bourgogne commençant à Sens; c'est donc la Bourgogne carolingienne et non le duché

de Bourgogne du xiie siècle.
Borguignons, 725, les habitants de la Bourgogne.
Braibant (le), appartient à Ernaut de Doai, 2883. Le Brabant, *pagus* ou comté formé à l'époque franque de la portion septentrional du territoire de la cité de Cambrai.
Braibençons, 2459, les habitants du Brabant.
Breton (Amauri le); voyez Amauri.
Bretons (harpeurs), 8228.
Brie, pays, 7657. La partie de ce pays traversée par Bernier, qui se rendait du Vermandois en Espagne en passant par Sens, n'est autre que la Brie Champenoise.

Cabloi (Guillaume de), G. 158.
Cadoer, sarrazin, tué par Savari, 7817.
Cambrai, 6, 15, 127, 143, 157, 954, 1176, 1878, 2303, 2683, 2784, 3159, 3381, 3467, 3510, 3511, 3771, 4012, 4099, 4102, 4186, 4277, 4767, 5021, 5507, 5887; G 3, 8, 63, 65, 76, 87, 141, 144, 171, 185, 202, 247, 277, 360, 425, 644. Cambrai le riche, 5556. Canbrai, 6034, 8590. Cambrais (au nominatif), 2450. Cambroi (à la rime), G.164. —, cri de guerre de Raoul, 2699, 2733 (Canbrai) 2757, 2771; de Guerri, 3459, 3885; de Gautier. Le mostier S. Geri de — ; voyez Saint-Geri.
Cambresi, 1524, Cambresin, 1606, Cambresis, 183, 300, 1216, 2082, 6578, Cambrezin, 107, Cambrezis, 83, 519, 2526, 5523, Cambrisi, 2242, Cambrisin, 23, Cambrisis, 1584, 2143, 2657, 2796, 2808, 3588, 3850, 5521, 5554, 5915, 5922, Cambrizi, 645, 805, Cambrizis les Artois, 714, Cambrizis, 371, 533, 657, 2521, Canbrisis, 3605, 5188, 5931. Le *pagus* ou comté dont Cambrai était le chef-lieu; il fut formé de la portion sud-ouest de la *civitas Camaracensium*.
Canbrezis, 2458, les habitants du Cambrésis.
Caorsin, pays, 758. Le Quercy (*pagus Cadurcinus*). Voyez Berart.
Carsaude (Boïdant, roi de), 7813. Dans *Godefroi de Bouillon* (v. 21768 de l'édit. Reiffenberg), Carsande, ou peut-être Carsaude, est le nom du fleuve qui sort du Sinaï.
Cartaige, 141? 146?
Castele (destrier de), 1178, 1775. Castille, l'un des royaumes espagnols.
Cellentois; voyez Tellentois.
Cenlis; voy. Senlis.
Champaigne, 2045. La Champagne, province de France.
Champenois, 2459, habitants de la Champagne.
Cimai (G. de), 5029, le même que Guerri le Sor. Chimai (Belgique, prov. de Hainaut). Sur ce surnom de Guerri, voyez p. xxiv de l'Introduction.
Clamados, fille du duc Renier, religieuse à Origny, 1493.
Clari, l'un des membres du comté de Vermandois, 813,

875; la tor de Clari, 989. Clairy-sur-Somme (Somme), à six kilom. de Péronne, est encore désignée sous la forme *Claris* par Gilbert de Mons († en 1196) comme l'un des domaines comtaux du Vermandois en 1170 *(Monum. Germaniæ hist.*, XXI, 514).

Coloigne, siège royal de Garin, *G.* 160, 766, Cologne.

Conpiengne, 8367. Compiègne (Oise).

Compostele, 1763, 3496. Santiago de Compostelle, en Galice.

Cordes, 6682, 7707, 7893, 8041 ; — la fort cit, 7076, 7600. Corde, 6687. Cordes (l'amassors de), 6619, 7665, 7697, 7723, 7727, 7900, 7905, 7912, Cordoue.

Corsabré, nom donné à Julien par les Sarrazins, 7726, 7727, 7903. Nom à rapprocher de celui de Corsable que porte, dans *Partonopeus de Blois* (II, 79), un roi sarrazin, et de Corsabrin ou Corsabrun dans le *Bastart de Bouillon*.

Corsuble, roi sarrazin, 6618, 6667; 6824, 6897, 6901, 7034, 7038, 7044, 7054, 7189, 7195, 7669, et passim jusqu'à 8095. Ce nom figure dans plusieurs autres poèmes comme le nom d'un prince païen, par ex. dans *Aliscans*, *Girbert de Metz*, les *Enfances Ogier*, le *Bastart de Bouillon*, etc.

Damas (l'onnor de), 1384 expr. proverbiale.

Daniel (le prophète), 2772 ; — (saint), 4660.

Denis (saint), 2084, 2643, 2846, 3215, 3222, 3592, 3865, 4727, 4731, 5201; 6198, 6455, 6470, ses reliques, 5293.

Doai, seigneurie d'Ernaut, 550, 552, 2783, 5028, 5387; Doais (au cas sujet), 2454, 2573; cri de guerre d'Ernaut, 3158, 5313. — Douai (Nord) appartint réellement, en 943, à un seigneur nommé Ernaut (Introd. p. xxxii).

Doon ou Doz li gris, comte de Boulogne, fils d'Isoré, *G.* 3, 8, 22, 68, 183, 190, 230, 264, 271, 422, 423, 550, 614, 719, 773, 783; appelé Dolz, 24.

Dos, cousin de Bernier, 6198; appelé Dos de Saint-Denis, 6525, 6539.

Dreu (le comte), d'Amiens, *G* 188; appelé Droon (au cas sujet), 518, 566, 571, 577. Dreu ou Droon, comte du Vexin et d'Amiens, mort en 1035, paraît être le prototype de ce personnage de la geste des *Lorrains*.

Droant, parent de Bernier, tué par Guerri, 4047.

Droon (le comte), 1230.

Droon, otage donné par le roi, 768, 862.

Droon de Miaz, otage donné par le roi, 787.

Durendal, l'épée de Rolant, 490. Emprunt à la chanson de *Rolant*.

Elie, chambellan de la femme de Bernier, 8184.

Elier, tué par Hardouin, 3367.

Englois, 2456, les Anglais.

Enjorren, fils de Guerri, G. 450.

Erchenbaut de Pontif; voyez Herchenbaut.

Ernaïs, chevalier, compagnon de Guerri, 8331, 8420.

Ernaut de Doai, 549, 937, 2454, 2573, 2585, 2587, 2600, 2822, 2830, 2852, 2859, 2865, 2873, 2887, 2892, 2896, 2933, 2935, 2937, 2948, 3002, 3007, 4790, 4821, 5028, 5313. Qualifié « marchis » 552; « quens », 555, 2837, 3142, 3160, 3161; « conte de Doai », 2783, 5387; oncle de Bernier, 3051. Possède le Brabant et le Hainaut. Sur ce personnage, voir l'Introduction, p. xxxii.

Esclavon, 6771.

Esclavonie, 3674.

Espaingne, 6980, 7076, 7600, 8145, 8177, l'Espagne.

Espanois (l'), l'espagnol, surnom donné à Gerart le Pohier, appelé aussi G. de Senlis ou le Meschin.

Espolice, 1678. Ce nom, qui figure fréquemment dans les chansons de geste, semble désigner originairement le duché italien dont Spolète *(Spoletum)* était la capitale; le thème étymologique d'Espolice serait *Spolitia*.

Estout de Lengres, otage donné par le roi, 788. Nom emprunté aux chansons de la geste du roi où Estout de Langres paraît fréquemment au nombre des 12 pairs.

Evain (cas régime du nom Eve), 2238.

Falevi, 876, 988, Flavi-le-Martel (Aisne, canton de Saint-Simon), nommé *Flalevi* dans une charte du xiie siècle (Matton, *Dict. top. du dép. de l'Aisne*, p. 112).

Faucon (le conte), tué par Bernier, 3350.

Fauvel l'arabi, cheval de Raoul de Cambrai, 2300.

Felis (saint), 8713. Mention sans intérêt, amenée par l'assonance.

Ferrant de Paris (cheval). monté par Louis de Vermandois, 2079, 2517.

Flamans, G. 470, 504, 544, 582, 633, 679, 693, Flamans, G. 264, les habitants de la Flandre. Cf. Flandrois.

Flandres (ceux de), G. 204, 557, 615, 652, Flandres, fief de Huedon.

Flandrois (li), 2139; le même que Gerart le Pohier. Cf. Flamans.

Foucon, l'amorois, otage donné par le roi, 769.

France, 797, 5970, 6016, 6039, 6080, 6132, 6150, 6829, 7657, G. 381. — douce 5875. Opposée à Vermandois, 3961, 4137; opposée à Berri, 8346.

François (les), 718, 727, 2319, 2460, 5959, 5962. Cf. *Frans*.

Frans, G. 456. Cf. François.

Fremin (saint), 1605; ses reliques, 761. Saint Firmin, évêque d'Amiens au ive siècle.

Fromont, tué par Ybert, 2495.

G. de Cimai, 5029, le même que Guerri le Sor. Cf. p. xxiv de l'Introduction.
Gabriel (saint), 3425.
Gaifier d'Anjou, fils d'Ysangrin, G 132.
Gaifier (d'Espolice), 1678. Ce Gaifier, auprès duquel l'époux de Marcent se rend « en Espolice », ne figure point, comme le pourrait faire croire cette indication, au rang des ducs de Spolète. On trouve cependant parmi les princes de l'Italie méridionale à l'époque carolingienne un Gaifier (Waiferius, Guaiferius), mais celui-ci était prince de Salerne. Il usurpa le principat en 861 sur Adémar, se donna en 877 son fils Gaimar Ier pour collègue, et se retira, vers 881, dans l'abbaye du Mont Cassin où il termina ses jours. Gaifier de Salerne est peut-être le prototype du Gaifier dont le souvenir est évoqué par l'auteur de Raoul; toutefois sa mention n'est nullement topique, car il ne semble pas que Marcent qui périt en 943, dans l'incendie d'Origny, ait pu être mariée antérieurement à 881, date approximative de la retraite ou de la mort de Gaifier. Il est plus probable, à notre avis, que le nom de l'italien Gaifier est emprunté à une autre chanson de geste : on sait, en effet, que « Gaifier d'Fspolice » ou « le riche roi Gaifier » figure déjà dans la chanson du Coronement Looys. — Sur Gaifier de Salerne, on peut consulter, entre autres sources, Erchempert, le Chronicon Casinense et les Annales Cavenses.
Galan, le forgeron, 489. Ce personnage, mentionné dans plusieurs autres chansons de geste, notamment dans Fierabras, Huon de Bordeaux et Garin de Monglane, appartenait originairement aux traditions scandinaves qui le nomment Vœlund. Voir à ce sujet : Depping et Fr. Michel, Véland le forgeron, dissertation sur une tradition du moyen âge, Paris, in-8°, 1833.
Galeran, otage donné par le roi, 757.
Galeran de Tudele, 1177.
Garnelin, fils de Guerri le Sor, 2409; le même que Garnier, tué par Loeys de Vermendois, 2533, 2539, 2610.
Garnier, homme de Bernier, 7563, 8332, 8418, 8448, 8461, 8479, 8490.
Gascoingne, 7664. La Gascogne.
Gaudin, otage donné par le roi, 757.
Gautelet; voy. Gautier.
Gautier, neveu maternel et héritier de Raoul de Cambrai, 3606 et passim, 8590, 8600, 8614; appelé Gautelet, 3604, 3734, 3809, etc., 8636; sa mère fille d'Aalais et femme de Henri, 3605, 3632, neveu du roi Louis, 5339; le conte —, 6131. Tué par Julien, 8675-8680. Ce personnage, qui jouait déjà un rôle considérable dans la chanson analysée à la fin du xie siècle par le moine de Waulsort, figurait-il déjà dans le poème

primitif composé par Bertolai? c'est ce qu'il est impossible de déterminer en face du silence que les documents du milieu du xe siècle gardent sur ce parent, fictif ou réel, de Raoul de Cambrésis. Il est possible que l'auteur de la chanson qui avait cours dans la seconde moitié du xie siècle, ait simplement voulu introduire dans le *Raoul* un personnage considérable du temps où il vivait, c'est-à-dire Gautier II, châtelain de Cambrai de 995 environ à 1045, date à laquelle il fut tué par ses ennemis (*Chronicon Elnonense*). Ce Gautier était, à la vérité, fils d'un autre Gautier auquel Thion, évêque de Cambrai (+ 976), confia la châtellenie de Cambrai; mais ce premier Gautier avait pour père le seigneur de Lens et jusqu'ici rien ne prouve que ce seigneur de Lens fût un allié de Raoul de Cambrésis. D'ailleurs, si l'on croyait à l'identité du châtelain Gautier Ier avec le Gautier de notre chanson, on ne saurait admettre qu'il ait pu prendre part, peu après 943, à une tentative pour venger la mort de Raoul, puisqu'il ne paraît être entré dans la vie active qu'une trentaine d'années plus tard. Sur ce premier Gautier, on peut consulter les *Gesta episcoporum Cameracensium*, écrits au milieu du xie siècle, par Baudri.

Gautier, frère du comte Droon, 1230.

Gautier, otage donné par le roi, 767.

Gautier, tué par Guerri, 3364.

Gautier, chevalier cambrésien, 3537.

Gavroi (Anthiaume de), G. 160.

Gerart, G. 159, 607, 618.

Gerart, allié des fils d'Herbert, 2047.

Gerart, otage donné par le roi, 753, 864.

Gerart le Meschin, otage donné par le roi; seigneur de Senlis, 755; s. d. le même que Gerart de Cenlis, neveu de Bernier, 3450; tué par Guerri, 3458. Le nom de G. l'Espanois qu'on lui donne au v. 3453 semble permettre de l'identifier avec Gerart le Pohier; voyez ce nom.

Gerart de Liege, G. 441.

Gerart de Peronne, G. 526.

Gerart le Pohier, 2131, 2155, 2160, 2166, 2167, 2175, 2204, 2215; appelé G. l'espanois, 2135, où li Flandrois, 2139. Cf. Gerart le Meschin.

Gerart de Poitiers, G 611.

Geri (saint), 654, 869, 1528, 1619, 2187, 2249, 4585, 4589. Saint Geri (*Gaugericus*), évêque de Cambrai, mort en 619, est honoré dans sa ville épiscopale.

Gerin, otage donné par le roi, 753.

Gerin, frère du duc Sanson, G. 476.

Gerin d'Auçois, otage donné par le roi, 785.

Gerin, roi de Cologne, fils de Begon de Belin, G. 36, 161, 210, 248, 364, 382, 487, 542, 631, 745, 766.

Gibouin ou Giboïn (le mancel), 100, 115; le roi lui donne le fief de Cambrésis, 118; 129, 144, 145, 172, 184, 328, 351, 532, 649, 687, 691, 707, 710, 977, 1096, 2122 ; celui del Maine, 1112. Tué par Bernier, 5921-5931.

Gile (saint), 6614, 8122.

Gilemer le Pohier (le conte), tué par Pierre d'Artois, 3366. Reparaît, sans doute par une méprise du poète, au vers 5411.

Girbert, roi de Gascogne, fils de Garin le Lorrain, G. 51, 206, 228, 248, 364, 369, 377, 382, 493, 542, 631, 646, 654, 680, 703, 705, 710, 718, 729, 744, 752, 754, 770. Cf. p. LII à LV de l'Introduction.

Gironvile, fief d'Hernaut le Poitevin, G. 157, 769, 776. Localité placée par le poète vers le confluent de la Garonne et de la Dordogne.

Gociaume, otage donné par le roi, 753.

Godefroi, G. 156.

Guarnier (maistre), médecin, 6270. Cf. Garnier.

Guerré, G. 449. Guerré ou Guirré figure à la fois, comme prévôt de Bordeaux, dans les *Lorrains* et dans *Huon de Bordeaux*.

Guerri ou Gueri le Sor, 14, 90, 290, 295 et passim, frère de Raoul Taillefer et oncle de Raoul de Cambrai, 3589 ; li riches sors Gueris 366 ; réside à Arras, 368 ; tient l'Artois, 740 ; G. d'Aras 618, 8502. Il commandera ceux d'Arrouaise, 1029, 1039 ; appelé G. de Cimai, 5029. cf. 5029-5042. Voyez, sur ce personnage, pp. XXIII à XXV.

Gui de Namur, G. 464.

Guichart de Biaugeu, G. 467. Cf. Biaugeu.

Guillaume de Cabloi, G 158.

Guillaume (le comte), sire de Monclin, G. 536, 671, 683. Frère du vieux Fromont, c'est l'un des personnages les plus importants de la chanson des *Lorrains*.

Guinemant de Liege, fils de Gerart, G. 441, 687, 697.

Guion, évêque de Beauvais, frère de Joifroi de Lavardin, 57. Le seul évêque de Beauvais qui ait porté le nom de Guion (*Guido*) occupa le siège épiscopal de 1063 à 1085, date à laquelle il embrassa la vie monastique à Cluni où il mourut en 1087; fils de Geoffroi et de Mahaut, il appartenait à une famille noble, mais ce que l'on sait de sa carrière ecclésiastique (*Gallia christiana*, IX, 709) ne permet pas de le rattacher à une famille aussi étrangère à la Picardie que l'était la maison de Lavardin. Le nom de Guion ne se trouvait vraisemblablement pas dans l'œuvre de Bertolai, ni dans la chanson que connaissait le chroniqueur de Waulsort. Si ces premières rédactions du *Raoul* mentionnaient un évêque de Beauvais, comme ayant tenu le fils de Taillefer sur les fonts baptismaux, ce devait être Herlouin qui gouverna l'église de Beauvais de 909 (au plus tard) à 921.

Guion de Biauvez, G. 524.

Guion de Saint-Just, *G.* 530.
Guiot Malefoi, *G.* 159.

Hainau (le) appartient à Ernaut de Doai, 2883. Le Hainaut, dont Mons était le chef-lieu, ne paraît jamais avoir eu Ernaut pour comte. En 943, Renier III, neveu du duc lorrain Gilbert, gouvernait ce pays.
Ham, 876, 989, 1005, 1195; 2737, 5883; le même que Hans, *G.* 237, 291, 410. Huedon de —, *G.* 532, 608. Ham (Somme), chef-lieu du canton de l'arr. de Pérone.
Hannuier, *G.* 264. Les Hennuyers ou habitants du Hainaut.
Hantonne (Huon de), 785. Ce surnom a sans doute été emprunté par le remanieur de *Raoul* à Beuvon d'*Hanstone*, héros d'une de nos chansons de geste.
Hans; voyez Ham.
Hanri de Liege, fils de Gerart, *G.* 441, 686.
Harduin, compagnon d'armes de Guerri, 3203, 3367.
Harduin de Nivele, qui tint Braibant, 3685.
Harvi, fils de Guerri, *G.* 450.
Helissant, mère de Bernier, religieuse à Orreigni, *G.* 401; sa mort racontée, *G.* 304 et ss. Le nom « Helissant » est substitué par le continuateur du *Girbert* à celui de « Marcent » que porte dans *Raoul* la mère de Bernier.
Heluïs, dame d'Abbeville, fiancée de Raoul, 3657-3715, 3729.
Henri, beau-frère de Raoul de Cambrai et père de Gautier, 3604.
Henri, second fils de Bernier, 7615 et passim; appelé Henriet, 7624, 8190, 8205, 8638, 8720; devient seigneur d'Artois, 8721.
Henri d'Aminois, 6587.
Henri de Senlis, neveu de Bernier, 3450.
Henri de Troies, otage donné par le roi, 755, 864.
Herbert, seigneur d'Hirson l'un des fils de Herbert de Vermandois, 2029-2032, 2943; tué par Guerri, 3337-3344, 3347, 3505, 5041. Sur ce personnage, voir l'Introduction, p. xxxi.
Herbert del Maine, otage donné par le roi, 754, 864. Ce nom paraît étranger à la chanson primitive sur Raoul; car, des deux comtes du Maine qui le portèrent, le premier, Herbert Eveillechien, régna de 1015 à 1036 et eut pour second successeur, de 1051 à 1062, son petit fils Herbert II.
Herbert de Roie, *G.* 4, 586; le même que Herbert de Vermandois du *Raoul*.
Herbert, comte de Vermandois, 811, 840, 874, 890, 895, 983, 990. Herbert II, comte de Vermandois, mort en 943 (voir l'Introduction, ch. II). Les fils —, 10, 17, 633, 925, 1055 et passim. Voir l'Introduction, pp. xxx-xxxi.
Herchanbaut de Pontif, 6324, 6462, 6471, 6491, fiancé par le roi à la fille de Guerri, promise à Bernier, 6163, 6182, 6727, 6757, 6760, 6812, 6831; épouse, à la cour du roi, la

femme de Bernier, 6837, 6849, 6873, 6876, 6881, 7138, 7221; Bernier lui reprend sa femme, 7230-7560, 8287; appelé aussi H. le Pohier, 6351, 6889, 7397, 7481. Il semble que le nom d'Herchembaut le Pohier ait été emprunté aux traditions épiques concernant Basin de Gênes. En effet, on trouve incidemment cet Herchembaut désigné comme le père de Basin (ou son beau-père) dans la chanson de geste consacrée à Aubri le Bourguignon, fils de Basin (édition Tarbé, p. 67; cf. p. 177). Herchembaut figure en outre dans la chanson de *Jehan de Lanson*, dont Basin est en quelque sorte le héros principal; mais là, il n'est plus le parent de Basin et joue auprès de la femme de celui-ci un rôle à peu près semblable au rôle que lui prête le continuateur de *Raoul* auprès de la femme de Bernier : les noces d'Herchembaut vont être célébrées lorsque Basin arrive, tue son rival et délivre sa femme (*Hist. litt. de la Fr.*, XXII, 578-9).
Hermant, fils d'Horri l'Alemant, G. 433, 509, 565, 570, 575, 645.
Hernaut le Poitevin, fils de Begon de Belin, G. 207, 365, 478, 542, 768.
Herupois, 440. Plusieurs autres chansons de geste, notamment *les Saxons* et *Girart de Roussillon*, mentionnent les Herupois et ce nom paraît désigner les habitants d'entre Seine et Loire, exception faite cependant des Normands (Fauchet, *Œuvres*, 1610, fol. 541; Longnon, *l'Ile de France*, dans les *Mém. de la Soc. de l'hist. de Paris*, I, 8-12).
Honnoré (saint), reliques, 5293. Saint Honoré (*Honoratus*), évêque d'Amiens, mort vers l'an 600.
Hongrie, 3654, 5277, Hongerie, 3675, la Hongrie.
Horri l'Alemant, G. 434. Ce nom était, au moyen âge, peu commun en France, tandis qu'il était assez répandu en Souabe, c'est-à-dire dans l'Allemagne proprement dite, sous la forme Ulrich.
Huedon, comte de Flandre, fils de Baudouin, G. 34, 58, 271, 556, 615, 622, 627; qualifié « marchis », 183.
Huedon de Hans, G. 532, 608. Comme beaucoup d'autres personnages des *Lorrains*, celui-ci a pour prototype un baron féodal. Eudon de Ham figure parmi les vassaux de la châtellenie de Péronne comme tenant du roi Philippe-Auguste sa baronnie et le château de Ham (*Historiens de France*, XXIII, 647).
Hugon, compagnon de Bernier, 6752.
Hugon (le comte), tué par Raoul de Cambrai, 2684-2699.
Huon de Hantonne, otage donné par le roi, 785.
Hymbert, fils de Herbert de Roie, G. 5, 286, 305, 412, 685, 732, 772; nommé Ymbert, 587, 698, 718, 783. Répond à Ybert de Ribemont de *Raoul*.

Ibert. Voy. Ybert.
Ireçon, seigneurie d'Herbert, l'un des fils d'Herbert de Vermandois, 2029, 2943, 3337. Hirson (Aisne, arr. de Vervins) était, à l'époque de la rédaction de notre chanson, le siège d'une châtellenie relevant des seigneurs de Guise.

Jaque (saint), 1763, 3496, 8305. Saint Jacques le Majeur, dont le tombeau à Santiago de Compostelle était des plus fréquentés par les pèlerins.
Jehan de Paris, pris par Bernier, 4242.
Jehan, cil tint la terre de Pontiu et de Ham, 2736; tué par Raoul de Cambrai, 2757, 3234. Antérieurement au règne de Philippe-Auguste, on ne connaît qu'un seul comte de Ponthieu du nom de Jean, c'est Jean Ier qui gouverna ce pays de 1147 à 1191; il n'a pu, par conséquent, figurer dans les anciennes rédactions de Raoul.
Joifroi, 1693.
Joifroi de Lavardin, 60, 109.
Joifroi de Pierelée, 4187, 4190.
Joifroi de Roiche-Angliere, 5056, 5115.
Joifroi l'Angevin, otage donné par le roi, 754; J. le hardi, celui d'Angou, 863, 871, 886, 892, figure dans plusieurs autres chansons, notamment dans Rolant.
Julianne, servante de Biautris, 7352.
Jullien, fils de Bernier, 6616, 6677, 6686, 7070, 7213, 7596, 7604, 7628, 7633, 7720, et passim jusqu'à la fin. Appelé Corsabré par les Sarrazins, 7726, 7727, 7903. Julien devenant comte de Saint-Gilles (v. 8723), cette circonstance semble indiquer que l'auteur de la seconde partie du Raoul connaissait le poème d'Elie de Saint-Gilles, publié dans cette collection par M. G. Raynaud, et dont le héros est présenté comme le fils du comte Julien de Saint-Gilles.
Jupé, dieu sarrazin, 8054, le prototype de cette divinité est Jupiter.

Lanbert (saint), G. 498. Saint Lambert, évêque de Maastricht, tué vers 708.
Lande (la), 8351, les Landes de Gascogne.
Lans (Rancelin, sire de), G. 545. Voyez Lenz.
Lavardin (Joifroi de), 60, 109. Lavardin (Loir-et-Cher, arr. de Vendôme, canton de Montoire), et non pas Lavardin (Sarthe), qui, au moyen âge, était appelé Tussé. L'idée de rattacher la famille mancelle des Lavardin aux comtes plus ou moins fabuleux de Cambrai se trouve à la fois dans notre chanson et dans celle des Lorrains, qui mentionne Milon de Lavardin, seigneur du Vexin, comme époux de la fille du comte Huon de Cambrai. Toutefois, ni ce nom de Milon ni celui de Geoffroi ne paraissent avoir été autrement en honneur dans la famille de Lavardin, sur les premiers degrés de laquelle les

Gesta Ambaziensium dominorum fournissent d'utiles données.

Lengres (Estout de), 788. Langres (Haute-Marne).

Lenz, G. 271, 356, 390, 393, 419, 421, 422, 455, 477, 491, 503, 508, Lens (Pas-de-Calais, arr. de Béthune.) Voyez Lans.

Liege, fief de Gerart, G. 443. Hanri del —, G. 686; celz du —, du lignage des Lorrains, G. 211. Liège, (Belgique).

Lienart (saint), 2050. Saint Léonard de Noblat, en Limousin, était, au cours du moyen âge, l'objet d'un culte plus répandu que celui de son homonyme de Corbigny, au diocèse d'Autun ; il était considéré comme le patron des prisonniers.

Loenois, pays royal, 5515. Le Laonnois ou pays de Laon.

Loeys, roi de France, 99, 135, 179, 330, 569 et passim ; l'empereur de France, 21 ; le fort roi L. 27, 8364 ; l'empereur, 834, 1121, 4783, 5854, 6198 ; le roi de Saint-Denis, 824, 2518, 2519, 2800 ; le roi de Monloon, 5912 ; le roi de France, 8214. La reine, femme de Loeys, est mentionnée au v. 6513. Louis d'Outremer, qui régna en France de 936 à 954 (voir l'Introduction).

Loeys, le plus jeune des fils d'Herbert, 2076 ; filleul du roi Loeys, 2514-2519, 2539, 2944, 3345, 3350, 3384, 3738, 3859, 3902, 4133, 4780, 4821, 4846, 5312, 5348, 5388. Voir l'Introduction, p. xxxi.

Loherancs ou Loherans, G. 219, 267, 554, 560, 649, 653, 739, 741, 742, les Lorrains.

Loherel, fils du roi Loeys, 6513. Ce diminutif du nom Lohier *(Lotharius)* est parfaitement à sa place, puisque le fils aîné du roi Louis d'Outre-Mer s'appelait précisément Lothaire ; il a cependant été introduit dans le *Raoul* par l'auteur de la continuation de ce poème.

Lohier, otage donné par le roi, 752.

Loire (la), fleuve, 765.

Longis, 1143, 3871, 4246, 5184, 5300, 8433, 8434. Longis, ou plutôt Longin *(Longinus)*, est le nom du soldat qui perça le côté du Christ en croix. L'Eglise honore comme martyr, le 15 mars, ce Longin dont la légende, fort populaire au moyen-âge, figure dans la Légende Dorée.

Loon, patrie de Bertolai, 2445, 8365, 8367. Laon (Aisne).

Ludie, femme d'Hernaut le Poitevin, G. 779.

Luqe (l'image de Dieu qui vint à) « par haute mer à naje », 4391. C'est le fameux crucifix connu en Italie sous le nom de « santo volto » (Dante, *Inf.* XXI, 48) et en France, sous celui de « voult de Lucques. » Cette représentation du Christ, que la tradition attribuait à Nicodème, fut enlevée subrepticement de Jérusalem, vers l'an 782, par un pèlerin, l'évêque Gualfred qui, montant à Joppé sur un bateau, fut entraîné avec elle jusqu'au port de Luna, en Italie. C'est alors que l'évêque de Lucques, le B. Jean (778-803), s'en empara pour le placer dans son église cathédrale où on la conserve encore. Le récit de l'invention du « saint voult » et de la translation à Lucques a été écrite par le diacre Leobinus qui assista à ce dernier événement; il est encore inédit, mais le fond a passé de bonne heure dans bon nombre d'écrits italiens. Ajoutons cependant que l'authenticité de la célèbre relique était contestée au moyen âge par plusieurs églises qui prétendaient posséder l'œuvre véritable de Nicodème : il en était du moins ainsi à Rue, en Ponthieu (Malbrancq, *de Morinis*, l. VIII, c. 10), dont le crucifix, rival du voult de Lucques, fut détruit au XVIe siècle par les Calvinistes; et la chanson *d'Ogier de Danemarche* (II, 367) parle d'une localité d'Italie où certains disaient être le véritable « voult. » On consultera utilement, en ce qui concerne les témoignages du moyen-âge relatifs au voult de Lucques, l'article *Vultus de Luca* du Glossaire de Du Cange et une note d'*Aliscans* (édit. Guessard et de Montaiglon, p. 299-301). Jacques de Varaggio a relaté, dans la *Legenda aurea* (chap. sur l'Exaltation de la Sainte-Croix), une légende relative à l'œuvre de Nicodème, alors qu'elle était encore en Orient.

Lutice (desq'as pors de), expression prov. 5562 ; cf. « jusqu'a port de Lutis », *Aliscans*, p. 199. Lutice (*Luticia*) désigne le pays des *Lutici* qui figurent sous le nom vulgaire de *Leutis* ou *Lutis* dans plus d'un de nos vieux poèmes, notamment dans le *Rolant*. Les *Lutici* sont identiques aux Wilzes et « habitaient entre les Obodrites et les Pomorans, dans le grand duché actuel de Mecklenbourg » (G. Paris, dans *Romania*, II, 531).

Mahomet, 6656, 6907, 6947, 7039 ; 7705, distingué (à tort) de Mahon, 7674.
Mahon, dieu sarrasin, 7882 ; distingué de Mahomet, 7674 ; M. le postif, 7928 ; Mahom, 7958, 8054.
Maine (le), 754, 1110. Voyez Herbert de Maine et Gibouin le Manceau.
Malefoi (Guiot), G. 159.
Mancel (le). Voyez Gibouin.
Manecier, homme de Raoul, 1229. — Autre du même nom ? 5115.
Manecier, chambellan de la fille de Guerri, 5615, 5628.
Marcent, mère de Bernier, abbesse d'Origny, 1303, 1307, 1365, 1472, 1492, 1526, 1855, 1887, 1899, 2022. Quentin de La Fons dit, à propos de Marcent, dans son ouvrage posthume, le *Miroir d'Origny* (I, 307-308), publié en 1660 :
« M[adame] Marcene qui vi-
« voit environ l'an 876, où
« il semble que de l'état
« du mariage, elle soit passée
« à celuy de cloître, pour

« ce qu'elle est appellée la « mere de Bernier, seigneur « de Ribemont ; » mais, hormis la date, cette mention paraît dérivée, indirectement, de notre chanson de geste, et ne saurait être considérée comme une preuve de l'existence réelle de Marcent, dont *Girbert* remplace le nom par celui de Helissant.

Marie (sainte), 1884, 2367, 2832, 2995, 3688.

Mauvoisin, comte de Saint-Gilles, fils de Doon le Veneur, *G.* 38, 52, 207, 365, 472, 543, 632, 655, 711, 723.

Meis (le val de), 2764. On donnait le nom de *Val de Metz*, dès le moyen-âge, à l'une des divisions du pays Messin ; il servait aussi à désigner l'un des trois archiprêtrés dont se composait l'archidiaconé de Metz, au diocèse du même nom.

Melant ou Mellent (l'onnor de), express. proverbiale, 688, 4918 Milan (Italie). Ailleurs, c'est « l'or » et non plus « l'onnor » de Milan que vise le proverbe, témoin ce vers de la chanson de *Horn* : « Pur tot « l'or de Melan ne l'argent « de Pavie. » (*Hist. litt. de la Fr.*, XXII, 567.)

Miax (Droon de), 787, Meaux (Seine-et-Marne).

Michiel (l'autel saint), 7439. Michel l'archange.

Monclin (le comte Guillaume, sire de), *G.* 536, 671, 683. Il paraît que la tradition du moyen-âge reconnaissait le siège féodal de Guillaume dans une ancienne forteresse située sur le finage de Montsec (Meuse, arr. de Commerci, canton de Saint-Mihiel). Voir à ce sujet l'opuscule de Cl.-Fr. Denis, publié en 1844 (in-8º) sous le titre : « L'illustration restituée à la montagne de Montsec.... occupée successivement par les Gaulois et les Romains qui l'appelaient *Mocio* ; qui fut célèbre du temps des rois d'Austrasie, d'abord comme *Castrum Vabrense*, ensuite sous le nom de *Châtel Montclin*, nom qu'elle porte encore aujourd'hui. »

Monloon, 736, 775. — (Le roi de), 5912. Laon (Aisne).

Monpeslier (l'or de), expr. prov., 1099, 1418, 1755, 5110, 5424, 8580 ; de si a —, expr. prov., 5642.

Morandin, *G.* 473, l'un des fils du vilain Hervis, parent de Garin le Lorrain.

Morant (le comte), 2673.

Morant, évêque [de Paris], 6838.

Namur, patrie d'Aliame, 4365. Gui de —, *G.* 464.

Neele, 876, 988, 1771, 4698 ; *G.* 237, 291, 411 ; le borc de —, 1005, 1195, 4685. Nesle (Somme, arr. de Péronne).

Nicolai (saint), 2794, 3162. Saint Nicolas, évêque de Myre (Lycie) au IVᵉ siècle.

Niors (destrier de), monté par Bernier, 2340. Niort (Deux-Sèvres).

Nivele (la dame que l'on quiert à), 1192. Sainte Gertrude, fille de Pépin de Landen, maire du palais d'Austrasie, fut la première abbesse du couvent de Nivelles (Brabant belge), où elle mourut vers le milieu du vii° siècle.

Nivele (Harduin de), 3685.

Noiron (le pré), 1316. *Prata Neronis* était le nom du lieu où s'élève l'église de Saint-Pierre du Vatican, à Rome. Les mots « cel apostre c'on qiert en pré Noiron ». (3965 ; cf. 4872, 5827,7337, 8252) désignent saint Pierre.

Normant, 410, 727, 2455, les Normands.

Olivier, le compagnon de Rolant, 3551.

Olivier, otage donné par le roi, 766.

Ollenois, pays, 736, l'Orléanais.

Omer (saint), 6373., saint Omer, évêque de Térouanne, mort vers 667.

Oriant, 2687.

Origni (Orignis au cas sujet), 812, 874, 987, 1233, 1249, 1258, 1291, 1295, 1388, 1393, 1425, 1431, 1461, 1477, 1525, 1771, 1855, 1886, 2015, 2019, 2096, 2196, 2243, 2270, 2311, 2597, 2833, 3059, 3567, 4791, 5459, 8371 ; le comte Ybert d' —, 5707. Orrigni, 5315 ; Orignis (au régime), 7006. Orreignei, G. 246; Oreignei, 285, 298, 341, 400, 595. — L'abbaye, G. 299, où la mère de Bernier était religieuse, G. 304, est appelée « le mostier Saint Vincent ». G. 400 ; mais à tort, puisque cette abbaye bénédictine, fondée vers 854, était consacrée à la Vierge et à sainte Benoîte.

Origny - Sainte - Benoîte Aisne, arr. de Saint-Quentin, canton de Ribemont).

Orliens, 774. Orléans (Loiret).

Orqenie (destriers de), 2359, 2364 ; destriers d'Orqanie, 3670, — d'Orquanie, 7842, — d'Orquennie, 8194. — L'expression *destrier d'Orcanie* se rencontre ailleurs que dans *Raoul*, notamment au vers 1313 d'*Elie de Saint-Gilles*. Certains commentateurs ont cru reconnaître sous ce nom les Orcades, îles dont le nom anglais est *Orkney*; d'autres inclinent à voir dans *Orqanie* ou *Orqenie* une altération du nom *Hyrcanie* porté dans l'antiquité par plusieurs régions de l'Asie. La première de ces opinions semble plus admissible, du moins en ce qui concerne le nom d'Orcanie donné dans les romans de la Table Ronde au royaume de Loth, beaufrère d'Arthur.

Otrante (les saints d'), 7354. La mention des saints d'Otrante est une simple cheville, si l'on considère que l'unique bienheureux que cette ville de l'Italie méridionale puisse revendiquer comme lui appartenant en propre est un saint, bien peu connu, du nom d'Oronce.

Paris, 826, 952, 1117, 2799, 2854, 3184, 3625, 3869, 5205, 5483, 5532, 6296, 6339, 6408, 6493, 6563, 6743, 6778, 6801, 6842, 7136, 8364; G. 39, 88, 123, 165, 166, 764. Jehan de —, 4242 ; Morant, évêque de —, 6838 ; le Grand-Pont de —, 5485; le Petit-Pont de —, 5485 ; le mostier Sainte-Croix de —, 6413 ; cheval ferrant de —, 2079, 2517; l'or de —, expression prov., 2646.

Pavie (l'or de), expr. proverbiale, 430 ; paile de —, 3660 ; iaume de —, 7817, 7824 ; les sains c'on requiert a —, 1891.

Pepin (le roi), G. 128, 185, 201 et passim, qualifié empereur, 167,657; empereur de France, 682. Le roi de ce nom qui figure dans les *Lorrains* est désigné comme le fils et le successeur de Charles Martel ; c'est donc Pépin le Bref que les auteurs de ce poème avaient en vue.

Perone ou Peronne, 786, 812, 875, 987, 1004, 1194, 5883 ; G. 237, 290, 410. Péronne (Somme). Voyez Gerart, Simon et Ybert de Peronne

Peronele, 1004, 1194. Ce nom, qui signifie *Péronne la Petite* et qui s'appliquait sans doute à une sorte de faubourg de Péronne, ne paraît pas autrement connu : il ne figure point, en effet, dans le *Dict. top. du dép. de la Somme*, de M. J. Garnier, publié par la Société des Antiquaires de Picardie.

Perron ; voyez Pierre.

Perron le preus, compagnon de Bernier, 6587.

Pierefons, 5493. Pierrefonds (Oise, arr. de Compiègne, canton d'Attichi).

Pierelée, 4187, voy. Joifroi.

Pierre (saint), 7347; reliques, 761 ; le baron S. —, 1334 ; Piere (saint), 5058, 5500 ; l'apostre c'om a Rome requier, 7407 ; l'apostre c'onquiert el Pret Noiron, 8252.

Pierre ou Perron d'Artois, 3203, 3257, 3363 (Pieres, au cas sujet).

Plaisance (escuz de), 2812.

Plaisance (Italie).

Pohier (G. le), 2131 ; appelé le Poihier, 2167, 2266, et le Poier, 2214. Gilemer le —, 3365, 5411. Herchenbaut le —, 6361. L'ethnique *Pohier* ou *Poier* paraît désigner originairement au moyen âge les habitants du petit territoire dont Poix (Somme, arr. d'Amiens) était le cheflieu ; mais, par suite, on paraît l'avoir considéré comme l'appellation des habitants du Ponthieu, comté qui était presque contigu à la terre de Poix. C'est pourquoi, sans doute, Herchembaut de Ponthieu est appelé le Pohier aux 6351, 6889, 7397 et 7481. Cf. l'article *Poheri* du Glossaire de Du Cange.

Poitiers, 8347. — (Gerart de), G. 612. Poitiers (Vienne).

Pol le martir (saint), 4889. Saint Paul, l'apôtre.

Ponçon ou Pons, otage donnés par le roi, 766, 767.

Ponti, 525, 2184, 2301, 6182 ; Pontiu, 2737, 3729; Pontois, 6163 ; Pontif, 6324, 6402, 6479, 6491, 7588. Les sains de —, 996 ; l'onour de —, expression prov., 3525 ; Herchembaut de —; voyez ce nom. Fief d'Herchembaut, 6757, 6843, 7150, 7172. Le Ponthieu, *pagus Pontivus* des textes de l'époque franque.

Pontif, Pontiu, Pontois. Voyez Ponti.

Pré Noiron. Voyez Noiron (Pré).

Prouvance, 7664. Le Languedoc est compris ici sous le nom générique de Provence ; on sait d'ailleurs que l'extension du nom de Provence à l'ensemble des pays démembrés de la *Provincia* des Romains est assez fréquente au xiie siècle (Valois, *Notitia Galliarum*, 458 b).

Puille, 3654, 5277. La Pouille *(Apulia)*, province de l'Italie méridionale.

Rains l'arceveschié, 1465, 1711. Rainz (Richart de), 786. Reims (Marne).

Rancelin (l'un des trois fils de Guillaume de Monclin, G. 60, 537.

Raoul de Cambrai, fils de Raoul Taillefer et d'Aalais, 15 et passim, 5455, 8372 ; Raoul de Cambrisis, 83, R. le marchis, 5455, 8372 ; neveu du roi Loeys, 293, 305, 469, 718, 835, 838, etc. ; cousin du roi Loeys, 475 ; neveu de Guerri le sor, 341, 743, 818, etc. ; sénéchal du roi, 523, 973 ; gonfalonnier et sénéchal, 1125 ; tué par Bernier, 3156 ; G. 638. Raolz de Cambrai, fils de Renier, G. 12, 25 et passim.

Raoul de Cambrai, dit Taillefer, père du héros du poème, 6, 7, 19, 68, 82, 974, 2745 ; appelé Taillefer le Hardi, 647, époux d'Aalais, 30 ; enseveli dans l'église de Saint-Geri d'Arras, 33, 38. Voir l'Introduction pp. xvi et suiv.

Raoul, conte de Soissons, 2035. Ce personnage ne pouvait guère figurer dans une rédaction antérieure à celle que nous publions, car le seul comte de Soissons qui ait porté le nom de Raoul, régit le Soissonnais de 1180 à 1237. Il accompagna, en 1195, le roi Philippe-Auguste à la croisade et se distingua au siège d'Acre ; il occupe un rang honorable parmi les trouvères de son temps.

Raymon, fils de Mauvoisin, G. 473. Ce fils du comte de Saint-Gilles est ainsi appelé par l'auteur de Girbert, parce que le nom de Raymond était le plus répandu chez les comtes de Saint-Gilles, autrement dits comtes de Toulouse.

Renier (le duc), père de Clamados, 1493. Ce nom peut bien appartenir au poème primitif, car Renier, duc en Lorraine, qui mourut en 916 et auquel succéda son fils Gilbert (916-939) a pu avoir une fille religieuse à Origny en 943.

Renier, fils de Guerri le Sor, 2408 ; tué par Bernier, 2598-2623.

Renier, comte de Cambrai, fils de Huon et père de Raoul, G. 9, 11, 23, 24, 106, 134 ; appelé Rainier, G. 27.

Retest (Bernart de), 2044, 2974. Sur ce personnage, voir l'Introduction, p. xxxii.

Ribemons, 813, 1812, 3334, 5727, 5852 ; Ribuemons, 6580, 6582, 6705, 6712, 6780, 6796, 7074. Fief d'Ybert, 394. Ribemont (Aisne,

chef-lieu de canton dans l'arr. de Saint-Quentin).
Richart d'Aubeville, G. 523.
Richart de Rainz, otage donné par le roi, 786.
Richerin; voyez Richier.
Richier (saint), 1081, 1359, 1421, 1847, 1938, 2552, 3070, 3788, 4601, 5117, 6243, 6403. S. Richer (*Richarius*) fonda au viie siècle, diocèse d'Amiens, le *monasterium Centulense*, qui, plus tard, quitta ce nom pour en prendre un, dérivé de la forme picarde (Saint-Riquier) du nom de son fondateur.
Richier « qi tint la terre vers la val de Rivier », 2055 ; gonfalonier d'Ybert et cousin germain de Bernier, est tué par Raoul de Cambrai, 2716-2731 ; le même que Richerin, 2789.
Richier le viel, otage donné par le roi, 769.
Ricoart de Baupaumes, G. 527.
Rin (le), fleuve, 106, 473, 765.
Rivier (la val de), 2055, 2717. Cette contrée, mentionnée dans plusieurs autres chansons de geste, n'est peut-être pas différente du *pagus Ripuarius* ou *Ribuarius* de l'époque franque, lequel représente le pays des Francs Ripuaires, c'est-à-dire le territoire de la *civitas Agrippinensium* de l'époque romaine, qui correspond à la portion de l'ancien diocèse de Cologne située en deçà du Rhin. « La val de Rivier » serait ainsi la portion de la vallée du Rhin, comprise entre Andernach et Nimègue.
Rocoul, qi tint la terre vers la val de Soisons, neveu d'Ernaut de Doai et cousin de Bernier, 2892, 2897, 2906, 2919, 2932.
Roiche Anglière (Joifroi de), 5056.
Roie, 812, 876, 989, 1005, 1195, 1947, résidence du comte Wedon, fils d'Herbert 1948 et ss.; 2944, 3389, 3739, 3860, 3903, 4133, 4820, 4847, 5312, 5349, 5883; G. 237, 291, 410. Amauri, cel qui de Roie tint le maistre donjon, G. 691. Voyez Herbert et Wedon de Roie. — Roie (Somme, arr. de Montdidier), qui est nommé dans le *Raoul* au nombre des membres principaux du comté de Vermandois, était encore en 1170 le chef-lieu d'un des domaines comtaux (Gilbert de Mons, apud *Monum. germ. hist.*, XXI, 514). Voyez cependant, au sujet de ce château, l'article consacré à Wedon de Roie.
Rolant, le héros de Roncevaux, 473, 3551. Cf. Sarrasin.
Rovrois [bois], 6410. Rouvrai fut au moins jusqu'à la fin du xve siècle. le nom du bois de Boulogne - sur - Seine ; la première mention qu'on en connaisse est de l'an 717, date à laquelle un diplôme du roi Chilpéric II mentionne la « *forestis nos-* « *tra Roveritum*, que est in « pago Parisiaco super fluvium Sigona » (Tardif, *Cartons des rois*, p. 42 a).

Saine (la), fleuve, 4946, 5120, 6219; Sainne, 5174, 6492. La Seine.
Saint Cloot, 6382, 6385, 6408, 6416, 6417. Sain-Cloot, 6325, 6353. Saint-Cloud (Seine-et-Oise, arr. de Versailles, canton de Sèvres).
Saint Denis (le roi de), c'est-à-dire le roi de France, 824, 2518, 2519, 2800, 6445, 6555, 6717, 7137, 8366. Saint-Denise (le roi de), 7220. Saint-Denis (Do de); voyez Do.
Saint Geri (le mostier), 30, 159, 1138, 3541. L'abbaye bénédictine de Saint-Géri (*Sanctus - Gaugericus*), à Cambrai.
Saint Germain (l'abé de), à Paris. 5291. Saint-Germain-des-Prés, englobé dans Paris depuis le xviie siècle.
Saint Gile, 6591, 6605, 6621, 6651, 6685, 6710, 6716, 6726, 6750, 6909, 7057, 7061, 7064, 7088, 7131, 7180, 7210, 7599, 7660, 7938, 8007; Saint-Gile, 6672, 8096, 8098, 8723. Cri de guerre, 6648. Julien, fils aîné de Bernier, devient comte de Saint-Gilles, 8723, selon la convention faite entre le précédent comte de Saint-Gilles et Bernier (v. 8151-8162). Saint-Gille, fief de Mauvoisin, G. 158. Saint-Gilles (Gard, l'arr. de Nîmes). Au xiie et au xiiie siècle, on désignait vulgairement sous le nom de « comte de Saint-Gilles », le puissant feudataire qui se qualifiait officiellement « comte de Toulouse et duc de Narbonne. »
Saint Jaque (de Compostelle), 8355; voyez Compostelle.
Saint Just (Guion de). G. 530. Probablement Saint-Just-en-Chaussée (Oise, chef-lieu de canton dans l'arrond. de Clermont). Toutefois, à la fin du xiie siècle, Saint-Just-en-Chaussée n'était plus au pouvoir d'un seigneur laïque; c'était le siège d'une des châtellenies de l'évêque de Beauvais (Gilbert de Mons, *Mon. germ. hist.*, XXI, 532).
Saint Nicolai (le borc) [à Chimai ?], 5939.
Saint Quentin (au cas sujet Sains Quentins), 813, 875, 988, 1598, 2035, 2038, 2049, 2058, 2069, 2091, 3507, 3831, 2857, 3907, 4129, 4276, 4357, 4698, 4763, 5495, 5547, 5843, 5980, 5997, 6005, 6073, 6275, 6342, 6502, 8237; Sain Quentin, 6292, 6304, 6307, 6320, 6448, 6517, 6543, 6560, 6575, 7086, 7170, 7197, 7510, 7580, 8135, 8158, 8170, 8222, 8329, 8370, 8392, 8399, 8534, 8722. Saint-Quentin, cri de guerre de Bernier, 2469, 3158, 5905, 8237; d'Ybert, 2500; de Wedon de Roye, 2511; de Loeys de Vermandois, 2540; de Julien, 8681.
Saint Richiel, ville du fief d'Herchenbaut de Pontif, 7072. Saint-Riquier (Somme, arr. d'Abbeville, canton d'Ailly).
Saisnes, 2740. Les Saxons.
Salatré, geôlier des prisons de Corsuble, 7962. Ce nom se retrouve en plusieurs autres chansons de geste, notamment dans *Elie de Saint-Gilles*, appliqué à des Sarrazins.

Salomon, le roi des Juifs, 6206.
Sanson, otage donné par le roi, 770, 865.
Sanson (le duc), *G.* 156, 476.
Sanson, allié des fils d'Herbert, 2944.
Sanson, tué par Louis de Vermandois, 3351.
Sarrasin (le) que Rolant tua sur les bords du Rhin, 472, allusion à un épisode de l'ancien poème de la guerre contre les Saxons de Guitalion qui nous a été conservé par la *Karlamagnus-Saga;* voy. G. Paris, *Bibl. de l'Ecole des chartes*, 6e série, I, 31 et 33. Sarrasins, 6726, 6902, 7033, 7048, 7056, 7075, 7601, 7628, 8100, 8250.
Savari, neveu de Bernier, 6586, 6668, 6675, 6685, 6697, 6724, 6752, 7073, 7125, 7151, 7162, 7170, 7217, 7563, 7567, 7572, 7578, 7635, 7652, 7655, 7718, et passim jusqu'à la fin ; Savarit, 6707, 8104, tué par Gautier de Cambrai, 8657-8658.
Savari de Verone, otage donné par le roi, 787.
Senlis, 756, 5529 ; Senliz, 3203 ; Cenlis, 3450 ; voyez Gerars li meschins et Henri.
Senlis (Oise). Le pays dont Senlis était le chef-lieu est appelé Cellentois, v. 745. Voir, plus loin, l'art. Tellentois.
Sens, en Bourgoingne, 7658 (Sens, Yonne).
Simon (saint), 629, 923, 1057, 1661, 1973, 3948, 3978, 4860.
Simon, parent de Raoul de Cambrai, tué par Wedon de Roye, 2506.

Simon de Perone, otage donné par le roi, 786.
Simon, abbé d'une abbaye voisine d'Abbeville, 7318.
Soisons, 774, 5895, 5983 ; Soissons, 5892, 6017 ; Raoul, comte de —, 2036 ; la val de —, 2891 ; l'or de —, 8234. Soissons (Aisne).
Surie, mul de —, 6701 ; mulet de —, 8192. La Syrie.
Symon ; voyez Simon.

Taillefer. Voyez Raoul de Cambrai, dit Taillefer.
Tellentois, pays, 745. C'est à tort que nous avons corrigé la leçon *Cellentois* du ms. en *Tellentois*, supposant que ce dernier mot désignait le *pagus* ou comté de Tallende, à peu de distance au sud de Clermont-Ferrand, ordinairement appelé *pagus* ou *comitatus Telamitensis*, dans les chartes de l'époque carolingienne. *Cellentois* ou mieux *Sellentois* semble avoir été une variante de *Senletois* qui désigne le pays dont Senlis (Oise) était le chef-lieu. Voyez le *Livre des métiers* (2e partie, titre II, § 52 ; p. 238, de l'édition Lespinasse et Bonnardot), où la voie romaine qui, de Paris, se dirigeait vers le nord, est désignée sous le nom de chemin *Sellentois*.
Temple (le), [à Jérusalem], 3428.
Tervagant, divinité sarrasine, 8054.
Theriet de l'Ausnoi, *G.* 157.
Thiebaut, baron cambrésien, 48.

Thionet, peut-être le même que Thiorin l'Alemant, G. 508.
Thyorins, fils d'Horri l'Alemant, G. 431, 572, 574. Voyez Thionet.
Tieraisse, 2030, la Thiérache, région forestière qui formait la partie septentrionale du diocèse de Laon.
Tieri, sénéchal du comte Wedon de Roye, 1991.
Tiois, 725. Les Allemands, au sens moderne du mot.
Toumas (saint, 1379. Saint Thomas l'apôtre.
Troies, 755; voyez Henri de Troies. Troies (Aube).
Tudele, l'or de —, expr. prov., 1014; l'onnor de —, expr. prov., 3497, 3687; Galeran de —, 1177; l'amirant de —, 1767. Tudela (Espagne, roy. de Navarre).
Turcs, 6654; Turs, 6910, 7113, 8086. Les Turcs.

Ugon, fils de la tante de Bernier, tué par Guerri, 3281, 3285, 3305.

Vermendois, comté, 734, 795, 811, 840, 1210, 1221, 2086, 2800, 3388, 3465, 3851, 4165, 5376, 5398, 5504, 5511, 5536, 5547; ses dépendances, 811-813, 784-876, 987-989, 1004-1005; les pers de Vermendois, 2457. Le Vermandois, comté dont Saint-Quentin, l'ancienne *civitas Veromandis*, était le chef-lieu.
Verone; voy. Savari de Verone. Vérone (Italie).
Vincent (saint), 7509. Saint Vincent de Saragosse dont les reliques furent apportées en France par le roi Childebert Ier.

Wedon; voyez Eudon.
Wedon de Borbone, qui tenait toute la Bourgogne, otage donné par le roi, 788.
Wedon de Roie (le comte), l'un des fils d'Herbert de Vermandois, 1965-2028, 2066, 2102, 2503, 2944, 3345, 3389, 3739, 3860, 3903, 4133, 4789, 4820, 4847, 5312, 5349, 5388. Nous avons dit (Introd., p. xxxi) que ce personnage était le même qu'Eudes, fils aîné du fameux Herbert II, comte de Vermandois. Eudes fut mêlé aux événements de son temps dès le commencement de l'année 927 : Herbert demandait alors pour ce jeune homme le comté de Laon, vacant par la mort de Roger, beau-père de Raoul de Goui; le roi Raoul refusa, mais, l'année suivante, il donnait à Eudes le Viennois sur lequel il n'avait que des prétentions, de sorte que l'aîné des fils de Herbert ne fut point réellement pourvu. Cependant, du vivant de son père, on le voit tenant le château de Ham en Vermandois (933) et en 938 le roi Louis IV lui confia la garde de Laon. Lors du partage de la succession paternelle (943), il paraît avoir eu le comté d'Amiens que Herbert possédait dès 932, mais Amiens lui fut enlevé en 944 par les gens du roi et Louis d'Outremer donna cette ville au comte Herlouin de

Ponthieu *(Annales Flodoardi).* Le nom d'Eudes de *Roye* que lui attribue notre chanson n'est point en désaccord avec l'histoire, car le château de Roye qui appartenait à Herbert *(ibid., anno* 933) faisait partie du *pagus* ou *comitatus Ambianensis* et dut échoir à Eudes dont il fut l'un des domaines les plus importants après la perte d'Amiens.

Wivien d'Anjou, fils d'Ysangrin, *G.* 132.

Ybert de Ribemont, 378, 394, 1657, 1842; le comte Y., 1332, 1688, 1813, 1825; Y. conte palasin, 1599; Ibers, 1866, 2956, passim; le comte Y. qui tenoit Vermandois, 3388; comte Ybert d'Origni, 5707; Ybert de Péronne, 5876. Sur ce personnage, voir l'Introduction, pp. xxv-ix.

Ylaire (saint), 1023, 2639. Probablement saint Hilaire, évêque de Poitiers, mort en 369.

Ymbert; voy. Hymbert.

Ysangrin le paumier, comte d'Anjou, *G.* 130, 168, 188, 199.

Ysoret, prévôt du roi Corsuble, 7978. Dans plusieurs autres chansons de geste, notamment dans *le Moniage Guillaume* le nom d'Ysoré est porté comme ici par des Sarrasins.

Ysorez, hôte de Gautier de Cambrai, 4328.

TABLE DES RIMES

Première partie, tirades 1-249.

Rimes masculines.

a 11, 120, 143, 167.
ai 45, 137, 156, 232.
ais 121, 127.
ait 46.
ans 114, 189.
ant 4, 16, 22, 25, 33, 43, 61, 119, 123, 132, 134, 154, 160, 173, 182, 192, 205, 209, 226, 241 *b* [1].
art 98.
as 67.
aut 169.
é 18, 74, 184, 193, 206, 239.
el 135, 214.
ent 12, 200, 241 *a*.
er 9, 14, 27, 29, 40, 56, 100, 106, 176, 228.

1. Nous croyons que la tirade 241 forme réellement deux tirades la première en *ent*, la seconde en *ant*; voy. p. lxvj, note 2.

ez, ès 13, 30, 62, 95, 202, 221, 227, 230, 235, 243, 245.
i 3, 26, 32, 35, 41, 48, 55, 72, 77, 94, 108, 110, 113, 174, 211.
iè 70, 84, 118, 152, 178, 231.
ier 6, 51, 54, 60, 63, 66, 68, 71, 73, 81, 85, 89, 91, 96, 99, 104, 107, 112, 126, 128, 133, 140, 146, 153, 155, 164, 166, 175, 183, 185, 208, 212, 219, 223, 234, 237, 242.
iés 109, 191, 198, 215, 217, 229.
in 5, 8, 23, 76.
ir 15, 20, 111, 145, 148, 151, 158, 171, 210, 220, 225.
is 7, 17, 28, 39, 59, 75, 82, 102, 125, 131, 138, 141, 159, 170, 177, 187, 199, 218, 236.
ist 83.
oir 186.
ois 21, 34, 105, 122, 165, 247, 249.
on 19, 36, 44, 47, 52, 64, 79, 93, 103, 124, 144, 147, 149, 157, 163, 190, 224.
ons 31, 97, 196.
or 1, 194.
ors (*ouvert*) 115.
ort (*ouvert*) 168.
os (*ouvert*) 117.
u 69, 92, 129, 136, 142, 162, 203, 213.
us 188, 207.

Rimes féminines.

aige 10, 42. 204,
aille 53.
aire 50, 160.
ance 38, 87, 139, 195.
ée 88, 150, 161, 179, 197, 222.
ele 49, 57, 86, 172, 181, 216.
ere 80.

ERRATA

Introduction. P. lxxxj, lis. 18 euver, *lis.* enver.

V. 7, fieror, *lis.* fierour. — V. 138, Quant, *lis.* Qant (*le mot est abrégé*). — V. 301, quier, *lis.* qier. — V. 323 Si li parla, *mieux vaudrait, peut-être,* Si l'apela. — V. 725, *la correction* Tellentois, *au lieu de* Cellentois, *doit être retirée; voy. la table des noms sous* Tellentois. — V. 888 as, *lis.* a. — V. 894 Quant, *lis.* Qant. — V. 930, *mettre des guillemets après* rois. — V. 2314, *pour les vers cités en note, voy. l'introd.,* p. lxiij, note. — V. 2324, serez, *corr.* serai ? — V. 2609, combattre, *lis.* combatre. — V. 3125, Giorious, *lis.* Glorious. — V. 3415, enla, *lis.* en la. — V. 3939, *rétablir ainsi la note :* 3939 raeemans. — V. 4583, honnir *est certainement fautif, corr.* saisir ? — V. 5041, *corr.* pere *en* frere ? *indiquée en note est certaine.* — V. 5985, *le numéro de ce vers est placé par erreur à côté du v.* 5984. — V. 6360, aurois, *lis.* avrois. — V. 7290. Anij., *lis.* An. ij. — 8026 v[e]ée, *lis.* veé.

Fragment de Girbert. V. 540, suient, *lis.* sivent. — V. 497, 547, 552 *et* 558, suiant, *lis.* sivant.

Vocabulaire. estre, *à la dixième ligne de cet art., lire* 2369 *au lieu de* 2389.

Le Puy. — Imprimerie de Marchessou fils, boulevard Saint-Laurent, 23.

Publications de la Société des anciens textes français. *(En vente à la librairie* Firmin Didot et Cie, *56, rue Jacob, à Paris.)*

Bulletin de la Société des anciens textes français (années 1875, 1876, 1877, 1878, 1879, 1880, 1881, 1882).................. (Ne se vend pas).

Chansons françaises du xve siècle, publiées d'après le manuscrit de la Bibliothèque nationale de Paris, par Gaston Paris, et accompagnées de la musique transcrite en notation moderne par Auguste Gevaert (1875). *Epuisé.*
 Il reste quelques exemplaires sur papier Whatman, au prix de.... 37 fr.

Les plus anciens Monuments de la langue française (ixe, xe siècles), publiés par Gaston Paris. *Album* de neuf planches exécutées par la photo-gravure (1875)... 30 fr.

Brun de la Montaigne, roman d'aventure, publié pour la première fois d'après le manuscrit unique de Paris, par Paul Meyer (1875)................. 5 fr.

Miracles de Nostre Dame par personnages, publiés d'après le manuscrit de la Bibliothèque nationale de Paris, par Gaston Paris et Ulysse Robert. t. I à VI (1876, 1877, 1878, 1879, 1880, 1881), le vol............. 10 fr.

Guillaume de Palerne, publié d'après le manuscrit de la bibliothèque de l'Arsenal à Paris, par Henri Michelant 1876)....................... 10 fr.

Deux Rédactions du roman des Sept Sages de Rome, publiées par Gaston Paris (1876)... 8 fr.

Aiol, chanson de geste publiée d'après le manuscrit unique de Paris, par Jacques Normand et Gaston Raynaud (1877)................... 12 fr.
 (Ouvrage couronné par l'Académie des inscriptions et belles-lettres.)

Le Débat des Hérauts de France et d'Angleterre, suivi de *The Debate between the Heralds of England and France*, by John Coke, édition commencée par L. Pannier et achevée par Paul Meyer (1877)........... 10 fr.

Œuvres complètes d'Eustache Deschamps, publiées d'après le manuscrit de la Bibliothèque nationale, par le marquis de Queux de Saint-Hilaire, t. I, II et III (1878, 1880, 1882), le vol........................... 12 fr.

Le Saint Voyage de Jherusalem du seigneur d'Anglure, publié par François Bonnardot et Auguste Longnon (1878)....................... 10 fr.

Chronique du Mont-Saint-Michel (1343-1468), publiée avec notes et pièces diverses par Siméon Luce, t. I (1879)......................... 12 fr.

Elie de Saint-Gille, chanson de geste publiée avec introduction, glossaire et index, par Gaston Raynaud, accompagnée de la rédaction norvégienne traduite par Eugène Koelbing (1879)............................ 8 fr.

Daurel et Beton, chanson de geste provençale, publiée pour la première fois d'après le manuscrit unique appartenant à M. A. F. Didot, par Paul Meyer (1880).. 8 fr.

La Vie de saint Gilles par Guillaume de Berneville, poème du xiie siècle, publié d'après le manuscrit unique de Florence, par Gaston Paris et Alphonse Bos (1881)...................................... 10 fr.

Raoul de Cambrai, chanson de geste, publiée par Paul Meyer et Auguste Longnon (1882).. 15 fr.

ie 90, 116, 180, 201, 238, 244.
iere 65, 233.
oie 101.
one 37.
ue 58.
ure 24, 246.

Seconde partie, tirades 250-344.

Assonances masculines.

ai, è, 264.
an, en, 263, 288, 294, 305, 311, 316, 320, 324, 336, 342.
è 256, 278, 283, 291, 293, 296, 303, 321, 328, 332, 343.
è 258.
i 252, 261, 266, 270, 276, 281, 285, 289, 295, 297, 299, 313, 319, 323, 327, 330, 334, 335 [1], 337, 341, 344.
ié 251, 265, 267, 273, 275, 277, 292, 298, 300, 306, 312, 314, 317, 322, 326, 329, 339.
oi 255, 262, 269, 279, 282, 287.
on 260, 271, 274, 286, 333.
u 280, 315.

Assonances féminines.

a-e 307,
an-e 310.

---

1. A ne considérer que les finales des vers, les tirades 334 et 335 n'en font qu'une. Nous avons cru toutefois utile de maintenir une division qui, dans le ms,, est nettement indiquée par l'initiale peinte du v. 8345, et qui d'ailleurs est justifiée par le sens. Le

ée, ère 254, 257, 302, 338.
è-e 253.
ie 268, 340.
i-e 250, 284, 290, 301, 304, 318, 325, 331.
o-e (*fermé*) 259.
o-e (*ouvert*) 309.

récit, en effet, est un instant suspendu au v. 8344 pour reprendre au v. 8345.

Le Mistére du Viel Testament, publié avec introduction, notes et glossaire, par le baron James DE ROTHSCHILD, t. I, II, III et IV (1878, 1879, 1881, 1882) le vol.......................... 10 fr.

(*Ouvrage imprimé aux frais du baron James de Rothschild et offert aux membres de la Société.*)

Tous ces ouvrages sont in-8°, excepté *Les plus anciens Monuments de la langue française,* album grand in-folio.

Il a été fait de chaque ouvrage un tirage sur papier Whatman. Le prix des exemplaires sur ce papier est double de celui des exemplaires en papier ordinaire.

Les membres de la Société ont droit à une remise de 25 p. 100 sur tous les prix indiqués ci-dessus.

La Société des Anciens Textes français a obtenu pour ses publications le prix Archon-Despérouse, à l'Académie française, en 1882, et le prix La Grange à l'Académie des Inscriptions et Belles-Lettres, en 1883.

U. B. Würzburg
ausgeschieden

www.ingramcontent.com/pod-product-compliance
Lightning Source LLC
Chambersburg PA
CBHW060226230426
43664CB00011B/1569